# Edition Forschung und Entwicklung in der Strafrechtspflege

**Reihe herausgegeben von**
Theresia Höynck, Universität Kassel, Kassel, Deutschland
Stefan Suhling, Bildungsinstitut des Niedersächsischen Justizvollzuges, Celle, Deutschland
Wolfgang Wirth, Kriminologischer Dienst des Landes Nordrhein-Westfalen, Düsseldorf, Deutschland

Die Organisationen der Strafverfolgung, Strafzumessung und Strafvollstreckung werden in der medialen und politischen Diskussion oftmals kritisch bewertet. Anlass sind vor allem spektakuläre Einzelfälle der Gewaltkriminalität. Der Umgang mit solchen Ereignissen bestimmt das öffentliche Bild der Strafrechtspflege, obwohl sie nur einen kleinen Ausschnitt der Kriminalität betreffen.

Die Buchreihe „Forschung und Entwicklung in der Strafrechtspflege" will dagegen ein realistisches Abbild von den Möglichkeiten und Grenzen der gesamten Strafrechtspflege vermitteln. Es werden Forschungsergebnisse und innovative Praxisprojekte aus den Bereichen Polizei, Staatsanwaltschaften und Gerichte sowie aus dem Strafvollzug, den Sozialen Diensten der Justiz und der Freien Straffälligenhilfe dargestellt. Ziel dabei ist, die Entwicklung von wirksamen Maßnahmen und Programmen der Vermeidung bzw. Reduzierung von Kriminalität zu fördern.

Damit wird das Begriffspaar „Forschung und Entwicklung" Ausdruck einer systematischen Innovationsstrategie: Im Interesse wirkungsorientierter Steuerung werden Wissenschaft und Praxis gezielt miteinander verknüpft, um das Wissen über die Institutionen der Strafrechtspflege ebenso stetig zu verbessern wie ihre Qualität, Effektivität und Effizienz.

Weitere Bände in der Reihe http://www.springer.com/series/15862

Daniela Hunold · Andreas Ruch
(Hrsg.)

# Polizeiarbeit zwischen Praxishandeln und Rechtsordnung

Empirische Polizeiforschungen zur polizeipraktischen Ausgestaltung des Rechts

*Hrsg.*
Daniela Hunold
Deutsche Hochschule der Polizei
Münster, Deutschland

Andreas Ruch
Hochschule für Polizei und öffentliche Verwaltung NRW
Gelsenkirchen, Deutschland

ISSN 2523-7349 ISSN 2523-7357 (electronic)
Edition Forschung und Entwicklung in der Strafrechtspflege
ISBN 978-3-658-30726-4 ISBN 978-3-658-30727-1 (eBook)
https://doi.org/10.1007/978-3-658-30727-1

Die Deutsche Nationalbibliothek verzeichnet diese Publikation in der Deutschen Nationalbibliografie; detaillierte bibliografische Daten sind im Internet über http://dnb.d-nb.de abrufbar.

© Springer Fachmedien Wiesbaden GmbH, ein Teil von Springer Nature 2020
Das Werk einschließlich aller seiner Teile ist urheberrechtlich geschützt. Jede Verwertung, die nicht ausdrücklich vom Urheberrechtsgesetz zugelassen ist, bedarf der vorherigen Zustimmung des Verlags. Das gilt insbesondere für Vervielfältigungen, Bearbeitungen, Übersetzungen, Mikroverfilmungen und die Einspeicherung und Verarbeitung in elektronischen Systemen.
Die Wiedergabe von allgemein beschreibenden Bezeichnungen, Marken, Unternehmensnamen etc. in diesem Werk bedeutet nicht, dass diese frei durch jedermann benutzt werden dürfen. Die Berechtigung zur Benutzung unterliegt, auch ohne gesonderten Hinweis hierzu, den Regeln des Markenrechts. Die Rechte des jeweiligen Zeicheninhabers sind zu beachten.
Der Verlag, die Autoren und die Herausgeber gehen davon aus, dass die Angaben und Informationen in diesem Werk zum Zeitpunkt der Veröffentlichung vollständig und korrekt sind. Weder der Verlag, noch die Autoren oder die Herausgeber übernehmen, ausdrücklich oder implizit, Gewähr für den Inhalt des Werkes, etwaige Fehler oder Äußerungen. Der Verlag bleibt im Hinblick auf geografische Zuordnungen und Gebietsbezeichnungen in veröffentlichten Karten und Institutionsadressen neutral.

Planung/Lektorat: Carina Reibold
Springer ist ein Imprint der eingetragenen Gesellschaft Springer Fachmedien Wiesbaden GmbH und ist ein Teil von Springer Nature.
Die Anschrift der Gesellschaft ist: Abraham-Lincoln-Str. 46, 65189 Wiesbaden, Germany

# Vorwort

Das Ziel dieses Buches ist es, verschiedene Diskussions- und Forschungsansätze zu den gesetzlichen und sozialen Bedingungen polizeilichen Handelns abzubilden. Der Titel – Rechtsordnung und Praxishandeln – bringt unsere Idee zum Ausdruck, die Wechselwirkungen zwischen der sozialen Wirklichkeit des polizeilichen Handelns einerseits und den gesetzlichen Beschränkungen und Befugnissen polizeilicher Handlungsmacht andererseits in einem gemeinsamen Buch zu thematisieren. Die einzelnen Beiträge sind Ausdruck von Idee und Zielsetzung des Buches. Sie stellen aus unterschiedlichen disziplinären Perspektiven heraus Themen- und Problemfelder polizeilicher Arbeit dar, diskutieren Lösungsansätze und vermitteln auf diese Weise ein Bild von der Vielfalt polizeiwissenschaftlicher Forschung.

Die thematische Bandbreite des Sammelbandes reicht vom Umgang mit „neuen" Technologien bei der polizeilichen Arbeit über Strategien der Vorfeldverlagerung, Verarbeitung sowie der Verortung polizeilichen Wissens und polizeilicher Praktiken bis hin zum Thema Gewalt durch und gegen die Polizei. Die Vielfalt an Themen spiegelt die aktuelle Forschungslandschaft im Bereich der Empirischen Polizeiforschung nur ansatzweise wider und gibt trotzdem den Blick auf die aktuellen Schnittstellen und Problematiken in der praktischen Anwendung rechtlicher Befugnisse durch die Polizei preis. Hierin wird abermals deutlich, dass rechtliche Normen und soziales Handeln zwei unterschiedliche soziale Konzepte sind, welche nicht immer in Einklang miteinander zu bringen sind.

Von Bernd Maelicke ging die Anregung aus, einen Sammelband zur Polizei in die Publikationsreihe einzufügen. In ihm und Stefan Suhling, Wolfgang Wirth und Theresa Höynck fanden wir ein Herausgeberteam, das dieser Publikation von der Ideenfindung, über die Umsetzung bis zur Fertigstellung unterstützend und unter gleichzeitiger Gewährung aller inhaltlichen Freiräume zur Seite stand. Seitens des Springer-Verlages sorgte Carina Reibold für die organisatorischen

Rahmenbedingungen und die reibungslose technische und gestalterische Begleitung des Manuskripts.

Ein Sammelband wird erst mit Leben gefüllt durch die Autorinnen und Autoren, die hieran mitwirken. Bei ihnen möchten wir uns herzlich dafür bedanken, dass sie die Ergebnisse ihrer Forschung zu diesem Buch beigetragen haben. Ihre Beiträge sind es, die entschieden zum Gelingen des nun vorliegenden Buches geführt haben.

Bremen und Köln　　　　　　　　　　　　　　　　　　　　Daniela Hunold
im April 2020　　　　　　　　　　　　　　　　　　　　　　Andreas Ruch

# Inhaltsverzeichnis

**Kontrolle und Informationsbeschaffung**

Intransparente Polizeikontrollen – rechtliche Pflichten und
technische Möglichkeiten für mehr Transparenz . . . . . . . . . . . . . . . . . . . 3
Hartmut Aden, Jan Fährmann und Alexander Bosch

Bodycam – Argumentationslinien in Deutschland. . . . . . . . . . . . . . . . . . 23
Lena Lehmann

Die Polizei als ‚Influencerin'? – Zum Einfluss der Polizei
auf sicherheitspolitische Diskurse: Die Silvesternacht in
Leipzig-Connewitz 2019/2020 . . . . . . . . . . . . . . . . . . . . . . . . . . . . . . . . . 39
Maren Wegner, Daniel Wagner, Lara vom Feld und Jens Struck

**Vorfeldverlagerung**

Datafizierte Polizeiarbeit – (Wissens-)Praktische Implikationen
und rechtliche Herausforderungen. . . . . . . . . . . . . . . . . . . . . . . . . . . . . . 77
Simon Egbert

Wo ist das „Vorfeld des strafrechtlichen Staatsschutzes"?
Warum das nachrichtendienstliche Wissensmanagement
erforscht werden muss . . . . . . . . . . . . . . . . . . . . . . . . . . . . . . . . . . . . . . . 101
Jonas Grutzpalk

**Gewalterfahrungen und Gewaltanwendung**

Polizei und Gewalt . . . . . . . . . . . . . . . . . . . . . . . . . . . . . . . . . . . . . . . . . . 121
Benjamin Derin und Tobias Singelnstein

Autoritätserhalt um jeden Preis? Was Streifenbeamt_innen
bewegt, bei drohenden Widerstandslagen auf die Durchsetzung
des Gewaltmonopols zu verzichten und Handlungsspielräume
zur Deeskalation zu nutzen .................................... 143
Stefanie Tränkle

„Militarisierung" als Antwort auf „mangelnden Respekt"?
Ein soziologischer Beitrag zur Diskussion um einen
Paradigmenwechsel der Polizei in Deutschland.................... 165
Thomas Naplava

(Polizei-)Gewalt verstehen – Überlegungen zu einer
Ethnographie polizeilichen Überwältigungshandelns................ 185
Rafael Behr

### Praktiken polizeilichen Handelns

Selektive Polizeiarbeit – Raumordnung und deren Einfluss
auf das polizeiliche Handeln .................................... 213
Tamara Dangelmaier und Eva Brauer

Polizieren im öffentlichen Raum ................................. 235
Claudia Tutino

Polizeiliches Handeln im Kontext pluralen Polizierens –
Erkenntnisse aus dem Forschungsprojekt PluS-i ................... 255
Tobias John und Nathalie Hirschmann

Polizeilicher Umgang mit psychisch gestörten Personen ........... 279
Thomas Feltes und Michael Alex

Die polizeiliche Registrierung von Straftaten im Kontext
von Flucht und Migration ........................................ 301
Ingke Goeckenjan, Christian Roy-Pogodzik und Lara Schartau

„... wollen nicht verstehen, was der Bürger als normal ansieht".
Das Policing von Armut durch Alkohol- und Bettelverbote am
Münchner Hauptbahnhof ........................................... 329
Roman Thurn

# Autorenverzeichnis

**Prof. Dr. Hartmut Aden** Hochschule für Wirtschaft und Recht Berlin, Berlin, Deutschland

**Dr. Michael Alex** Ruhr-Universität Bochum, Bochum, Deutschland

**Prof. Dr. Rafael Behr** Akademie der Polizei Hamburg, Hamburg, Deutschland

**Alexander Bosch** Hochschule für Wirtschaft und Recht Berlin, Berlin, Deutschland

**Eva Brauer** Hochschule Fulda, Fulda, Deutschland

**Tamara Dangelmaier** Deutsche Hochschule der Polizei, Münster, Deutschland

**Benjamin Derin** Ruhr-Universität Bochum, Bochum, Deutschland

**Dr. Simon Egbert** Technische Universität Berlin, Berlin, Deutschland

**Dr. Jan Fährmann** Hochschule für Wirtschaft und Recht Berlin, Berlin, Deutschland

**Lara vom Feld** Deutsche Hochschule der Polizei, Münster, Deutschland

**Prof. Dr. Thomas Feltes** Ruhr-Universität Bochum, Bochum, Deutschland

**Prof. Dr. Ingke Goeckenjan** Ruhr-Universität Bochum, Bochum, Deutschland

**Prof. Dr. Jonas Grutzpalk** Hochschule für Polizei und öffentliche Verwaltung Nordrhein-Westfalen, Bielefeld, Deutschland

**Dr. Nathalie Hirschmann** Westfälische Wilhelms-Universität Münster, Münster, Deutschland

**Tobias John** Westfälische Wilhelms-Universität Münster, Münster, Deutschland

**Dr. Lena Lehmann** Kriminologisches Forschungsinstitut Niedersachsen e. V., Hannover, Deutschland

**Prof. Dr. Thomas Naplava** Hochschule für Polizei und öffentliche Verwaltung Nordrhein-Westfalen, Duisburg, Deutschland

**Christian Roy-Pogodzik** Ruhr-Universität Bochum, Bochum, Deutschland

**Lara Schartau** Ruhr-Universität Bochum, Bochum, Deutschland

**Prof. Dr. Tobias Singelnstein** Ruhr-Universität Bochum, Bochum, Deutschland

**Jens Struck** Deutsche Hochschule der Polizei, Münster, Deutschland

**Roman Thurn** Ludwig-Maximilians-Universität München, München, Deutschland

**Prof. Dr. Stefanie Tränkle** Hochschule für Polizei Baden-Württemberg, Villingen-Schwenningen, Deutschland

**Claudia Tutino** Westfälische Wilhelms-Universität Münster, Münster, Deutschland

**Daniel Wagner** Deutsche Hochschule der Polizei, Münster, Deutschland

**Maren Wegner** Deutsche Hochschule der Polizei, Münster, Deutschland

{# Kontrolle und Informationsbeschaffung}

# Intransparente Polizeikontrollen – rechtliche Pflichten und technische Möglichkeiten für mehr Transparenz

Hartmut Aden, Jan Fährmann und Alexander Bosch

## 1 Einleitung – Polizei, Identitätsfeststellungen und Transparenz

Polizeiarbeit und Transparenz erscheinen in vielen Konstellationen auf den ersten Blick als schwer überwindbarer Gegensatz, insbesondere wenn die Polizei heimlich zur Strafverfolgung agiert. Zwar greifen offene Polizeimaßnahmen weniger in Grundrechte ein als heimlich-verdeckte, weshalb offene Eingriffe Vorrang haben. Doch bedeutet dies nicht, dass offene Maßnahmen für die Betroffenen

---

Dieser Beitrag ist im Rahmen des Forschungsprojekts *Mobile berührungslose Identitätsprüfung im Anwendungsfeld Migration* (MEDIAN) entstanden, gefördert vom Bundesministerium für Bildung und Forschung (BMBF, 2018–2021). In diesem Projekt werden Möglichkeiten für mobile Anwendungen erforscht, die Identitätsfeststellungen und die Echtheitsprüfung von Dokumenten vor Ort erleichtern. Das HWR-FÖPS-Team untersucht dabei die rechtlichen und ethischen Aspekte der Konzeption und Nutzung solcher Anwendungen einschließlich des Datenschutzes. In diesem Rahmen entwickelt das FÖPS-Team neue Ansätze für eine Akzeptanzforschung, um herauszufinden, unter welchen Voraussetzungen Identitätsfeststellungen zu Konflikten führen und wann sie bei den Betroffenen auf Akzeptanz stoßen.

---

H. Aden (✉) · J. Fährmann · A. Bosch
Hochschule für Wirtschaft und Recht Berlin, Berlin, Deutschland
E-Mail: hartmut.aden@hwr-berlin.de

J. Fährmann
E-Mail: jan.faehrmann@hwr-berlin.de

A. Bosch
E-Mail: alexander.bosch@hwr-berlin.de

---

© Springer Fachmedien Wiesbaden GmbH, ein Teil von Springer Nature 2020
D. Hunold und A. Ruch (Hrsg.), *Polizeiarbeit zwischen Praxishandeln und Rechtsordnung*, Edition Forschung und Entwicklung in der Strafrechtspflege,
https://doi.org/10.1007/978-3-658-30727-1_1

in jeder Hinsicht nachvollziehbar und transparent sind. Im Gegenteil – polizeitaktische Erwägungen und die Ausgestaltung von Polizeitechnik unterliegen in der Regel mindestens der Einstufung als Verschlusssache der Kategorie „nur für den Dienstgebrauch" und sind damit nicht öffentlich zugänglich. In manchen Fällen sind die Gründe, aus denen Informationen durch die Polizei vertraulich behandelt werden, nachvollziehbar. In laufenden Ermittlungsverfahren werden Verdächtige beispielsweise aus ermittlungstaktischen Gründen über polizeiliche Maßnahmen im Unklaren gelassen. Allerdings tendieren Sicherheitsbehörden zur Entwicklung einer Arbeitskultur, bei der die Geheimhaltung von Informationen zum unhinterfragten Automatismus wird (näher Aden 2018, S. 982 ff.). Dabei werden leicht die mit einem transparenten Behördenhandeln einhergehenden möglichen Vorteile übersehen. Dieser Beitrag geht von der Hypothese aus, dass Transparenz dazu beitragen kann, Misstrauen gegenüber der Tätigkeit von Sicherheitsbehörden abzubauen und die Akzeptanz ihrer Maßnahmen zu verbessern, da Maßnahmen so eher als fair empfunden werden.

Identitätsfeststellungen sind oft vorkommende Kontrollmaßnahmen. Ihre Durchführung ist für Schutzpolizist*innen Alltagsroutine. Sie können aus verschiedenen Gründen stattfinden, z. B. um bei der Verfolgung von Straftaten und Ordnungswidrigkeiten sicher zu sein, gegen wen sich der Vorwurf einer Straftat richtet. Auch bei einer ausländerrechtlichen Abschiebung kann eine Identitätsfeststellung Gewissheit verschaffen, dass wirklich die gemeinte Person abgeschoben wird. Manche Rechtsgrundlagen binden Identitätsfeststellungen an konkrete Gefahren oder Verdachtsmomente. Aufgrund einiger Eingriffsbefugnisse dürfen Kontrollen auch ohne konkreten Anlass durchgeführt werden (ausführlich Aden und Fährmann 2019, S. 218 ff.). Zumeist beschränken sich Kontrollsituationen nicht darauf, dass die handelnden Polizeibeamt*innen Ausweisdokumente anschauen. Vielfältige Folgemaßnahmen können sich anschließen, etwa der Abgleich von Daten aus dem Ausweisdokument mit biometrischen Daten der kontrollierten Person oder mit Informationen in Datenbanken, Durchsuchungen oder die Mitnahme zur Dienststelle zur Durchführung einer erkennungsdienstlichen Behandlung.

Kontrollsituationen sind für Betroffene vielfach nur schwer verständlich und nachvollziehbar. Oft begründen und erklären Polizeibeamt*innen den Betroffen nicht, aus welchen Gründen eine Kontrolle stattfindet. Für Betroffene kann so unklar bleiben, warum gerade sie für eine Kontrolle ausgewählt wurden. Lassen die gesetzlichen Eingriffsbefugnisse den handelnden Beamt*innen einen großen Entscheidungsspielraum, so kann dies dazu führen, dass manche Menschen weitaus öfter als andere kontrolliert werden. Notieren Beamt*innen Informationen über die kontrollierte Person, geben sie Daten über Funk weiter oder zum

Abgleich in elektronische Geräte ein, so können Betroffene kaum nachvollziehen, was mit den Daten geschieht und wie lange sie für welche Zwecke gespeichert und verwendet werden.

Dieser Beitrag fragt aus einer interdisziplinären rechtlichen und sozialwissenschaftlichen Perspektive nach den Zusammenhängen zwischen Transparenz und Akzeptanz polizeilicher Kontrollen und untersucht, wie diese für die Betroffenen transparenter gestaltet werden können. Ein Ansatz hierfür sind sogenannte *Kontrollquittungen*, die Polizeibeamt*innen z. B. in Großbritannien (FRA 2010, S. 56) oder in US-amerikanischen Großstädten wie New York (White und Fradella 2016, S. 89 ff.) den Betroffenen bei Personenkontrollen aushändigen müssen. Sie werden als eine Strategie gegen diskriminierende Personenkontrollen *(Racial Profiling)* diskutiert. Zudem fragt dieser Beitrag, ob und ggf. wie neue Technologien zu transparenteren Personenkontrollen und zu ihrer Akzeptanz beitragen können.

## 2 Transparenz und Akzeptanz polizeilicher Maßnahmen

Nach der *Procedural Justice*-Theorie stoßen Entscheidungen von Institutionen wie der Polizei insbesondere dann auf Akzeptanz, wenn die Betroffen den Entscheidungsprozess und das Ergebnis als fair empfinden (u. a. Tyler und Blader 2000, S. 74 f.; Tyler 2017).

Forschungen zu Polizeieinsätzen bestätigen, dass Transparenz in unterschiedlichen Einsatzgeschehen zu einer Deeskalation beitragen kann (Lorei, Kocab et al. 2017, S. 26 f.; Hücker 2017, S. 114; Neutzler und Schenk 2011, S. 19; Kubera und Fuchs 2011, S. 13; Schipfer 2011, S. 24). Die Polizei stellt im Interesse ihrer Aufgabenerfüllung regelmäßig Forderungen an Menschen und schränkt damit zumindest kurzzeitig deren Entscheidungsfreiheit ein. Halten Polizeibeamt*innen eine Person an, um sie zu kontrollieren, so wird sie vorübergehend daran gehindert, ihren eigentlichen Plänen nachzukommen. Ein deeskalierendes polizeiliches Vorgehen kann also bereits deshalb erforderlich sein, damit die Betroffenen nicht darüber verärgert sind, dass sie in ihren Freiheiten eingeschränkt werden. Als „Königsweg" der Deeskalation wird die kontinuierliche und faire Kommunikation bei der polizeilichen Maßnahme beschrieben, wobei vorrangig ist, die Beweggründe der anderen Seite zu verstehen (Schmalzl, Hermanutz et al. 2012, S. 66). Mit Fairness ist insbesondere eine nachvollziehbare Begründung der Maßnahme gemeint (Lorei, Kocab et al. 2017, S. 27).

Ähnlich wird aus einer rechtlichen Perspektive argumentiert, wenn Transparenz die Funktion zugeschrieben wird, das Vertrauen in behördliche Entscheidungsprozesse zu stärken (Schaar 2015, S. 15) und dadurch deren Glaubwürdigkeit zu erhöhen (Gropp 1999, S. 104). Ein demokratischer Diskurs über die Rechtmäßigkeit polizeilichen Handelns setzt voraus, dass die Bevölkerung nachvollziehen kann, wie und warum die Polizei agiert, sodass Transparenz auch auf das verfassungsrechtliche Demokratieprinzip zurückzuführen ist (Velten 1996, S. 20 ff.). Die Öffentlichkeit und Nachvollziehbarkeit staatlichen Handelns schützen auch das Sicherheitsinteresse der Bürger*innen, das durch staatliches Fehlverhalten beeinträchtigt werden kann (Velten 1996, S. 15). Sie ermöglichen ferner einen wirksamen Rechtsschutz. Auch kann eine transparente Gestaltung von Eingriffen dazu führen, dass das Eingriffsgewicht staatlicher Handlungen verringert wird, weshalb Gesichtspunkte der Verhältnismäßigkeit ein transparentes polizeiliches Verhalten gebieten können (Aden und Fährmann 2019, S. 223 f.).

## 3 Transparenz als (verfassungs-)rechtliche Vorgabe

Der Pflicht zum transparenten Handeln staatlicher Stellen wird in der rechtswissenschaftlichen Literatur eine hohe Bedeutung beigemessen (z. B. Kipker und Gärtner 2015, S. 299; Lederer 2015, S. 53 ff.; Lachenmann 2017, S. 1427). Das Bundesverfassungsgericht (BVerfG) hat die Bedeutung von Transparenz für die Demokratie und die Wahrung des Demokratieprinzips (Art. 20 GG) wiederholt betont, z. B. in einer Entscheidung aus den 1970er Jahren zu Abgeordnetenbezügen: „Die parlamentarische Demokratie basiert auf dem Vertrauen des Volkes; Vertrauen ohne Transparenz, die erlaubt zu verfolgen, was politisch geschieht, ist nicht möglich" (BVerfGE 40, 296 (327)).

Auch Bezüge zum Rechtsstaatsprinzip werden betont. Transparenz der polizeilichen Datenerhebung und -verarbeitung soll zu Vertrauen und Rechtssicherheit beitragen. Der Umgang mit Daten muss in einen demokratischen Diskurs eingebunden bleiben. Das BVerfG hat daher hohe Anforderungen an die Transparenz staatlicher Datenverarbeitung, individuellen Rechtsschutz und Kontrolle etabliert (z. B. BVerfGE 65,3 (44 ff.); 141, 220 (282) und Leitsatz 1b). In seiner Entscheidung zum Bundeskriminalamtgesetz argumentierte das BVerfG im April 2016: „Transparenz der Datenerhebung und -verarbeitung soll dazu beitragen, dass Vertrauen und Rechtssicherheit entstehen können und der Umgang mit Daten in einen demokratischen Diskurs eingebunden bleibt […]. Durch sie soll, soweit möglich, den Betroffenen subjektiver Rechtsschutz ermöglicht und zugleich einer diffusen Bedrohlichkeit geheimer staatlicher Beobachtung entgegengewirkt werden" (BVerfGE 141, 220 (282), Abs. 135). Bei Nachrichtendiensten sind Defizite der Transparenz durch parlamentarische Kontrolle zu kompensieren (BVerfGE 146, 1 (54)).

Auskunfts- und Aufklärungsansprüche der von staatlichen Eingriffen Betroffenen folgen unmittelbar aus dem Recht auf informationelle Selbstbestimmung – eine ständige Rechtsprechung seit der Etablierung dieses Grundrechts durch die Volkszählungsentscheidung des BVerfG aus dem Jahr 1983 (BVerfGE 65, 1 ff.), jetzt auch explizit geregelt in Art. 8 Abs. 2 Satz 2 der EU-Grundrechtecharta. Das Grundrecht aus Art. 5 Abs. 1 GG gewährleistet neben der Meinungs- und Pressefreiheit auch das Recht, „sich aus allgemein zugänglichen Quellen ungehindert zu unterrichten." In der Vergangenheit war die Reichweite dieses Grundrechts begrenzt, da staatliche Stellen in Deutschland kaum dazu tendierten, Informationen zugänglich zu machen. Mit *Open Government*-Initiativen und der Einführung von Informationsfreiheitsgesetzen auf Bundesebene und in den meisten Bundesländern hat sich die Ausgangslage geändert. Das einfache Recht fordert mehr Transparenz, und so gewinnt auch die grundrechtlich garantierte Informationsfreiheit an Bedeutung (ausführlich hierzu Lederer 2015, S. 438 ff.).

Auch aus anderen Grundrechten ergeben sich Transparenzanforderungen. In seinem Beschluss aus dem Jahr 1985 zum polizeilichen Umgang mit Demonstrationen gegen das Atomkraftwerk in Brokdorf verwendete das BVerfG den Begriff Transparenz zwar nicht. Es etablierte aber das Kooperationsgebot, welches Versammlungsbehörden und Polizei zu einer rechtzeitigen Kontaktaufnahme verpflichtet, „bei der beide Seiten sich kennenlernen, Informationen austauschen und möglicherweise zu einer vertrauensvollen Kooperation finden, welche die Bewältigung auch unvorhergesehener Konfliktsituationen erleichtert" (BVerfGE 69, 315 (355)). Das aus der Versammlungsfreiheit (Art. 8 GG) hergeleitete Kooperationsgebot verpflichtet die Behörden somit, ihr Vorgehen im Zusammenhang mit Versammlungen transparent und damit nachvollziehbar zu gestalten und im Rahmen einer Kooperation zu versuchen, das polizeiliche Vorgehen so auszurichten, dass es für die Demonstrierenden akzeptabel ist. Dementsprechend kann die Verweigerung von Informationen einen Grundrechtseingriff darstellen (Schaar 2015, S. 15).

Eine Pflicht zum transparenten Handeln kann ferner aus den mit staatlichem Handeln einhergehenden möglichen Abschreckungseffekten auf Betroffene folgen. So können laut BVerfG Bürger*innen davon abgehalten werden, ihre Grundrechte wahrzunehmen, wenn für sie unklar ist, ob von staatlicher Seite Daten über ihr Handeln erhoben und verarbeitet werden. Individuelle Selbstbestimmung setzt voraus, dass die Einzelnen frei entscheiden können. Wer aber nicht mit hinreichender Sicherheit überschauen kann, welche ihn oder sie betreffenden Informationen in bestimmten Bereichen seiner oder ihrer sozialen Umwelt bekannt sind, kann in der Freiheitsausübung wesentlich gehemmt werden (BVerfGE 65, 1 ff.). Daraus folgt eine staatliche Verpflichtung sicherzustellen, dass solche Abschreckungseffekte so weit wie möglich vermieden werden. Dies kann in der Regel nur durch transparentes staatliches Vorgehen umgesetzt werden, damit die Bürger*innen nachvollziehen können, ob und ggf. welche Konsequenzen staatliches Handeln für sie hat.

Transparenz ist ein zentraler Aspekt verantwortlichen Behördenhandelns im Sinne von *Accountability* (vgl. Bovens 2007, S. 450). Sie kann auf unterschiedlichen Ebenen hergestellt werden. Interne Transparenz ermöglicht, dass staatliches Handeln von unabhängigen dritten Personen überprüft wird, z. B. von Innenrevisionen, behördlichen Datenschutzbeauftragten oder von Richter*innen im Rahmen eines gesetzlichen Anordnungsvorbehalts. Externe Transparenz umfasst Berichtspflichten gegenüber der breiteren Öffentlichkeit. Hierzu sind Informationen in einer abstrakten Form ohne Personenbezug zu veröffentlichen, die der Öffentlichkeit ermöglichen, den Umfang und die Effektivität der staatlichen Maßnahme zu kontrollieren. Schließlich kann auch gegenüber denjenigen Transparenz hergestellt werden, die von polizeilichen Maßnahmen betroffen sind (Betroffenentransparenz). Hier geht es in der traditionellen Konzeption des deutschen Verwaltungsrechts vornehmlich um Aufklärungs- und Berichtspflichten gegenüber den Verfahrensbeteiligten (Gropp 1999, S. 118 f.) und um Rechte im Verwaltungsverfahren, insbesondere das Akteneinsichtsrecht (näher Kugelmann 2001, S. 231 ff.).

Die effektive Umsetzung von Transparenz und *Accountability* erfordert Monitoring-Institutionen wie Beschwerdestellen, Datenschutz- oder Polizeibeauftragte, die das Behördenhandeln mit einem unabhängigen Blick von außen betrachten (Aden und Fährmann 2018, S. 32; Aden 2019). Da bei Institutionen mit viel Macht in Form von Eingriffsbefugnissen auch stets ein Risiko von Machtmissbrauch besteht, ist es notwendig, möglichen Missbräuchen durch entsprechende *Accountability-Foren* entgegenzuwirken (Töpfer & Normann 2014, S. 5 ff.). Ein Monitoring trägt außerdem dazu bei, dass Institutionen des staatlichen Gewaltmonopols eine Fehlerkultur entwickeln können, um Fehler und Fehlverhalten durch verbesserte Konzepte zukünftig so weit wie möglich zu vermeiden (näher hierzu Aden 2019).

## 4 Fehlende Transparenz – nicht nur bei verdeckten polizeilichen Maßnahmen

Neue gesetzliche Regelungen haben der Polizei in den letzten Jahrzehnten zusätzliche Eingriffsbefugnisse für die verdeckte – also heimliche – Beschaffung von Informationen zugebilligt, sowohl für die Gefahrenabwehr als auch für die Strafverfolgung (Gropp 1999, S. 104 f.; Velten 1996, S. 15). Durch die zunehmende zeitliche Vorverlagerung polizeilicher Maßnahmen weit in das Vorfeld von Straftaten und konkreten Gefahren (Aden und Fährmann 2018, S. 12 ff.) handelt die Polizei vielfach, ohne dass die Betroffenen oder die Öffentlichkeit etwas davon mitbekommen. Die polizeilichen Vorschriften zur Datenverarbeitung sind überdies so generell gehalten, dass außerhalb der Polizei kaum nachvollzogen werden kann, wie die Datenverarbeitung im Einzelnen abläuft. Da Datenverarbeitungsprozesse durch die technische Entwicklung tendenziell komplexer werden und mit weiterreichenden Grundrechtseingriffen einhergehen können, müssten diese im Hinblick auf den Grundsatz der Normenklarheit, der aus dem Rechtsstaatsprinzip folgt, gesetzlich genauer geregelt werden.

Die gesetzlichen Vorgaben für transparentes staatliches Handeln sind teils schwach ausgeprägt, sodass etwa das Akteneinsichtsrecht bei verdeckten Maßnahmen weitgehend unwirksam ist, um sich gegen andauernde Eingriffe zur Wehr zu setzen. Auch nachträgliche Benachrichtigungspflichten, die bei einigen Maßnahmen vorgesehen sind, haben sich als wenig effektiv erwiesen – auch wegen erheblicher Vollzugsdefizite. Die Informationsfreiheitsgesetze sehen weitreichende Ausnahmen für den Sicherheitsbereich vor, so § 3 des Bundes-IFG.

### 4.1 Defizitäre rechtliche Vorgaben für Polizeikontrollen

Die gesetzlichen Eingriffsbefugnisse für Identitätsfeststellungen eröffnen den handelnden Polizeibeamt*innen einen weiten Ermessensspielraum. Gesetzliche Mechanismen, die transparente Kontrollen sicherstellen, sind in den Gesetzen bisher nicht enthalten. Bei den Normen zur Identitätsfeststellung im Rahmen der Gefahrenabwehr und der Strafverfolgung ist der Anwendungsbereich noch relativ beschränkt, da sie an die polizeiliche Prognose einer konkreten Gefahr oder einer Straftat geknüpft sind (Gusy 2017, S. 132; Graulich und Rachor 2018, Rn. E 327 ff.), wobei bereits diese unbestimmten Rechtsbegriffe weitreichende Unklarheiten enthalten und einen weiten Anwendungsbereich erlauben. An sogenannten „kriminalitätsbelasteten" oder „gefährlichen" Orten oder an

Kontrollstellen können Identitätsfeststellungen dagegen auch durchgeführt werden, wenn keine konkrete Verbindung zwischen der kontrollierten Person und einer Gefahr oder Straftat besteht. Auch die sogenannte „Schleierfahndung" erlaubt Kontrollen ohne Verdachtsmomente, wobei diese nicht an eine abstrakte Gefährlichkeit eines Ortes anknüpft, sondern vielmehr daran, ob sich dieser Ort in Grenznähe befindet (Graulich/Rachor 2018, Rn. E 344; zur Kritik: Aden 2017).

Durch die fehlende Begrenzung der Eingriffe kann faktisch jeder und jede kontrolliert werden, sodass die Normen extrem unbestimmt sind (Keller 2018, S. 23; Tomerius 2017, S. 1401). Eine Einschränkung erfahren diese verdachtsunabhängigen Kontrollen nur dadurch, dass Personen nicht kontrolliert werden dürfen, bei denen eindeutig erkennbar eine Gefahr im Sinne des Lagebilds, welches der abstrakten Gefahrenprognose zugrunde liegt, ausgeschlossen ist (Graf 2011, S. 79), wobei auch hier die konkrete Einschätzung den handelnden Polizeibeamt*innen überlassen bleibt. Werden viele Menschen auf diese Weise kontrolliert, so sind die polizeilichen Kontrollmaßnahmen sehr eingriffsintensiv, da sie eine hohe Streubreite aufweisen. Wenn sie gesetzlich nicht an einen konkreten Anlass gebunden sind, kann es auch kaum gelingen, Kontrollen auf das notwendige Maß zu beschränken, wodurch viele Personen betroffen sind, die keinerlei Anlass für eine Kontrolle gegeben haben. Entsprechende Eingriffe können zudem verhaltenslenkende Wirkungen und Einschüchterungseffekte entfalten (Arzt 2017, S. 1027).

## 4.2 Unbestimmte gesetzliche Vorgaben für Kontrollen und Diskriminierungsrisiken

Polizeibeamt*innen fehlen zumeist klare Vorgaben, wen sie kontrollieren dürfen und sollen. Gleichwohl geht die überwiegende Ansicht in der juristischen Diskussion davon aus, dass die Polizei in zahlreichen Situationen wissen muss, „wer" eine unbekannte Person ist (z. B. Breucker 2003, S. 107). Faktisch erfolgen Identitätsfeststellungen aufgrund von Intuition, Gespür oder Erfahrung der Beamt*innen (Herrnkind 2014, S. 45 ff.; Cremer 2013, S. 31). Damit besteht das Risiko, dass die Auswahlentscheidung auf der subjektiven Einschätzung der jeweils handelnden Beamt*innen basiert (Herrnkind 2000, S. 192).

Zwar sind in den letzten Jahren auch in Deutschland polizeiliche Personenkontrollen verstärkt in den Fokus der öffentlichen, juristischen und sozialwissenschaftlichen Diskussion geraten. Dennoch ist das Themenfeld in Deutschland sowohl juristisch als auch empirisch-sozialwissenschaftlich nur teilweise erforscht. Bisher gab es kaum Forschung zu den Fragen, wie Polizist*innen polizeiliche Personenkontrollen erleben oder wie sich die konkrete Durchführung aus Perspektive der Betroffenen darstellt. Die wissenschaftliche Diskussion über polizeiliche Kontrollen hat sich in den letzten Jahren auf die Risiken von *Racial Profiling* bei der Auswahl der zu kontrollierenden Menschen fokussiert. Andere Aspekte der Identitätsfeststellung blieben weitgehend unbeachtet. Gleichwohl sind aber auch hinsichtlich des *Racial Profilings* – insbesondere in Deutschland – nur wenige Erkenntnisse vorhanden. *Herrnkind* hat gezeigte, dass sich *Racial Profiling* über Jahrhunderte in Deutschland empirisch nachweisen lässt (Herrnkind 2014). Einige wissenschaftliche Publikationen befassen sich explizit mit *Racial Profiling* durch die deutsche Polizei (u. a. Belina 2016; Behr 2017; Cremer 2013; Herrnkind 2014; Kampagne für Opfer rassistischer Polizeigewalt 2016; Leidinger 2018; Thompson 2018; Tsianos 2018). Darüber hinaus gibt es Studien, die sich mit dem Verhältnis zwischen Polizei und Menschen mit Migrationsgeschichte beschäftigen (u. a. Asmus und Enke 2016; Schweer et al. 2008; Liebl 2009).

Der Ablauf polizeilicher Personenkontrollen hat dagegen bisher kaum wissenschaftliche Aufmerksamkeit erfahren. Daher liegen nur wenige Erkenntnisse dazu vor, welche Zielsetzungen Polizeibeamt*innen in bestimmten Situationen mit Identitätsfeststellungen verfolgen. Sofern eine bestimmte Person kontrolliert wird, weil sie im Verdacht steht, eine Straftat oder Ordnungswidrigkeit begangen zu haben, ist die Zielsetzung weitgehend klar. In vielen anderen Konstellationen ist hingegen weniger eindeutig nachvollziehbar, warum Polizeibeamt*innen für ihre Aufgabenerfüllung wissen möchten oder müssen, wer ihnen gegenübersteht, auch weil die Kenntnis des Namens der Polizei in vielen Situationen bei ihrer Aufgabenerfüllung nicht konkret helfen wird. Vielfach wird erst klarwerden, ob Maßnahmen in Betracht kommen oder durchgeführt werden müssen, wenn die Daten einer Person mit den polizeilichen Datenbanken abgeglichen wurden und sich z. B. herausstellt, dass ein Haftbefehl vorliegt. Insofern könnte die Identitätsfeststellung eine Maßnahme sein, um den Datenabgleich vorzubereiten. Polizeibeamt*innen führen Identitätsfeststellungen möglicherweise auch dann durch, wenn ihnen andere polizeiliche Maßnahmen aktuell aufgrund der fehlenden Tatbestandsvoraussetzungen nicht zur Verfügung stehen, sie aber aufgrund ihrer Erfahrung das Gefühl haben, handeln zu müssen, da sie aufgrund der Umstände davon ausgehen, dass „etwas nicht in Ordnung ist." In einer solchen Situation hoffen die handelnden Polizeibeamt*innen, dass die Identitätsfeststellung oder ein Datenbankabgleich zu weiteren Ansatzpunkten für polizeiliches Handeln führen könnten. Diese Formen der vorgelagerten Gefahrenerforschung sind allerdings in den gesetzlichen Eingriffsregelungen nicht explizit vorgesehen.

Im polizeipraktischen Diskurs und teilweise auch in rechtlichen Ausführungen wird angeführt, dass das polizeiliche Gegenüber „aus der Anonymität geholt" werden müsse, um die Entstehung von (weiteren) Gefahren zu verhindern (z. B. VGH Mannheim NVwZ-RR 2011, S. 231 (233)). Die hiermit verbundene konkludente oder ausdrückliche Warnung erscheint als eine individualisierte und konkretisierte Variante der negativen Generalprävention in Form der Abschreckung (z. B. Graulich und Rachor 2018, Rn. E 100). Dabei könnte es sich wiederum um eine in das Vorfeld von Gefahren verlagerte Kriminalprävention handeln, die der Gefährderansprache ähnlich wäre – was allerdings ebenfalls nicht dem Wortlaut der gefahrenabwehrrechtlichen Eingriffsnormen entsprechen würde.

Ein weiterer Anknüpfungspunkt für die Auswahlentscheidung könnte darin bestehen, eine unbekannte Person zu kontrollieren, bei der die handelnden Beamt*innen aufgrund ihres Erfahrungswissens, aber ohne nähere Anhaltspunkte damit rechnen, dass sie sich gefährlich verhalten könnte, beispielsweise eine Person, die aufgrund eines bestimmten Aussehens auffällt, welches die Polizei einer „Gefährdergruppe" zuschreibt. Durch die unklaren Normen bedingt können dabei aber auch Vorurteile oder rassistische Stereotype in Auswahlentscheidungen einfließen (Aden 2017, S. 59 f.). Da entsprechende Entscheidungen höchst subjektiv sind, können die Betroffenen nicht erkennen, wann und unter welchen Umständen sie mit einer Kontrolle zu rechnen haben. So besteht das Risiko, dass Personen mit bestimmten Eigenschaften immer wieder kontrolliert werden und andere nie, wodurch die Polizei auch mögliche Gefahrenherde übersehen kann. Anlasslose Eingriffsermächtigungen ermöglichen es also, in die Grundrechte bestimmter Bevölkerungsgruppen öfter einzugreifen und begünstigen so diskriminierendes *Racial Profiling*. Diskriminierende Auswahlentscheidungen, die überwiegend auf dem Aussehen von Menschen beruhen, sind nicht mit Art. 3 Abs. 3 GG und EU-rechtlichen Vorgaben zu vereinbaren (Tomerius 2017, S. 1405 f. m. w. N.; Aden 2017, S. 61). Besonders groß ist das Risiko eines diskriminierenden *Racial Profiling* bei Vorschriften, die nicht nur an kriminelles Verhalten, sondern auch daran anknüpfen, ob die Kontrollen an einem Ort stattfinden, an dem sich nach polizeilicher Erfahrung Personen treffen, die gegen aufenthaltsrechtliche Strafvorschriften verstoßen, ebenso wie die Vorschriften zur Schleierfahndung, die an eine unerlaubte Einreise anknüpfen. In diesen Fällen enthalten bereits die gesetzlichen Eingriffsgrundlagen ein nach Art. 3 Abs. 3 GG verfassungswidriges diskriminierendes Element, da Anhaltspunkte für eine verbotene Einreise gerade aus Kriterien wie der Herkunft, der Sprache oder der Abstammung folgen, die als Indizien für eine vermeintlich fehlende deutsche Staatsbürgerschaft herangezogen werden (AKJ Berlin 2013, S. 16 ff.; Burkhardt

& Barskanmaz 2019, S. 5). Die Polizei wird durch solche Normen geradezu verpflichtet, an Kriterien anzuknüpfen, die nach Art. 3 Abs. 3 GG verboten sind. Nicht nur aus rechtlicher Perspektive ist *Racial Profiling* problematisch, auch sozialwissenschaftliche Erkenntnisse zeigen, dass diskriminierende polizeiliche Personenkontrollen negative gesellschaftspolitische Auswirkungen haben. So beschreiben *Thompson* und *James* (2016), dass gelebte Erfahrungen von schwarzen Menschen und *People of Colour* in Deutschland mit polizeilichen Personenkontrollen unter anderem beinhalten, für kriminell gehalten, öffentlich gedemütigt und bloßgestellt oder mit rassistischer Sprache adressiert zu werden und in manchen Fällen sogar körperliche Gewalt zu erfahren. Für die Betroffenen führen häufige Kontrollen zu Einschränkungen bei der Nutzbarkeit des öffentlichen Raums und möglicherweise zu einem Ausweichverhalten mit Auswirkungen auf die alltägliche Lebensgestaltung (vgl. Belina 2016).

Neben diesen individuellen Diskriminierungserfahrungen bergen öffentliche polizeiliche Personenkontrollen auch das Risiko, vorhandene gesellschaftliche Stereotype zu bestätigen und zu verfestigen, da es sich bei den Kontrollen gerade für Menschen, deren Aussehen mit *Profiling*-Kriterien übereinstimmt, um eine wiederkehrende, sich summierende und reproduzierende Praxis handelt (James und Thompson 2016, S. 57). Denn Menschen, die polizeiliche Kontrollen im öffentlichen Raum als Unbeteiligte beobachten, erfahren regelmäßig nicht, welches Ergebnis die Kontrollen hatten, sondern sehen beispielsweise nur, dass eine schwarze Person von der Polizei kontrolliert wird. Daraus könnte von den Beobachtenden der Fehlschluss gezogen werden, wer von der Polizei kontrolliert wird, werde prinzipiell schon einen Anlass dafür geboten haben. Dieser Effekt verstärkt sich durch Folgemaßnahmen wie lang andauernde Datenbankabfragen oder die Mitnahme zu einer Polizeidienststelle.

Welches quantitative Ausmaß diskriminierende polizeiliche Personenkontrollen in Deutschland haben, lässt sich empirisch kaum genau feststellen, da deutsche Polizeibehörden keine systematische Statistik über Personenkontrollen führen müssen. Zwar hat eine Befragung zu Minderheiten und Diskriminierungen ergeben, dass in Deutschland türkeistämmige wie auch Menschen aus dem ehemaligen Jugoslawien mehr als doppelt so häufig von der Polizei angehalten werden wie Personen der Mehrheitsbevölkerung (FRA 2010, S. 30 ff.). Gleichwohl bleibt unklar, wer in Deutschland aus welchen Gründen von der Polizei kontrolliert wird und mit welchem Ergebnis.

Aus dem verfassungsrechtlichen Diskriminierungsverbot folgt, dass bereits die Gesetzgebung Rechtsnormen so auszugestalten hat, dass Polizist*innen nicht in die Situation kommen, mangels anderer Kriterien diskriminierende Auswahlentscheidungen zu treffen (Herrnkind 2014, S. 55; Aden und Fährmann 2018, S. 33).

Klare gesetzliche Vorgaben könnten auch dazu beitragen, Kontrollsituationen transparenter zu gestalten. Dies lässt sich allerdings nicht nur durch rechtliche Vorgaben umsetzen, vielmehr muss auch die Kontrollpraxis transparent gestaltet werden und die Problematik in der Polizeiausbildung thematisiert werden.

## 5 Ansätze für die Schaffung von Transparenz bei Kontrollsituationen

Die Transparenz polizeilicher Kontrollen umfasst zwei zentrale Aspekte: Erstens sollen Betroffene verstehen, warum sie kontrolliert werden und was anschließend mit ihren Daten geschieht. Dies kann z. B. durch Erklärungen der handelnden Polizeibeamt*innen oder andere Informationsangebote erfolgen. Zweitens dient Transparenz auch der öffentlichen Kontrolle des Behördenhandelns im weiteren Sinne. Hierfür sind insbesondere Dokumentationen erforderlich, aus denen sich Statistiken über die praktische Nutzung polizeilicher Kontrollbefugnisse erstellen lassen, wie sie z. B. seit einiger Zeit in New York veröffentlicht werden (vgl. White und Fradella 2016, S. 91 ff.). Solche Statistiken können die wissenschaftliche Evaluation polizeilicher Kontrollbefugnisse und zukünftige politische Entscheidungen hierüber erleichtern.

### 5.1 Rechtliche Gründe für transparentere Identitätsfeststellungen

Bereits aus dem heutigen Recht ergeben sich Pflichten zur Herstellung von Transparenz bei Kontrollsituationen. So heißt es in § 18 Abs. 6 des Hessischen Gesetzes über die öffentliche Sicherheit und Ordnung (HSOG): „Werden die Personalien bei der betroffenen Person erhoben, ist diese auf den Grund für die Identitätsfeststellung hinzuweisen, sofern der Zweck der Maßnahme hierdurch nicht beeinträchtigt wird." Auch nach dem Verwaltungsverfahrensgesetz (VwVfG) sind zwar in der Regel nur schriftliche Verwaltungsakte zu begründen (§ 39). Bei mündlich angeordneten Verwaltungsakten wie einer Identitätsfeststellung im öffentlichen Raum haben Betroffene aber immer Anspruch auf eine schriftliche Bestätigung, wenn sie hieran ein berechtigtes Interesse haben und dies unverzüglich verlangen (§ 37 Abs. 2 Satz 2). Betroffene, die sich durch Kontrollen diskriminiert fühlen, haben ein rechtliches Interesse an einer solchen Bestätigung, damit sie die Kontrollen später nachweisen können. In der Praxis dürfte dies aber zumeist bereits daran scheitern, dass die Betroffenen dieses Recht nicht kennen und es daher nicht unverzüglich geltend machen. Zudem kommt es vor, dass Polizeibeamt\*innen sich weigern eine solche Bestätigung auszustellen. Das 2016 verabschiedete EU-Datenschutzrecht hat in Art. 13 der Richtlinie (EU) 2016/680 für den Datenschutz im Polizei- und Strafjustizbereich („JI-Richtlinie") auch für das Polizeihandeln allgemeine Pflichten zur Transparenz etabliert. Demnach ist die betroffene Person insbesondere über die Zwecke zu informieren, für die ihre Daten verarbeitet werden. Darunter fallen auch Informationen, die bei Identitätsfeststellungen erhoben werden. In Deutschland ist diese Pflicht in allgemeiner Form in § 55 BDSG und den Landesdatenschutzgesetzen teilweise umgesetzt worden (z. B. §§ 50 HDSIG oder 44 DSG NRW). Die eher restriktive Umsetzung in Deutschland zielt allerdings auf alle potenziell Betroffenen und damit auf die Information der Allgemeinheit ab, während die JI-Richtlinie auch Informationspflichten gegenüber Betroffenen vorsieht (Schwichtenberg 2018, § 55 Rn. 1). Die bisherige Umsetzung in Deutschland ist daher mangelhaft. Die Intention der Umsetzungsgesetzgebung, alle interessierten Bürger\*innen über Abläufe der polizeilichen Datenverarbeitung zu informieren, ist zwar begrüßenswert. Gleichwohl müssen die staatlichen Informationspflichten richtlinienkonform so ausgestaltet werden, dass auch die konkret Betroffenen über die sie betreffende Datenverarbeitung informiert werden. Daher ist die Polizei verpflichtet, allgemeine Informationen öffentlich zur Verfügung zu stellen – beispielsweise auf einer Website in leicht verständlicher und präziser Form (Schild 2019, § 55 Rn. 4) – und gleichzeitig die betroffenen Personen bezüglich konkreter Maßnahmen direkt zu informieren. Bei Identitätsfeststellungen könnte dies durch eine Kontrollquittung erfolgen.

Die Gesetzgebung in Bund und Ländern hat die Pflicht, entsprechende Vorschriften in Spezialgesetzen zu normieren, wobei nach Art. 13 Abs. 3 JI-Richtlinie auch Ausnahmen von der Informationspflicht vorgesehen werden können. Solche Ausnahmen wären allerdings bei den Vorschriften zur Identitätsfeststellung unionsrechtswidrig, da sich aus der JI-Richtlinie die generelle Informationspflicht ergibt und diese nur aus besonderen Gründen eingeschränkt werden kann, wenn es zur Erfüllung bestimmter Zwecke erforderlich ist. Gerade bei der Identitätsfeststellung wird es einen solchen Grund aber nicht geben, da die Betroffenen bereits wissen, dass Ihre Daten erhoben und sie Ziel einer polizeilichen Maßnahme wurden.

Auch ist zu berücksichtigen, dass sich die Informationspflichten nicht nur aus der JI-Richtlinie bzw. deren jeweiliger Umsetzung ergeben können, sondern auch aus der unmittelbar anwendbaren Datenschutzgrundverordnung (EU) 2016/679 (DSGVO). Nach verbreiteter Ansicht gilt die JI-Richtlinie nur in der Strafverfolgung und den Bereichen der Gefahrenabwehr, die einen Bezug zu Straftaten aufweisen. In allen anderen Fällen gilt die DSGVO. Dies folgt daraus, dass der Begriff der Gefahr im Unionsrecht enger interpretiert wird, was insbesondere aus den Gesetzgebungsmaterialien folgt (so z. B. Johannes und Weinhold 2018, S. 52; Schantz und Wolff 2017, S. 75 f.). Von der DSGVO umfasst sind u. a. Fälle, in denen die Polizei eine Identität im ausländerrechtlichen Kontext feststellt oder in denen die Identitätsfeststellung allein zur Gefahrenabwehr erfolgt, beispielsweise, wenn eine vermisste Person, die sich selbst gefährdet, aufgefunden werden soll. Einschlägig wären dann die Vorschriften in Art. 13 Abs. 1 und Abs. 2 DSGVO, die umfassende Informationspflichten gegenüber den Betroffenen während der Erhebung und zum Verständnis der Verarbeitungsvorgänge statuieren.

## 5.2 Ausgestaltung von Kontrollquittungen – Erfahrungen in anderen Ländern und technische Gestaltungsoptionen

In der Zusammenschau der im vorigen Abschnitt erörterten Rechtsgrundlagen sind deutsche Polizeibehörden bereits heute verpflichtet, Kontrollsituationen transparenter zu gestalten. Den allgemeinen Informationspflichten können sie z. B. mit Hinweisen auf einer Website nachkommen. Hinsichtlich der Informationspflichten gegenüber den Betroffenen gibt es die Möglichkeit der Kontrollquittung.

Eine solche Quittung kann auf verschiedene Art und Weise umgesetzt werden, etwa in Papierform oder digital, direkt nach der Kontrolle oder im Anschluss postalisch. Es erscheint allerdings vorzugswürdig, dass die Betroffenen einen Nachweis über die Kontrolle und Informationen über ihre Rechtsschutzmöglichkeiten gleich nach den Kontrollvorgängen erhalten. Eine nachträgliche Zustellung dieser Informationen wäre für alle Beteiligten aufwendig, wodurch die korrekte Anwendung gefährdet wäre. Zudem ist darauf hinzuweisen, dass neben allen strukturellen Maßnahmen zur Herstellung von Transparenz ein wesentlicher Faktor immer sein wird, wie die Polizeibeamt*innen vor Ort agieren. Transparenz und Vertrauen wird besonders dadurch beeinflusst, wie die Beamten*innen auf die betroffenen Personen zugehen, was sie ihnen erklären und wie sie auf die Betroffenen reagieren. Daher sollte Transparenz durch eine Quittung möglichst im Anschluss an die Kontrollsituation hergestellt werden, auch da so die Wahrscheinlichkeit steigt, dass sich die Betroffenen fair im Sinne des *Procedural Justice*-Ansatzes behandelt fühlen. Die Ausgestaltung von Kontrollquittungen sollte den Grundsatz der Datenminimierung beachten und daher mit so wenigen Daten wie möglich auskommen.

Trotz der bereits vorhandenen Rechtspflichten sind Kontrollquittungen auch auf Verlangen der Betroffenen in Deutschland bisher in der Polizeipraxis kaum relevant. In anderen Ländern werden hingegen Quittungen in der polizeilichen Praxis bereits ausgestellt (z. B. in New York, vgl. White und Fradella 2016). Wie die Agentur der Europäischen Union für Grundrechte ausführt, kann das Ausstellen von Kontrollquittungen im Rahmen von Identitätsfeststellungen und Durchsuchungen ein sinnvolles Werkzeug sein, um Polizist*innen zu ermutigen, Kontrollen fundiert durchzuführen und Vertrauen bei den Kontrollierten sowie der Öffentlichkeit zu fördern (FRA 2010, S. 56). Weitere Vorteile solcher Quittungen sind, dass die daraus resultierenden Statistiken behördenintern und einer breiteren Öffentlichkeit dabei helfen können, unverhältnismäßig häufige Kontrollen von bestimmten Personengruppen aufzudecken sowie Betroffene oder Dritte bei Beschwerden gegen unrechtmäßige Polizeikontrollen zu unterstützen (FRA 2010, S. 57).

Eine große Herausforderung besteht darin, Kontrollquittungen und die daraus resultierenden Statistiken so auszugestalten, dass diese keine diskriminierenden Wirkungen entfalten, nicht gegen nationales oder europäischen Datenschutzrecht verstoßen und dennoch ihre positiven Wirkungen entfalten können. Dass dies möglich ist, zeigt Großbritannien. Dort werden seit 2005 Kontrollquittungen in England, Wales und Schottland ausgestellt (FRA 2010, S. 56). Auch in Bulgarien, Spanien und Ungarn wurde im Rahmen des EU-Pilotprojekts STEPSS *(Strategies for Effective Police Stop and Search)* mit Kontrollquittungen experimentiert.

Die Erfahrungen aus den genannten Ländern zeigen allerdings auch, dass Kontrollquittungen nur dann ihre positiven Wirkungen entfalten können, wenn sie Daten darüber enthalten, welche/r Polizist*in aus welcher Dienststelle die Kontrolle aus welchen Gründen zu welcher Uhrzeit an welchem Ort durchgeführt hat. Auch sind Informationen über das Ergebnis der Kontrolle und gegebenenfalls über eingeleitete Folgemaßnahmen erforderlich. Aufseiten der Kontrollierten könnten neben den in Personalausweisen enthaltenen personenbezogenen Daten (Namen, Geburtsdatum, Anschrift, Staatsangehörigkeit) auch weitere relevante Informationen wie Geschlecht, Religionszugehörigkeit und ethnische Herkunft abgefragt werden (FRA 2010, S. 57 ff.). Dies führt nicht nur dazu, dass die handelnden Polizist*innen während der Kontrolle ihr Handeln reflektieren müssen und die Betroffenen anschließend alle nötigen Informationen für eine mögliche Überprüfung der Kontrolle erhalten. Vielmehr wird durch diese Informationen auch gewährleistet, dass Statistiken möglichst aussagekräftig belegen können, welche Personengruppen regelmäßig aus welchen Gründen kontrolliert werden und mit welchem Resultat. Da aber die Gefahr besteht, dass solche Daten zweckentfremdet werden oder diskriminierende Wirkung entfalten, ist es zentral, dass solche Kontrollquittungen nicht gegen den Willen von Minderheitengruppen oder anderen typischerweise von polizeilichen Personenkontrollen betroffenen Personengruppen eingeführt werden, sondern mit deren Unterstützung. Dies bedeutet, dass diese Gruppen idealerweise an der rechtlich-inhaltlichen und technischen Ausgestaltung und Umsetzung solcher Quittungen beteiligt werden. Nur so kann gewährleistet werden, dass Kontrollquittungen auf größtmögliche Akzeptanz stoßen und keine diskriminierenden Wirkungen entfalten. Eine so detaillierte Erhebung von statistischen Informationen müsste allerdings mit dem Prinzip der Datenminimierung in Einklang gebracht werden und dürfte eine spezialgesetzliche Regelung erfordern, in der die Verarbeitung dieser Daten auf klar definierte Zwecke begrenzt wird, etwa indem ein Personenbezug bei ergebnislosen Kontrollen ausgeschlossen wird.

Es wäre mit viel Aufwand verbunden, den Nachweis über die Kontrolle jeweils vor Ort händisch auszustellen, auch wenn dafür, wie in New York, ein Vordruck vorhanden wäre. Vielmehr erscheint es sinnvoll, dass die Quittung automatisch digital erstellt wird. Die Aufnahme der Informationen, die für die Quittung relevant sind, könnte zukünftig in den technischen Workflow mobiler Geräte integriert werden. Dabei besteht allerdings auch das Problem, dass die Quittung zu den Betroffenen gelangen muss. Wenig zielführend erscheint es, allein auf die Möglichkeit zu verweisen, dass die Polizei einen entsprechenden Nachweis per E-Mail versendet, was voraussetzen würde, dass die Betroffenen ein weiteres personenbezogenes Datum bei der Polizei hinterlegen müssten. Dies würde dem Grundsatz der Datenminimierung entgegenlaufen. Daher erscheint es sinnvoll, dass die Betroffenen eine Nummer oder einen per Smartphone lesbaren Code erhalten, um die Quittung auf einer Website anonym abrufen zu können. Allerdings muss bedacht werden, dass auch die Möglichkeit eines analogen Nachweises bestehen muss, falls die Betroffenen kein Smartphone oder keinen Computer besitzen oder ein solches Gerät nicht bei sich führen. In einem solchen Fall müssen die Betroffenen auch die Möglichkeit haben, dass ihnen ein Nachweis vor Ort ausgehändigt oder ihnen zugesendet wird. Zusätzlich können die Betroffenen auch auf die allgemeinen Informationen hingewiesen werden, die im Rahmen der Transparenzpflicht im Internet bereitstehen.

In das MEDIAN-Projekt werden diese teils widerstreitenden Fragen, Positionen und Argumente im Rahmen eines NGO-Dialogs einbezogenen, einer speziell für diesen Zweck entwickelten partizipativ-empirischen Methode.

In Diskussionsrunden mit Vertreter*innen interessierter *Non Governmental Organisations* (NGOs) werden mögliche Maßnahmen und technische Entwicklungen zur Vereinfachung von Kontrollen und zur Vermeidung von Diskriminierung diskutiert. Zusätzlich werden Interviews mit Betroffenen und Polizist*innen geführt, um alle Perspektiven auf Identitätsfeststellungen berücksichtigen zu können.

## 6 Fazit und Ausblick

Dieser Beitrag hat gezeigt, dass realistische Möglichkeiten bestehen, polizeiliche Kontrollsituationen für die Betroffenen transparenter zu gestalten. Im Anschluss an die *Procedural Justice*-Theorie ist zu erwarten, dass eine klare Kommunikation der Gründe für eine Kontrolle und deren Ablauf einerseits dazu beitragen könnte, dass Betroffene Kontrollen als fairer empfinden und daher auch überwiegend akzeptieren. Andererseits könnten so Polizeibeamt*innen davon abgehalten werden, unnötige oder gar diskriminierende Kontrollen durchzuführen. Kontrollquittungen könnten zu einer besseren Information Betroffener und zur Erstellung aussagekräftiger Kontrollstatistiken beitragen, sodass ein faktenbasierter öffentlicher Diskurs über polizeiliche Identitätsfeststellungen möglich wäre.

Die konsequente Umsetzung der EU-rechtlichen Vorschriften zur Information Betroffener über die polizeiliche Datenverarbeitung und die Entwicklung technischer Lösungen, die für alle Beteiligten möglichst einfach handhabbar sind, können polizeiliche Kontrollen ein Stück weit transparenter machen. Daneben sind auch politische Initiativen erforderlich, um die einschlägigen Rechtsvorschriften im Hinblick auf die Minimierung von Diskriminierungsrisiken zu reformieren. Der im Dezember 2019 geschlossene Koalitionsvertrag zur Bildung einer Landesregierung in Sachsen für die Jahre 2019 bis 2024 geht einen innovativen Weg, indem er vorsieht: „Betroffene anlassloser Kontrollen erhalten zukünftig als Nachweis eine Kontrollbescheinigung" (CDU, Bündnis 90-Die Grünen und SPD Sachsen 2019, S. 64). Die Ausgestaltung und Konkretisierung dieser und weiterer Initiativen für transparentere Kontrollen bleiben interessante Gegenstände für die transdisziplinär rechts- und sozialwissenschaftliche Polizeiforschung.

## Literatur

Aden, H. 2017. Anlasslose Personenkontrollen als grund- und menschenrechtliches Problem. *Zeitschrift für Menschenrechte* 11, 54–65.

Aden, H. 2018. Information Sharing, Secrecy and Trust among Law Enforcement and Secret Service Institutions in the European Union. *West European Politics (WEP)* 41: 981–1002.

Aden, Hartmut. 2019. Unabhängige Polizei-Beschwerdestellen und Polizeibeauftragte. In *Polizei und Menschenrechte*, Hrsg. Dieter Kugelmann, 171–185, Bonn: Bundeszentrale für Politische Bildung.

Aden, Hartmut und Fährmann, Jan. 2018. Polizeirecht vereinheitlichen? E-Paper der Heinrich Böll Stiftung, Berlin, https://www.boell.de/sites/default/files/endf_e-paper_polizeirecht_vereinheitlichen.pdf?dimension1=division_demo. Zugegriffen Dezember 2019.

Aden, Hartmut und Jan Fährmann. 2019. Verbesserungspotenziale im Polizeirecht: Rechtsstaatlich-bürgerrechtliche Perspektiven auf die Diskussion über einen neuen Polizeigesetz-Musterentwurf. In *Polizeirecht im Wandel*. Hrsg. Henning Schwier, 209–232. Rothenburg/Oberlausitz: Eigenverlag der Hochschule der sächsischen Polizei.

AKJ Berlin. 2013. Diskriminierende Kontrollen und Aufenthaltsgesetzgebung. *Bürgerrechte & Polizei/CILIP* 104: 12–19.

Arzt, C. 2017 Das neue Gesetz zur Fluggastdatenspeicherung. *Die Öffentliche Verwaltung (DÖV)* 70: 1023–1030.

Asmus, Hans-Joachim und Thomas Enke. 2016. *Der Umgang der Polizei mit migrantischen Opfern*. Wiesbaden: Springer VS.

Belina, Bernd. 2016. Der Alltag der Anderen. In *Sicherer Alltag?*, Hrsg. B. Dollinger und H. Schmidt-Semisch, 125–146. Wiesbaden: Springer VS.

Behr, Rafael. 2017. Diskriminierung durch Polizeibehörden. In *Handbuch Diskriminierung*, Hrsg. A. Scherr, A. El-Mafaalani und G. Yüksel. Wiesbaden: VS Verlag für Sozialwissenschaften.

Breucker, Marius. 2003. *Transnationale polizeiliche Gewaltprävention*. Würzburg: Ergon-Verlag.

Bovens, M. 2007. Analysing and Assessing Accountability. *European Law Journal* 13: 447–468.

Burkhardt, Maren und Cengiz Barskanmaz. 2019. Verfassungsrechtliche Bewertung der Vorschrift des § 21 Abs.2 Nr. 1 des Allgemeinen Gesetzes zum Schutz der öffentlichen Sicherheit und Ordnung in Berlin. https://kop-berlin.de/files/175. Zugegriffen Dezember 2019.

CDU, Bündnis 90-Die Grünen und SPD Sachsen. 2019. *Gemeinsam für Sachsen. Koalitionsvertrag 2019 bis 2024*, Dresden.

Cremer, Hendrik. 2013. Studie „Racial Profiling". Berlin: Deutsches Institut für Menschenrechte. https://www.institut-fuer-menschenrechte.de/uploads/tx_commerce/Studie_Racial_Profiling_Menschenrechtswidrige_Personenkontrollen_nach_Bundespolizeigesetz.pdf. Zugegriffen Dezember 2019.

FRA (European Union Agency for Fundamental Rights). 2010. *Diskriminierendes „Ethnic Profiling" erkennen und vermeiden: ein Handbuch.* Luxemburg/Brüssel: Amt für Veröffentlichungen der EU.

Graf, Susanne. 2011. *Verdachts- und ereignisunabhängige Personenkontrollen.* Berlin: Duncker & Humblot.

Graulich, Kurt und Frederik Rachor. 2018. Das Polizeihandeln. In *Handbuch des Polizeirechts: Gefahrenabwehr – Strafverfolgung – Rechtsschutz.* Hrsg. H. Lisken und E. Denninger, 6. Aufl., 319–748. München: Beck.

Gropp, Walter. 1999. Transparenz der polizeilichen Befugnisanwendung. In *Polizei und Datenschutz.* Hrsg. H. Bäumler und H.-W. Arens, 104–120. Neuwied: Luchterhand.

Gusy, Christoph. 2017. *Polizei- und Ordnungsrecht.* 10. Aufl. Tübingen: Mohr Siebeck.

Herrnkind, M.. 2000. Personenkontrollen und Schleierfahndung. *Kritische Justiz* 33: 188–208.

Herrnkind, M. 2014. Filzen Sie die üblichen Verdächtigen. *Polizei & Wissenschaft* 14: 35–58.

Hücker, Fritz. 2017. *Rhetorische Deeskalation.* 4. Auflage. Stuttgart: Boorberg.

James, Joanna und Vanessa E. Thompson. 2016. *Racial Profiling, Institutioneller Rassismus und Widerstände.* Düsseldorf: Informations- und Dokumentationszentrum für Antirassismusarbeit e. V. (IDA).

Johannes, Paul und Robert Weinhold. 2018. *Das neue Datenschutzrecht bei Polizei und Justiz.* Baden-Baden: Nomos.

Kampagne für Opfer rassistischer Polizeigewalt. 2016. *Alltäglicher Ausnahmezustand. Institutioneller Rassismus in deutschen Strafverfolgungsbehörden.* Münster.

Keller, N. 2018. Wer hat Angst vorm Kottbusser Tor? *Bürgerrechte & Polizei/CILIP 115:* 18–24.

Kipker, D. und H. Gärtner. 2015. Verfassungsrechtliche Anforderungen an den Einsatz polizeilicher „Body-Cams." *Neue Juristische Wochenschrift (NJW)* 68: 296–301.

Kubera, T. und Fuchs N.-K. 2011. Strategie und Taktik zur Erfüllung des Deeskalationsgebotes. *Deutsches Polizeiblatt für die Aus- und Fortbildung* 29: 11–14.

Kugelmann, Dieter. 2001. *Die informatorische Rechtsstellung des Bürgers.* Tübingen: Mohr Siebeck.

Lachenmann, M.. 2017. Einsatz von Bodycams durch Polizeibeamte. *Neue Zeitschrift für Verwaltungsrecht (NVwZ)* 36: 1424–1430.

Lederer, Beate. 2015. *Open Data. Informationsfreiheit unter dem Grundgesetz.* Berlin: Duncker & Humblot.

Leidinger, A. 2018. Drei Perspektiven auf Racial Profiling: Konservativ, liberal, kritisch. *Kritische Justiz* 51: 450–463.

Liebl, Karlhans. 2009. *Polizei und Fremde – Fremde in der Polizei.* Wiesbaden: VS Verlag für Sozialwissenschaften.

Lorei, Clemens, Kerstin Kocab, Kerstin Ellrich und Jürgen Sohnemann. 2017. *Kommunikation statt Gewalt.* Frankfurt am Main: Verlag für Polizeiwissenschaft.

Neutzler, M. und C. Schenk. 2011. Kommunikation als Teil der Deeskalation am Beispiel der Langzeitlage Bau der Landebahn Nord am Flughafen Frankfurt/Main. *Deutsches Polizeiblatt für die Aus- und Fortbildung* 29: 18–21.

Schaar, Peter. 2015. Zwischen Öffentlichkeit und Datenschutz. In *Transparenz contra Geheimhaltung in Staat, Verwaltung und Wirtschaft*. Hrsg. von Hans H. von Arnim, 27–34. Berlin: Duncker & Humblot.

Schantz, Peter und Heinrich A. Wolff. 2017. *Das neue Datenschutzrecht*. München: Beck.

Schild, Hans Hermann. 2019. Kommentierung zu § 55 BDSG. In BeckOK Datenschutzrecht, Hrsg. S. Brink und H. A. Wolff. München: Beck.

Schipfer, N.-S. 2011. Plädoyer für mehr Deeskalation durch vertrauensvolle Kommunikation im Fußball. *Deutsches Polizeiblatt für die Aus- und Fortbildung* 29: 18–21.

Schmalzl, Hans-Peter, Max Hermanutz und Lisa Bodamer. 2012. *Moderne Polizeipsychologie in Schlüsselbegriffen*. 3. Aufl. Stuttgart: Boorberg.

Schweer, Thomas, Hermann Strasser und Steffen Zdun. 2008. *Das da draußen ist ein Zoo, und wir sind die Dompteure*. Wiesbaden: VS Verlag für Sozialwissenschaften.

Schwichtenberg, Simon. 2018. Kommentierung zu § 55 DS-GVO. In *Datenschutzgrundverordnung*, Hrsg. J. Kühling und Benedikt Buchner. München: Beck.

Thompson, Vanessa E. 2018. There is no justice, there is just us! In *Kritik der Polizei*. Hrsg. Daniel Loick, 197–221. Frankfurt, New York: Campus Verlag.

Tomerius, C. 2017. „Gefährliche Orte" im Polizeirecht – Straftatenverhütung als Freibrief für polizeiliche Kontrollen? *Deutsches Verwaltungsblatt (DVBl.)* 69: 1399–1406.

Töpfer, Eric und Julia von Normann. 2017. *Unabhängige Polizei-Beschwerdestellen*. Berlin: Deutsches Institut für Menschenrechte.

Tsianos, V. 2018. Stop and Search die „Hautverdächtigen". Warum es so schwierig ist, von institutionellem Rassismus im Kontext von Racial Profiling zu reden. *standpunkt: sozial HAW Hamburg, Fakultät Wirtschaft & Soziales*: 44–52.

Tyler, Tom R. und Steven L. Blader. 2000. *Cooperation in Groups. Procedural Justice, Social Identity, and Behavioral Engagement*. Philadelphia: Psychology Press.

Tyler, T. R. 2017. Procedural Justice and Policing. *Annual Review of Law and Social Science* 13: 29–53.

Velten, Petra. 1996. *Transparenz staatlichen Handelns und Demokratie*. Pfaffenweiler: Centaurus-Verlag.

White, Michael D. und Henry F. Fradella. 2016. *Stop and Frisk. The use and abuse of a controversial policing tactic*. New York: New York University Press.

**Hartmut Aden** Prof. Dr. iur., Professor für Öffentliches Recht, Europarecht, Politik- und Verwaltungswissenschaft an der Hochschule für Wirtschaft und Recht, Berlin, Hartmut. aden@hwr-berlin.de.

**Jan Fährmann** Dr. iur., Wissenschaftlicher Mitarbeiter im Fachbereich 5 Polizei und Sicherheitsmanagement der Hochschule für Wirtschaft und Recht in Berlin, jan. faehrmann@hwr-berlin.de.

**Alexander Bosch** M.A. (Sozialwissenschaften), Wissenschaftlicher Mitarbeiter im Fachbereich 5 Polizei und Sicherheitsmanagement der Hochschule für Wirtschaft und Recht in Berlin, alexander.bosch@hwr-berlin.de.

# Bodycam – Argumentationslinien in Deutschland

Lena Lehmann

## 1  Einleitung

Studien zeigen, dass Gesichtserkennung oftmals falsche Treffer liefert (z. B. Verwechslung von Frauen und Männern). In den USA werden diese Techniken trotz dieser Erkenntnisse in vielen Städten eingesetzt.[1] In Deutschland wurde in Berlin am Bahnhof Südkreuz von 2017 bis 2018 ein Pilotprojekt durchgeführt, bei dem biometrische Gesichtssoftware eingesetzt wurde (Bundespolizeipräsidium Potsdam 2018). Während diese Arten von Videobeobachtung als Unterstützungsinstrument bei der Strafverfolgung für die Polizei im Vordergrund stehen, verhält sich dies bei den Einführungsgründen der Bodycam in Deutschland bei der Polizei differenzierter.

Die Polizei implementiert vermehrt den Einsatz von Körperkameras, um sich vor Übergriffen zu schützen bzw. diese zu verhindern. Grundsätzlich geht es darum, Sicherheit für die Polizeibediensteten herzustellen.

Sowohl Bodycam als auch CCTV weisen Parallelen auf, differieren aber auch voneinander. Die jeweiligen Kamerasysteme (festinstallierte Kameras und Bodycams) unterscheiden sich vornehmlich hinsichtlich ihrer Einsätze und Möglichkeiten (Lehmann 2017a). Die Unterschiede liegen bspw.

---

[1]Die Stadt San Francisco will die Gesichtserkennungssoftware verbieten (Zeit Online 2019).

---

L. Lehmann (✉)
Kriminologisches Forschungsinstitut Niedersachsen e. V., Hannover, Deutschland
E-Mail: lena.lehmann@kfn.de

© Springer Fachmedien Wiesbaden GmbH, ein Teil von Springer Nature 2020
D. Hunold und A. Ruch (Hrsg.), *Polizeiarbeit zwischen Praxishandeln und Rechtsordnung,* Edition Forschung und Entwicklung in der Strafrechtspflege,
https://doi.org/10.1007/978-3-658-30727-1_2

in der räumlichen Verbriefung, in der eigentlichen Videobegegnung und der Materialerzeugung (Jones 2015). Grundsätzlich ist der Einsatz hinsichtlich der Wirksamkeit von Bodycams bei Polizei umstritten. Dabei lassen sich verschiedene Argumentationslinien identifizieren.

Im Folgenden[2] werden die Argumentationen der Befürworter und Gegner von Bodycams dargestellt. Dabei werden diese anhand der neuesten Studienergebnisse von Stefan Kersting, Thomas Naplava, Michael Reutemann, Marie Heil und Carola Scheer-Vesper, die 2019 einen Abschlussbericht zur deeskalierenden Wirkung von Bodycams im Wachdienst der Polizei Nordrhein-Westfalen veröffentlich haben, eingeordnet.

Der Presse sind zahlreiche Erfolgsmeldungen hinsichtlich des Einsatzes von Bodycams zu entnehmen. Dabei handelt es sich um Erfahrungsberichte vonseiten der Polizei, die in Einsätzen die Nutzung der Bodycam als Erfolg wahrgenommen haben. Ein genauerer Blick zeigt, dass hier Unterschiede im Zugang zu wissenschaftlichen Analysen zur Messung von Wirksamkeit bei Nutzung der Bodycam bestehen. Während der Großteil der Bundesländer auf eigene polizeiinternen Analysen zurückgriff, wurde u. a. in Nordrhein-Westfalen die Fachhochschule für öffentliche Verwaltung[3] mit einer wissenschaftlichen Analyse beauftragt. Diese zielte vornehmlich auf die sozialwissenschaftliche Auseinandersetzung und Wirksamkeit von Bodycams ab. Es lassen sich aber auch einige rechtswissenschaftliche Auseinandersetzungen hinsichtlich der Veränderung von gesetzlichen Bestimmungen identifizieren.[4]

Waren es vor einigen Jahren noch eine Minderheit an Bundesländern (Hessen, Hamburg und Rheinland-Pfalz), die Bodycams pilotierten, so plädieren inzwischen alle Bundesländer sowie der Bund für die Nutzung der Bodycams im polizeilichen Alltag. Die Unterschiede zwischen den Bundesländern in der Implementation von Bodycams in die polizeiliche Praxis zeigen sich auf vielfältige Weise hinsichtlich: des Typs der Bodycam, Speicherungsdauer, Speicherort, Zugangs- und Berechtigungen in der Entscheidung über Löschen von Aufnahmen etc. (Innenministerkonferenz o. J.).

---

[2]Der vorliegende Beitrag beinhaltet Teilaspekte des von der Autorin veröffentlichten Artikels, die Erprobung von Bodycams bei der Polizei – Unterschiede in den Vereinigten Staaten, Österreich und Deutschland, SIAK Journal 2/2017, sowie der Stellungnahme zur Bodycam für den niedersächsischen Landtag 2018.
[3]Fachhochschule für öffentliche Verwaltung NRW, Institut für Polizei- und Kriminalwissenschaft (Kersting et al. 2019).
[4]In Rheinland-Pfalz fand eine wissenschaftliche Begleitung in Bezug auf juristische Fragen durch die Universität Trier statt.

Betrachtet man die Ursprünge bei der Polizei Bodycams einzusetzen, kann dies auf die Anfänge in den USA zurückgeführt werden.

*Diskussion in den USA*
Die Hoffnungen, welche die amerikanische Öffentlichkeit in den polizeilichen Einsatz der Bodycam hegt, konzentrieren sich vor allem darauf, dass „fehlerhafte" Polizeipraktiken aufgedeckt werden. Auch die Zuversicht, durch den Einsatz der Kameras racial profiling zu verhindern, steckt in dem Verlangen nach diesen. In den USA fordern u. a. Bürgerrechtsgruppen die Einführung der Bodycam. Hintergrund ist der Tod des afroamerikanischen Teenagers Michael Brown, der von dem Polizisten Darren Wilson in der Kleinstadt Ferguson erschossen wurde. Im Nachgang kam es zu widersprüchlichen Aussagen bzgl. des Geschehens. Dieser Vorfall führte in Ferguson zu Demonstrationen gegen rassistische Polizeigewalt und zu Unruhen. Diese dehnten sich auf weitere Städte aus, nachdem die Einstellung des Verfahrens gegen den Polizisten bekannt wurde. Die Befürworter der Körperkamera argumentierten, dass der Tathergang bei Einsatz einer Bodycam besser zu rekonstruieren gewesen wäre und die Schuldigen entsprechend zur Rechenschaft hätten gezogen werden können. Die Prämisse zur Einführung der Körperkamera lautet hier „Was macht der Polizist?" im Sinne einer Verhaltenskontrolle. Das bedeutet, dass hier nicht nur eine einseitige Schutzfunktion durch den Einsatz der Bodycam fokussiert wird (Owens et al. 2014). D. h. hier stellte die polizeiliche Gewalt gegenüber der Bevölkerung den ausschlaggebenden Grund dar. Es spielen also Transparenz und Nachprüfbarkeit von polizeilichem Handeln eine entscheidende Rolle. Dabei sind die wesentlichen Aspekte die Reduzierung von Polizeigewalt gegenüber den Bürgern und Minderung von Beschwerden aus der Bevölkerung gegen Polizisten, eine Verstärkung der polizeilichen Legitimität und der Transparenz sowie eine höhere Beweiskraft und Verbesserung des Nachweises bei Festnahmen durch die Polizei (Ariel et al. 2014, S. 2). Damit findet auch eine Verhaltenskontrolle des/der Polizisten/in statt. So setzt die dortige Diskussion um den Einsatz von Bodycam den Fokus auf police accountability, während es in Deutschland um die Gefahrenabwehr geht. Dennoch zeigen weitere Beispiele (z. B. der Fall James B. aus Salt Like City, Eric Garner aus New York), in denen eine Körperkamera zum Einsatz gekommen ist, dass diese nicht polizeiliche Gewalt verhindert und auch nicht unmittelbar dazu führt, dass ein Verfahren eröffnet wird (Kuhn 2015; Kolb und Kuhn 2014). Die rechtliche Komponente wird in den USA je nach Bundesstaat unterschiedlich geregelt. Die Daten der Bodycam werden jeweils beim Police Complaint Board, einer Polizeibeschwerdestelle, gespeichert. In manchen Staaten besteht das „two party consent" Gesetz, das besagt, dass nur mit Zustimmung des

Gegenübers die Kamera eingeschaltet werden darf. Hingegen muss in Staaten, in denen das „one-party consent" Gesetz existiert, nicht ausdrücklich von dem jeweiligen Polizisten darauf hingewiesen werden, dass eine Ton- und Bildaufnahme getätigt wird (Miller et al. 2014, S. 14 f.).

Häufig definieren die polizeilichen Abteilungen, ob und in welchen Fällen Polizisten filmen dürfen. Unterlassen Polizisten bei einem Einsatz das Filmen, muss nach dem Einsatz begründet werden, warum die Kamera deaktiviert wurde (Miller et al. 2014, S. 14 f.).

Die sehr unterschiedlichen Ergebnisse aus dem amerikanischen Raum lassen sich auf die deutschen Gegebenheiten nicht übertragen. Dies hängt vornehmlich mit den Unterschieden in den Einführungsgründen zusammen (Lehmann 2017b).[5]

## 2    Die Studie von Kersting, Naplava, Reutemann, Heil und Scheer-Vesper 2019

Wie bereits oben benannt hat das Forscherteam Kersting et al. des Instituts für Polizei- und Kriminalwissenschaften (IPK) der Fachhochschule für öffentliche Verwaltung NRW einen Abschlussbericht zur Evaluationsstudie zum Einsatz von Bodycams in NRW veröffentlicht. Die vorgelegte Studie ist methodisch aufwendig gestaltet, um sich der Wirkweise von Bodycams zu nähern. Das Hauptaugenmerk lag dabei auf dem Aspekt der deeskalativen Wirkung der Bodycams sowie deren mögliche nicht-intendierten Wirkungen. Darüber hinaus wurden die Akzeptanz der Körperkameras sowie weitere Wirkmechanismen untersucht.

Die Studie widmete sich dabei vier Aspekten:

Die (deeskalative) Wirkung, Einflussfaktoren auf die (deeskalative) Wirkung, Wirkmechanismen und die Akzeptanz von Bodycams.

Insgesamt basiert das Studiendesign auf fünf verschiedenen Zugängen zu Daten, um sich diesen Aspekten zu nähern.

- Es wurde auf Polizeidaten zurückgegriffen und diese aufbereitet, die registrierte Polizeibeamtinnen und Polizeibeamten enthielten, die im Dienst geschädigt wurden.

---

[5]Eine Zusammenstellung der neuesten Ergebnisse aus Studien in der USA ist im Heft „Criminal Justice Review", Matthew S. Crow and John Ortiz Smykla, Volume 44 Special Issue 3, September 2019 zu finden.

- Ebenso wurden Videoanalysen vorgenommen, diese dienten zur Analyse von Einsatzsituationen und dynamischen Aspekten.
- Mit Hilfe von Quantitativen Daten sollte vornehmlich die Perspektive der Polizeibediensteten hinsichtlich ihrer Einstellung zu Bodycams abgefragt werden.
- Gruppendiskussionen dienten ebenfalls dazu, die Sichtweisen und Erfahrungen der Polizeibeamtinnen und Polizeibeamten zu erfassen.
- Einstellungen und Akzeptanz der Bevölkerung hinsichtlich der Körperkameras wurden mit Hilfe von Medien- und Beschwerdeanalysen untersucht.

In fünf Städten bzw. auf sechs Polizei-Wachen in NRW (Duisburg-Hamborn, Düsseldorf-Stadtmitte, Köln-Deutz, Köln-Mülheim, Siegen und Wuppertal-Barmen) wurde im Zeitraum von Mai 2017 bis Januar 2018 die Studie durchgeführt.

Nach dem Zufallsprinzip wurden bei der Hälfte der Dienstschichten Polizeibedienstete mit Bodycams ausgestattet. Die andere Hälfte der Dienstschichten wurde ohne Bodycams durchgeführt. Wann die Bodycam ein- und ausgeschaltet wurde, lag allein in der Entscheidungsgewalt der/des Polizeibeamten/in. Um kausale Effekte der Bodycam zu identifizieren wurde ein zufällig erstellter Schichtplan erstellt.

Im Folgenden werden die bisherigen Argumentationen von Befürwortern und Kritikern in den Zusammenhang mit den Ergebnissen dieser Studie gestellt.

## 3  Argumentationslinien der Befürworter

Im Wesentlichen sind bei der Einführung der Bodycam in den Bundesländern dieselben Begründungen zu finden. Die Hauptargumentation ist die – aus Sicht der Polizei und polizeilichen Gewerkschaften – gestiegene physische Gewalt gegenüber Polizeibediensteten. Hier stehen sich Statistiken gegenüber, die diesen Anstieg von Gewalt gegenüber Polizeibediensteten bestätigt, bzw. nicht immer bestätigt sehen. Beispielsweise stellen Bausback 2017; Schiemann 2017; Schwind 2016 und Zöller 2015 eine Zunahme von Gewalt gegen Polizeibedienstete fest. Hingegen sehen Donaubauer 2017 als auch Köhler und Thielicke 2019 keine Zunahme dieser Gewalt.

Die Bodycam soll, so die Hoffnungen der Befürworter, tätliche Übergriffe minimieren. Die Studienergebnisse von Kersting et al. 2019 zeigen, dass in Abhängigkeit der Pilotwache auf Basis der Polizeidaten der Anteil der Schichten mit geschädigten Polizeibediensteten mit und ohne Bodycam unterschiedlich ausfällt. In vier der sechs Pilotwachen fällt der Anteil der Schichten mit geschädigten Polizeibediensteten mit Bodycam höher aus als der Anteil der Schichten mit geschädigten Polizeibediensteten ohne Bodycam. In zwei dieser Pilotwachen ist der Anteil der Schichten, in denen von geschädigten Polizeibediensteten mit Bodycam berichtet wird, doppelt so hoch. Auch zeigen diese beiden Pilotwachen die höchsten Werte im Quotenverhältnis auf. In diesen Wachen ist in Schichten mit Bodycam die Wahrscheinlichkeit höher, dass Polizeibedienstete als geschädigte Personen erfasst werden. Auf Deliktebene zeigt sich, dass Polizeibedienstete in Schichten mit Bodycam tendenziell häufiger als Geschädigte aufgrund einer Bedrohung, eines Widerstands gegen Polizeibedienstete und eines tätlichen Angriffs bzw. einfacher Körperverletzung erfasst werden (Kersting et al. 2019, S. 60 f.). Anhand der Ergebnisse lässt sich also nicht eindeutig erkennen, dass tätliche Angriffe gegenüber Polizeibedienstete minimiert werden.

Eine weitere Begründung für die Einführung von Bodycams sind Berichte von respektlosem Verhalten gegenüber Polizistinnen und Polizisten. Der Hauptzweck liege in der Eigensicherung des Polizeibediensteten und soll zugleich bei respektlosem Verhalten deeskalierend wirken (Lehmann 2016).

Die Forscherinnen und Forscher konnten auf Basis von Videoanalysen in 74 Fällen (16,4 %) eine Abnahme aggressiven Verhaltens gegenüber des Polizeibediensteten beobachten. Diese zeigte sich auf verbaler Ebene durch eine Entschuldigung oder der Zustimmung zu kooperativem Verhalten. Auf non verbaler Ebene wurden z. B. beschwichtigende Gesten oder leiseres Sprechen als deeskalierendes Verhalten eingestuft. In 19 Fällen (4,2 % aller analysierten Interaktionen) wurde von einer gefahrenabwehrenden Wirkung der Bodycam berichtet. Gleichzeitig wurde in 10 Fällen (3,9 %) von einer Zunahme aggressiver Verhaltensweisen berichtet. Auf verbaler Ebene zeigte sich z. B. in Drohungen oder der Forderung, die Videosequenz(en) zu löschen. Auf non verbaler Ebene wurde spöttisches Lachen oder Gegenfilmen als eskalativ eingestuft. Vier von 10 Fällen wurden unmittelbar auf den Bodycameinsatz zurückgeführt. Betrachtet man die deeskalierende Wirkung von Bodycams in Abhängigkeit von Merkmalen wie Uhrzeit, Projektphase, Einsatzort und Einsatzanlass, zeigen sich gespaltene Ergebnisse. Während in manchen Situationen der Einfluss der Bodycam deeskalierend zu wirken scheint, ist in anderen Situationen von gegenteiligen Ergebnissen zu berichten.

Basierend auf der quantitativen Befragung berichten die Polizeibediensteten gleichermaßen von einem deeskalierenden Potenzial (11,5 % der Bediensteten) als auch von einem eskalierenden Potenzial (12,8 % der Bediensteten).

In den qualitativen Befragungen wurden in allen Diskussionen Fälle geschildert, in denen der Einsatz der Bodycam zu einer Deeskalation führte. Inwiefern der Einsatz der Bodycam in jedem Fall der ursächliche Faktor für eine Deeskalation war oder einen unterstützenden Effekt hatte, kann auf der Datengrundlage nicht geklärt werden. In Einzelfällen berichteten sie auch von einer eskalierenden Wirkung, insbesondere in emotionalen Ausnahmesituationen des Gegenübers oder wenn das Gegenüber unter Einfluss von berauschenden Substanzen stand. Auch wurde von keiner Wirkung der Bodycam durch Polizeibedienstete im Kontext von Tumultdelikten berichtet.

Der Einsatz der Bodycam stellt damit auch eine Maßnahme der Gefahrenabwehr dar und erziele eine abschreckende Wirkung. Mit den Aufzeichnungen werde zudem ein Nebenzweck – die Sicherung von Beweismitteln – erreicht.

Unabhängig vom ursprünglichen Zweck der Bodycam als Schutz der Polizeibediensteten berichten nahezu alle Teilnehmenden an den qualitativen Befragungen von einer positiven Funktion der Bodycam als Beweismittel. Exemplarisch schildert ein Polizeibeamter, dass optische und akustische Videoaufzeichnungen im Vergleich zu schriftlichen Darstellungen eine höhere Authentizität aufweisen.

Die Gewerkschaften beziehen bzgl. der Bodycam jeweils eine eigene Stellung. Die Deutsche Polizeigewerkschaft (DPolG) fordert eine wissenschaftliche Evaluierung der Wirkung von Bodycameinsätzen. Dabei lehnt sie eine „Erfolgskontrolle" durch Polizisten, die die Bodycam einsetzen, ab (DPolG 2015). Die Gewerkschaft der Polizei (GdP) fordert, dass in den Bundesländern einheitliche Mindeststandards festgelegt werden. Dabei unterstützt die Gewerkschaft Pilotprojekte zu den Bodycams in den Polizeien (GdP 2015). Der Bund Deutscher Kriminalbeamter (BDK) bezieht dazu keine Stellung. Dies kann darin begründet liegen, dass ihre Mitglieder von einer Benutzung der Bodycam vornehmlich nicht betroffen sind. Den Einsatz von Bodycams zur Verhaltenskontrolle der jeweiligen Beamten lehnen die DPolG als auch die GdP strikt ab. So besteht bspw. eine Dienstvereinbarung des Bundesinnenministeriums, in der geregelt ist, dass bei Einsatzdokumentationsaufnahmen durch die Bodycam und damit mögliches polizeiliches Fehlverhalten dokumentiert ist, nicht für interne Ermittlungen verwendet werden dürfen. Aden und Fährmann (2019) widmeten sich aus der juristischen Perspektive dieser Dienstvereinbarung und kommen zu dem Ergebnis, dass es sich bei einem Verzicht der Verwendung der Aufnahmen aus den Bodycams bei Ermittlung gegen Polizeibedienstete um eine strafbare Strafvereitelung im Amt durch Unterlassen handeln würde. Zudem würde „(…) ein Ausschluss von Bodycam-Aufnahmen aus strafrechtlichen Ermittlungen gegen

Polizeibeamte und -beamtinnen gegen das Rechtsstaatsprinzip verstoßen" (Aden und Fährmann 2019, o. S.).

Es wurde immer wieder vermeldet, dass die Akzeptanz der Polizeibediensteten (z. B. Hamburg). gegenüber der Bodycam durchweg positiv sei. Die Studienergebnisse weisen ein etwas differenzierteres Bild auf. So ist den Ergebnissen zu entnehmen, dass lediglich ein Drittel der befragten Polizeibediensteten der Bodycam-Technik positiv gegenüberstehen. Im Studienverlauf ist diese positive Zustimmung der (oft fehlerbehafteten) Technik noch weiter gesunken: „(…) zu jeweils gleichen Anteilen bewerteten die Polizeibeamtinnen und Polizeibeamten die Bodycam positiv, neutral bzw. negativ. Im zeitlichen Verlauf wurde ein Rückgang des Anteils derjenigen Polizeibeamtinnen und Polizeibeamten beobachtet, der die Bodycam positiv beurteilte" (Kersting et al. 2019, S. 7).

## 4 Argumentationslinien der Kritiker

Die Kritiker sehen in der Bodycam, deren Einsatz offen (also klar erkenntlich für jede Person) und in der Öffentlichkeit stattfindet, auch die Besonderheit in der Situation. Zum einen seien die Personen, die möglicherweise durch Aufnahmen betroffen werden, häufig alkoholisiert und/oder stehen unter anderen berauschenden Substanzen.

Sofern man von einer rational denkenden Person ausgeht, kann eine Kamera sicherlich ein stärker angepasstes Verhalten bei den Personen hervorrufen, sofern diese auch eine entsprechende erhöhte Selbstaufmerksamkeit aufweisen. Die Ergebnisse der Forschergruppen zeigen Widersprüchlichkeiten in der Wirksamkeit auf. So konnte aus den Gruppendiskussionen entnommen werden, dass deeskalative Effekte bei (stark) alkoholisierten Personen mitgeteilt wurden. Dennoch wurde aber auch berichtete, dass bei Einsätzen mit Bodycam keine Wirkung bei den alkoholisierten Personen zu verzeichnen war. In wenigen Fällen führte das Filmen mit der Bodycam bei den alkoholisierten Personen sogar zu aggressiverem Verhalten. Bei der Videoanalyse konnte das Forscherteam ebenfalls keine eindeutigen Erkenntnisse dazu identifizieren (Kersting et al. 2019, S. 121). Zudem weisen Kersting et al. darauf hin, dass zahlreiche Einflussfaktoren eine deeskalative Wirkung erzielen und somit eine alleinige Betrachtung, inwiefern hier berauschende Substanzen einen Einfluss haben, bei der Datenlage nicht möglich sei (Kersting et al. 2019, S. 121). So kommen sie zu dem Ergebnis: „Im Wesentlichen kommt es auf die Ermessensentscheidung der einschreitenden Polizeibeamtinnen und Polizeibeamten an, die die Komplexität der Gesamtsituation vor Ort valide einschätzen können" (Kersting et al. 2019, S. 122).

Nicht selten seien die Personen häufig von der Situation überfordert als auch aufgeregt. Die damit entstehenden Bilder können zu einem „verzerrten Abbild ihrer Persönlichkeit" führen. Zudem werde bezweifelt, dass sich der Einsatz der Kamera verhaltenswirksam auswirkt. Vielmehr werde durch den Einsatz der Bodycam der Fokus der Öffentlichkeit auf die Person gelenkt und kann damit auch stigmatisierend wirken (Plöse 2016).

Ein weiterer Aspekt der kritisch angemerkt wird, ist die Entscheidungsfällung für das An- als auch Ausschalten der Kamera, die situativ nach Einschätzung der Polizistin/des Polizisten stattfinde. Damit gehe einher, dass es eine rein subjektive Entscheidung ist, ob Aufnahmen getätigt werden. Im Weiteren liegt die Entscheidung über Löschung oder auch Speicherung im Anschluss der Aufnahmen und somit der Verwendung allein bei der Polizei (Plöse und Eick 2016). Daher fordern Bürgerrechtsgruppen die Einführung von unabhängigen Beschwerdestellen. Diese werden auch im Zusammenhang mit einer verpflichtenden Kennzeichnung von Polizeibediensteten benannt. Diese Thematik steht auch im engen Zusammenhang mit der Diskussion um rechtswidrige Polizeigewalt, bei der eine hohe Dunkelziffer vermutet wird. Aktuell liegen dazu Zwischenergebnisse einer Studie von Abdul-Rahman et al. (2019) vor, die sich mit Köperverletzung im Amt durch Polizeibedienstete beschäftigt.

Des Weiteren wird das Vertrauensverhältnis zwischen Polizei und Bürger kritisch thematisiert. Durch die Einführung der Bodycam kann das Vertrauen der Bürgerinnen und Bürger in die Polizei aufgrund dessen leiden, dass die Kamera als „Verdachtsansage" wahrgenommen wird (Wimmer 2014).

Basierend auf qualitativen Befragungen der Studie von Kersting et al. berichteten die Polizeibediensteten in Diskussionen erst nach konkreter Nachfrage zu den Erfahrungen mit der Akzeptanz bei Bürgern und Bürgerinnen von ihren Eindrücken. Diese Zurückhaltung wird als Hinweis gedeutet, dass die Bodycam als Nebensächlichkeit mit untergeordneter Relevanz angesehen wird. Aus den Schilderungen der Bediensteten geht hervor, dass die Bodycam als mindestens neutral oder eher positiv bewertet wird. Außerdem komme es mehrfach zu Informationsgesprächen über die Bodycam, wonach die Bodycam als Ausrüstungsgegenstand positiv bewertet werde. Zusätzlich wird davon berichtet, dass die Bodycam kaum thematisiert werde, da sie als Ausrüstungsgegenstand der Polizei genauso selbstverständlich sei wie eine Schusswaffe.

Auf Basis der Medienanalyse kann insgesamt von einem positiven Stimmungsfeld berichtet werden, wobei die thematischen Schwerpunkte der Kommentare heterogen sind. Die Kommentare reichen von einer klaren Zustimmung zum Schutz der Polizeibediensteten, über die Funktion als Beweismittel, bis hin zu Verbesserungsvorschlägen zur technischen Umsetzung. Auch wenn die allgemeine Haltung positiv ist, gibt es ebenfalls Stimmen, die Kritikpunkte äußern. Zu den Kritikpunkten gehören datenschutzrechtliche Probleme und eine befürchtete Überwachung der Bevölkerung.

Im Rahmen der Beschwerdeanalyse konnte von keinem Fall berichtet werden, der in direktem Zusammenhang zwischen der Anwendung der Bodycam und der Beschwerde steht.

Im Weiteren wird argumentiert, dass nicht auf Augenhöhe interagiert werde, sondern durch zusätzlich Ausrüstung immer größere Distanz zwischen Bevölkerung und Polizei geschaffen werde (Arzt 2014).

Auch die rechtlichen Regelungen werden von verschiedenen Seiten kritisch betrachtet. Hier werden vor allem Aspekte der Eignung und die Notwendigkeit der Maßnahme thematisiert (Arzt 2014; Plöse und Eick 2016).

So können sich z. B. Ermessensspielräume verringern, da bestimmte Sequenzen nun mit Video und Ton festgehalten sind und eine Maßnahme in eine bestimmte Richtung weiter vollzogen werden muss.

## 5   Möglichkeiten und Grenzen

Die Möglichkeit der Ton- und Videoaufnahme als Einsatzmittel in der jeweiligen Landespolizei als auch beim Bund ist auch mit entsprechenden Veränderungen in den Polizeigesetzen verankert worden. Die Polizei wird die Nutzung der Bodycams ausweiten, obwohl die Studienergebnisse von Kersting et al. (2019) eine deeskalierende Wirksamkeit nicht in allen Fällen nachweisen konnten.

Mit der Nutzung der Bodycam ergeben sich aber auch unterschiedliche Möglichkeiten, die nicht allein vonseiten der Polizei von Nutzen sein können, sondern auch für die „Gefilmten" als Möglichkeit gesehen werden können. Bisher wird deutlich, dass die Nutzung der Bodycam Wünsche der Polizei bedienen. Hinsichtlich des „Gegenübers" wäre es ebenfalls möglich, mithilfe der Aufnahmen, im Falle von Übergriffen durch Polizeibedienstete, Rechtsmittel einzulegen. Hierfür bedarf es entsprechender Kenntnisse der betroffenen Person bzgl. der Aufnahmen und der Speicher- und Löschfristen. Diese sind je nach Bundesland ganz unterschiedlich gestaltet. Ein weiterer Aspekt, ist das unrechtmäßige Profiling durch die Polizei und die damit verbundenen möglichen Auswirkungen auf die jeweilige Personengruppe. So könnte mit Hilfe von Bodycamaufnahmen unrechtmäßiges Profiling aufgedeckt und verhindert werden. Dabei könnte die Qualität der Begegnungen geprüft und bei Bedarf verbessert werden. Somit würde man der Gefahr entgehen, dass sich der Einsatz von Bodycams besonders bei Minderheiten negativ auswirken könnte. Vor allem ist dies dann gegeben, wenn der Eindruck erweckt wird, dass der Einsatz und das Filmen speziell auf diese ausgerichtet ist und als Stigmatisierung wahrgenommen wird (Lehmann 2017a; European Union Agency for Fundamental Rights 2019).

Gleichzeitig könnte rechtswidriges Verhalten von Polizeibediensteten, die bei der Durchsicht von Aufnahmen durch einen Vorgesetzten identifiziert werden, geahndet werden. Dies ist aber aufgrund der bisherigen Regelungen nicht gewünscht. Hier werden die Grenzen und die Einseitigkeit bei den bisherigen Vorgaben deutlich.

## 6 Wirksamkeit von Bodycam

Ein Großteil der Befürworter der Bodycam bezog sich zunächst auf die ersten Studienergebnisse der hessischen Landespolizei und im späteren Verlauf auf ihre eigenen Erfahrungen, die sie in eigenen Pilotprojekten gesammelt haben. Die Ergebnisse des Pilotprojekts, die von der hessischen Polizei veröffentlicht wurden, sind aufgrund ihrer Erhebungsmethode sowie einer fehlenden externen wissenschaftlichen Begleitung, wie bspw. einer Evaluation, kritisch zu hinterfragen. Allein die Darstellung der Zahlen im Hessischen Pilotprojekt lässt skeptisch aufmerken. Medienwirksam wurde von einem Rückgang von Gewalt gegenüber Polizisten in einer Höhe von 37,5 % gesprochen. In absoluten Zahlen handelt es sich um eine Abnahme von 40 auf 25 Fälle. Die Zahlen basieren u. a. auf dem Vergleich von Anzeigenstatistiken. Zudem umfassten die Streifendienste mit Bodycam eine höhere Anzahl von Polizeibediensteten als Einsatzteams ohne Bodycam. Diese Art der Erfassung ist kein verlässliches Instrument, um fundierte Erkenntnisse daraus abzuleiten. Im weiteren Verlauf wurden dann immer wieder die polizeilichen Erfahrungen, die in verschiedenen Pilotprojekten gesammelt wurden, als Grundlage für die Wirksamkeit der Körperkameras verwendet.

Festzuhalten bleibt, dass aktuell eine externe sozialwissenschaftliche Studie über die Wirksamkeit des Einsatzes von Bodycams existiert, zu der ein Zugang besteht. Häufig verbleiben die Ergebnisse aus den pilotierten Projekten im Bereich der Polizei.

Eine zentrale Erkenntnis der Studie von Kersting et al. (2019) zeigt auf, dass die Wirksamkeit von Bodycams je nach Situation und Person durch eine Vielzahl von Faktoren bedingt wird. Zudem konnte die Forschergruppe aufzeigen, dass das taktische Verhalten der Polizeibediensteten, die eine Körperkamera tragen, angepasst wird. Dies umfasst bspw. die Sprachwahl im Sinne von der Verwendung unangemessenen „Amtsdeutsch" oder das verzögern von erforderlichen Zwangsmaßnahmen. Gleichzeitig wurde deutlich, dass Aufnahmen nicht getätigt wurden, da das eigene Agieren der Polizeibediensteten mit aufgezeichnet worden wäre (Kersting et al. 2019, S. 125). Ebenso zeigen die Ergebnisse, dass die Übergriffe auf die Polizeibediensteten mit Körperkamera am häufigsten waren, bei denen das Ausmaß des angepassten Verhaltens an den Bodycameinsatz am höchsten war (Kersting et al. 2019, S. 125).

Damit zeigen die Befunde dieser Studie, dass Bodycams nicht in allen Fällen ein deeskalatives Wirkpotential aufweisen. Dies gilt u. a. für Personen, die alkoholisiert und/oder unter Drogeneinfluss stehen (Kersting et al. 2019, S. 78).

Dennoch ist auffällig, dass die Anzahl der Polizeibediensteten, die im Einsatz eine Bodycam nutzten und verletzt wurden, höher ist als bei Kolleginnen und Kollegen, die keine Bodycam im Einsatz trugen (Kersting et al. 2019, S. 57). Dieser Befund wird damit erklärt, dass das eigene Verhalten des Polizeibediensteten unter Einsatz der Bodycam beeinflusst wird. Es lassen sich jedoch keine Hinweise erkennen, dass eine systematische Gefährdung für die Polizeibediensteten die eine Bodycam einsetzen, vorliegt (Kersting et al. 2019, S. 57).

Die Bodycam erscheint somit nicht als Lösung, sondern viel mehr als ein Hilfsmittel für Polizeibedienstete. So wird „(…) die offene Thematisierung der Opfererfahrungen von Polizeibeamtinnen und Polizeibeamten in der Polizeiorganisation selbst (empfohlen). Zum anderen sollten die individuellen Folgen und deren Auswirkungen auf das Arbeitsverhalten von Polizeibeamtinnen und Polizeibeamten mit Opfererlebnissen wissenschaftlich untersucht werden, um den Bedürfnissen der Betroffenen auf adäquate Weise begegnen zu können." (Kersting et al. 2019, S. 129).

## 7 Fazit

Der ursächliche Einführungsgrund von Bodycams liegt in der Minderung von tätlichen Angriffen gegenüber Polizeibediensteten und des deeskalativen Effekts in Einsatzsituationen. Die Studienergebnisse zeigen, dass hier differenzierter geschaut werden muss. Der Einsatz der Bodycam und das Starten der Aufnahme führen auch zu Effekten bei dem Handeln von den Polizeibediensteten. Dieser Wirkmechanismus wurde bei den Befürwortern der Körperkameras nicht mit aufgenommen. Die Kritiker wiesen auf den Effekt für das eigene Verhalten hin, wenn Bodycams zum Einsatz kommen. Insbesondere, dass begonnene Maßnahmen durchgezogen werden müssen und weniger Spielraum für die handelnden Polizeibediensteten vorhanden ist. So wird befürchtet, dass es zu strengeren Durchsetzungen kommt, während es an der ein oder anderen Stelle noch einmal bei einer Verwarnung bleibt. Die Ergebnisse der Studie zeigen, dass das Verhalten so stark angepasst wird und die Situation eher eskaliert bzw. Übergriffe auf die Polizeibediensteten stattfinden, als dass sie diese deeskalieren. Es bedarf somit wesentlicher Grundsätze, wenn es zum Einsatz der Bodycams kommt. Dabei spielen Zulässigkeit (z. B. gerichtsfest), Authentizität (z. B. Aufnahmen müssen mit Vorfall in Verbindung stehen) als auch Zuverlässigkeit (z. B. Einhaltung der Speicher- und Löschfristen und Datenschutz) die Hauptrolle.

Bei der Auseinandersetzung mit der Implementierung der Bodycam bilden in Diskursen um Gewalt gegenüber Polizisten immer wieder einen Schwerpunkt. Dabei reihen sich in diesen Diskurs aber auch Themen wie unrechtmäßige von Polizeibediensteten ausgehende Gewalt oder auch ethnical profiling. In der Gesamtschau wird ersichtlich, dass die Bodycam bisher sehr einseitig zum Vorteil für Polizeibedienstete ausgerichtet ist. Vielmehr bietet der Einsatz der Körperkameras aber auch die Chance einer offenen Fehlerkultur – sofern nicht nur einseitig ausgerichtet wird. So könnte die Bodycam auch als Rechenschaftspflicht verwendet werden. Im Zusammenspiel mit der Implementierung einer unabhängigen Beschwerdestelle und einer Kennzeichnungspflicht von Polizeibediensteten wäre die Möglichkeit gegeben stärkere Transparenz – auch zum Vorteil für Polizei – zu gewährleisten.

Die Polizei als Staatsgewalt kann vornehmlich als einzige so stark in die Grundrechte der Menschen eingreifen (von der Überwachung bis zur Festnahme), daher sollte stets die Macht der Beamten auf das Notwendige begrenzt sein. In all diesen Themen und Ansätzen spiegelt sich nicht nur die gewünschte Sicherheit durch Polizei, sondern auch die Sicherheit vor Polizei. Dies steht ebenfalls in einem engen Zusammenhang was als Gefahr gesehen wird. Dabei stellt sich die Frage, wessen Angst zählt und wenn einem diese Angst vieles erlaubt, warum sollte man dann diese Angst abgewöhnen – wenn die Technologien der Angst viel mehr erlauben (Daub 2019). Ein neues Denken sollte angestoßen werden, welches im Sinne einer ganzheitlichen Strategie, die für Polizeibedienstete aber auch für die Bürger und Bürgerinnen dazu führt, dass Transparenz im Handeln geschaffen wird. Im besten Falle würde dies dabei helfen das gesellschaftliche System und Polizei dort zusammenzubringen, wo sie auseinanderdriften.

## Literatur

Abdul-Rahman, L., & Espín Grau, H., & Singelnstein, T. (2019). Zwischenbericht zum Forschungsprojekt „Körperverletzung im Amt durch Polizeibeamt*innen" (KviAPol) Polizeiliche Gewaltanwendungen aus Sicht der Betroffenen. https://kviapol.rub.de/images/pdf/KviAPol_Zwischenbericht.pdf. Zugegriffen: 28. Oktober 2019.

Aden, H., & Fährmann, J. (2019). Bodycams bei der Polizei – nicht nur zum Schutz von Polizistinnen und Polizisten! https://verfassungsblog.de/bodycams-bei-der-polizei-nicht-nur-zum-schutz-von-polizistinnen-und-polizisten/. Zugegriffen: 28. Oktober 2019.

Ariel, B. et al. (2014). The Effect of Police Body-Worn Cameras on Use of Force and Citizens' Complaints Against the Police: A Randomized Controlled Trial, *Journal of Quantitative Criminology*, 31, 509–535.

Arzt, C. (2014). Einführung von Mini-Schulterkameras (Body-Cams) bei der Polizei erproben. Drucksache 16/5923 vom 20.05.2014. Stellungnahme für die Anhörung des Innenausschusses im Landtag von Nordrhein-Westfalen.

Bausback, W. (2017). Härtere Strafen bei Gewalt gegen Polizisten? ZRP 2017, S. 62.

Bundespolizeipräsidium Potsdam (2018). Abschlussbericht des Bundespräsidiums zum Teilprojekt 1 „Biometrische Gesichtserkennung". https://www.bundespolizei.de/Web/DE/04Aktuelles/01Meldungen/2018/10/181011_abschlussbericht_gesichtserkennung_down.pdf. Zugegriffen: 28. Oktober 2019.

Daub, A. (2019). Wer nicht ins Bild passt, wird fotografiert und gepostet: Was die App Nextdoor mit Nachbarschaften in San Francisco macht. https://www.nzz.ch/feuilleton/die-macht-der-angst-wie-nextdoor-die-gesellschaft-homogenisiert-ld.1490584. Zugegriffen: 28. Oktober 2019.

Donaubauer, L. (2017). *Der polizeiliche Einsatz von Bodycams. Eine Untersuchung aus kriminologischer, verfassungsrechtlicher und menschenrechtlicher Perspektive*. Bern: Peter Lang GmbH.

DPolG (2015). „Bodycams". https://www.dpolg.de/ueber-uns/positionen/bodycams/. Zugegriffen: 28. Oktober 2019.

European Union Agency for Fundamental Rights (2019). Unrechtmäßiges Profiling heute und in Zukunft vermeiden – ein Leitfaden. https://fra.europa.eu/sites/default/files/fra_uploads/fra-2018-preventing-unlawful-profiling-guide_de.pdf. Zugegriffen: 28. Oktober 2019.

GdP (2015). Körperkameras können Schutz für Polizisten verbessern. https://www.gdp.de/gdp/gdp.nsf/id/de_malchow-koerperkameras-koennen-schutz-fuer-polizisten-verbessern. Zugegriffen: 28. Oktober 2019.

Jones, R. (2015). Police Body-Worn Video Cameras, Security, and the New Mobile Surveillance, Vortrag bei der European Society of Criminology, 15th Annual Conference, Porto.

Kersting, S., Naplava, T., Reutemann, M., Heil, M. & Scheer-Vesper, C. (2019). Die deeskalierende Wirkung von Bodycams im Wachdiesnt der Polizei Nordrhein-Westfalen: Abschlussbericht. Gelsenkirchen: Institut für Polizei- und Kriminalwissenschafte der Fachhochschule für öffentliche Verwaltung NRW.

Köhler, F., & Thielicke, M. 2019. Bodycams – eine Bestandaufnahme. *Neue Zeitung für Verwaltungsrecht – Extra, 13/2019*, S. 1–9.

Kolb, M., & Kuhn, J. (2014). Gewalt gegen Schwarzen. New Yorker Polizist entgeht Anklage nach tödlichem Würgegriff. https://www.sueddeutsche.de/panorama/gewalt-gegen-schwarzen-new-yorker-polizist-entgeht-anklage-nach-toedlichem-wuergegriff-1.2251609. Zugegriffen: 28. Oktober 2019.

Kuhn, J. (2015). Nation im Körperkamera-Fieber. USA nach Ferguson. https://www.sueddeutsche.de/panorama/usa-nach-ferguson-nation-im-koerperkamera-fieber-1.2305084. Zugegriffen: 28. Oktober 2019.

Lehmann, L. (2016). Die Legitimation von Bodycams bei der Polizei – Das Beispiel Hamburg. In: Frevel, B., & Wendekamm, M. (Hrsg.), *Sicherheitsproduktion zwischen Staat, Markt und Zivilgesellschaft (S. 241–268)*. Wiesbaden: Springer Fachmedien.

Lehmann, L. (2017a). Wen fokussiert das dritte Auge? Der Einsatz von Bodycams bei der Polizei. In Liebl, K.H. (Hrsg.): *Empirische Polizeiforschung*. Frankfurt am Main: Verlag für Polizeiwissenschaft.

Lehmann, L. (2017b). Die Erprobung von Bodycams bei den Polizeien – Unterschiede in Österreich, Deutschland und den Vereinigten Staaten. *SIAK Journal. Zeitschrift für Polizeiwissenschaft und Polizeiliche Praxis*.

Miller, L. et al. (2014). Implementing a body-worn camera program: recommendations and lessons learned. https://riczai-inc.com/Publications/cops-p296-pub.pdf. Zugegriffen: 28. Oktober 2019.

Owens, C. et al. (2014). The Essex Body Worn Video Trial: The Impact of Body Worn Video on Criminal Justice Outcomes of Domestic Abuse Incidents. https://www.college.pressofficeadmin.com/repository/files/BWV_Report.pdf. Zugegriffen: 28. Oktober 2019.

Plöse, M. (2016). Schriftliche Stellungnahme an den Innen- und Rechtsausschuss des Schleswig-Holsteinischen Landtages zu den Anträgen 18/3849 und 18/3885. https://www.landtag.ltsh.de/infothek/wahl18/umdrucke/6000/umdruck-18-6087.pdf. Zugegriffen: 28. Oktober 2019.

Plöse, M., & Eick, V. (2016). Bodycams an deutschen Polizeiuniformen. Informationsbrief #112 2016. Republikanischer Anwältinnen- und Anwälteverein e. V. S. 44–59.

Innenministerkonferenz (o. J.). Sachstandsbericht „Auswertung der Pilotprojekte zum Einsatz von Body-Cams". http://www.innenministerkonferenz.de/IMK/DE/termine/to-beschluesse/2015-12-03_04/anlage6.pdf, Anlage Nr. 6. https://www.innenministerkonferenz.de/IMK/DE/termine/to-beschluesse/2016-11-29_30/nummer%206%20anlage%20%C3%BCbersicht%20bodycam.pdf. Zugegriffen: 28. Oktober 2019.

Schiemann, A. (2017). Das Gesetz zur Stärkung des Schutzes von Vollstreckungsbeamten und Rettungskräften. *NJW 2017, 26*, S. 1846–1849.

Schwind, H.-D. (2016). *Kriminologie und Kriminalpolitik. Eine praxisorientierte Einführung mit Beispielen*. Heidelberg: Kriminalstatistik Verlag.

Wimmer, S. (2014). Münchner Polizei will Body-Cams testen. www.sueddeutsche.de/muenchen/ueberschwachungstechnik-muenchnerpolizei-willbody-cams-testen-1.1858542. Zugegriffen: 19. Juli 2019.

Zeit online (2009). San Francisco verbietet Gesichtserkennung durch Behörden. https://www.zeit.de/politik/ausland/2019-05/ueberwachung-gesichtserkennung-san-francisco-usa-verbot. Zugegriffen: 09. Januar 2020.

Zöller, M. (2006). Datenübermittlungen zwischen Polizei, Strafverfolgungsbehörden und Nachrichtendiensten. In Roggan, F., & Kutscha, M. (Hrsg.), *Handbuch zum Recht der inneren Sicherheit, 2. Auflage*. Berlin: Berliner Wissenschafts-Verlag.

**Lena Lehmann** Dr. rer. pol., Diplom-Pädagogin, Kriminologin (M.A.), Wissenschaftliche Mitarbeiterin am Kriminologischen Forschungsinstitut Niedersachsen e. V. Lena.Lehmann@kfn.de.

# Die Polizei als ‚Influencerin'? – Zum Einfluss der Polizei auf sicherheitspolitische Diskurse: Die Silvesternacht in Leipzig-Connewitz 2019/2020

Maren Wegner, Daniel Wagner, Lara vom Feld und Jens Struck

## 1  Digitale Öffentlichkeit

Seit etwa 20 Jahren wird das Internet von der breiten Öffentlichkeit genutzt und hat seither extremen Einfluss darauf, wie Menschen kommunizieren, sich informieren und Gemeinschaften bilden. Dieser nach wie vor hochdynamische Prozess ist Teil eines übergeordneten Trends, der unter dem Begriff Digitalisierung gefasst wird, welcher heute für eine Vielzahl sozialer Phänomene relevant ist.

Social Media bezeichnet eine Teilgruppe internetbasierter Angebote, welche seit etwa zehn bis fünfzehn Jahren (Facebook wurde 2004 gegründet, Twitter 2006) Einzug in den Alltag der Menschen halten und ein hohes Maß an Verbreitung erreicht haben. Längst ist es undenkbar, dass Unternehmen, Print- oder

---

M. Wegner (✉) · D. Wagner · L. vom Feld · J. Struck
Deutsche Hochschule der Polizei, Münster, Deutschland
E-Mail: maren.wegner@dhpol.de

D. Wagner
E-Mail: daniel.wagner@dhpol.de

L. vom Feld
E-Mail: lara.vomfeld@dhpol.de

J. Struck
E-Mail: jens.struck@dhpol.de

© Springer Fachmedien Wiesbaden GmbH, ein Teil von Springer Nature 2020
D. Hunold und A. Ruch (Hrsg.), *Polizeiarbeit zwischen Praxishandeln und Rechtsordnung*, Edition Forschung und Entwicklung in der Strafrechtspflege,
https://doi.org/10.1007/978-3-658-30727-1_3

Rundfunkmedien sowie politische Parteien keine Präsenz im Internet und selbstverständlich auch in Social Media besitzen und versuchen, mehr oder weniger sichtbar und erfolgreich im Sinne der eigenen Kommunikationsziele in Kontakt mit der Öffentlichkeit zu treten.

Der mit dem Internet und insbesondere mit Social Media korrespondierende Strukturwandel der Öffentlichkeit durchdringt die interaktive Kommunikation sowie das Informationsverhalten in vielfältiger Weise und verändert nicht zuletzt die Bedingungen der politischen Willensbildung und Kommunikation tiefgreifend. In dem neuen Feld der interaktiven Kommunikation befördern „Social Media sowohl eine Entgrenzung als auch eine Segmentierung des öffentlichen Raums, in dem die politische Willensbildung stattfindet" (Decker 2016, S. 6).

Die noch immer relativ neuen Medien sind für „klassische" Medien beziehungsweise journalistische Akteur*innen relevant und prägen deren Arbeit. Social Media sind „zu einer zentralen Schnittstelle bei der Verbreitung und Nutzung von Online-Nachrichten avanciert" (Kümpel 2019, S. 11). In diesem Zusammenhang wird nicht nur der Nachricht selbst, sondern auch der – heute mehr als zu prädigitalen Zeiten – sichtbaren Anschlusskommunikation, also etwa den Kommentaren von Nutzer*innen, soziale, journalistische und politische Relevanz zugeschrieben (vgl. Ziegele et al. 2013, S. 70). Dies wird insbesondere dadurch deutlich, dass Medien beziehungsweise Journalist*innen Posts oder Kommentare von Einzelpersonen in ihre Berichterstattung einbinden (vgl. von Nordheim 2018).

Darüber hinaus ist die Nutzung von Social Media auch für unternehmerische, politische und sogar staatliche Akteur*innen attraktiv und fast unumgänglich. Neben Firmen, Parteien und einzelnen Politiker*innen sind mittlerweile auch Behörden und Organisationen mit Sicherheitsaufgaben wie etwa Feuerwehr und Polizei in Social Media vertreten.

## 2 Polizei in Social Media

In einer Erhebung vom August 2018 zählen Bouhs & Reisin (2018) bundesweit mehr als 333 offizielle polizeiliche Profile auf Social Media, darunter 159 Twitter- und 138 Facebook-Accounts. Zu einem ähnlichen Ergebnis kommt eine Erhebung vom Mai 2018 (Wagner et al. 2020), in der zudem festgestellt wird: Die „Bundesländer [organisieren sich] unterschiedlich. Während entsprechende Accounts in den meisten Flächenländern auf Ebene von Polizeipräsidien oder Kreispolizeibehörden […] betrieben werden, unterhalten die Stadtstaaten sowie einige Flächenländer nur einzelne beziehungsweise zentralisierte Accounts für das Bundesland." (a. a. O., S. 628). Mittlerweile bilden die entsprechenden Kanäle deutschlandweit einen integralen Bestandteil polizeilicher Presse- und Öffentlichkeitsarbeit. Eine Befragung polizeilicher Praktiker*innen zeigt, dass „Twitter als das schnellere und für Krisenlagen und einsatzbegleitende Kommunikation relevantere Medium angesehen wird, [während] […] Facebook bei den Befragten als die geeignetere Plattform für anlassunabhängige Kommunikation [gilt]" (a. a. O., S. 640). Auch Instagram rückt vermehrt in den Fokus polizeilicher Öffentlichkeitsarbeit. Hier spielt vor allem Imagepflege in Verbindung mit Nachwuchsgewinnung eine zentrale Rolle.

Einen aktuell noch sehr seltenen Typus bilden personalisierte polizeiliche Accounts. Hier führen Polizeibeamt*innen in weitgehender Eigenverantwortung einen dienstlichen Account. Diese sind klar zu unterscheiden von privatgeführten Accounts von Polizeibeamt*innen, die sich in Social Media zwar teils als Polizist*innen präsentieren (etwa durch Bilder in Uniform oder vor/in einem Streifewagen), die Accounts aber nicht in ihrer beruflichen Funktion betreiben. Zu Schwierigkeiten kann es kommen, wenn die privat geführten Accounts über viele Follower*innen verfügen und die Betreiber*innen als Influencer*innen[1] fungieren. So gerieten in der Vergangenheit einzelne Polizeibeamt*innen in den Fokus kritischer Diskussionen darüber, inwieweit die Rollen Influencer*in und Polizeibeamt*in miteinander vereinbar sind (vgl. Wienand 2019). Es ist also Aufgabe der Polizeibehörden, Innenministerien und letztlich der Gesetzgebenden, sich mit der Frage auseinanderzusetzen, inwiefern entsprechende Regelungen getroffen werden können und müssen (vgl. Petter 2019).

Auch der Polizei als Institution kann man die Rolle einer Influencerin zuschreiben (vgl. Reuter et al. 2018). Die offiziellen polizeilichen Social Media-Accounts verfügen mitunter über hohe Reichweiten und die hier kommunizierenden Beamt*innen werden im Rahmen ihrer Tätigkeit als Expert*innen angesehen. Der polizeilichen Berichterstattung wird – auch auf Social Media – in der Regel ein beträchtliches Vertrauen seitens der Bevölkerung entgegengebracht.

Ein wichtiger Katalysator für die Legitimierung und Einführung flächendeckender polizeilicher Social Media-Nutzung lässt sich in der einsatzbegleitenden Kommunikation anlässlich polizeilicher Großlagen identifizieren.

---

[1] Eine Person wird im Allgemeinen dann als Influencer*in bezeichnet, wenn sie mit regelmäßigen Beiträgen zu einem bestimmten Themenfeld (Beruf, Sport, Ernährung) große Reichweiten generiert und sich auf diesem Gebiet als eine Art Expert*in etabliert (vgl. Deges 2018).

Als relevante Schlüsselereignisse der jüngeren Vergangenheit sind etwa die Krisenkommunikation der Polizei München auf Twitter während des rechtsextremistisch motivierten Anschlags im und am Olympia-Einkaufszentrum am 22.07.2016 oder die Kommunikation der Berliner Polizei im Rahmen des dschihadistischen Anschlags auf den Weihnachtsmarkt in Berlin am 19.12.2016 zu nennen. Aber auch anlässlich anderer Großereignisse wie den Demonstrationen im Kontext des G20-Gipfeltreffens in Hamburg im Juli 2017 ist polizeiliche Onlinekommunikation präsent und teils prägend, was auch journalistisch und wissenschaftlich reflektiert wird (vgl. Deutscher Bundestag 2015, Malthaner et al. 2018; Sehl 2019; Bilsdorfer 2019). Im Rahmen eines Interviews erläutert da Gloria Martins (zum Zeitpunkt des Interviews Pressesprecher der Polizei München) die polizeilichen Bedarfe von Social Media und identifiziert insbesondere einen Mehrwert der schnellen und aktuellen Kommunikation, die es der Polizei erleichtert, eine Lage zu bewältigen, nicht zuletzt indem sie aktiv der Verbreitung von Falschmeldungen oder Panik entgegenwirken kann (vgl. Welty 2017).

Tatsächlich war während polizeilicher Großeinsatzlagen (wie den oben erwähnten) ein hoher Zuwachs an Follower*innen auf den jeweiligen Plattformen zu verzeichnen (vgl. Bouhs & Reisin 2018). Polizeiliche Informationsvermittlung stößt also nicht nur auf breite Akzeptanz, sondern Bürger*innen erwarten ebenfalls, dass der Staat, in Form des Exekutivorgans Polizei, anlässlich bestimmter (kurzfristig auftretender) Ereignisse zeitnah Handlungsoptionen und Orientierung aufzeigt (vgl. BVerfG 2002a, Rn. 52). Aus demokratietheoretischer Perspektive besteht in diesem Kontext die generelle Verpflichtung zu staatlichem Informationshandeln, die den Zweck hat, die Bürger*innen zu einer eigenverantwortlichen Mitwirkung an der Problembewältigung zu befähigen (vgl. BVerfG 2002a, Rn. 51). Die Realisierung dieser Aufgabenerfüllung ist entwicklungsoffen, unterliegt dem technischen Wandel und passt sich dem Kommunikations- und Informationsverhalten der Bürger*innen an (vgl. BVerfG 2002b, Rn. 74). Die polizeiliche Öffentlichkeitsarbeit stellt damit eine „den Sachaufgaben zugeordnete Annextätigkeit" (Krischok 2018, S. 239) dar, die – solange sie sich im Rahmen der gesetzlichen Aufgabenzuweisung bewegt – zulässig ist.

## 3 Das kontroverse Feld polizeilichen Informationshandelns

Auch wenn sich je nach Plattform und Behörde unterschiedliche Schwerpunkte in der polizeilichen Nutzung zeigen, lassen sich im Allgemeinen drei Dimensionen polizeilicher Kommunikation identifizieren (Abb. 1).

**Abb. 1** Hauptdimensionen und Ziele polizeilicher Onlinekommunikation nach Wagner et al. (2020), S. 631

„Zum einen bildet sich der *polizeiliche Auftrag im engeren Sinn* ab, in Form der Maßgabe, dass Kommunikationsakte sich dadurch begründen […], dass sie einen Beitrag zur polizeilichen Aufgabenerfüllung leisten. Eine weitere Dimension lässt sich als *Reputation* zusammenfassen und korrespondiert mit dem Ziel, die Polizei als Institution, sowie polizeiliches Handeln und teils auch polizeiliche Perspektiven positiv darzustellen […]. Und als dritte Dimension ist schließlich *Reichweite* zu nennen, [das] Erreichen relevanter Zielgruppen […]." (Wagner et al. 2020)

Eine etwas anders gelagerte Systematik beschreiben Rüdiger & Bayerl, welche drei wesentliche Verwendungsweisen von Social Media unterscheiden: die Informationsgewinnung und die Informationsvermittlung als instrumentelle Zwecke sowie die Beziehungsbildung/PR als relationale Verwendung (Rüdiger & Bayerl 2017, S. 8).

Weitgehend deckungsgleich bei den beiden Dreiteilungen sind die Dimension „Reputation" (Wagner et al. 2020) und der Anwendungsbereich „Beziehungsbildung" (Rüdiger & Bayerl 2017). Neben der Erfüllung ihres gesellschaftlichen Auftrags (Gefahrenabwehr und Strafverfolgung) agiert die Polizei im Rahmen ihrer Kommunikationstätigkeit also auch als Botschafterin in eigener Sache. Ein positives Verhältnis zwischen Polizei und Öffentlichkeit dürfte tendenziell förderlich hinsichtlich der Erfolgschancen polizeilicher Aufgabenerfüllung sein, jedoch ist hierin auch Potenzial angelegt, sich von einer rein sachlichen, neutralen Ebene zu lösen. Mitunter kann die Kommunikation lockerer scheinen als sie angesichts der Autoritätsposition ist (vgl. Wellisch 2017; Fanta 2018). „Stilmittel wie Emotionalisierung, Personalisierung, Zuspitzung und Humor [können] zwar aufmerksamkeitsförderlich, aus einer polizeilichen Behördenperspektive aber heikel sein" (Wagner & Görgen 2018, S. 63). Problematisch ist insbesondere, wenn nicht (nur) entsprechend der Ziele gemäß polizeilichem Auftrag gehandelt wird, und/oder dabei andere (Rechts-)Güter vernachlässigt oder verletzt werden.

Schließlich ist zu konstatieren, dass die polizeiliche Informationsverbreitung über Social Media ein Spannungsfeld sichtbar macht. Durch die Nutzung von Social Media übernimmt die Polizei zunehmend eine presseähnliche Funktion, wodurch sie direkt auf die öffentliche Meinungsbildung einwirken kann. Vor dem Hintergrund, dass Polizei Social Media gezielt auch zu dem Zweck einsetzt, polizeiliches Handeln gegenüber der Öffentlichkeit zu erklären und zu legitimieren, wird diese Zielsetzung der intendierten Meinungsbildung deutlich (vgl. Ingold 2017, S. 245). Insbesondere im Rahmen von Versammlungslagen ist die polizeiliche Öffentlichkeitsarbeit dementsprechend auch als Taktik zu verstehen, Deutungshoheit über Ereignisse (zurück) zu erobern (vgl. Krischok 2018, S. 244; Ingold 2017, S. 245).[2] Dies kann unter anderem dadurch begünstigt werden, dass mediale Akteur*innen polizeiliche Darstellungen übernehmen und diese diskursiv wirksamer machen. Da es über Social Media ebenfalls einfacher ist, Kritik am polizeilichen Handeln zu äußern und diese zu verbreiten, ist das Bedürfnis der Polizei, durch den eigenen Einsatz von Social Media proaktiv Deutungshoheit herzustellen und aufrechtzuerhalten plausibel. Allerdings birgt dieses Handeln mehrere Risiken.

Mit Blick auf die rechtlichen Rahmenbedingungen lässt sich feststellen, dass die polizeiliche Öffentlichkeitsarbeit gesetzlichen Regularien respektive Restriktionen unterliegt, die in ihrer Anwendbarkeit hinter der technischen (Fort-)Entwicklung zurückbleiben können (vgl. Krischok 2018; Wagner & Görgen 2018). Die rechtlichen Maßstäbe für die polizeiliche Öffentlichkeitsarbeit divergieren und hängen primär davon ab, ob grundrechtlich geschützte Positionen wie beispielsweise das Allgemeine Persönlichkeitsrecht, das Recht auf informationelle Selbstbestimmung oder das Recht auf Versammlungsfreiheit betroffen sind (vgl. Krischok 2018, S. 244; Ingold 2017, S. 245). Problematisch erscheint weiterhin, dass polizeiliche Eingriffsbefugnisse sowohl auf Grundlage der einschlägigen Polizeigesetze als auch der Versammlungsgesetze den Zweck der Gefahrenabwehr verfolgen müssen. Im Rahmen der informierenden oder

---

[2]So konstatierte der ehemalige nordrhein-westfälische Innenminister Ralf Jäger auf die Frage nach der Notwendigkeit einer „BAO Öffentlichkeitsarbeit", welche vor allem bei Großlagen aus polizeilicher Perspektive kommunizieren soll: „Wir müssen noch stärker berücksichtigen, dass wir in einer Informationsgesellschaft leben. Wer die Hoheit über die Bilder hat, hat die Hoheit über die Meinungsbildung. […]" (Furkert 2016, S. 8).

beziehungsfördernden Öffentlichkeitsarbeit scheiden diese Gesetze als normative Grundlage häufig aus.[3]

Auch in Konstellationen, in denen die polizeiliche Nutzung von Social Media nicht in Grundrechte eingreift, sondern Informationen in einer Form verbreitet werden, die sich nicht signifikant von den üblichen Pressemitteilungen unterscheidet, unterliegt dieses Handeln rechtlichen Restriktionen – in Form des Neutralitätsgebotes. Dieses schlägt sich inhaltlich im Gebot zur Richtigkeit und Sachlichkeit des verbreiteten Informationsgehalts nieder und korrespondiert mit der Verpflichtung zur (politischen) Mäßigung (vgl. Bilsdorfer 2019, S. 222).

Immer wieder zeigt sich, dass spezifische Social Media-Funktionslogiken wie beispielsweise die Unmittelbarkeit, mit der auf Sachverhalte und auf Posts reagiert wird, die Polizei bei der Nutzung von Social Media vor Herausforderungen stellen. So wurde in der Vergangenheit Kritik an konkreten polizeilichen Social Media-Inhalten geäußert, wenn sich Inhalte im Nachgang als falsch herausstellten.[4] Vor dem Hintergrund, dass Polizei beispielsweise im Hinblick auf Einsatzlagen nicht nur einen temporären Wissensvorsprung, sondern oft exklusives Wissen besitzt, das jedenfalls nicht zeitnah von unabhängiger Stelle überprüfbar ist, besteht die Gefahr, dass vonseiten der Polizei via Social Media verbreitete Informationen erst dann als Fehlinformationen identifiziert werden können, nachdem sie bereits als vermeintliche Fakten weiterverbreitet wurden. Ein spezifisches Ereignis, dessen polizeiliche Darstellung sowie die

---

[3]Das VG Gelsenkirchen stellte beispielsweise in einem Urteil fest, dass die Anfertigung von Bildern einer Versammlung, auf der Teilnehmende erkennbar sind, und die Veröffentlichung der Bilder in Social Media rechtswidrig waren. Bereits das Fotografieren selbst stellt einen Eingriff in das Grundrecht auf Versammlungsfreiheit dar. Die Anfertigung von Bildern auf Grundlage des § 12a Abs.1 darf nur erfolgen, wenn tatsächliche Anhaltspunkte die Annahme rechtfertigen, dass von der Versammlung erhebliche Gefahren für die öffentliche Sicherheit oder Ordnung ausgehen. Ein Rückgriff auf das KUG, LPrG und DSG schied in diesem Fall ebenfalls aus (vgl. VG Gelsenkirchen 2018; bestätigt durch OVG Münster 2019).

[4]Unter anderem twitterte die Polizei Hamburg während des G20-Einsatzes am 07.07.2017, dass Beamt*innen mit Molotow-Cocktails beworfen wurden. Im Rahmen des G7-Gipfels in Elmau twitterte die Polizei, Beamt*innen seien mit einer „mit Benzin gefüllte[n] Flasche" beworfen worden (vgl. Reuter 2018). Im Rahmen der Räumung eines Berliner Stadtteilladens twitterte die Polizei „Lebensgefahr für unsere Kolleg. Dieser Handknauf in der #Friedel54 wurde unter !Strom! gesetzt. Zum Glück haben wir das vorher geprüft." und veröffentlichte ein Bild eines Türknaufs (vgl. Reuter 2019). Diese Meldungen stellten sich als falsch heraus und/oder wurden zurückgezogen.

daran anschließende mediale Berichterstattung und politische Debatte wird im Folgenden illustriert und im Hinblick auf unterschiedliche Fragestellungen analysiert.

## 4 Die diskursive Rahmung einer polizeilichen Lage in der Silvesternacht 2019/2020 in Leipzig-Connewitz

### 4.1 Chronologie der Ereignisse

Zunächst werden die der Analyse zugrundeliegenden Ereignisse in Kürze chronologisch dargestellt und erläutert. Am Neujahrsmorgen 2020 berichteten mehrere Online-Nachrichtendienste im Rahmen eines Überblicks zur deutschlandweiten behördlichen Einsatzbilanz über Ausschreitungen, die sich im Leipziger Stadtteil Connewitz ereignet haben. Bei diesen Ausschreitungen sei nach Angaben der Polizei ein Polizeibeamter infolge eines mutmaßlichen Angriffs und nach dem Bewerfen beziehungsweise Beschuss mit Steinen, Flaschen und Feuerwerkskörpern „schwer verletzt" worden. Dadurch habe er „das Bewusstsein verloren" und musste „notoperiert" werden. Eine auf Linksextremismus spezialisierte Sonderkommission leitete ein Ermittlungsverfahren wegen versuchten Totschlags ein.[5] Bereits am selben Tag berichteten mehrere Medienportale sowohl über dieses Ereignis als auch über dessen Rezeption, zum Beispiel durch politische Akteur*innen. Die Ereignisse zogen eine mehrtägige überregionale Berichterstattung nach sich. Noch an Neujahr verwies das Landeskriminalamt Sachsen darauf, dass die Tat nicht mehr als versuchter Totschlag, sondern als versuchter Mord bewertet werde.

Innerhalb der medialen Berichterstattung überlagerten sich (mindestens) zwei Diskursstränge, welche im Folgenden näher betrachtet werden: Ersterer fokussiert auf die konkreten Ereignisse in Connewitz und (die Darstellung von) Gewalt gegen Polizeibeamt*innen. Daran schließen auch Debatten zu polizeilichem Informationsmanagement, polizeilicher Einsatztaktik, zur Kommunikationsstrategie sowie den von Polizeibeamt*innen selbst ausgeübten Gewalthandlungen beziehungsweise unmittelbaren Zwangsmitteln an. Der zweite Diskursstrang fokussiert dagegen den Umgang mit linker Lebenswelt, linken

---

[5]Vgl. Zeit Online 2020a; SZ 2020a; dpa/Stern 2020a; Tagesschau 2020a.

Aktionsformen, linker Militanz respektive vermeintlichem Linksextremismus und die diskursive Herstellung von dessen Bedrohungs- und Gewaltpotenzial.

## 4.2 Exkurs: (Links-)Extremismus, Gewalt(-dynamik) und deren räumliche Zuschreibung

Die obige Kurzdarstellung der Ereignisse deutet bereits an, dass die Silvesternacht 2019/2020 in Leipzig-Connewitz unter anderem im Hinblick auf Linksextremismus, sogar Linksterrorismus, rezipiert wurde. Bereits in der jüngeren Vergangenheit gab es Diskussionen um politische Aktivist*innen und linke Militanz in Connewitz sowie zu Konflikten mit der Polizei vor Ort. Ende 2019 wurden in Connewitz diverse Straftaten wie Sachbeschädigungen, Brandstiftungen an Baustellenfahrzeugen sowie eine Körperverletzung zu Lasten einer Mitarbeiterin einer Immobilienfirma verübt, die der politisch motivierten Kriminalität von links zugeordnet werden (vgl. LVZ 2019).

Das Sprechen über politische Gewalt und Extremismus basiert zumeist auf einer eindimensionalen politischen Links-Rechts-Skala, welche komplexe Verhältnisse sehr stark abstrahiert und dabei die tatsächliche Realität kaum abbilden kann (vgl. Neugebauer 2001). Der politischen Linken wird beispielsweise eine Orientierung an Gleichheit (gegenüber Ungleichheit) sowie Freiheit (gegenüber Autoritarismus) zugeschrieben. Allerdings zeichnen sich als extrem links geltende Personen mitunter sowohl durch egalitäre als auch autoritäre Einstellungen aus (vgl. Bobbio 1996, S. 72 ff.).

In „der Literatur" werden Konzepte wie „Linksextremismus" und „Linke Militanz" oftmals ohne die dabei notwendige Abgrenzung „synonym verwendet" (Lehmann/Jukschat 2019, S. 42). Beelmann definiert Extremismus als „eine signifikante Abweichung von grundlegenden Rechtsnormen und Werten innerhalb sozialer Systeme". Dieser zielt „mindestens [auf eine] partielle Abschaffung und Ersetzung dieser Norm- und Wertesysteme", wozu im Kern „Menschenwürde, Demokratieprinzip, Rechtsstaatlichkeit" zählen (können). Zur Erreichung dieser Ziele wird regelmäßig auch Gewalt als legitim angesehen, sie ist allerdings weder ein notwendiges noch ein hinreichendes Kriterium für Extremismus; wichtiger seien „Einstellungen und Handlungsziel[e]" (Beelmann 2019, S. 183 f.).

Allerdings sind motivationale Dispositionen – insbesondere in unübersichtlichen Zusammenhängen wie im vorliegenden Kontext – schwierig zu erfassen, weshalb in der Deutung ausgehend von Ergebnissen (verletzte*r Polizeibeamt*in) Rückschlüsse auf mögliche Motive (Abschaffung des Norm- und Wertesystems; Extremismus) gezogen werden. Im vorliegenden Ereigniskontext ist es schwierig, die ausgeübte Gewalt ausschließlich als politisch motiviert oder gar als extremistisch zu begreifen. Vielmehr spielt, insbesondere im Kontext von Versammlungen oder anderen Gruppenprozessen das situative Entstehen von Gewalt eine große Rolle (beispielsweise gemäß dem Konzept der „Vorwärtspanik"; Collins 2011, S. 185 ff.). Grundsätzlich war dieses reziproke, situative – und mutmaßlich von keiner der beiden Seiten geplante – Zustandekommen von Gewalt auch während der Silvesternacht 2019/2020 zu beobachten, sowohl zu Lasten von Polizeibeamt*innen als auch der ihnen gegenüberstehenden Personen.[6]

Die diskursive Zuschreibung von bestimmten Handlungen als intendierte Akte (links-)extremistischer oder (links-)terroristischer Gewalt hängt im vorliegenden Kontext wohl auch stark mit dem spezifischen, vordefinierten Raum Leipzig-Connewitz zusammen. Die seitens Polizei und mancher Medien praktizierte diskursive Verbindung von Akteur*innen und Handlungen mit Connewitz verdeutlicht, dass Wissen respektive Vorannahmen mit diesem Raum verknüpft sind, welche entsprechend die eigenen Praktiken sowie das Wissen über die Subjekte in diesem Raum vorstrukturieren. Indem Connewitz gemeinhin als politisch linker Raum wahrgenommen beziehungsweise dargestellt wird (vgl. Perthus 2016), ist es nicht verwunderlich, dass auch Straf- oder Gewalttaten – insbesondere gegen die Polizei – als politisch links motiviert, mitunter als (links-)extremistisch, eingeordnet werden. Die polizeiliche Wahrnehmung eines Raums wirkt sich auch auf polizeiliche Praktiken aus[7], umso mehr, wenn dieser Raum von ihr als kriminogen eingeschätzt wird.

## 4.3 Fragestellung, Daten und Methode

Auf Basis zentraler polizeilicher Pressemeldungen und Tweets der Polizei Sachsen sowie online publizierter Beiträge von zehn überregionalen Medien[8]

---

[6]Dass die strategische Planung bei der Entstehung von Gewalt innerhalb politischer Versammlungskontexte weitaus weniger eine Rolle spielt als angenommen, zeigen beispielsweise Analysen zum G20-Gipfel 2017 in Hamburg (vgl. Malthaner et al. 2018, S. 48 f.).
[7]Eine ausführliche Auseinandersetzung mit der Wechselwirkung zwischen Raumordnung und polizeilicher Definitionsmacht, Wissensproduktion und Praxis findet sich bei Dangelmaier und Brauer in diesem Band.
[8]Bild, Deutschlandfunk (DLF), Focus Online, Frankfurter Allgemeine Zeitung (FAZ), Spiegel Online, Stern, Süddeutsche Zeitung (SZ), Tagesschau, Tageszeitung (taz), Zeit Online.

im Zeitraum vom 01. bis zum 15.01.2020 wird im Folgenden das diskursive Feld um die Ereignisse in der Silvesternacht am 31.12.2019 im Leipziger Stadtteil Connewitz nachgezeichnet. Das Untersuchungsmaterial wurde durch eine systematische Recherche erhoben und in Anlehnung an die Grounded Theory kodiert und analysiert (vgl. Strauss/Corbin 1990; Strübing 2004).

Theoretische Grundlage ist die Perspektive, dass Diskurse soziales Leben vorstrukturieren, indem Aussagen spezifische Wissensbestände (re-)produzieren (vgl. Parr 2008). Der mediale Diskurs zur Silvesternacht in Leipzig-Connewitz fokussiert etwa auf die sprachlich vermittelte Konstruktion von Bedeutung im Hinblick auf Wissensbestände zu Konzepten wie (Links-)Extremismus und (Links-)Terrorismus, zum Ort des Geschehens sowie allgemeinen Vorstellungen, die zur Entstehung und Austragung von Konflikten und Gewalt bestehen.

Im Hinblick auf die Analyse sind zwei Aspekte von wesentlicher Bedeutung: zum einen das tatsächliche Geschehen respektive die daraus ableitbaren Dynamiken der Interaktion sowie die damit einhergehenden Deutungen aufseiten der beteiligten Akteur*innen; zum anderen deren (massen-)mediale Rezeption. Dementsprechend soll untersucht werden, wie das Geschehen durch die beteiligten Akteur*innen dargestellt wird und inwiefern diese Deutungen Eingang in die mediale Berichterstattung und damit in den öffentlichen Diskurs finden.

Dabei ist unter anderem zu berücksichtigen, dass Beurteilungen und Darstellungen persönliche Erfahrungen und Vorstellungen über die Wirklichkeit implizieren; dies wird insbesondere am Beispiel polizeilicher Akteur*innen betrachtet und diskutiert. Darstellungen von Geschehensabläufen sind nicht zwangsläufig objektiv, sondern vielmehr Ergebnis eines Prozesses der Interpretation und (Bedeutungs-)Zuschreibung (vgl. Linssen 2009a, S. 216; Linssen 2009b, S. 14). Im Rahmen dieses Prozesses können wiederum kollektive Deutungsmuster (frames) die individuelle Wahrnehmung beeinflussen (vgl. Wehling 2016).

## 4.4 Die polizeiliche Darstellung einer Einsatzlage

Ausgangspunkt für die Analyse ist eine am 01.01.2020 um 04:42 Uhr veröffentlichte Pressemitteilung durch die Polizei Sachsen sowie eine um 04:47 Uhr ebenfalls von der Polizei Sachsen abgesetzte Meldung auf der Plattform Twitter, die auf den Inhalt der Pressemitteilung verlinkt (Abb. 2). Der durch die Polizei Sachsen verbreitete Tweet stellte hierbei die Verletzung eines eingesetzten Beamten in den Vordergrund – Hintergrundinformationen können erst über den Link zur Pressemitteilung abgerufen werden.

**Polizei Sachsen** ✓
@PolizeiSachsen

Im Zuge des Polizeieinsatzes anlässlich des Jahreswechsels wurde ein Kollege am Connewitzer Kreuz in #Leipzig so schwer verletzt, dass er noch in der Nacht notoperiert werden musste. Neun Personen wurden festgenommen. Zur Pressemitteilung: polizei.sachsen.de/de/MI_2020_697... #le3112 #le0101

Translate Tweet
4:47 AM · Jan 1, 2020 · TweetDeck

**591** Retweets  **1.4K** Likes

**Abb. 2** Tweet der Polizei Sachsen am 01.01.2020, https://twitter.com/polizeisachsen/status/1212218649886543873?lang=de (Zugriff: 27.05.2020)

Die Pressemitteilung enthielt eine Darstellung des Geschehens, in dessen Verlauf die Verletzung verursacht worden sei – dort heißt es:

„[…] Kurz nach Mitternacht fanden sich über eintausend Menschen am Connewitzer Kreuz zusammen. Nachdem zuerst Silvesterfeuerwerk gezündet wurde, wurden gegen 00:15 Uhr Polizeibeamte […] massiv mit Steinen, Flaschen und Feuerwerkskörpern angegriffen. Eine Gruppe von Gewalttätern versuchte einen brennenden Einkaufwagen mitten in eine Einheit der Bereitschaftspolizei zu schieben und beschossen diese massiv mit Pyrotechnik. Ein Beamter (m/38) wurde dabei so schwer verletzt, dass er das Bewusstsein verlor und im Krankenhaus notoperiert werden musste. In diesem Fall ermittelt die Soko LinX wegen versuchten Totschlags. […]"[9]

---

[9]Polizei Sachsen (2020a).

In der Pressmitteilung wurde ebenfalls eine Äußerung des Polizeipräsidenten der Polizeidirektion Leipzig, Schultze, rezitiert:

> „Polizeibeamte sind Menschen. Es ist erschreckend, wie skrupellos Personen in der Silvesternacht am Connewitzer Kreuz durch offensichtlich organisierte Angriffe schwerste Verletzungen von Menschen verursachen bzw. in Kauf nehmen. [...]"[10]

Die ersten seitens der Polizei veröffentlichten Informationen zeichnen das Bild eines gezielten Angriffs „einer Gruppe von Gewalttätern", bei dem ein Polizeibeamter eine potenziell lebensbedrohliche Verletzung erleidet. Die Tat wird zudem als linksextremistisch motiviert gewertet, was aus dem Umstand abgeleitet werden kann, dass die Sonderkommission LinX[11], also eine auf den Phänomenbereich Linksextremismus spezialisierte polizeiliche Organisationseinheit, in dem Fall ermittelt.

Zunächst gilt es, die Pressmitteilung und den polizeilichen Tweet im Lichte des polizeilichen Informationsmanagements zu betrachten: Zum Zeitpunkt der Veröffentlichung – nur wenige Stunden nach dem Vorfall – können die vorliegenden Erkenntnisse, auf deren Basis der Sachverhalt geschildert wird, nur begrenzt sein und ein unvollständiges und möglicherweise verzerrtes Bild zeichnen. Es ist anzunehmen, dass diese aus der Schilderung respektive Lagebeurteilung involvierter Einsatzkräfte resultieren und damit deren spezifische Perspektive wiedergeben.

Heikel erscheint hierbei insbesondere, dass die Polizei als geschädigte Partei fungiert. Das zum Zeitpunkt der Pressmitteilung bestehende Informationsdefizit in Kombination mit einer Betroffenheit der handelnden Akteur*innen müssen daher berücksichtigt werden. Problematisch ist ferner, dass sich die Pressemitteilung nicht auf eine sachliche Schilderung von Ereignissen beschränkt, sondern wertende Elemente aufweist, die einen emotionalen Deutungsrahmen erkennen lassen. Attributionen wie „skrupellos" charakterisieren die handelnden Akteur*innen und rahmen deren Handlungen als „offensichtlich organisierte Angriffe". Diese Wortwahl verengt das Interpretationsrepertoire und legt eine

---

[10]Polizei Sachsen (2020a).
[11]Die SOKO LinX nahm 01.12.2019 ihre Arbeit auf und soll unter der Führung des Landeskriminalamtes alle politisch linksextremistisch motivierten Straftaten in Leipzig gebündelt bearbeiten. Anlass für die Maßnahme waren Straften wie Brandstiftungen an Eigentum von Baufirmen sowie der Deutschen Bahn, Sachbeschädigungen an Polizeidienststellen und Körperverletzungen, die als linksextremistisch bewertet werden (vgl. MDR 2019).

spezifische Betrachtungsweise nahe, welche die Ereignisse nicht als Wechselwirkungsprozesse innerhalb einer Interaktionsdynamik begreifen, sondern die in diesem Fall aus Sicht der Polizei gegnerische Partei als ursächlich und strategisch handelnd darstellt.

Am 02.01. veröffentlichte die Soko LinX der Polizei Sachsen einen Zeugenaufruf, der eine detailliertere Rekonstruktion der Geschehensabläufe vermittelte.

„[A]b 00:15 Uhr [wurden] Beamte der Bereitschaftspolizei […] mit Steinen, Flaschen und Feuerwerkskörpern beworfen. Darüber hinaus wurde ein brennender Einkaufswagen, der mit angemalter Pappe wie das Modell eines Polizeifahrzeugs aussah, in Richtung der Polizeibeamten geschoben. Beim Versuch, einen der Täter festzunehmen, wurden drei [Polizeibeamte] durch etwa 20-30 Personen, welche zumindest teilweise vermummt waren, angegriffen. Die Täter rissen den Beamten die Einsatzhelme vom Kopf, brachten diese zu Fall und wirkten massiv auf sie ein. Dabei wurde ein Beamter schwer verletzt und musste zur Behandlung in das Universitätsklinikum Leipzig […]. Im Nachgang kam es […] zu weiteren Angriffen auf die eingesetzten Beamten, vor allem durch Flaschenwürfe und Entzünden von Pyrotechnik."[12]

Die Presseerklärung enthielt weitere Informationen zum Kontext, die nun auch Deutungen wie das situative und dynamische Zustandekommen von Gewalt zulassen. Zudem wurde die polizeiliche Darstellung in zwei Aspekten abgeschwächt: zum einen verändert sich die Darstellung im Hinblick auf den brennenden Einkaufswagen, zum anderen wird der Begriff der Notoperation nicht weiter verwendet beziehungsweise eingeräumt, dass der

„Begriff Notoperation missverständlich gewesen sei. […] Gemeint gewesen sei eine ‚dringliche Operation', die schnell habe erledigt werden müssen."[13]

Nichtsdestotrotz beharrte die Polizei auf ihrer Bewertung des Vorgehens der Tatverdächtigen als geplante und gezielte Gewaltanwendung. Der Einsatz von Pyrotechnik wurde dabei erneut aufgegriffen. Die Geschehnisse wurden nunmehr seitens der Staatsanwaltschaft als versuchter Mord und gefährliche Körperverletzung bewertet.

---

[12]Polizei Sachsen (2020b).
[13]taz (2020b); ähnlich Zeit Online (2020d), Stern (2020e); SZ (2020h).

Weiterhin äußerte sich der Leipziger Polizeipräsident Schultze einen Tag später, am 03.01.2020, in einem Interview mit Zeit Online zu dem Geschehen:

> „[…] Um 0.15 Uhr nahmen die Ereignisse dann einen verhängnisvollen Lauf, indem Menschen versucht haben, in Richtung von Polizeibeamten einen brennenden Einkaufswagen zu schieben. […] Die Optik war: Polizeiautos brennen. Daraufhin wurden Polizeibeamte beworfen, mit Böllern und Steinen. Drei Beamte wurden dabei leicht verletzt, ein Beamter schwer, sodass er bewusstlos wurde. Aber selbst in dieser Szene wurde er noch attackiert […] Mein Kenntnisstand ist bisher, dass der Wagen auf Beamte zugeschoben wurde. […] Und diese Gelegenheit haben die Verbrecher, anders kann ich diese Leute nicht nennen, genutzt, um die Beamten zu attackieren. Wie es konkret zu den Verletzungen gekommen ist, […] das wird noch ermittelt. Wir wissen auch noch nicht genau, was mit dem Helm des schwerverletzten Kollegen passiert ist. Wir gehen davon aus, dass der Helm von seinem Kopf gerissen wurde […]."[14]

Im Lichte des Neutralitätsgebotes ist hierbei kritisch zu betrachten, dass Schultze die Tatverdächtigen als „Verbrecher [und] Unmenschen"[15] bezeichnet. Diese Bezeichnung wurde vereinzelt von den Medien aufgegriffen und reproduziert.[16] Fragwürdig ist weiterhin die Mutmaßung, dass der Helm des Beamten vom Kopf gerissen worden sei. Schultze äußert hierbei eine These, die für die rechtliche Bewertung der Tat von Relevanz ist, jedoch den Gegenstand laufender Ermittlungen bildet und keine gesicherte Information darstellt. Insbesondere ist die Frage relevant, inwieweit möglicherweise vorhandene Vorurteile gegenüber den Tatverdächtigen und dem räumlichen Kontext die Annahmen zum Geschehensablauf (im Hinblick auf Motivation und Entstehung der Gewalt) beeinflusst haben.

## 4.5 Die mediale Rezeption der polizeilichen Perspektive

Mit Blick auf die mediale Rezeption der Ereignisse wird deutlich, dass die Darstellung des Geschehensablaufs stark von der polizeilichen Informationsvermittlung geprägt ist. Dies korrespondiert mit dem grundsätzlich großen Vertrauen, das der Polizei entgegengebracht wird – nicht zuletzt da diese rechtlich verpflichtet ist, neutral und wahrheitsgemäß zu kommunizieren – sowie mit dem Mangel an anderen Quellen, insbesondere unmittelbar nach dem Ereignis.

---

[14] Zeit Online (2020e).

[15] Vollständiger Satz: „Die Gewalttaten begannen vonseiten von Linksextremisten, von Verbrechern, von Unmenschen" (Zeit Online 2020e).

[16] Vgl. Focus Online (2020c).

Bei der Analyse der im Sample befindlichen Medienartikel wird deutlich, dass die polizeiliche Schilderung von allen untersuchten Medien – mit Ausnahme der taz – bis zum 03.01.2020 nahezu wortgleich übernommen wurde:

> „[...] Im linksalternativ geprägten Leipziger Stadtteil Connewitz ist es in der Silvesternacht zu Zusammenstößen zwischen Gewalttätern und der Polizei gekommen. Dabei wurde ein Beamter schwer verletzt. Der 38-Jährige habe im Krankenhaus notoperiert werden müssen, nachdem er von Gewalttätern angegriffen worden sei und das Bewusstsein verloren habe, teilte die Polizei am Mittwochmorgen mit. [...]"[17]

Übereinstimmend wird der Begriff der Notoperation als Hinweis auf einen lebensbedrohlichen Zustand interpretiert.

Auch die Medien verorten die Ereignisse – mindestens implizit – als linksextremistisch motiviert. In der Berichterstattung wurde zunächst darauf verwiesen, dass eine auf Linksextremismus spezialisierte Sonderkommission die Ermittlungen übernommen habe:

> „[...] Die vom LKA Sachsen geführte Soko "LinX" ermittelt [...] weiterhin gegen unbekannt. Eine politisch links motivierte Straftat sei ‚die wahrscheinlichste These', sagte [ein] LKA-Sprecher [...] und verwies auf ‚Erfahrungen und Szenekenntnisse' der Sicherheitsbehörden. [...]"[18]

Das so referierte polizeiliche Wissen korrespondiert mit Vorstellungen, die die Polizei von dem Charakter des Stadtteils und dessen Bewohner*innen hat. Dabei spielen auch die Annahmen über Motivlagen von Menschen, die Polizist*innen angreifen, eine Rolle. Der auf Grundlage des polizeilichen Erfahrungswissens vermutete linksextremistische Hintergrund wurde auch medial aufgegriffen, sodass die Täter*innen als „Linksautonome"[19], „Linksradikale"[20] und (mutmaßliche) „Linksextremisten"[21] bezeichnet wurden – die Verknüpfung von Motivation und Tat wird dabei häufig als scheinbar gesicherte Information dargestellt.

---

[17]Spiegel Online (2020a), inhaltlich ähnlich: SZ (2020b); SZ (2020d); Zeit Online (2020b); Stern (2020b); Spiegel Online (2020b); FAZ (2020b); Bild (2020b).
[18]Spiegel Online (2020d).
[19]FAZ (2020b); Bild (2020d); MDR Sachsen (2020); Focus Online (2020b).
[20]Bild (2020a).
[21]FAZ (2020e); Focus Online (2020b).

Gleichzeitig lässt sich auch bei den Medienberichten eine Verknüpfung von Raum und vermuteter Motivation erkennen. Vielfach wurde der Ort der Ereignisse mit dem Attribut „linksalternativ"[22] versehen, wodurch ein direkter Zusammenhang zwischen Ort und Tatmotiv suggeriert wird. Dieser wurde in der weiteren Berichterstattung näher kontextualisiert, indem zum einen auf polizeiliche raumbezogene Bewertungen verwiesen wurde, zum anderen Ereignisse im Lichte vergangener Straftaten betrachtet wurden:

> „Der Stadtteil im Süden Leipzigs ist bundesweit bekannt für seinen alternativen Charakter, als Anlaufstelle und Zentrum für Linke und Autonome - ein politisches Viertel mit vielen Freiräumen, Kneipen, Kunst, Kultur. Allerdings kommt es in Connewitz auch häufiger zu Auseinandersetzungen mit der Polizei."[23]

Am 02.01.2020 publizierte die taz einen Artikel, der die Widersprüchlichkeit der polizeilichen Darstellung thematisierte und zudem eine neue Perspektive auf die Ereignisse aufzeigte. Dabei wurden den Informationen aus der offiziellen polizeilichen Darstellung teils widersprechende Aussagen von Betroffenen und Augenzeugen gegenübergestellt.

> „[…] Demnach sei der als Polizeiauto dekorierte Einkaufswagen angezündet und rund 30 Meter von den Polizeieinheiten entfernt auf der Kreuzung abgestellt worden. Dies zeigen auch Fotos und Videos, die der taz vorliegen. Wenig später sei die Polizei aus einer kleinen Gruppe heraus mit Böllern beworfen worden. Als daraufhin PolizistInnen in die Menge stürmten, folgte die Situation, in der der Beamte angegriffen und verletzt wurde. Die Augenzeugen berichten, sie hätten gesehen, dass der Polizist seinen Helm noch trug, als er von Kollegen weggetragen wurde. […]"[24]

Die Darstellung der Augenzeug*innen vermitteln ein deutlich geringeres vom Einkaufswagen ausgehendes Gefahrenpotenzial für die Einsatzkräfte. Insgesamt wird das Geschehen als dynamischer und interaktiver dargestellt. Nagel, Politikerin der Partei Die Linke, welche selbst am Connewitzer Kreuz anwesend war, schilderte gegenüber dertaz, sie

---

[22]FAZ (2020a); FAZ (2020c); Focus Online (2020a); Spiegel Online (2020c); Stern (2020a).
[23]„Spiegel Online (2020d); ähnlich FAZ (2020a); Spiegel Online (2020a); Spiegel Online (2020e)."
[24]taz (2020a).

> „habe sowohl Angriffe auf Polizisten als auch ‚rabiates Vorgehen' der Polizei erlebt, […] Immer wieder seien Polizeigruppen in Menschentrauben gelaufen, hätten dabei Personen umgerannt und verletzt. Daraufhin sei die Polizei beworfen worden."[25]

Durch Nagel wird ein Fokus darauf gelegt, dass die Handlungen der Einsatzkräfte und der Anwesenden Teil einer wechselseitigen Dynamik waren, welche zur Gewalteskalation geführt habe. Darüber hinaus berief sich die taz in ihrem Beitrag auf eine offenbar informelle Information vonseiten des Krankenhauses und berichtete, dass man sich

> „[dort] verwundert über diese Darstellung und die Polizeimeldung von einer „Notoperation" [zeigte.] [Es habe] einen Eingriff an der Ohrmuschel des Beamten unter lokaler Betäubung gegeben […]. Lebensgefahr oder drohender Gehörverlust hätten nicht bestanden."[26]

Initiiert durch diesen Artikel griffen nun auch mehrere der anderen Medien sowohl den Begriff der Notoperation und dessen Deutung[27] als auch vereinzelt die Zeugenaussagen[28] auf. In der Folge wiesen einige Medien auf die selektive Darstellung der Ereignisse hin und problematisierten das polizeiliche Informationsmanagement und die ungeprüfte Übernahme polizeilicher Meldungen als privilegierte Quelle[29].

Augenzeugenberichte, die im Widerspruch zur inzwischen etablierten Darstellung stehen, wurden ab dem 03.01.2020 zunehmend in die Berichterstattung einbezogen.[30] Beispielsweise wurde ein Video thematisiert, das der Leipziger Internet Zeitung vorlag und zeigen soll,

---

[25]taz (2020a).

[26]taz (2020a).

[27]SZ (2020j), Bild (2020c); FAZ (2020c); Tagesschau (2020b).

[28]Vgl. Zeit Online (2020c).

[29]Im Juli 2019 rief der Deutsche Journalisten-Verband vor dem Hintergrund polizeilicher Informationen im Rahmen des Einsatzes am Hambacher Forst dazu auf, Meldungen und Informationen der Polizeibehörden in allen Fällen kritisch zu hinterfragen, weil die Polizei bei Auseinandersetzungen Konfliktpartei und nicht unparteiischer Beobachter sei (Deutscher Journalisten-Verband 2019). Als privilegiert gelten Quellen gemeinhin dann, wenn Journalist*innen davon ausgehen dürfen, dass die Informationen zutreffen, sodass geringere Anforderungen an die Recherche zu stellen sind, beispielsweise bei etablierten Nachrichtenagenturen oder Behörden, die zu wahrheitsgemäßen Auskünften verpflichtet sind (vgl. Schultz 2019).

[30]Vgl. Spiegel Online (2020d), Tagesschau (2020b), Zeit Online (2020f), Bild (2020e); Focus Online (2020d).

"wie zwei Beamte – einer mit und einer ohne Helm auf dem Kopf – einen Mann festzunehmen versuchen. Daraufhin stürme eine Gruppe Vermummter auf die beiden zu und springen diesen in die Rücken."[31]

In der Gesamtbetrachtung der zehn Medien dominierten allerdings weiterhin die Informationen, die durch die Polizei zur Verfügung gestellt wurden.

Ein diskursiv wirksames Ereignis stellte die Veröffentlichung respektive Thematisierung eines Videos dar, auf das mehrheitlich ab dem 06.01.2020 Bezug genommen wird.[32] Dieses soll die maßgeblichen Szenen am Connewitzer Kreuz zeigen:

"Auch ein brennender Einkaufswagen ist zu sehen, der mit Pappe wie ein Polizeifahrzeug dekoriert ist. Jedoch wird der Einkaufswagen […] eher von den Beamten weg- als auf sie zugeschoben. […] In dem nun vorliegenden Film sieht es hingegen so aus, als ob mehrere Polizisten von Anfang der Festnahme eines Beschuldigten an ohne Helm agiert haben. Schon zu Beginn dieser gefährlichen Situation trägt etwa einer der Beamten seinen Helm in der Hand und nicht auf dem Kopf."[33]

Medial wird das Video in Kontrast zur polizeilichen Darstellung, insbesondere zur Deutung eines geplanten und organisierten Angriffs gesetzt: Die Handlungen werden zunehmend vor dem Hintergrund einer situativen Dynamik reflektiert. Demzufolge zeige sich zwar rohe Gewalt, diese wird jedoch eher als spontane Tat denn als orchestrierter Angriff eingeordnet.[34] Darüber hinaus verlagerte sich der Fokus stärker auf das Handeln und mutmaßliches Fehlverhalten der Polizei, welches auf weiteren Videoaufnahmen zu sehen sein beziehungsweise durch Zeugenaussagen belegt werden soll. Im Stern hieß es:

"Auf den undeutlichen Aufnahmen ist unter anderem zu sehen, wie Polizisten an einer offenbar bewusstlosen Person vorbeigehen. Ein Video soll auch einen blutenden Mann in Handschellen zeigen. […] So berichtet etwa eine Frau, sie sei von Polizisten zu Boden gerissen worden, ein Beamter habe ihr mit der Faust ins Gesicht geschlagen."[35]

---

[31] taz (2020b).
[32] Vgl. Focus Online (2020d), Spiegel Online (2020c).
[33] Zeit Online (2020f).
[34] Vgl. Zeit Online (2020f); taz (2020c); Focus Online (2020d); Spiegel Online (2020c).
[35] Stern (2020c).

Aufgrund der Berichterstattung, die das Vorliegen (rechtswidriger) Gewaltanwendung durch die Polizei als möglich erscheinen lässt, wurde durch die Staatsanwaltschaft Leipzig geprüft, inwiefern Ermittlungsverfahren von Amts wegen einzuleiten sind.[36]

Das Einbeziehen weiterer Informationen und Quellen ermöglicht letztlich ein differenzierteres Bild und eine Beurteilung des Wahrheitsgehalts divergierender Darstellungen. Entsprechend wird die Berichterstattung nach und nach differenzierter; weil sie nicht nur die Geschehnisse beschreibt, sondern eben auch die Darstellung selbiger durch verschiedene Akteur*innen reflektiert. Daraus resultierend wurde bereits am 03.01.2020 in der taz ein Fazit gezogen, in welchem die polizeiliche Einsatztaktik sowie das entsprechende Informationsmanagement kritisiert werden:

> „[…] Erstens: Die Verantwortlichen hatten sich dazu entschieden, der drohenden Gewalt mit massiver, sichtbarer Präsenz zu begegnen […]. Zweitens: In Pressemitteilungen und in den sozialen Medien verhielt sich die Polizei in der Silvesternacht nicht wie ein neutrales staatliches Organ, sondern wie ein politischer Akteur […]. Und drittens: Zwei Tage nach den Ausschreitungen mehren sich die Zweifel daran, ob die Situation tatsächlich in allen Details so dramatisch war wie von der Polizei dargestellt […]."[37]

## 4.6 Anknüpfender politischer Diskurs

Erste politische Reaktionen erfolgten unmittelbar noch am Neujahrstag. Sachsens Innenminister Wöller (CDU) sprach von „bewussten Angriffen auf Menschenleben", die es „mit aller Härte des Rechtsstaates" zu verfolgen gelte – das „menschenverachtende Vorgehen grenz[e] an versuchten Totschlag"[38]. Auch Leipzigs Oberbürger Jung (SPD) meldete sich zu Wort; ihm zufolge habe „[d]as neue Jahr […] am Connewitzer Kreuz leider überhaupt nicht friedlich begonnen, sondern ist mit einem heftigen kriminellen Gewaltausbruch gestartet"[39].

Es entspinnen sich zwei politische Debatten: Einerseits thematisieren politische Akteur*innen die Frage, inwiefern der sogenannte Linksextremismus

---

[36] Vgl. Stern (2020d).
[37] taz (2020e).
[38] SZ (2020b).
[39] FAZ (2020a).

**Abb. 3** Tweet einer Politikerin (Die Linke) am 01.01.2020, https://twitter.com/luna_le/status/1212181369645936640 (Zugriff: 27.05.2020)

allgemein eine Bedrohung darstellt, die bislang vernachlässigt wurde. Andererseits rückt das polizeiliche Einsatzmanagement inklusive der begleitenden und nachfolgenden Kommunikationstätigkeit im konkreten Fall in den Fokus.

Ausgangspunkt der Debatte über sogenannte linksextremistische Strukturen in Connewitz und – daran anknüpfend – Linksextremismus als gesamtgesellschaftliches Problem sowie der besonderen Eskalationsdynamik bildete der Tweet der oben bereits erwähnten Leipziger Politikerin Nagel (Die Linke), den diese noch in der Silvesternacht veröffentlicht hat (Abb. 3):

Medial wird der Inhalt so interpretiert, dass die „‚ekelhafte Polizeigewalt' […] letztlich die Ausschreitungen verursacht [hätte]", da Nagel „in diesem Zusammenhang von ‚kalkulierter Provokation' [schreibt]."[40]

Die Ereignisse von Connewitz wurden von vielen Politiker*innen als politisch motiviert respektive als Ausdruck einer sogenannten linksextremistischen Gesinnung begriffen. Unter anderem bezeichneten diverse konservative sowie rechtspopulistische beziehungsweise autoritär-nationalistische Politiker*innen die Täter*innen als „Straftäte[r] und „Demokratiefeind[e]"[41], „autonome Gewalttäter"[42] und verurteilten „linke Gewalt"[43]. Der ehemalige Bundesinnenminister Friedrich (CSU) verortete die Ereignisse noch am Neujahrstag sogar im linksterroristischen Spektrum (Abb. 4).

Bemerkenswert ist, dass von politischer Seite Schlussfolgerungen gezogen werden, obwohl der Informations- und Erkenntnisstand für eine angemessene

---

[40]Spiegel Online (2020a).
[41]Gemkow (CDU) in FAZ (2020a), Focus Online (2020a).
[42]Hartmann (CDU) in SZ (2020c).
[43]Hess (AfD) in SZ (2020c).

**Hans-Peter Friedrich** ✓
@HPFriedrichCSU

Nimmt man alle Informationen zusammen, ist die hässliche Fratze des Linksterrorismus erkennbar. Die Initiative „Gemeinsam gegen linken Terror" ist überfällig.

> **Z ZEIT ONLINE** ✓ @zeitonline · 1. Jan.
> In der Neujahrsnacht ist es in #Leipzig zu Zusammenstößen zwischen Linksautonomen und der Polizei gekommen. Dabei wurde ein Polizist schwer verletzt. zeit.de/gesellschaft/z...

7:52 nachm. · 1. Jan. 2020 · Twitter for iPhone

**541** Retweets  **2.269** „Gefällt mir"-Angaben

**Abb. 4** Tweet eines Politikers (CSU) am 01.01.2020, https://twitter.com/hpfriedrichcsu/status/1212446572912562178 (Zugriff: 27.05.2020)

Durchdringung, Beschreibung und Kontextualisierung der Gewalt zu diesem Zeitpunkt noch deutlich zu beschränkt war. Im Hinblick auf die mediale Rezeption der Informationen wurde bereits dargestellt, dass die Berichterstattung zu diesem Zeitpunkt so gut wie ausschließlich auf Grundlage der polizeilich zur Verfügung gestellten Informationen und deren Deutung erfolgte.

Die Debatte um Linksextremismus ist zunächst geprägt von der mehrheitlichen Auffassung, das Zustandekommen der Verletzung des Polizeibeamten sei als gezieltes politisch motiviertes, versuchtes Tötungsdelikt zu bewerten. Dieser sei also aufgrund seiner Funktion als Repräsentant des Staates angegriffen worden. Politiker*innen – sowohl auf Landes- als auch Bundesebene – merkten an, dass „die Tat zeige, dass menschenverachtende Gewalt auch von Linksextremisten aus[gehe]"[44] und das „Vorgehen der Linksautonomen [in Leipzig

---

[44]Seehofer (CDU) in Spiegel Online (2020f).

Parallelen zu einem] terroristische[n] Netzwerk"[45] aufweise. Das Gewaltpotenzial aus dem Phänomenbereich des sogenannten Linksextremismus wird als relevantes Sicherheitsproblem markiert. Kubicki (FDP) merkte unter dem Hinweis auf eine kürzlich ausgesprochene Morddrohung aus mutmaßlich linksextremen Kreisen an, dass es

> „'fatal [wäre], wenn wir unser innenpolitisches Augenmerk hauptsächlich auf die Bekämpfung des Rechtsextremismus richteten.' Denn auch der Linksextremismus trete in den vergangenen Jahren deutlich aggressiver auf […]."[46]

Gleichzeitig erfolgten politische Verantwortungszuschreibungen. Dem Leipziger Oberbürgermeister Jung (SPD) wurde seitens der sächsischen CDU attestiert, dass dieser „es zugelassen [habe], dass Leipzig zu einem Zentrum der Linksextremen geworden sei."[47]

Zudem entfachte sich eine über Leipzig hinausgehende politische Grundsatzdebatte hinsichtlich der Positionierung von SPD und Die Linke zum Linksextremismus, insbesondere im Hinblick auf eine Abgrenzung zu Gewalt. Dazu wurde Bezug auf spezifische, teils sehr symbolträchtige[48] Räume genommen, die mit linksextremistischen Strukturen in Verbindung gebracht werden und eine Mitverantwortung regierungsbeteiligter Parteien thematisiert.

> „Wenn politische Entscheidungsträger jahrelang linksextremistische Biotope und rechtsfreie Räume wie in der Rigaer Straße in Berlin und die Rote Flora in Hamburg dulden, tragen diese Parteien auch eine Mitschuld an der Verrohung dieser Auseinandersetzung."[49]

Bezugnehmend auf die verschiedenen Politiker*innen der Partei Die Linke erklärte die Junge Union Sachsen, diese sei „[…] ein Fall für den Verfassungsschutz, wenn [sie] die gewaltverherrlichende Rhetorik ihrer Akteure toleriert oder für gutheißt."[50]

---

[45]Jung (SPD) in FAZ (2020d).
[46]Kubicki (FDP) in Spiegel Online (2020f).
[47]Feist (CDU) nach SZ (2020e).
[48]Zu solchen Orten als „Symbol des Widerstands" siehe Naegler (2013) und Hunold et al. (2018) am Beispiel des Schanzenviertels (inklusive „Rote Flora") in Hamburg.
[49]Kubicki (FDP) in SZ (2020f).
[50]FAZ (2020b).

CDU-Mitglied und Bundesvorsitzender der Deutschen Polizeigewerkschaft (DPolG), Rainer Wendt,

> „[…] forderte die Linkspartei zu einer klaren Distanzierung auf: ‚Es ist unfassbar, dass Politiker der Linkspartei es hier an Klarheit mangeln lassen.' Die Attacken erinnerten ihn ‚an die Ausbildung linksterroristischer Strukturen in den 70er Jahren'."[51]

Weiterhin wurden auch medial Entwicklungen des sogenannten Linksextremismus und des politischen Umgangs insbesondere der Partei Die Linke zum Gegenstand weiterer Berichterstattung.[52] Darüber hinaus wurde vereinzelt auf die Bewertung des Landeskriminalamtes Sachsen Bezug genommen, in der Leipzig als ein „Hot Spot der linksautonomen Szene"[53], die an der „Schwelle zum Linksterrorismus" stehe, markiert wird.[54]

Neben der Debatte zur politischen Ausrichtung der Tatverdächtigen wurde durch politische Akteur*innen ebenfalls eine Diskussion zur polizeilichen Einsatztaktik geführt. Vertreter*innen der Partei Die Linke wiesen der Polizei „eine gehörige Portion Mitverantwortung"[55] zu – sie charakterisieren den Einsatz als „kalkuliert[e] Provokation"[56] sowie als „Eskalationsspirale, [die] durch eine waghalsige Einsatzstrategie befeuert wurde"[57]. Politiker*innen von CDU, SPD und AfD kritisierten daraufhin die Partei Die Linke, weil „[diese] der Polizei vorgeworfen [hatte], sie habe die Feiernden provoziert"[58]. Esken (SPD) erklärte am 03.01.2020:

> „[…] Im Sinne der Polizeibeamten muss jetzt schnell geklärt werden, ob die Einsatztaktik angemessen war […]. Sollte eine falsche Einsatztaktik Polizistinnen und Polizisten unnötig in Gefahr gebracht haben, liegt die Verantwortung dafür beim sächsischen Innenminister […] Wöller (CDU). […]"[59]

---

[51]MDR aktuell (2020).
[52]Vgl. Zeit Online (2020h); taz (2020d).
[53]Zeit Online (2020g).
[54]Ebd.
[55]Jelpke (Die Linke) in Zeit Online (2020d).
[56]Neuhaus (Die Linke) in SZ (2020c).
[57]Nagel (Die Linke) in FAZ (2020d).
[58]Nagel (Die Linke) in taz (2020b).
[59]Esken (SPD) in Zeit Online (2020c).

Esken zieht somit ebenfalls die Einsatztaktik als möglichen Einflussfaktor der Eskalation in Erwägung. Festzustellen ist, dass innerhalb anschließender Äußerungen – partiell auch aus ihrer eigenen Partei – Kritik an Eskens Äußerung geübt wurde und diese als Täter-Opfer-Umkehr[60] deuten.

Zumeist wird die Verantwortung bei den vermeintlich strategisch handelnden linksextremistischen Gewalttäter*innen gesucht. Die Perspektive einer potenziell vorherrschenden situativen Interaktionsdynamik bleibt nahezu unberücksichtigt. In diesem Zusammenhang entsteht der Eindruck, dass das polizeiliche Handeln vonseiten vieler politischer Akteur*innen grundsätzlich als beanstandungsfrei bewertet wird, Frei (CDU) betonte:

> „Ich glaube, es ist richtig, dass man in einer solchen Situation auch mit klarer Polizeipräsenz, mit angebrachten Kontrollen entsprechend reagiert. Und ich halte es für völlig falsch, wenn die Polizei für ihr völlig korrektes Verhalten von Mandatsträgern wie beispielsweise der Frau Esken oder auch Politikern der Linken dann anschließend korrigiert wird."[61]

Seitens der Gewerkschaft der Polizei (GdP) stieß Eskens Äußerung ebenfalls auf Unverständnis, demzufolge werde

> „die Diskussion […] völlig falsch geführt. Man muss den Anlass des Polizeieinsatzes sehen, um die Taktik zu verstehen."[62]

Der stellvertretende Bundesvorsitzende der GdP, Radek, bezog sich darauf, dass es in der Vergangenheit im Stadtteil Connewitz „offensichtlich" Gewalttaten gegeben habe, welche die starke Präsenz in der Silvesternacht erforderlich gemacht hätten.[63] Auch Polizeipräsident Schultze warf Esken vor, dass sie in ihrer Aussage

> „Ursache und Wirkung [verkehre]. Die Polizei sei am Connewitzer Kreuz, weil man wisse, dass dort immer wieder Straftaten verübt würden. Den Boden für Extremismus bereite die Gesellschaft und nicht die Polizei."[64]

---

[60]Vgl. Lindner (FDP) in SZ (2020g).
[61]Frei (CDU) zit. nach DLF (2020).
[62]SZ (2020i).
[63]SZ (2020i).
[64]MDR aktuell (2020).

Auch in diesem Zusammenhang begründet die Polizei ihr Handeln mit raumbezogenem Wissen, das auf Erfahrungen basiere und als Legitimation für bestimmte Praktiken im Umgang mit Einsatzlagen herangezogen werden könne.

Zusammenfassend lässt sich innerhalb der medialen Berichterstattung zum einen die bereits beschriebene Reproduktion der polizeilichen Deutung feststellen, welche – zumindest anfänglich – die Verantwortung für die Gewalt der gegnerischen Konfliktpartei zuschreibt. Im Laufe der Berichterstattung werden die Ereignisse aufgrund von Augenzeugenberichten zunehmend differenzierter rekonstruiert, wodurch auch die ausgeübte Gewalt als Ergebnis eines dynamischen, eskalierenden Prozesses beschrieben wird.

In verschiedenen medialen und auch politischen Darstellungen wird im weiteren Verlauf der Berichterstattung zudem die Rolle der polizeilichen Einsatztaktik im Zusammenhang mit den Ereignissen sowie der damit verbundenen Entstehung der Gewalt thematisiert.[65] Im Rahmen der medialen Auseinandersetzung mit der polizeilichen Einsatztaktik wird eine deeskalierende Intention des Einsatzes schließlich zumindest in Zweifel gezogen.

## 5　Fazit: Polizei zwischen Neutralitätsgebot und Deutungshoheit

Die Polizei im demokratischen Rechtsstaat war schon zu prädigitalen Zeiten eine Akteurin mit enormem exklusiven Wissen über ihren Aufgabenbereich, ihre Tätigkeit sowie inneren Abläufe und hatte seit jeher entsprechend weitgehenden Gestaltungsraum bezüglich der Veröffentlichung von Informationen. Während allerdings Pressemitteilungen immer noch von Presse und Rundfunk beziehungsweise Journalist*innen weiterverbreitet werden mussten und dabei jedenfalls bei wichtigen Ereignissen in der Regel auch eine journalistische Einordnung der Meldung zu erwarten war, kann die Polizei ihre Botschaften heute direkt an die Öffentlichkeit richten. Angesichts der Schnelligkeit digitaler Kommunikation ist die Botschaft sofort in der Welt, kann von prinzipiell jeder und jedem weiterverbreitet sowie eingeordnet werden, bevor Journalist*innen Zeit haben, zusätzliche Quellen und Informationen zu recherchieren und ein breiteres Bild von Geschehnissen zu zeichnen.

Mit den heutigen Möglichkeiten ist es allerdings auch vielen Menschen möglich, jederzeit Geschehen zu dokumentieren, zum Beispiel als Video, und

---

[65]Vgl. Spiegel Online (2020e), ähnlich Spiegel Online (2020d).

entsprechend eine Grundlage für die Einordnung, Relativierung oder auch Entkräftung anderer Darstellungen zu schaffen. Auch dies kann allerdings dazu führen, dass sich verzerrende oder falsche Darstellungen verbreiten. Sorgfältige Recherche, Prüfung und Einordnung von Informationen aus verschiedenen Quellen erfüllen daher eine wichtige Rolle. Die unabhängige Wahrnehmung dieser Funktion wird in der Regel Qualitätsmedien zugeschrieben. Dass sich die Beschleunigung des Informationsflusses nachteilig auf die Qualität der Berichterstattung auswirken kann, lässt sich anhand der medialen Verarbeitung der Ereignisse in der Silvesternacht in Leipzig-Connewitz beleuchten. Medien wollen innerhalb weniger Minuten zu einem sich entwickelnden Ereignis präsent und relevant sein, was u. a. im vorliegenden Fall dazu führte, dass die seitens der Polizei zur Verfügung gestellten Informationen zunächst in der gegebenen Form akzeptiert und weiterverbreitet wurden. Hierdurch hat sich von Beginn an ein Bild des Geschehens etabliert, welches quasi exklusiv von den Wahrnehmungen und Deutungen einer am Konflikt beteiligten Partei geprägt ist.

Die dargestellte Analyse illustriert exemplarisch, wie diskursmächtig die Polizei ist und wie sich dies durch die Möglichkeit direkter, breiter, unmittelbarer Kommunikation noch verstärkt. Das Geschehen der Silvesternacht 2019/2020 in Leipzig-Connewitz stellt sich auch aus heutiger (März 2020) Rückschau noch als unübersichtlich dar; soweit die Rekonstruktion auf Basis der hier genutzten Quellen möglich war, war es durch wechselseitige Gewaltanwendung geprägt, welche im Wesentlichen aus der Interaktions- und Situationsdynamik zu erklären ist. Die zu Beginn der Debatte etablierte Perspektive ist hingegen durch die polizeiliche Darstellung der Handlungen als geplante und organisierte Angriffe der Tatverdächtigen geprägt. Die Annahme einer dahinterstehenden politischen Motivation soll sich auf polizeiliches Erfahrungswissen und Szenekenntnisse stützen. Es handelt sich um etablierte Deutungsmuster, die unabhängig von der konkreten, spezifischen Situation herangezogen werden.

Auf politischer Ebene entfachte der Vorfall eine Diskussion um den Umgang mit Linksextremismus, obwohl Erkenntnisse über die tatsächlichen Motivlagen der Tatverdächtigen zu diesem Zeitpunkt nicht eindeutig waren. In diesem Kontext von Extremismus oder gar von Terrorismus zu sprechen erscheint im Hinblick auf eine wissenschaftliche Definition nicht angemessen. Bemerkenswert ist, welchen großen Beitrag Vorstellungen und Behauptungen über den Raum des Geschehens haben, was die Einordnung der Handlungen und Motivation der Beteiligten anbelangt. Aus dem Ruf des Stadtteils als eher links(-alternativ) wird eine linksextremistische bis sogar -terroristische Dimension der Handlungen und Motivationslagen konstruiert.

Auch als die Polizei bereits eingestehen musste, dass Teile der Meldungen problematisch bis inkorrekt waren, lässt sich nur bedingt eine Abkehr vom konfrontativen Kurs feststellen, weshalb sich insbesondere im Kontext des vorliegenden Falls von einer zweifelhaften polizeilichen Fehlerkultur sprechen lässt, welche nur zum Teil durch die eigene Betroffenheit erklärbar ist.

Aufgrund der besonderen Stellung und Autorität der Polizei wird umso klarer, was auch bei weniger diskursmächtigen Akteur*innen gilt: Kommunikation ist nie gänzlich objektiv, neutral oder kontextfrei, sondern geschieht aus der Perspektive der Kommunizierenden und kann nicht vermeiden, Deutungen und Narrative auch jenseits des wortwörtlichen Sinns zu transportieren und zu (re-)produzieren. Aufgrund ihrer Rolle kann die Polizei auch kaum vermeiden, normativ zu kommunizieren, schließlich ist ihr Auftrag die Umsetzung und Wahrung von Rechtsnormen und die (Beteiligung an der) Sanktionierung von Normverstößen. Wenn sie im Rahmen ihrer Aufgabenerfüllung kommuniziert, werden also regelmäßig nicht nur Ereignisse und Handlungen als gefährlich oder verboten thematisiert, sondern eben auch etwaige Handelnde als potenziell Rechtsbrechende.

Der Anspruch, dem die Polizei gerecht werden muss, ist also vielfältig. Zum einen geht es darum, auf Basis des tatsächlichen Erkenntnisstandes zu kommunizieren, und dabei kenntlich zu machen, inwiefern der Erkenntnisstand noch Unsicherheiten aufweist. Zum anderen ist es wichtig, sorgfältig und vorsichtig zu sein, was die Einordnung nicht nur von Handlungen, sondern insbesondere von Personen und Personengruppen als Tatverdächtige anbelangt, also Menschen weder direkt (etwa über ihren Lebensstil, ihr Äußeres, ihre soziale oder geografische Herkunft), noch indirekt (etwa über ihren Wohnort beziehungsweise den Ort des Geschehens) zu bewerten.

Zudem wird deutlich, dass journalistische Medien ihren Umgang mit polizeilichen Informationen reflektieren müssen, da sie Gefahr laufen, selbst an Vertrauen zu verlieren, wenn sie sich subjektive Darstellungen zu eigen machen oder unkritisch adaptieren. Schließlich sollen Medien nicht bloß Informationen verbreiten, sondern auch ihrer Kontrollfunktion nachkommen. Nicht umsonst werden Medien auch als ‚vierte Gewalt' bezeichnet und tragen nicht nur wesentlich zur (politischen) Meinungsbildung bei, sondern auch zur demokratischen Kontrolle von Organen der Exekutive wie der Polizei.

## Literatur

Beelmann, A. (2019). Grundlagen eines entwicklungsorientierten Modells der Radikalisierung. In: E. Marks (Hrsg.), *Prävention & Demokratieförderung. Gutachterliche Stellungnahmen zum 24. Deutschen Präventionstag* (S. 181–209). Godesberg: Forum Verlag. https://www.praeventionstag.de/dokumentation/download.cms?id=2792&datei=DPT24_Stellungnahme_Beelmann_web-2792.pdf. Zugegriffen am 25.03.2020.

Bild (2020a). Linksradikale attackieren Polizisten in Leipzig. *Bild.de*. https://www.bild.de/news/2019/news/feuerwerk-die-welt-boellert-sich-ins-jahr-2020-hier-laeuft-silvester-weltweit-li-67013266.bild.html. Zugegriffen am 25.03.2020.

Bild (2020b). Verletzter Polizist aus Klinik entlassen. *Bild.de*. https://www.bild.de/regional/leipzig/leipzig-news/leipzig-verletzter-polizist-aus-klinik-entlassen-67079044.bild.html. Zugegriffen am 25.03.2020.

Bild (2020c). Polizei korrigiert Aussage über Not-OP. *Bild.de*. https://www.bild.de/regional/leipzig/leipzig-news/leipzig-connewitz-polizei-korrigiert-aussage-ueber-not-op-67069590.bild.html. Zugegriffen am 25.02.2020.

Bild (2020d). Vier Linksradikale in U-Haft. *Bild.de*. https://www.bild.de/regional/leipzig/leipzig-news/silvesterrandale-in-leipzig-vier-radikale-chaoten-in-u-haft-67063348.bild.html. Zugegriffen am 25.03.2020.

Bild (2020e). Hier tritt der Chaot den Polizisten um. *Bild.de*. https://www.bild.de/regional/leipzig/leipzig-news/leipzig-hier-tritt-der-chaot-den-polizisten-um-67135100.bild.html. Zugegriffen am 25.03.2020.

Bilsdorfer, M. C. (2019). *Polizeiliche Öffentlichkeitsarbeit in sozialen Netzwerken*. Baden-Baden: Nomos.

Bobbio, N. (1996). *Left and Right. The Significance of a Political Distinction*. Cambridge: Polity Press.

Bouhs, D. & Reisin, A. (2018). Polizei betreibt über 330 Social-Media-Profile. *Norddeutscher Rundfunk*. https://www.ndr.de/fernsehen/sendungen/zapp/Polizei-betreibt-ueber-330-Social-Media-Profile,polizei5110.html. Zugegriffen am 25.03.2020.

BVerfG (2002a). Beschluss des Ersten Senats vom 26. Juni 2002 - 1 BvR 558/91 -, Rn. (1–79).

BVerfG (2002b). Beschluss des Ersten Senats vom 26. Juni 2002 - 1 BvR 670/91 -, Rn. (1–102).

Collins, R. (2011). *Dynamik der Gewalt. Eine mikrosoziologische Theorie*. Hamburg: Hamburger Edition.

Decker, F. (2016). Vorwort. In: T. Faas, & B. C. Sack, *Politische Kommunikation in Zeiten von Social Media* (S. 6–7). Bonn: Bonner Akademie für Forschung und Lehre Praktischer Politik.

Deges, F. (2018). Definition: Was ist „Influencer"? Gabler Wirtschaftslexikon Online. https://wirtschaftslexikon.gabler.de/definition/influencer-100360. Zugegriffen am 25.03.2020.

Deutscher Bundestag (2015). Öffentlichkeitsarbeit von Polizeibehörden in sozialen Medien. https://www.bundestag.de/resource/blob/405538/c90e0606186c97afa54b9694a865e026/wd-3-157-15-pdf-data.pdf. Zugegriffen am 27.03.2020.

Deutscher Journalisten-Verband (2019). Polizeiberichte kritisch hinterfragen. Pressemitteilungen. https://www.djv.de/startseite/profil/der-djv/pressebereich-download/pressemitteilungen/detail/article/polizeiberichte-kritisch-hinterfragen.html. Zugegriffen am 25.03.2020.

DLF (2020). Debatte um Gewalt gegen Polizisten. *Deutschlandfunk.de.* https://www.deutschlandfunk.de/silvesternacht-in-leipzig-debatte-um-gewalt-gegen-polizisten.1766.de.html?dram:article_id=467098. Zugegriffen am 25.03.2020.

Fanta, A. (2018). Twitter und die Hauptstadtbullen: Darf die Polizei eigentlich Ironie? *Netzpolitik.org.* https://netzpolitik.org/2018/twitter-und-die-hauptstadtbullen-darf-die-polizei-eigentlich-ironie/. Zugegriffen am 25.03.2020.

FAZ (2020a). LKA Sachsen ermittelt wegen versuchten Mordes. *Faz.net.* https://www.faz.net/aktuell/politik/inland/polizist-bei-silvester-ausschreitungen-in-leipzig-schwer-verletzt-16560742.html. Zugegriffen am 25.03.2020.

FAZ (2020b). CDU-Verband fordert nach Attacke auf Polizist Konsequenzen. *Faz.net.* https://www.faz.net/aktuell/politik/inland/leipzig-cdu-fordert-nach-attacke-auf-polizist-konsequenzen-16561785.html. Zugegriffen am 25.03.2020.

FAZ (2020c). Attackierter Leipziger Polizist musste „dringlich operiert" werden. *Faz.net.* https://www.faz.net/aktuell/politik/inland/leipzig-polizei-wendet-sich-gegen-bericht-zu-angriff-an-silvester-16563249.html. Zugegriffen am 25.03.2020.

FAZ (2020d). Eine Stadt stellt sich die Schuldfrage. *Faz.net.* https://www.faz.net/aktuell/politik/inland/gewalt-in-leipzig-oberbuergermeister-spricht-von-terrorismus-16562565.html. Zugegriffen am 25.03.2020.

FAZ (2020e). Keine Notoperation, aber ein „dringlicher" Eingriff. *Faz.net.* https://www.faz.net/aktuell/politik/inland/verletzter-polizist-in-leipzig-keine-notoperation-aber-ein-dringlicher-eingriff-16564403.html. Zugegriffen am 27.03.2020.

Focus Online (2020a). Kritik nach Ausschreitungen in Leipzig-Connewitz. *Focus.de.* https://www.focus.de/regional/leipzig/kriminalitaet-kritik-nach-ausschreitungen-in-leipzig-connewitz_id_11509366.html. Zugegriffen am 27.03.2020.

Focus Online (2020b). Silvester-Krawalle: Linksautonome planen bereits nächste Eskalationsstufe in Leipzig. *Focus.de.* https://www.focus.de/politik/deutschland/gewalt-im-osten-linksautonome-halten-leipzig-in-atem-im-herbst-droht-es-noch-heftiger-zu-werden_id_11513902.html. Zugegriffen am 25.03.2020.

Focus Online (2020c). Rennendem Polizisten Bein gestellt: 27-Jähriger wegen Silvesterrandale verurteilt. *Focus.de.* https://www.focus.de/panorama/welt/silvester-leipziger-polizist-schwer-verletzt-nun-gibt-es-kritik-an-einsatz_id_11504346.html. Zugegriffen am 25.03.2020.

Focus Online (2020d). Silvester-Krawalle in Connewitz: Video weckt Zweifel an Darstellung der Polizei. *Focus.de.* https://www.focus.de/politik/deutschland/attacke-loeste-heftige-debatte-aus-silvester-krawalle-in-connewitz-video-weckt-zweifel-an-darstellung-der-polizei_id_11523157.html. Zugegriffen am 25.03.2020.

Furkert, C. (2016). Unterwegs ins Web 2.0. In: *Polizei in Thüringen* (2, S. 4–11).

Hunold, D., Knopp, P., Schmidt, S., Thurn, R. & Ullrich, P. (2018). Policing der G20-Proteste in Hamburg im Juli 2017: Ergebnisse einer strukturierten Demonstrationsbeobachtung. *Kriminologisches Journal, 50* (1, S. 34–47).

Ingold, A. (2017). „Polizei 2.0": Grenzen der behördlichen Öffentlichkeitsarbeit in sozialen Netzwerken. *Verwaltungsarchiv*, (108(2), S. 240–265). doi: https://doi.org/10.1515/verwarch-2017-0205.

Krischok, H. (2018). Das Internet in der polizeilichen Gefahrenabwehr. In: T.-G. Rüdiger & P. Bayerl (Hrsg.), *Digitale Polizeiarbeit* (S. 237–257). Wiesbaden: Springer VS.

Kümpel, A. S. (2019). *Nachrichtenrezeption auf Facebook: Vom beiläufigen Kontakt zur Auseinandersetzung*. Wiesbaden: Springer VS.

Lehmann, L. & Jukschat, N. (2019). „Linksextremismus" – ein problematisches Konzept. Perspektiven verschiedener Praxisakteure. In: *SIAK-Journal – Zeitschrift für Polizeiwissenschaft und polizeiliche Praxis*, (4, S. 41–52).

Leipziger Volkszeitung (2019). LKA sieht „neue Qualität" linksextremer Straftaten in Leipzig. *Lvz.de.* https://www.lvz.de/Leipzig/Lokales/LKA-sieht-neue-Qualitaet-linksextremer-Straftaten-in-Leipzig. Zugegriffen am 27.03.2020.

Linssen, R. (2009a). Soziale Wahrnehmung bei polizeilichen Vernehmungen – sozialpsychologische und soziologische Perspektive. In: M. Hermanutz & S. M. Litzcke (Hrsg.), *Vernehmung in Theorie und Praxis: Wahrheit, Irrtum, Lüge*, (S. 214–241). Stuttgart: Boorberg.

Linssen, R. (2009b). Bauchgefühl, Vorurteil und das soziale Umfeld: Aspekte polizeilicher Vernehmungen, *Polizei und Wissenschaft*, 9(2, S. 12–20).

Malthaner, S., Teune, S. & Ullrich, P. (2018). Eskalation. Dynamiken der Gewalt im Kontext der G20-Proteste in Hamburg 2017. https://g20.protestinstitut.eu/wp-content/uploads/2018/09/Eskalation_Hamburg2017.pdf. Zugegriffen am 25.03.2020.

MDR aktuell (2020). Streit um Polizei-Einsatz in Leipzig. *Mdr.de.* https://www.mdr.de/nachrichten/politik/inland/silvester-randale-leipzig-connewitz-reaktion-polizeipraesident-schultze-100.html. Zugegriffen am 25.03.2020.

MDR Sachsen (2019). Sachsen gründet Soko LinX gegen Linksextremismus in Leipzig. *Mdr.de.* https://www.mdr.de/sachsen/leipzig/leipzig-leipzig-land/regierung-massnahmen-gegen-linksextremismus-leipzig-100.html. Zugegriffen am 27.03.2020.

MDR Sachsen (2020). Ausschreitungen in Leipzig-Connewitz: LKA ermittelt wegen Verdacht auf versuchten Mord. *Mdr.de.* https://www.mdr.de/sachsen/leipzig/leipzig-leipzig-land/verletzte-polizisten-silvester-connewitz-100.html. Zugegriffen am 27.03.2020.

Naegler, L. (2013). Vom widerständigen Raum zum kommerzialisierten Raum. Gentrifizierungswiderstand in Hamburger Schanzenviertel. *Kriminologisches Journal 45* (3, S. 196–210).

Neugebauer, G. (2001). Extremismus – Rechtsextremismus – Linksextremismus: Einige Anmerkungen zu Begriffen, Forschungskonzepten, Forschungsfragen und Forschungsergebnissen. In: W. Schubarth & R. Stöss (Hrsg.), *Rechtsextremismus in der Bundesrepublik Deutschland. Eine Bilanz* (S. 13–37). Opladen: Leske + Budrich.

OVG Münster (2019). Urteil vom 17.09.2019 – 15 A 4753/18.

Parr, R. (2008). Diskurs. In: C. Kammler, R. Parr, U. J. Schneider & E. Reinhardt-Becker (Hrsg.), *Foucault-Handbuch: Leben – Werk – Wirkung* (S. 233–237). Stuttgart: Metzler.

Perthus, S. (2016). Von der Gefahrenabwehr zur sozialräumlichen Risikokalkulation: Kommunale Kriminalprävention in Leipzig-Connewitz im Dienste der Inwertsetzung des Stadtteils, 1990–2014. Berlin.

Petter, J. (2019). Dein Freund und Influencer – warum die Polizei jetzt Instagram-Regeln für Beamtinnen und Beamten aufstellt. *Bento.* https://www.bento.de/politik/polizei-aufinstagram-wie-polizisten-social-media-nutzen-und-damit-geld-verdienen-a-0cef60c8-59e3-479c-93b8-b96f1de2f87c. Zugegriffen am 25.03.2020.

Polizei Sachsen (2020a). Mehrere verletzte Polizeibeamte bei Silvestereinsatz. https://www.polizei.sachsen.de/de/MI_2020_69739.htm. Zugegriffen am 27.03.2020.

Polizei Sachsen (2020b). Soko LinX des LKA Sachsen führt Ermittlungen zu Angriffen auf Polizeibeamte in der Silvesternacht in Leipziger Stadtteil Connewitz. https://www.polizei.sachsen.de/de/dokumente/LKA/MIXzuXStraftatenXinXderXSilvesternacht.pdf. Zugegriffen am 27.03.2020.

Reuter, M. (2018). Der elektrische Türknauf und die Molotowcocktails: Falschmeldungen der Polizei auf Twitter. *Netzpolitik.org*. https://netzpolitik.org/2018/der-elektrische-tuerknauf-und-die-molotowcocktails-falschmeldungen-der-polizei-auf-twitter/. Zugegriffen am 27.03.2020.

Reuter, M. (2019). Falschmeldung der Polizei auf Twitter: Der Türknauf des Todes kommt vor Gericht. *Netzpolitik.org*. https://netzpolitik.org/2019/falschmeldung-der-polizei-auf-twitter-der-tuerknauf-des-todes-kommt-vor-gericht/. Zugegriffen am 27.03.2020.

Reuter, M.; Fanta, A.; Bröckling, M.; Hammer, L. (2018). Influencer in Uniform: Wenn die Exekutive viral geht. *Netzpolitik.org*. https://netzpolitik.org/2018/wenn-die-exekutive-viral-geht-twitter-wird-zum-lieblings-werkzeug-der-deutschen-polizei/. Zugegriffen am 25.03.2020.

Rüdiger, T.-G., & Bayerl, P. (2017). Soziale Medien – Anbruch eines neuen Zeitalters polizeilicher Arbeit?, *Der Kriminalist*, (S. 1–2).

Schultz, T. (2019). Quelle. *Journalistikon*. http://journalistikon.de/quelle/. Zugegriffen am 25.03.2020.

Sehl, M. (2019). Rechtsschutz gegen den „Türknauf des Todes"?. *Lto.de*. https://www.lto.de/recht/hintergruende/h/polizei-twitter-informationshandeln-social-media-falschmeldung-rechtsschutz. Zugegriffen am 27.03.2020.

Spiegel Online (2020a). Polizist in linksalternativem Viertel schwer verletzt. *Spiegel.de*. https://www.spiegel.de/panorama/justiz/leipzig-connewitz-polizist-an-silvester-schwer-verletzt-a-1303298.html. Zugegriffen am 27.03.2020.

Spiegel Online (2020b). CDU fordert Konsequenzen, Linke beklagt Polizeigewalt. *Spiegel.de*. https://www.spiegel.de/politik/deutschland/ausschreitungen-in-leipzig-connewitz-polizist-schwer-verletzt-a-1303327.html. Zugegriffen am 27.03.2020.

Spiegel Online (2020c). Das Chaos von Connewitz. *Spiegel.de*. https://www.spiegel.de/panorama/justiz/leipzig-connewitz-video-zeigt-details-zu-gewalt-an-silvester-a-1303884.html. Zugegriffen am 27.03.2020.

Spiegel Online (2020d) Was über den Vorfall in Connewitz bekannt ist. *Spiegel.de*. https://www.spiegel.de/panorama/justiz/leipzig-connewitz-was-ueber-den-angriff-auf-einen-polizisten-bekannt-ist-a-1303374.html. Zugegriffen am 27.03.2020.

Spiegel Online (2020e). Rote Zone. *Spiegel.de*. https://www.spiegel.de/panorama/gesellschaft/leipzig-connewitz-die-linke-insel-sachsens-a-1303430.html. Zugegriffen am 25.03.2020.

Spiegel Online (2020f). Politiker streiten über Gefahr von links. *Spiegel.de*. https://www.spiegel.de/politik/deutschland/neujahr-und-krawalle-in-leipzig-debatte-um-linksextremismus-a-1303385.html. Zugegriffen am 25.03.2020.

Stern (2020a). Polizist in Leipzig attackiert - Ermittlungen wegen versuchten Mordes. *Stern.de*. https://www.stern.de/panorama/stern-crime/polizist-in-leipzig-attackiert—ermittlungen-wegen-versuchten-mordes-9069360.html. Zugegriffen am 25.02.2020.

Stern (2020b). Konsequenzen nach Attacke auf Polizist in Leipzig gefordert. *Stern.de.* https://www.stern.de/panorama/stern-crime/themen/polizei-4541324.html?pageNum=7. Zugegriffen am 17.01.2020.

Stern (2020c). Nach Silvester-Ausschreitungen: Videos werden geprüft. *Stern.de.* https://www.stern.de/panorama/themen/silvesternacht-4171922.html. Zugegriffen am 25.01.2020.

Stern (2020d). Nach Eskalation in Leipzig. Staatsanwalt prüft Videos. *Stern.de.* https://www.stern.de/panorama/themen/silvesternacht-4171922.html?utm_source=standard&utm_medium=rss-feed&utm_campaign=alle-nachrichten. Zugegriffen am 15.03.2020.

Stern (2020e). Polizei Leipzig revidiert Darstellung zu verletztem Beamten – weitere Fragen offen. *Stern.de.* https://www.stern.de/politik/deutschland/leipziger-silvesternacht–was-ist-wirklich-in-connewitz-geschehen–9071670.html. Zugegriffen am 27.03.2020.

Strauss, A. L., & Corbin, J. (1990). *Grounded Theory: Grundlagen Qualitativer Sozialforschung.* Weinheim: Beltz, Psychologie Verlags Union.

Strübing, J. (2004). *Grounded Theory. Zur sozialtheoretischen und epistemologischen Fundierung des Verfahrens der empirisch begründeten Theoriebildung.* Wiesbaden: Springer VS.

SZ (2020a). Sachsen startet „im Großen und Ganzen ruhig" ins neue Jahr. *SZ.de.* https://www.sueddeutsche.de/service/jahreswechsel-dresden-sachsen-startet-im-grossen-und-ganzen-ruhig-ins-neue-jahr-dpa.urn-newsml-dpa-com-20090101-200101-99-314586. Zugegriffen am 27.03.2020.

SZ (2020b). Sachsens Innenminister verurteilt Angriff auf Polizisten. *SZ.de.* https://www.sueddeutsche.de/panorama/kriminalitaet-leipzig-sachsens-innenminister-verurteilt-angriff-auf-polizisten-dpa.urn-newsml-dpa-com-20090101-200101-99-315539. Zugegriffen am 27.03.2020.

SZ (2020c). Polizist in Leipzig attackiert und schwer verletzt. *SZ.de.* https://www.sueddeutsche.de/panorama/kriminalitaet-polizist-in-leipzig-attackiert-und-schwer-verletzt-dpa.urn-newsml-dpa-com-20090101-200101-99-316839. Zugegriffen am 25.03.2020.

SZ (2020d). Seehofer und Polizeigewerkschaft verurteilen Angriffe. *SZ.de.* https://www.sueddeutsche.de/panorama/polizei-leipzig-seehofer-und-polizeigewerkschaft-verurteilen-angriffe-dpa.urn-newsml-dpa-com-20090101-200102-99-324001. Zugegriffen am 27.03.2020.

SZ (2020e). Seehofer verurteilt „brutalen Angriff auf Polizeibeamte". *SZ.de.* https://www.sueddeutsche.de/politik/leipzig-connewitz-attacke-polizist-silvester-1.4742428. Zugegriffen am 25.03.2020.

SZ (2020f). Esken stellt Polizeitaktik in Leipzig infrage. *SZ.de.* https://www.sueddeutsche.de/panorama/kriminalitaet-esken-stellt-polizeitaktik-in-leipzig-infrage-dpa.urn-newsml-dpa-com-20090101-200103-99-329578. Zugegriffen am 25.03.2020.

SZ (2020g). Kritik an Eskens Äußerung zur Polizeitaktik in Leipzig. *SZ.de.* https://www.sueddeutsche.de/panorama/kriminalitaet-leipzig-kritik-an-eskens-aeusserung-zur-polizeitaktik-in-leipzig-dpa.urn-newsml-dpa-com-20090101-200103-99-336647. Zugegriffen am 25.03.2020.

SZ (2020h). Silvester-Attacke: Innenminister verspricht Polizei-Präsenz. *SZ.de.* https://www.sueddeutsche.de/panorama/kriminalitaet-silvester-attacke-innenminister-verspricht-polizei-praesenz-dpa.urn-newsml-dpa-com-20090101-200103-99-338601. Zugegriffen am 27.03.2020.

SZ (2020i). Leipziger Einsatz: Polizeigewerkschaft kritisiert Debatte. *SZ.de.* https://www.sueddeutsche.de/panorama/kriminalitaet-berlin-leipziger-einsatz-polizeigewerkschaft-kritisiert-debatte-dpa.urn-newsml-dpa-com-20090101-200104-99-343181. Zugegriffen am 25.03.2020.

SZ (2020j). Nachrichten am Morgen - die Übersicht für Eilige. *SZ.de.* https://www.sueddeutsche.de/politik/nachrichten-usa-iran-connewitz-1.4743893. Zugegriffen am 25.03.2020.

Tageschau (2020a). Party ins neue Jahr. *Tagesschau.de* https://www.tagesschau.de/inland/silvester-deutschland-105.html. Zugegriffen am 27.03.2020.

Tagesschau (2020b). SPD stellt Polizeitaktik infrage. *Tagesschau.de.* https://www.tagesschau.de/inland/leipzig-polizeieinsatz-101.html. Zugegriffen am 25.03.2020.

taz (2020a). Eskalation mit Ansage. *Taz.de.* https://taz.de/Gewalt-in-Leipzig-Connewitz-an-Silvester/!5650003/. Zugegriffen am 25.03.2020.

taz (2020b). Angriff auf Polizei in Leipzig. Nebel über Connewitz. *Taz.de.* https://taz.de/Angriff-auf-Polizei-in-Leipzig/!5649887/. Zugegriffen am 25.03.2020.

taz (2020c). „Das war Wahnsinn". *Taz.de.* https://taz.de/Gewalt-Nacht-in-Connewitz/!5650283/. Zugegriffen am 25.03.2020.

taz (2020d). Links, linker, gelinkt. *Taz.de.* https://taz.de/Links-in-Leipzig-Connewitz/!5651736/. Zugegriffen am 25.03.2020.

taz (2020e). Beide Seiten kritisieren. *Taz.de.* https://taz.de/Silvester-Gewalt-in-Leipzig-Connewitz/!5650073/. Zugegriffen am 25.03.2020.

VG Gelsenkirchen (2018). Urteil vom 23.10.2018 – 14 K 3543/18.

von Nordheim, G. (2018). Journalisten zitieren immer mehr Social-Media-Inhalte. *Europäisches Journalismus-Observatorium.* https://de.ejo-online.eu/digitales/journalisten-zitieren-immer-mehr-social-media-inhalte. Zugegriffen am 25.03.2020.

Wagner, D., & Görgen, T. (2018). Polizeiliche Kriminalprävention via Social Media. In: A. Dessecker & M. Rettenberger (Hrsg.), *Medien – Kriminalität – Kriminalpolitik* (S. 53–82). Wiesbaden: Kriminologische Zentralstelle e. V.

Wagner, D., vom Feld, L., & Görgen, T. (2020). Alter Wein in Neuen Medien? – Polizeiliche Kommunikationspraxis in Social Media und Herausforderungen moderner Kriminalprävention. In: T.-G. Rüdiger & P. Bayerl (Hrsg.), *Cyberkriminologie* (S. 625–652). Wiesbaden: Springer VS.

Wehling, E. (2016). *Politisches Framing. Wie eine Nation sich ihr Denken einredet – und daraus Politik macht.* Köln: Herbert von Halem Verlag.

Wellisch, F. (2017). Polizeiwissenschaftler über Social Media: „Die Polizei muss kritisierbar bleiben". *Taz.* https://taz.de/Polizeiwissenschaftler-ueber-Social-Media/!5408502/. Zugegriffen am 25.03.2020.

Welty, U. (2017). Amoklauf in München vor einem Jahr. Wie die Polizei soziale Netzwerke nutzte. *Deutschlandfunk Kultur.* https://www.deutschlandfunkkultur.de/amoklauf-in-muenchen-vor-einem-jahr-wie-die-polizei-soziale.1008.de.html?dram:article_id=391684. Zugegriffen am 25.03.2020.

Wienand, L. (2019). Polizisten auf Instagram: Nach Werbung für die "Bild": Polizei prüft Influencer-Regeln. *t-online.de.* https://www.t-online.de/nachrichten/panorama/buntes-kurioses/id_86309974/nach-werbung-fuer-die-bild-polizei-prueft-influencer-regeln.html. Zugegriffen am 25.03.2020.

Zeit Online (2020a). Mehr Feuerwehreinsätze, weniger Übergriffe. *Zeit.de.* https://www.zeit.de/gesellschaft/zeitgeschehen/2020-01/silvester-2020-feuerwerk-silvesterpartys-deutschland-international-neujahr. Zugegriffen am 27.03.2020.

Zeit Online (2020b). Leipziger CDU fordert Konsequenzen nach Ausschreitungen. *Zeit.de.* https://www.zeit.de/gesellschaft/zeitgeschehen/2020-01/leipzig-connewitz-ausschreitungen-polizist-feuerwerk-silvester. Zugegriffen am 27.03.2020.

Zeit Online (2020c). Tatverdächtige von Leipzig müssen in Untersuchungshaft. *Zeit.de.* https://www.zeit.de/politik/deutschland/2020-01/leipzig-connewitz-angriff-polizei-saskia-esken. Zugegriffen am 25.03.2020.

Zeit Online (2020d). Sachsens Innenminister fordert Aufarbeitung der Silvesternacht. *Zeit.de* https://www.zeit.de/politik/deutschland/2020-01/leipzig-connewitz-polizei-silvesternacht-einsatz-aufarbeitung. Zugegriffen am 27.03.2020.

Zeit Online (2020e). „Verbrecher, anders kann ich diese Leute nicht nennen". *Zeit.de.* https://www.zeit.de/politik/deutschland/2020-01/leipzig-connewitz-torsten-schultze-silvesternacht-angriffe-polizei-polizeipraesident. Zugegriffen am 27.03.2020.

Zeit Online (2020f). Angriff in Connewitz war offenbar nicht orchestriert. *Zeit.de.* https://www.zeit.de/gesellschaft/zeitgeschehen/2020-01/leipzig-connewitz-silvester-angriffe-polizist-video/komplettansicht. Zugegriffen am 25.03.2020.

Zeit Online (2020g). Polizei Sachsen spricht von Linksterrorismus. *Zeit.de.* https://www.zeit.de/gesellschaft/zeitgeschehen/2020-01/leipzig-connewitz-polizei-silvester-lka-sachsen-linksextremismus-linksterrorismus. Zugegriffen am 25.03.2020.

Zeit Online (2020h). „Man muss Gewalt im Kontext sehen". *Zeit.de.* https://www.zeit.de/2020/04/linksradikalismus-connewitz-silvester-linke-gewalt-politik. Zugegriffen am 25.03.2020.

Ziegele, M., Johnen, M., Bickler, A., Jakobs, I., Setzer, T. & Schnauber, A (2013). Männlich, rüstig, kommentiert? Einflussfaktoren auf die Aktivität kommentierender Nutzer von Online-Nachrichtenseiten. *SCM Studies in Communication and Media.* (1, S. 67–114).

**Maren Wegner** Ass. iur., wissenschaftliche Mitarbeiterin am Fachgebiet für Strafrecht, Strafprozessrecht und Kriminalpolitik, maren.wegner@dhpol.de.

**Daniel Wagner** M.A. (Soziologie und Politikwissenschaft), wissenschaftlicher Mitarbeiter am Fachgebiet für Kriminologie und interdisziplinäre Kriminalprävention der Deutschen Hochschule für Polizei, Münster, daniel.wagner@dhpol.de.

**Lara vom Feld** M.A. (Soziologie), Wissenschaftliche Mitarbeiterin am Fachgebiet für Kriminologie und interdisziplinäre Kriminalprävention der Deutschen Hochschule für Polizei, Münster, lara.vomfeld@dhpol.de.

**Jens Struck** M.A. (Soziologie), Wissenschaftlicher Mitarbeiter am Fachgebiet für Kriminologie und interdisziplinäre Kriminalprävention der Deutschen Hochschule für Polizei, Münster, jens.struck@dhpol.de.

# Vorfeldverlagerung

# Datafizierte Polizeiarbeit – (Wissens-) Praktische Implikationen und rechtliche Herausforderungen

## Simon Egbert

Algorithmengestützte Polizeiarbeit hat mit dem Aufkommen von Predictive Policing im deutschsprachigen Raum einen qualitativen Sprung gemacht. Erstmals wurden algorithmische Analyseverfahren konsequent in polizeiliche Strategien und Praktiken übersetzt, indem Prognosesoftwares operatives Wissens darüber generieren, wo die Wahrscheinlichkeit von Kriminalität in der nahen Zukunft am größten ist. Und obgleich Predictive Policing keineswegs – wie vor allem medial gemeinhin suggeriert – eine Revolution der Polizeiarbeit impliziert, es vielmehr eine evolutionäre Stufe repräsentiert, da es auf vielen Entwicklungen der Polizeiarbeit der letzten Jahrzehnte aufbaut und an zahlreiche bekannte Wissensbestände und Praxisroutinen anknüpft, ist mit ihrem Aufkommen eine Zäsur verbunden. Denn in der Folge entwickelte sich eine (Fach-)Debatte zu den Potenzialen dieser neuen Technologie und die damit verbundene mögliche Verbesserung des Polizierens. Polizeiliche und politische Verantwortungsträger*innen wurden für die Versprechungen moderner Datenanalytik *(data mining)* und von *machine learning* sensibilisiert und es entstanden in der Folge behördliche Begehrlichkeiten, solche Verfahren auch über die bis dato eng umgrenzte polizeiliche Prognosearbeit hinaus für eine allgemeine Modernisierung der polizeilichen Arbeit, insbesondere auch mit Blick auf die Verbesserung der Ermittlungsarbeit, nutzbar zu machen. Es herrscht mithin nun auch bei leitenden Repräsentant*innen von Polizei und Innerer Sicherheit die Auffassung vor, dass sich auf der Grundlage einer verbesserten

---

S. Egbert (✉)
Technische Universität Berlin, Berlin, Deutschland
E-Mail: simon.egbert@tu-berlin.de

© Springer Fachmedien Wiesbaden GmbH, ein Teil von Springer Nature 2020
D. Hunold und A. Ruch (Hrsg.), *Polizeiarbeit zwischen Praxishandeln und Rechtsordnung,* Edition Forschung und Entwicklung in der Strafrechtspflege, https://doi.org/10.1007/978-3-658-30727-1_4

technischen Infrastruktur und moderner Analysetools sowie mit optimierten Arbeitsroutinen, Kompetenzen und Mentalitäten – *data literacy* (Ridsdale et al. 2015)[1] genannt –, polizeiliche Daten enger miteinander verknüpfen lassen. Das so generierte Wissen soll, so die Erwartung, nicht zuletzt Aufschluss über bis dato unbekannte Zusammenhänge geben („hidden patterns and relationships", Beck und McCue 2009) und auf diese Weise zu einer verbesserten, da effizienteren und effektiveren, Verbrechensbekämpfung führen (vgl. z. B. BMI 2018, S. 5 ff.; Münch 2019, S. 13 f.).

Bei der Polizeiarbeit im deutschsprachigen Raum zeichnet sich gegenwärtig also ein Prozess ganzheitlicher ‚Datafizierung' ab, im Rahmen dessen sich polizeiliche Wissensproduktion zunehmend auf die Analyse umfangreicher und vernetzter Datensätze via Analyseplattformen stützt. Symptomatisch dafür sind zuvorderst die im Sommer 2018 eingeführte Auswertungsplattform ‚hessenDATA', eine Analysesoftware der hessischen Polizei für die prospektive Identifizierung von Gefährdern und drohender Anschlagsrisiken (HMIS 2018b), sowie, gleichsam als infrastrukturelles Leuchtturmprojekt und Sperrspitze der polizeilichen Datafizierung, das Großprojekt ‚Polizei2020', in dessen Rahmen die Restrukturierung der polizeilichen IT-Landschaft, vor allem durch die Vernetzung von innerbehördlichen Datenbanken, anvisiert ist (BMI 2018). Mit dem Begriff Datafizierung ist dabei die zunehmende Nutzung korrelativ fundierter, statistischer Datenanalyse gemeint, die auf Entscheidungsfindung ausgerichtete und algorithmisch[2] vermittelte (Massen-)Analyse von Daten angesprochen, deren Resultate entsprechend umgesetzt werden und somit die polizeilichen Praktiken nachhaltig prägen. Damit umfasst die Datafizierung nicht allein die verstärkte und mittlerweile nahezu flächendeckende datenmäßige Repräsentation gesellschaftlicher Aktivitäten, wie sie breit zitiert bei Mayer-Schönberger und Cukier (2013: 78) definiert wird (hier als ‚Verdatung' verstanden), sondern immer auch die daran anknüpfenden algorithmisch mediatisierten Analysen sowie die daran anschließenden Entscheidungen und Denk- sowie Handlungsanpassungen (vgl. a. Prietl und Houben 2018, S. 7). Die so verstandene Datafizierung ist somit eine der wesentlichsten Folgen – bzw. bildet gar ihren „Kern" (Häußling et al. 2017, S. 2) – der Digitalisierung, die hier wiederum als die zunehmende gesellschaft-

---

[1] Konkret schreiben Ridsdale et al. (2015, S. 3): „Data literacy is the ability to collect, manage, evaluate, and apply data, in a critical manner."
[2] Gemeint sind hier ausschließlich Computeralgorithmen. Eine treffende Definition gibt Kitchin (2017, S. 14). Ihm zufolge sind Algorithmen „sets of defined steps structured to process instructions/data to produce an output".

liche Durchdringung mit digitalen Verfahren gefasst wird. Letztere sind solche, die auf der Konversion von analogen Werten in symbolisch-numerische Repräsentationen – ergo: digitale Daten – beruhen (Lupton 2015, S. 7 f.). Diese Umwandlung bildet die Basis für – technisch gesprochen – Prozesse elektronischer Datenverarbeitung sowie – soziologisch gesprochen – neue Möglichkeiten der Verknüpfung von menschlichen und nicht-menschlichen Entitäten (Stalder 2016, S. 18).

Die gegenwärtig zu beobachtende Datafizierung der Polizei, so die grundlegenden Annahmen dieses Aufsatzes, ist zum ersten keine Eintagsfliege, vielmehr eine nachhaltige Entwicklung, die nicht mehr umkehrbar ist. Zum zweiten ist sie, wie unten diskutiert, mit erheblichen epistemischen wie praktischen Effekten verbunden, die hiesiges Polizieren wirksam verändern werden. Daraus folgen wiederum, zum dritten, kritische Implikationen für das Recht, da sich zentrale polizei- und strafrechtliche Normen durch die polizeiliche Nutzung von algorithmisch mediatisierter Datenanalyse als nicht mehr zeitgemäß erweisen, was ebenfalls im Folgenden erläutert wird.

Zwar wird die Digitalisierung der Polizeiarbeit allgemein bislang durchaus in einigen Publikationen zum Thema gemacht, dies geschieht aber vor allem aus anwendungsbezogener Perspektive und fokussiert bis dato allen voran auf die Rolle der Polizei in Sozialen Medien, auf die Entstehung neuer Kriminalitätsformen durch das Internet und auf die Frage, welche polizeilichen Ansätze und technische Ausrüstung zur effektiven Bekämpfung dieser ‚Internet-Kriminalität' *(cybercrime)* notwendig sind (s. z. B. Möllers 2018; Rüdiger und Bayerl 2018; Rüdiger 2019). Der vorliegende Beitrag möchte im Anschluss daran verdeutlichen, dass es auch darüber hinausgehend ebenso relevante wie zahlreiche Forschungsdesiderata im Zusammenhang mit der Digitalisierung bzw. Datafizierung der Polizei gibt, die es zukünftig verstärkt (soziologisch) in den Blick zu nehmen gilt.

Der Aufsatz ist wie folgt aufgebaut: Zu Beginn werden zentrale gesellschaftliche Dimensionen und Implikaten der Datafizierung vorgestellt und in diesem Rahmen zentrale Ergebnisse der *data* bzw. *algorithm studies* referiert. Sie bereiten den Boden, um darlegen zu können, welchen epistemischen wie praktischen Folgen mit der verstärkten Nutzung von komplexer Analysesoftware verbunden sind. Im Anschluss daran werden die algorithmischen Anfänge der Polizei im deutschsprachigen Raum aufgezeigt, was auf eine Übersicht und Kontextualisierung von Predictive Policing im deutschsprachigen Raum abzielt. Es folgt die Darstellung aktueller empirischer Beispiele der Datafizierung der Polizeiarbeit im deutschsprachigen Raum. Die mit der Datafizierung verbundenen

Effekte werden sodann in Abschn. 4 diskutiert. Abschließend, in Abschn. 5, werden die sich daran anschließenden Fragen rund ums Recht zum Thema gemacht: Wie müssen sich Polizei- und Strafrecht anpassen, wenn die neue Art des algorithmischen Polizierens adäquat vom Recht erfasst werden können soll? Ein zusammenfassendes Fazit beschließt diesen Beitrag.

## 1 Gesellschaftliche Dimensionen der Datafizierung

Im Rahmen der sozialwissenschaftliche Beschäftigung mit *big data* und Algorithmen wurde bereits vielfach auf die soziale Gemachtheit und mithin Nicht-Neutralität entsprechender Instrumente sowie gleichermaßen auf deren spezifische „world-making capacities" (Amoore/Raley 2017, S. 3) hingewiesen und damit deren (gesellschaftliches) Transformationspotenzial unterstrichen (z. B. Mayer-Schönberger und Cukier 2013; Mainzer 2014; Reckwitz 2017; Seyfert und Roberge 2017).

In Bezug auf Daten gilt, dass es keine rohen Daten gibt, stattdessen stets gesellschaftlich bedingte Praktiken der Selektion und Aufbereitung mit ihnen verbunden sind (z. B. Bowker 2008, S. 184; Kitchin 2014, S. 1 f.). Und daraus folgt wiederum, dass es ganz spezifische Perspektiven sind, die eingenommen werden, wenn mit diesen Verfahren gearbeitet, wenn das algorithmisch generierte Wissen interpretiert und angewendet wird – bestimmte Personen, Objekte, Räume etc. werden fokussiert, andere bleiben opak. Es gilt in verstärkter Weise, so könnte man sagen, das Heideggersche Diktum, wonach Information immer auch formiert (1997 [1957], S. 182).

Gleichermaßen gilt in Bezug auf Algorithmen, ohne die die Analyse von großen Mengen von Daten nicht vorstellbar ist (Amoore und Piotukh 2015: 341), dass auch sie nicht vom Himmel fallen, mithin nicht per se neutral oder objektiv sind und ebenso auf bestimmten Interessen, daran anschließende Auswahlentscheidungen und Programmierungsvota und den daraus folgenden Analysemustern zurückführbar sind (Kaufmann et al. 2019): Algorithmen sind eben nichts anderes als mathematische Rezepte, formuliert als endliches Regelwerk, das es systematisch auszuführen gilt und auf diese Weise die Lösung eines vorab definierten Problems bereitstellen soll (z. B. Martignon 2001, S. 382; Gillespie 2014, S. 179 ff.). Damit hängen immer auch wertegebundene Schwerpunktsetzungen und Entscheidungen zusammen, die Räume des Denkbaren und Korridore des Machbaren vorgeben („code is law", Lessig 1999; vgl. a. Nissenbaum 2001). Kurzum: „Algorithms (…) imply new ways of knowing" (Amoore und Raley 2017: 3).

Im direkten Widerspruch zu der sozialen Gemachtheit und mithin Kontingenz von sowohl Daten als auch Algorithmen, also beiden wesentlichen Komponenten der Datafizierung, steht der „Algorists dream of objectivity" (Galison 2019, S. 231; vgl. a. boyd/Crawford 2012, S. 666 ff.); die Hoffnung also, mit der Nutzung von großen Mengen von Daten und deren algorithmischen Analysen objektive, von der Gesellschaft unabhängige Ergebnisse generieren zu können (paradigmatisch: Anderson 2008; Wolf 2010). Gerade aus diesem weit verbreiteten Vertrauen in die Fähigkeit objektiver Erkenntnisproduktion algorithmischer *big data*-Analysen speist sich die mit ihnen verbundene situative und letztlich gesellschaftliche Wirkmächtigkeit, da ihren Ergebnissen Glauben geschenkt wird und sie (mehr oder weniger) ungefiltert in Entscheidungsprozesse Eingang finden.[3] Mit anderen Worten: Praktiken, die datafiziert werden, verändern sich allein schon deshalb, da die zur Wissensgenese und Entscheidungsfindung genutzten Instrumente sich verändern bzw. neue algorithmische Instrumente hinzukommen, die wiederum anders attribuiert werden, was deren Ergebnisse gleichzeitig einen neue Status zukommen lässt, der die daran anschließenden Praktiken wesentlich verändern kann.

Die skizzierten gesellschaftlichen Dimensionen der Datafizierung zeigen, dass die Analyse datafizierter Praktiken nicht umhin kommt, die jeweils genutzten Algorithmen einerseits sowie die analysierten Daten andererseits selbst *en détail* zu studieren. Dies schließt beispielsweise mit ein, Maßnahmen der Selektion und Aufbereitung von Daten zu untersuchen, aber auch die Auswahlprozesse von Algorithmen und die in sie eingeschriebenen Theorien und Annahmen zu ergründen. Keinesfalls indes dürfen die datenanalytischen Verfahren als neutrale Prozesse verstanden werden, die keine oder auch nur die intendierten Effekte zeitigen.

---

[3]Verbunden ist dieser weit verbreitete Objektivismus beispielsweise mit einer einfach herzustellenden Verbindung von datengetriebener Polizeiarbeit und Innovativität – was gerade unter den politisch-medialen Diskursbedingungen hiesiger Polizeiarbeit einen Verstärkereffekt für solcherart Praktiken hat (Egbert 2018a: 108 f.). Gleichzeitig zeigt sich, dass dieser Objektivitätsglaube dazu führt, dass beim Predictive Policing, in prognostizierten Risikogebieten, offensiver kontrolliert und es in der Tendenz zu einer (illegitimen) Senkung der Verdachtsschwelle kommt, da die Risikogebiete als „kognitive Gefahrengebiete" (Egbert 2018b, S. 660) fungieren.

## 2 Predictive Policing: Startpunkt und Türöffner polizeilicher Datafizierung

Mit der Pilotierung der Prognosesoftware PRECOBS (‚Pre Crime Observation System') der Stadtpolizei Zürich im Jahre 2013 (Balogh 2016) hat sich die prognosebasierte Polizeiarbeit, ziemlich rasch im deutschsprachigen Raum ausgebreitet. Aktuell werden in Bayern (München und Raum Nürnberg), Sachsen (Raum Leipzig), den schweizerischen Kantonen Aargau, Basel-Landschaft und Zug sowie in der Stadt Zürich die kommerzielle Software PRECOBS angewendet bzw. pilotiert. Dazu kommen selbst entwickelte Prognoseinstrumente in Niedersachsen (‚PreMAP' – ‚Predictive Mobile Analytics for Police'), Nordrhein-Westfalen (‚SKALA' – ‚System zur Kriminalitätsanalyse und Lageantizipation'), Hessen (‚KLB-operativ' – ‚Kriminalitätslagebild-operativ'), Berlin (‚KrimPro'), Wien sowie bei der Kantonspolizei Zürich (‚CRAFT 13' – ‚Crime Research and Forecast 13').[4]

Predictive Policing im deutschsprachigen Raum ist bis dato vor allem raumbezogen und auf die Vorhersage von Wohnungseinbruchdiebstähle ausgelegt. Für die Prognose wird dabei insbesondere das *near-repeat pattern* nutzbar gemacht. Dieses basiert auf der Annahme, dass professionelle Einbrecher*innen dazu neigen, nach einer erfolgreichen Tat im unmittelbaren Umkreis dieser Ersttat und rasch danach erneut zuzuschlagen (Johnson 2008; Gluba 2017). Wird von der Polizei also ein Wohnungseinbruch registriert, so analysieren entsprechend programmierte Prognosesoftwares, ob die jeweilige Tat von professionell agierenden Täter*innen begangen worden sind. Denn nur bei diesen wird gemäß *near-repeat*-Hypothese von einer Wiederholungswahrscheinlichkeit ausgegangen. Die Analyse erfolgt dabei anhand verschiedener Indikatoren, allen voran den Modus Operandi. Die Programme evaluieren also beispielsweise, wie sich Zugang in das Tatobjekt verschafft wurde (wurde das Fenster fachkundig aufgebohrt?) und welche Beute entwendet wurde (Schmuck und Bargeld?). Liegen Anzeichen vor, dass der*die Täter*in nicht professionell bzw. seriell handelt – z. B. da von einer Beziehungstat oder Beschaffungskriminalität ausgegangen werden muss – wird keine Prognose aktiviert. Ist jedoch das Gegenteil der Fall, wird ein Alarm ausgegeben und eine Prognosekarte generiert, die den lokalen Streifenkräften zur Verfügung gestellt wird (vgl. z. B. Schweer 2015; Balogh

---

[4]Ausführlich zur Verbreitung von Predictive Policing im deutschsprachigen Raum: Egbert und Krasmann (2019b, S. 27–42).

2016; LKA NRW 2018). Diese sollen dann das entsprechende Gebiet verstärkt bestreifen und geneigte Täter*innen abschrecken (Pett und Gluba 2017).

Die Einführung polizeilicher Prognosesoftware ist mitnichten – wie trotzdem oft insinuiert – als „Revolution" polizeilicher Tätigkeit zu verstehen. Dafür kulminieren im Predictive Policing schlichtweg zu viele althergebrachte polizeiliche Praktiken und Ideen. Denn beispielsweise die *near-repeat*-Hypothese entspricht ziemlich genau dem, was Kriminalanalysten bereits zuvor als Bewegungsmuster von Serieneinbrecher*innen kannten. Ebenso sind Praktiken des *crime mapping* nicht neu (s. z. B. Okon und Weinreich 2000). Und die Grundsatzidee, per technischer Unterstützung zukünftige Kriminalität bearbeitbar zu machen, ist es ebenfalls nicht (s. z. B. Busch et al. 1985, S. 238 f.). Gleichzeitig ordnet sich Predictive Policing treffend in den bereits seit Mitte/Ende der 1990er Jahre (Legnaro 1997) und nochmals verstärkt seit 9/11 zu beobachtenden Trend der verstärkten Zukunftsbezogenheit von Polizei und Strafverfolgung ein (Singelnstein und Stolle 2012, S. 66 ff.). Doch obschon in Bezug auf Predictive Policing nicht von einer Revolution ausgegangen werden kann, ist es ebenso wenig zutreffend, ihm gänzlich Neuigkeitswert abzusprechen. Denn tatsächlich hat damit das algorithmische Zeitalter der deutschsprachigen Polizei begonnen. Zwar wurden Algorithmen auch vorher schon im polizeilichen Alltag genutzt (s. z. B. Heinrich 2007, S. 160 ff.) – schließlich besteht jede Software aus Algorithmen (Kitchin 2017, S. 14) – durch polizeiliche Prognosesoftware aber werden sie zum ersten Mal unmittelbar zu Wissensproduzenten und operativ wirkmächtigen Handlungsanweisern.

Prognosesoftwares bilden somit den Startpunkt der hiesigen polizeilichen Datafizierung. Gleichzeitig dienen sie ebenfalls als deren Türöffner. Denn politische und polizeiliche Verantwortliche wurden durch den mit Predictive Policing zusammenhängenden Hype für die Potenziale moderner Datenanalytik empfänglich und entsprechende Implementierungsdebatte wurden auf diese Weise angestoßen (Egbert und Krasmann 2019a, S. 10 f.). Simultan hat die praktische Pilotierung und Regelnutzung von polizeilicher Prognosesoftware organisationale und infrastrukturelle Unzugänglichkeiten in Bezug auf die Nutzung von *data mining*-Instrumenten in Polizeibehörden dokumentiert, auf die man mit der Initiierung einschlägiger Reformprogramme reagiert hat – die wiederum als Datafizierungstreiber fungieren.

Durch die Öffnung der Datafizierung auf weitere polizeiliche Bereiche und Aufgabengebiete und die damit zusammenhängende Abkehr von dem schmalen Anwendungsbereich von Datenanalyseergebnissen im Rahmen des Predictive Policing – fast nur im Deliktsbereich Wohnungseinbruchdiebstahl, nur mit Bezug auf professionelle Täter*innen und fast allein mit dem Ziel präventiver

Bestreifung – erreicht die Algorithmisierung der Polizei im deutschsprachigen Raum also eine neue Qualität, was wiederum mit einem erheblich gesteigerten Transformationspotenzial einhergeht.

## 3 Datafizierung der Polizei: Ein empirischer Überblick

Die algorithmisch mediatisierte Analyse von (Massen-)Daten bei der Polizei, hier als Datafizierung bezeichnet, giltauch in der Polizeiarbeitals gegenwärtiger „Megatrend Nr. 1" (Brückner 2018; vgl. a. Peteranderl 2019). Dies ist auch abzulesen an dem Programm des Europäischen Polizeikongress' 2019, auf dem sich der Hauptteil der angebotenen Veranstaltungen mit dem Thema Digitalisierung bzw. Datafizierung beschäftigte (Schmitz 2019),[5] sowie an dem übergreifenden Thema der Polizeitage 2019 in Erfurt („Die Polizei zwischen analoger und digitaler Arbeitswelt") (Behörden Spiegel/GdP 2019). Der aktuelle Trend hiesiger Polizeien, verstärkt auf Datenanalyseplattformen zu setzen und parallel dazu die notwendigen behördlich-institutionellen Voraussetzungen für deren möglichst flächendeckenden und effektiven Einsatz zu schaffen, ist dabei bereits an zahlreichen, in unterschiedlichen Größenordnungen anzutreffenden empirischen Beispielen zu beobachten:

Eine der ersten IT-Infrastrukturprojekte hiesiger Polizeien, dass dem Datafizierungstrend zugeordnet werden kann, ist die Implementierung des ‚*Polizeilichen Informations- und Analyseverbunds*' *(PIAV)* in Deutschland, das sich seit April 2016 im (eingeschränkten) Wirkbetrieb befindet (Bundestag 2016, S. 8). Das Ziel von PIAV ist, bundesweit vorliegende polizeiliche Erkenntnisse zu Straftäter\*innen und Straftaten allen Polizeibehörden zugänglich zu machen, um z. B. überregionale Tatserien schneller identifizieren und gezielter bekämpfen zu können (BKA 2017; BMI 2018). Gleichzeitig soll die Effektivität gesteigert

---

[5]Darunter z. B. „Analytics in der Ermittlungsarbeit am Beispiel Terrorismusprävention"; „Threathunting – Next Generation of Cybersecurity"; „Künstliche Intelligenz – Suche nach Orientierung in unbekannten Gefilden"; „Fokus Vorfeldaufklärung: Der Bundesverfassungsschutz in Zeiten von Migration, Digitalisierung und Radikalisierung"; „Big Data bei der Polizei", Cybercrime: aktuelle Phänomene und Herausforderungen"; „Das Zukunftsprogramm für die Deutsche Polizei: Polizei 2020"; „Polizist der Zukunft"; „Analyse und Auswertung von Massendaten"; „Künstliche Intelligenz: ein Instrument für die Polizei?".

werden, indem z. B. Mehrfachnennungen verunmöglicht werden (Einmalerfassung) (BKA o. J.). Bei PIAV geht es also erst einmal nicht um eine datenbankübergreifende Analyse, sondern lediglich um eine zentrale und möglichst hochwertige Datensammlung und transbehördlichen Zugriff bzw. Informationsaustausch.

PIAV ist mittlerweile ein Teilprojekt im übergreifenden IT-Infrastruktur- bzw. „Zukunftsprogramm" (Kaller 2019, S. 6) ‚*Polizei 2020*', welches sich zum Ziel gesetzt hat, die IT-Infrastruktur der Polizeibehörden in Deutschland zu homogenisieren sowie zu vernetzen und dadurch die behördenübergreifende Datenübermittlung und -analyse zu verbessern bzw. überhaupt zu ermöglichen (BMI 2018, S. 8). Ziel speziell ist die Bereitstellung einer „gemeinsame(n) digitale(n) Plattform, auf die alle Polizisten und Polizistinnen in Deutschland Zugriff haben" (Lezgus 2019, S. 26). Auf Grund seiner Größenordnung – es wird als „Meilenstein in der Polizeiarbeit" (BKA 2018) gerahmt – kann ‚Polizei 2020' als Sperrspitze des Datafizierungstrends hiesiger Polizeien bezeichnet werden, von der wiederum höchstwahrscheinlich wesentliche datafizierungsbezogene Verstärkereffekte ausgehen werden, da es zahlreiche Datenanalyseanwendungen ermöglicht, weil es die dafür notwendige Infrastruktur schafft und darüber hinaus als „Entwicklungsplattform und eine Art App-Store" (Münch 2019, S. 15) fungieren. Auf diese Weise soll es die kollaborative sicherheitsbehördliche Entwicklung von „Fähigkeiten, Tools und Instrumente(n)" (Münch 2019, S. 14) ermöglichen. Es mag mithin kaum überraschen, das in ‚Polizei 2020' großes Transformationspotential für die polizeiliche Tätigkeit gesehen wird: „Polizei 2020 wird die Polizeiarbeit grundlegend verändern" (Kaller 2019, S. 6) heißt es folglich im Praxisdiskurs.

Das derzeit wohl prominenteste Beispiel polizeilicher Datafizierung stellt die Analyseplattform ‚*hessenDATA*' dar. Mit dieser Software strebt die hessische Polizei seit Sommer 2018 an, per datenbankübergreifender und auf heterogene Quellen zugreifender Recherche und korrelativ fundierter Zusammenhangsanalysen zeitkritische Informationen zu „Terroristen und Schwerstkriminelle" zu generieren und diese unmittelbar in polizeiliche Operationen umzusetzen bzw. für die Planung von Einsatzstrategien zu nutzen (HMIS 2018a, S. 59; Hessischer Landtag 2019b, S. 1 f.). Das Programm basiert auf der Software ‚Gotham' der US-amerikanischen Softwarefirma ‚Palantir Technologies' (Hessischer Landtag 2019a, S. 17).[6] Diese Art von Analyseplattform zeichnet sich durch eine ‚Entsilosierung' von Datenbanken und mithin

---

[6]Die Funktionsweise der Software ‚Gotham' wird bei Brayne (2017) empirisch fundiert dargestellt.

durch eine Vernetzung von (potenziell) ebenso zahlreichen wie unterschiedlichen Informationsquellen aus, die von einem zentralen virtuellem Ort aus datenbankübergreifende Analysen in hoher Geschwindigkeit ermöglichen soll (Hessischer Landtag 2019a, S. 18). Mit Verweis auf diese Softwarearchitektur spricht Brühl (2018) in Bezug auf ‚hessenDATA' treffend von einem „Robocop-Google". Der Weg zur „plattformisierten Polizeiarbeit" (Egbert 2019, S. 84) wird auf diese Weise geebnet (allg. z. ‚platform policing': Wilson 2019).

In ganz ähnliche Stoßrichtung gehen die Bestrebungen in Nordrhein-Westfalen, ein ‚*System zur Datenbankübergreifenden Analyse und Recherche*' (DAR) zu implementieren (LKA NRW 2019), das starke Ähnlichkeiten mit Palantirs Gotham-Software aufweist, da sie durch deren typische datenbankübergreifende Analysestruktur und Plattformarchitektonik gekennzeichnet ist. Dies ist ebenfalls in Rheinland-Pfalz, im Zuge des Projektes ‚*Auswerteplattform*' des dortigen LKAs der Fall. Auch hier ist eine Modernisierung des Datenbanksystems anvisiert sowie die Ermöglichung einer übergreifenden Durchsuchung (Schmidt-Wyk 2019). Und auch in Bayern gibt ein Projekt mit Namen ‚*Verfahrensübergreifende Recherche- und Analyseplattform*', in dessen Rahmen im Spätsommer 2019 ein Marktkundungsverfahren initiiert wurde (BLKA 2019).

Übereinstimmend dazu sind die Ziele der neuen Version der Prognosesoftware PRECOBS. ‚*PRECOBS Enterprise*' zeichnet sich vor allem dadurch aus, dass es nicht mehr nur prädiktive Funktionen enthält, sondern auch Täterermittlungsfunktionen integriert, z. B. in Form von Ankerpunktanalysen nach dem Modell von Rossmo (2000, S. 91), das die Aktivitätsräume bzw. Wege – „journey(s) to crime" genannt (Van Daele und Vander Beken 2011) – von Serientäter*innen untersucht und auf diese Weise deren Aufenthaltsorte identifizierbar machen soll (Okon 2018; Schweer und Mittendorf 2018). Ähnliche Analyseansätze findet man im neu gegründeten ‚*Büro für räumliche Kriminalitätsanalyse und Geographic Profiling*' im österreichischen Bundeskriminalamt (Heitmüller 2019). Es ist zusätzlich ein ausdrückliches Ziel von PRECOBS Enterprise, die theoretische Analysebasis zu erweitern, um von der einfachen Prüfung von *near-repeat*-Hypothesen zu dem eher datengetriebenen Ansatz des *risk terrain modeling* überzugehen (B2, Z. 296 ff.[7]; allg. dazu Caplan und

---

[7]Auf (anonymisierte) Interviewinhalte wird über Nennung des Kürzels ‚B' (für Befragte*r), plus die dem jeweiligen Interview zugewiesene Ziffer und, falls zutreffend, über die Angabe der betreffenden Transkriptzeilen, hingewiesen. Die hier genutzten empirischen Daten wurden im Rahmen des Forschungsprojekts ‚Predictive Policing. Eine ethnographische Studie neuer Technologien zur Vorhersage von Straftaten und ihre Folgen für

Kennedy 2016). Obwohl PRECOBS Enterprise statt *big data* immer noch eher kleine Datenmengen, d. h. nur ausgewählte Kriminalitätsdaten, verarbeitet, zeigt es substanzielles ‚Entsilosierungspotenzial': Als integrierte, modular aufgebaute Plattform ist sie leicht anpass- und erweiterbar und damit glänzend geeignet für Datenintegration bzw. -erweiterung (Okon 2018, S. 13). Dies gilt ebenso für das Faktum, dass es sich bei PRECOBS Enterprise um eine Analyseplattform handelt, das die Anwender*innen bewusst ermutigt, mit ihm zu ‚spielen' und geahnte Zusammenhänge oder mitunter ad hoc entstandene analytische Vermutungen durch vergleichsweise simple *point-and-click*-Aktionen niedrigschwellig und in explorativer Weise durchzuführen (B2, Z. 1425 ff.).

Neben der IT-Infrastruktur und der Implementierung von einschlägiger Analysesoftware, zeigt sich die Datafizierung hiesiger Polizeibehörden auch bereits auf genuin organisationaler Ebene: Bei der Polizei Hamburg wurde 2018 ein anwendungsbezogenes Forschungsprojekt namens ‚*Entwicklung Berufsbild Kriminalitätsanalytik*' gestartet, in dem Aus- und Weiterbildungsangebote für datenanalytische Verfahren in der Hamburgischen Polizei entwickelt werden sollen. Das dahinterliegende Ziel ist die systematische Professionalisierung der IT-Kompetenz der dortigen Polizist*innen (Polizei Hamburg 2019). Entsprechend ausgebildete Polizist*innen sollen künftig weitereichende Analysefunktionen, zumal in der Ermittlungstätigkeit und damit nicht nur im präventiv-operativen Aufgabenspektrum, wahrnehmen (Jarchow und Rabitz-Suhr 2018).[8] Den Anstoß für das Projekt der Polizei Hamburg gaben die Ergebnisse aus dem vorangegangenen Forschungsprojekt ‚Prädiktionspotenzial schwere Einbruchskriminalität' des LKA Hamburg, das u. a. ergeben hat, dass die Datenpflege, -verarbeitung und -analyse bei der Hamburger Polizei verbesserungswürdig ist und daher aktuell die Implementierung einer Analysesoftware wenig gewinnbringend scheint (Bettermann-Jennes und Rabitz-Suhr 2018; Kriminologische Forschungsstelle LKA Hamburg 2019). An das Projekt der Hamburger Polizei anknüpfend werden bereits erste Rufe laut, die grundsätzliche Ausrichtung polizeilicher

---

die polizeiliche Praxis' erhoben, das unter der Leitung von Prof. Dr. Susanne Krasmann am Institut für Kriminologische Sozialforschung der Universität Hamburg und dank der Förderung durch die Fritz Thyssen Stiftung durchgeführt wurde.

[8] In eine ähnliche Richtung, wobei noch auf prädiktive Aufgaben begrenzt, geht die Vision der Entwickler*innen von PRECOBS Enterprise, mit dieser Software eine neue polizeiliche Funktionsposition, die des „Pre-Crime-Analyst(en)" (Schweer 2018, S. 14), zu schaffen.

Organisation neu zu bestimmen und eine Polizei im Sinne des *intelligence-led policing* (Ratcliffe 2016) zu entwickeln (s. z. B. Merbach und Seidensticker 2019).

Die Einführung der oben genannten Plattformen, Projekte und Maßnahmen sind mit dem Ziel verbunden, eine verbesserte technische Infrastruktur und Datenbankarchitektur zur Optimierung der Qualität und Verfügbarkeit der polizeilich vorliegenden digitalisierten Informationen zu fördern sowie die notwendigen technischen Kompetenzen und administrativen Rahmenbedingungen herzustellen, die es für eine datafizierte Polizeiarbeit bedarf. Insgesamt implizieren und fördern die genannten Entwicklungen – nicht zuletzt aufgrund der Funktion der Digitalisierung als Datentreiber (vgl. Mau 2017, S. 40) – einen ganzheitlichen Prozess der Datafizierung der Polizeiarbeit: Je mehr Kriminalität und polizeiliche Tätigkeit digitalisiert und mithin in datenförmiger Repräsentation vorliegt, desto stärker wird auch auf Datenanalysen zurückgegriffen werden können, was wiederum einen erhöhten Datenausstoß impliziert, was dazu führen wird, dass vermehrt auf *data mining*-Tools rekurriert wird. Es ist mithin zu erwarten, dass sich die polizeiliche Tätigkeit durch die sich bereits andeutende Datafizierung erheblich verändern wird. Und diese Transformation, wie nun zu zeigen sein wird, kann eine substanzielle sein.

## 4 (Wissens-)Praktische Effekte der polizeilichen Datafizierung

„(C)hange the instruments, and you will change the entire
social theory that goes with them." (Latour 2010, S. 152)

Grundsätzlich gilt: „(D)ie materielle Ausstattung hat in der Polizei (…) einen hohen Einfluss auf die (…) Ausgestaltung der alltäglichen Arbeitsabläufe." (Wilz 2012, S. 122) Bereits zahlreiche Studien haben nachgewiesen, dass neue Technologien stets mit polizeilichen Wandlungsprozessen einhergehen, gleichzeitig diese Technologien aber in den wenigsten Fällen gänzlich in der gewünschten Form genutzt werden bzw. immer auch nicht-intendierte Effekte implizieren (z. B. Manning 2008; Chan et al. 2001; Reichertz und Wilz 2016).

Neben der hohen Relevanz der materialen Ausstattung für Praktiken des Polizierens gilt ferner, dass Polizieren immer auch Herstellung und Management von Wissen ist (Brodeur und Dupont 2006; Grutzpalk 2016). Gleichzeitig ist dieses Wissen und Wissensmanagement immer auch technisch bedingt. Folgerichtig sind es im Zuge der Datafizierung der Polizei vor allem Algorithmen, die entscheidungsrelevantes Wissen bereitstellen. Sie sind folgerichtig als „social agents" (Esposito 2017, S. 249) zu verstehen, die Beobachtungsweisen steuern, Aufmerksamkeiten dirigieren und mithin Wissensprozesse verändern (Amoore und Raley 2017, S. 6). Bei modernen Verfahren des *data mining* vollzieht sich dies über soziotechnisch fundierte „cognitive assemblages" (Hayles 2017, S. 3). Wissensprozesse sind folglich auf menschliche und nicht-menschliche Entitäten verteilt und vermischen sich auf komplexe und situativ unterschiedliche Weise. Dies gilt es gerade mit Blick die anvisierten bzw. bereits gebräuchlichen polizeilichen Analyseverfahren, da diese auf menschlicher wie technischer Seite substanzielle Eingriffs- bzw. Wissensgenerierungskompetenzen vorsehen (vgl. a. Kaufmann 2019). Dadurch emergiert neues Wissen und es werden neue Praktiken und Interventionsstrategien ermöglicht. Beispielhafter Ausgangspunkt kann in diesem Zusammenhang etwa die These sein, dass algorithmengenerierte Erkenntnisse nie verdächtige Personen, Orte oder Handlungen *an sich* hervorbringen, sondern immer nur – zumeist aus einer Vielzahl von Quellen – abgeleitete „Daten-Derivate" generieren (Amoore 2011). Verbrecher*innen, Tatverdächtige, Risikoorte werden also, im Sinne von „data doubles" (Haggerty und Ericson 2000, S. 606), algorithmisch konstruiert, als stets unvollkommene aber gerade dadurch erst operativ nutzbare Repräsentationen.

Durch die Nutzung von Analyseplattformen à la ‚hessenDATA' bzw. Palantirs ‚Gotham' arbeitet die hiesige Polizei perspektivisch mit zunehmend mehr Daten, insbesondere mit solchen, die nicht von der Polizei selbst stammen – denn nur die versprechen das Aufdecken der ‚*needle in the haystack*' (kritisch dazu: Sætnan 2018). Gleichzeitig sind damit zunehmend komplexere algorithmische Modelle verbunden, die aus den vorhandenen Datenpools Muster herausfiltern sollen, die wiederum das Fundament für die generierten Erkenntnisse bilden (Kaufmann et al. 2019). Diese Entwicklung markiert eine Abkehr vom bisherigen Modell der theorielastigen, vergangenheitsbezogenen „prospective retro-diction" (Aradau und Blanke 2017, S. 378), da nicht mehr schlicht polizeiliche Daten aus der Vergangenheit in die Zukunft fortgeschrieben, sondern verstärkt genuin *neue* Risikokorrelation generiert werden, auf deren Basis die Polizei ihre Maßnahmen plant und umsetzt – und auf diese Weise Kriminalität gleichsam neu denkt. Was in diesem Zusammenhang aus epistemischer Perspektive wichtig ist: Es geht dabei vor allem um Korrelationen, nicht Kausalitäten. Erklärungsfähigkeit, wofür Ursache-Wirkungs-Wissen notwendig ist, wird, ganz im Sinne bekannter *data mining*-Apologeten (z. B. Anderson 2008), nicht (mehr) als zwingendes Entscheidungskriterium angesehen, da die aus den Daten stammenden Zusammenhänge als ausreichend valide angesehen werden (vgl. a. Wolf 2010). So liegt die antizipierte Stärke von Systemen wie ‚Gotham' von Palantir in dem Aufdecken von Zusammenhängen, von denen man vorher nichts wusste und die man auch nicht zwingend begründen kann (Beck und McCue 2009; Brayne 2017, S. 994 ff.). Oft bleiben die Zusammenhänge also allein korrelativ – eine „ontology of association" dominiert (Amoore 2011, S. 27). Diese selbstlernenden Verfahren wenden eine iterativ entworfene, zunehmend autonom kreierte Berechnungslogik an und entwerfen damit eigene Risikoassoziationen und Verdachtskorrelationen (Amoore und Raley 2017). Analog dazu sagen etwa Berk und Bleich (2013, S. 517) unter Bezugnahme auf die Vorhersage kriminellen (Rückfall-)Verhaltens: „For example, if other things equal, shoe size is a useful predictor of recidivism, then it can be included as a predictor. Why shoe size matters is immaterial." Auf diese Weise reduzieren Algorithmen die Komplexität der Realität, indem sie die relative Unbestimmtheit der Zukunft auf eine Rechensequenz limitieren (Reigeluth 2014, S. 245). Gleichzeitig sind sie aber hoch produktiv. Wie Berk (2012) betont: „The computer algorithms we do [to forecast criminal activities; S. E.] invent predictors". Und dabei folgen sie ihrem eigenen Denkstil, der spezifische Argumentationsstränge ausbildet. Und obwohl sie sich dabei auf Daten stützen, die aus der Welt außerhalb der digitalen, selbstlernenden Algorithmen stammen, bilden sie Realität nicht einfach ab. Sie verbinden die Daten in algorithmisch-spezifischer und für die menschlichen Anwender*innen oft nicht transparenter Weise und kreieren dabei etwas Neues: „Big data technologies will produce new ways of framing, predicting and managing risk" (Hannah-Moffat 2019, S. 466; vgl. a. Singelnstein 2018b, S. 183 f.).

## 5 Die Datafizierung der Polizei als Herausforderung fürs Recht

Was impliziert die geschilderte Datafizierung der Polizei nun fürs Recht? Wie bereits an einigen Stellen verdeutlicht, hat die Digitalisierung erhebliches gesellschaftliches Transformationspotenzial – *big data* und *algorithmic decision making* bergen dabei auch enorme Sprengkraft für zahlreiche Rechtsinstitute (z. B. Hoffmann-Riem 2017; Singelnstein 2018a; Martini und Nink 2017; Martini 2014, 2017, 2019). Und dies gilt freilich auch für den Bereich von Straf- und Polizeirecht (Meinicke 2015; Gless 2016; Singelnstein 2018b; 2018c;

Rademacher 2017; 2018). Die konkreten rechtlichen Herausforderungen polizeilicher Datafizierung sollen im Folgenden exemplarisch skizziert werden.[9]

Es ist zuvorderst das *Recht auf informationelle Selbstbestimmung*, das durch datafizierte Polizeipraktiken tangiert wird. Polizeiliche Informationseingriffe, wie alle staatlichen Eingriffe dieser Art, sind grundsätzlich rechtfertigungsbedürftig (Singelnstein 2018c, S. 726 f.; allg. dazu Gusy 2017, S. 86 ff.). Wesentlich sind im Zuge dessen die Kriterien des Verdachts bzw. der Gefahr (Poscher 2008; Singelnstein 2018a, S. 7 f.). Gibt es Hinweise, die nahelegen, dass eine Person eine Straftat begangen hat bzw. begehen wird, ist die Polizei berechtigt, zu intervenieren und Daten zu betreffenden Personen erheben und zu Ermittlungszwecken zu nutzen. Und dabei gilt: Je früher vor einer (potenziellen) Straftat die Polizei einzugreifen gedenkt, desto schwieriger ist es, diesen Eingriff fallbezogen zu rechtfertigen. Vor dem Hintergrund der polizeilichen Datafizierung ist diese Vorverlagerung von kritischer Relevanz, ist eines ihrer Hauptziele doch, „vor die Lage [zu] kommen" (Schürmann 2015, S. 9). Gleichzeitig liegt die epistemische Logik der Rechercheprozesse via datenbankübergreifender Analyseplattformen wesentlich darin begründet, Verdachts- bzw. Gefahrindikatoren überhaupt erst zu kreieren – entsprechende Algorithmen stellen mithin „selbstständig agierend(e) ‚Rasterfahnde(r)'" (Gless 2016, S. 170) dar (vgl. dazu a. Rademacher 2017, S. 393 f.). Es liegt somit in der Natur der Sache, dass bereits personenbezogene Daten verarbeitet werden, obgleich die betroffenen Personen noch keinen Verdacht auf sich gezogen haben. Diese Art explorativer und auf Korrelationen abzielende Datenanalyse stellt somit eine grundsätzliche Herausforderung für das Recht auf informationelle Selbstbestimmung dar.

Unmittelbar anknüpfend an die Vorverlagerung des polizeilichen Eingriffs und die dadurch erschwerte Herleitung von Hinweisen auf konkrete Gefahren, ist der Versuch, personenbezogene Kriminalitätsrisiken über den Umweg von Gruppenzugehörigkeiten zu antizipieren (Singelnstein und Stolle 2012, S. 66 f.). Entsprechend programmierte Profiling-Algorithmen kreieren zunehmend autonom und unter Rückgriff auf Gruppenwahrscheinlichkeiten Risikoaussagen über Einzelne – was dem *Diskriminierungsverbot* aus Art. 3 GG bzw. Art. 21. GRCh prinzipiell entgegensteht (Martini 2014, S. 1489; 2017, S. 1018; vgl. a. Gless 2016, S. 174).

---

[9]Vgl. weiterführend dazu auch die von Tobias Singelnstein (2019) verfasste Verfassungsbeschwere, u. a. mit explizitem Bezug auf hessenDATA.

Mit der datenbankübergreifenden Recherche und der damit zusammenhängenden ‚Entsilosierung' polizeilicher Datenquellen ist ferner eine prinzipielle Unvereinbarkeit mit dem datenschutzrechtlichen Grundsatz auf *Zweckbindung* verbunden (Martini 2014, S. 1485; Meinicke 2015, S. 382). Die datenbankübergreifende Analyse zieht ihr Versprechen ja gerade aus dem Faktum, dass große und heterogene Datenbestände automatisiert ausgewertet werden. Und diese Datenbestände sind freilich nicht für diese Recherchen angelegt worden. Der ursprüngliche Zweck der Datenerhebung war folglich ein anderer (Singelnstein 2018c, S. 730, 732). Damit verwandt ist der prinzipielle Widerspruch zwischen *big data*-Analysen und dem Grundsatz der *Datensparsamkeit* (Hornung 2018, S. 86 f.; Rademacher 2018, S. 187 f.). Die Devise, nur so viele personenbezogene Daten, wie für die betreffende Informationsverarbeitung nötig sind, zu verwenden, führt vor diesem Hintergrund ins Leere. Schließlich weiß man erst hinterher, welche Daten von Nutzen waren. Gleichzeitig steht das Sparsamkeitsprinzip damit dem datenbezogenen *the more the better*-Prinzip per definitionem entgegen (Martini 2014, S. 1484 f.; Meinicke 2015, S. 383).

Ein weitere grundsätzliche Herausforderung betrifft den Topos der *Transparenz*. Diese ist zwingend notwendig, um die Rechtmäßigkeit der Eingriffe (nachträglich) zu bestimmen – algorithmische Verfahren zeigen sich in diesem Zusammenhang als problematisch, da ihre Arbeitsweise per se opak ist (Martini 2017, S. 1018 f.; Rademacher 2017, S. 377, Hornung 2018, S. 88 f.). Mit Rückgriff auf Datenanalyseplattformen bleibt in letzter Instanz im Dunkeln, auf welche Weise beispielsweise der algorithmisch aufgedeckte Zusammenhang konkret eine Person verdächtig macht (vgl. a. Pasquale 2015; Singelnstein 2018a, S. 7). Martini spricht hier treffend von der „Blackbox Algorithmus" (2019) und Gless (2016, S. 177) richtigerweise von „Informationsasymmetrien".

Alles in allem zeigt sich, dass die Datafizierung der Polizei erhebliche Herausforderungen für einschlägige Rechtsvorschriften bereithält, entsprechende Adaptierungen mithin unumgänglich scheinen. Und tatsächlich sind bereits erste rechtliche Anpassungen registrierbar: In Hamburg wurde kürzlich ein Gesetzesvorschlag in die Bürgerschaft eingebracht, der einen neuen Paragraphen – unter dem Titel „Automatisierte Anwendung zur Datenanalyse" – enthält, der datenbankübergreifende und automatisierte Zusammenhangsanalysen ermöglichen soll (Bürgerschaft HH 2019, 26). Ebenso wird in der (Nord-)Schweiz aktuell ein Gesetzesverfahren angestrebt, das die Datenweitergabe zwischen den Kantonen vereinfachen und grenzüberschreitende Analysearbeit ermöglichen soll (Gerny 2019).

## 6 Fazit

Wie im vorliegenden Beitrag gezeigt wurde, macht der ‚Megatrend' der Digitalisierung bzw. Datafizierung auch vor der Polizei nicht halt. Auslöser und Türöffner, so wurde argumentiert, ist dafür nicht zuletzt die Einführung und Implementierung von Predictive Policing sowie der damit zusammenhängende mediale Hype. Die Algorithmisierung der Polizei nahm auf diese Weise endgültig Fahrt auf und eröffnete innerbehördliche Möglichkeiten, Datenanalysetechniken und -plattformen aufs Tableau zu bringen und entsprechende Projekte bzw. Programme zu initiieren. Vor diesem Hintergrund ist dann auch wenig überraschend, mit welcher Wucht und Geschwindigkeit sich die Datafizierung der Polizei gegenwärtig zeigt und wie viele empirische Beispiele sich bereits für sie finden lassen. Gerade die Gemeinsamkeiten stechen dabei heraus, allen voran der breite Impetus der Implementierung datenbankübergreifender Analyseplattformen, die in ihrer Grundlogik allesamt der Software ‚Gotham' der Firma Palantir Technologies folgen. Diese Plattformen werfen indes, auf Grund ihrer korrelativ-explorativen Grundlogik, wie ebenfalls verdeutlicht wurde, erhebliche rechtliche Fragen auf, da sie herkömmliche Rechtsinstitute – wie z. B. das Recht auf informationelle Selbstbestimmung, die Prinzipien der Datensparsamkeit und Zweckbindung – infrage stellen bzw. diesen diametral entgegenstehen. Man darf also gespannt, welche rechtlichen Folgen die Datafizierung der Polizei zeitigen wird, ob und wie der Gesetzgeber proaktiv tätig wird und wie die Gerichte einschlägige Fälle aburteilen werden. Nicht minder spannend ist freilich die Frage, was dies alles für die polizeiliche Praxis bedeutet. Denn zum jetzigen Zeitpunkt scheint nur eines gewiss: weitreichende, datafizierungsinduzierte Transformationen der polizeilichen Tätigkeit wird es geben.

## Literatur

Amoore, L. (2011). Data Derivatives: On the Emergence of a Security Risk Calculus for Our Times. *Theory, Culture & Society*, 28 (6), S. 24–43.

Amoore, L., & Piotukh, V. (2015). Life beyond big data: governing with little analytics. *Economy and Society* 44 (3), S. 341–366.

Amoore, L., & Raley, R. (2017). Securing with algorithms: Knowledge, decision, sovereignty. *Security Dialogue* 48 (1), S. 3–10.

Anderson, C. (2008). The End of Theory: The Data Deluge Makes the Scientific Method Obsolete. Wired Magazine, 23.06. 2008. https://www.wired.com/2008/06/pb-theory/. Zugegriffen: 20.11.2019.

Aradau, C., & Blanke, T. (2017). Politics of Prediction: Security and the time/space of governmentality in the age of big data. *European Journal of Social Theory*, 20 (3), S. 373–391.

Balogh, D. A. (2016). Near Repeat-Prediction mit PRECOBS bei der Stadtpolizei Zürich. *Kriminalistik*, 70 (5), S. 335–341.

Beck, C., & McCue, C. (2009). Predictive Policing: What Can We Learn from Wal-Mart and Amazon about Fighting Crime in a Recession? *The Police Chief*, 76 (11), S. 18–24.

Behörden Spiegel/GdP (Gewerkschaft der Polizei). (2019). Polizeitage 2019. Veranstaltunsübersicht. https://www.polizeitage.de/wp-content/uploads/2019/03/Polizeitage_Erfurt.pdf. Zugegriffen: 08.11.2019.

Berk, R. A. (2012). Präsentation auf der Chicago Ideas Week, 10. Oktober 2012. https://www.chicagoideas.com/videos/forecasting-criminal-behavior-and-crime-victimization. Zugegriffen: 20.11.2019.

Berk, R. A., & Bleich, J. (2013). Statistical Procedures for Forecasting Criminal Behavior. A Comparative Assessment. *Criminology & Public Policy*, 12 (3), S. 513–544.

Bettermann-Jennes, U., & Rabitz-Suhr, S. (2018). Informationsmanagement bei der Polizei. Digitalisierung als Herausforderung und Chance – Ergebnisse einer Sachbearbeiterbefragung der Polizei Hamburg. *SIAK-Journal*, 15 (1), S. 13–26.

BKA (Bundeskriminalamt). (2017). Der Polizeiliche Informations- und Analyseverbund (PIAV). https://www.bka.de/SharedDocs/Kurzmeldungen/DE/Kurzmeldungen/170307_PIAV.html. Zugegriffen: 19.08.2019.

BKA (Bundeskriminalamt). (2018). Das Programm „Polizei 2020" – Ein Meilenstein in der Polizeiarbeit, 26. Januar 2018. https://www.bka.de/SharedDocs/Kurzmeldungen/DE/Kurzmeldungen/180126_Polizei2020.html. Zugegriffen: 20.11.2019.

BKA (Bundeskriminalamt). (o. J.). Das Programm „Polizei 2020". https://www.bka.de/DE/UnsereAufgaben/Ermittlungsunterstuetzung/ElektronischeFahndungsInformationssysteme/Polizei2020/Polizei2020_node.html. Zugegriffen: 20.11.2019.

BLKA (Bayerisches Landeskriminalamt). (2019). Markterkundungsverfahren (Projekt: Verfahrensübergreifende Recherche- und Analyseplattform). https://www.service.bund.de/SiteGlobals/Functions/anlage/anlageGenericJSP;jsessionid=346448E9C589787304 69D6FE256F38C6.1_cid288?type=0&view=renderAnlage&contentId=12845126&docId=3042213. Zugegriffen: 26.08.2019.

BMI (Bundesministerium des Innern). (2018). Polizei 2020. White Paper. https://www.bmi.bund.de/SharedDocs/downloads/DE/veroeffentlichungen/2018/polizei-2020-white-paper.pdf?__blob=publicationFile&v=1 Zugegriffen: 19.08.2019.

Bowker, G. C. (2008). *Memory Practices in the Sciences*. Cambridge/London: MIT Press.

boyd, d., & Crawford, K. (2012). Critical Questions for Big Data: Provocations for a Cultural, Technological, and Scholarly Phenomenon. *Information, Communication & Society* 15 (5), S. 662–679.

Brayne, S. (2017). Big Data Surveillance: The Case of Policing. *American Sociological Review*, 82 (5), S. 977-1008.

Brodeur, J.-P., & Dupont, B. (2006). Knowledge Workers or "Knowledge" Workers? *Policing and Society*, 16 (1), S. 7–26.

Brückner, A. (2018). Der Megatrend in der TECHNIK der Inneren Sicherheit. https://cives.de/tag/inpol-polas-competence-center-ipcc. Zugegriffen: 19.08.2019.

Brühl, J. (2018). Gotham am Main. https://www.sueddeutsche.de/wirtschaft/innere-sicherheit-gotham-am-main-1.4175521. Zugegriffen: 20.11.2019.

Bundestag (Hrsg.). (2016). Funktionsweise des Informationsaustauschs zwischen Polizeibehörden in Deutschland. Antwort der Bundesregierung auf die Kleine Anfrage der Abgeordneten Ulla Jelpke, Frank Tempel, Dr. André Hahn, weiterer Abgeordneter und der Fraktion DIE LINKE. 23.05.2016, Drucksache 18/8533.

Bürgerschaft HH (Bürgerschaft der Freien und Hansestadt Hamburg) (Hrsg.). (2019). Gesetz über die Datenverarbeitung der Polizei und zur Änderung weiterer polizeirechtlicher Vorschriften, 30.07.2019, Drucksache 21/17906.

Busch, H., Funk, A., Kauß, U., Narr, W.-D., & Werkentin, F. (1985). *Die Polizei in der Bundesrepublik*. Frankfurt a. M./New York: Campus.

Caplan, J. M., & Kennedy, L. W. (2016). *Risk Terrain Modeling*. Oakland: University of California Press.

Chan, J., Brereton, D., Legosz, M., & Doran, S. (2001). *E-policing. The Impact of Information Technology on Police Practices*. Brisbane: Criminal Justice Commission.

Egbert, S. (2018a). On Security Discourses and Techno-Fixes – The Political Framing and Implementation of Predictive Policing in Germany. *European Journal for Security Research*, 3 (2), S. 95–114.

Egbert, S. (2018b). Predictive Policing und die soziotechnische Konstruktion ethnisch codierter Verdächtigkeit. In: Pfadenhauer, Michaela; Poferl, Angelika (Hrsg.): *Wissensrelationen*. Weinheim/Basel: Beltz Juventa, S. 653–663.

Egbert, S., & Krasmann, S. (2019a). Predictive Policing: not yet, but soon preemptive? *Policing & Society*. https://doi.org/10.1080/10439463.2019.1611821.

Egbert, S., & Krasmann, S. (2019b). Predictive Policing. Eine ethnographische Studie neuer Technologien zur Vorhersage von Straftaten und ihre Folgen für die polizeiliche Praxis. Projektabschlussbericht. Hamburg: Universität Hamburg, 30.04.2019. https://www.wiso.uni-hamburg.de/fachbereich-sowi/professuren/hentschel/forschung/predictive-policing/egbert-krasmann-2019-predictive-policing-projektabschlussbericht.pdf. Zugegriffen: 19.08.2019.

Egbert, S. (2019). Predictive Policing and the Platformization of Police Work. *Surveillance & Society*, 17 (1/2), S. 83–88.

Esposito, E. (2017). Artificial Communication? The Production of Contingency by Algorithms. *Zeitschrift für Soziologie*, 46 (4), S. 249–265.

Galison, P. (2019). Algorists Dream of Objectivity. In J. Brockman (Hrsg.), *Possible Minds: 25 Ways of Looking at AI* (S. 213–239). New York: Penguin Publishing Group.

Gerny, D. (2019). Die Schweiz ist ein Paradies für Kriminelle: Die kantonale Polizeizusammenarbeit ist im E-Mail-Zeitalter steckengeblieben. https://www.nzz.ch/schweiz/die-schweiz-ist-ein-paradies-fuer-kriminelle-die-kantonale-polizei-zusammenarbeit-ist-im-email-zeitalter-stecken-geblieben-ld.1501744. Zugegriffen: 19.11.2019.

Gillespie, T. (2014). The Relevance of Algorithms. In T. Gillespie, P. J. Buczkowski, & K. A. Foot (Hrsg.), *Media Technologies: Essays on Communication, Materiality, and Society* (S. 167–193). Cambridge/London: MIT Press.

Gless, S. (2016). Predictive Policing und operative Verbrechensbekämpfung. In F. Herzog, R. Schlothauer, & W. Wohlers (Hrsg.), *Rechtsstaatlicher Strafprozess und Bürgerrechte* (S. 165–180). Berlin: Duncker & Humblot.

Gluba, A. (2017). Der Modus Operandi bei Fällen der Near-Repeat-Victimisation. *Kriminalistik* 71 (6), S. 369–375.

Grutzpalk, J. (Hrsg.) (2016): *Polizeiliches Wissen. Formen, Austausch, Hierarchien.* Frankfurt am Main: Verlag für Polizeiwissenschaft.

Gusy, C. (2017). *Polizei- und Ordnungsrecht.* 10. Aufl. Tübingen: Mohr Siebeck.

Haggerty, K. D., & Ericson, R. V. (2000). The Surveillant Assemblage. *British Journal of Sociology*, 51 (4), S. 605–22.

Hannah-Moffat, K. (2019). Algorithmic risk governance: Big data analytics race and information activism in criminal justice debates. *Theoretical Criminology*, 23 (4), S. 453–470.

Häußling, R., Eggert, M., Kerpen, D., Lemm, J., Strüver, N., & Ziesen, N. K. (2017). Schlaglichter der Digitalisierung: Virtureale(r) Körper – Arbeit – Alltag. Working Paper des Lehrstuhls für Technik- und Organisationssoziologie der RWTH Aachen. https://doi.org/10.18154/rwth-2017-06217.

Hayles, N. K. (2017). *Unthought. The Power of the Cognitive Nonconscious.* Chicago/London: University of Chicago Press.

Heidegger, M. (1997 [1957]): *Gesamtausgabe. I. Abteilung: Veröffentlichte Schriften 1910-1976. Band 10: Der Satz vom Grund.* Frankfurt am Main: Vittorio Klostermann.

Heinrich, S. (2007). *Innere Sicherheit und neue Informations- und Kommunikationstechnologien.* Berlin: LIT.

Heitmüller, U. (2019). Missing Link: Predictive Policing – Verbrechensvorhersage zwischen Hype und Realität. https://www.heise.de/newsticker/meldung/Missing-Link-Predictive-Policing-Verbrechensvorhersage-zwischen-Hype-und-Realitaet-4338256.html Zugegriffen: 02.10.2019.

Hessischer Landtag (Hrsg.). (2019a). Zwischenbericht des Untersuchungsausschusses 19/3 zu Drucksache 19/6574. 03.01.2019, Drucksache 19/6864.

Hessischer Landtag (Hrsg.). (2019b). Kleine Anfrage Torsten Felstehausen (DIE LINKE) vom 20.05.2019 Hessendata – Teil 1 und Antwort Minister des Innern und für Sport. 22.07.2019, Drucksache 20/660.

HMIS (Hessisches Ministerium für Inneres und Sport). (2018a). Jahresbilanz 2018, https://innen.hessen.de/sites/default/files/media/hmdis/jahresbilanz_2018_160119_web.pdf. Zugegriffen: 04. November 2019.

HMIS (Hessisches Ministerium für Inneres und Sport). (2018b). Innenminister besucht hessenDATA. https://innen.hessen.de/pressearchiv/pressemitteilung/innenminister-besucht-hessendata. Zugegriffen: 04. November 2019.

Hoffmann-Riem, W. (2017). Verhaltenssteuerung durch Algorithmen – Eine Herausforderung für das Recht. *Archiv des öffentlichen Rechts*, 142 (1), S. 1–42.

Hornung, G. (2018). Erosion traditioneller Prinzipien des Datenschutzrechts durch Big Data. In W. Hoffmann-Riem (Hrsg.), *Big Data – Regulative Herausforderungen* (S. 79–98). Baden-Baden: Nomos.

Jarchow, E., & Rabitz-Suhr, S. (2018). Informationsmanagement bei der Polizei. Digitale Ermittlungsunterstützung in der Einbruchssachbearbeitung. *SIAK-Journal*, 15 (2), S. 15–20.

Johnson, S. D. (2008). Repeat burglary victimisation: a tale of two theories. *Journal of Experimental Criminology*, 4 (3), S. 215–240.

Kaller, S. (2019). Das Zukunftsprogramm der Polizei in Deutschland – Polizei 2020. *Polizei Verkehr + Technik*, 64 (1), S. 6–9.

Kaufmann, M. (2019). Who connects the dots? Agents and agency in predictive policing. In: M. Hoijtink, M. & M. Leese (Hrsg.), *Technology and Agency in International Relations* (S. 141–163). Abingdon/New York: Routledge.

Kaufmann, M., Egbert, S., & Leese, M. (2019). Predictive Policing and the Politics of Patterns. *The British Journal of Criminology*, 59 (3), S. 674–692.

Kitchin, R. (2014). *The Data Revolution*. London et al.: SAGE.

Kitchin, R. (2017). Thinking critically about and researching algorithms. *Information, Communication & Society*, 20 (1), S. 14–29.

Kriminologische Forschungsstelle LKA Hamburg. (2019). Prädiktionspotenzial schwere Einbruchskriminalität – Ergebnisse einer wissenschaftlichen Befassung. Zusammenfassung der Ergebnisse des Forschungsprojektes. https://www.polizei.hamburg/content blob/12118190/83d3f24635ef41f35664c57059045fa5/data/ergebniszusammenfassung-praediktionspotenzial-schwere-einbruchskriminalitaet-stand-januar-2019)-do.pdf. Zugegriffen: 08.11.2019.

Latour, B. (2010). Tarde's idea of quantification. In M. Candea (Hrsg.), *The Social after Gabriel Tarde: Debates and Assessments*. London: Routledge, 145–163.

Legnaro, A. (1997). Konturen der Sicherheitsgesellschaft: Eine polemisch-futurologische Skizze. In: *Leviathan*, 25 (2), S. 271–284.

Lessig, L. (1999). *Code and other laws of cyberspace*. New York: Basic Books.

Lezgus, A. (2019): Ein gemeinsames Datenhaus entsteht. *Moderne Polizei* 1/2019, S. 26–27.

LKA NRW (Landeskriminalamt Nordrhein Westfalen). (2018). Abschlussbericht Projekt SKALA. https://polizei.nrw/sites/default/files/2018-07/180628_Abschlussbericht_SKALA.PDF. Zugegriffen: 07.11.2019.

LKA NRW (Landeskriminalamt Nordrhein-Westfalen). (2019). Beschaffung eines Systems zur Datenbankübergreifende Analyse und Recherche (DAR) für die Polizei des Landes Nordrhein-Westfalen. https://www.evergabe.nrw.de/VMPSatellite/public/company/project/CXPNYD0Y2TF/de/overview?0. Zugriff: 19.08.2019.

Lupton, D. (2015). *Digital Sociology*. Abingdon/New York: Routledge.

Mainzer, K. (2014). *Die Berechnung der Welt. Von der Weltformel zu Big Data*. München: C.H. Beck.

Manning, P. K. (2008): *The Technology of Policing*. New York/London: New York University Press.

Martignon, L. (2001). Algorithms. In N. J. Smelser, & P. B. Baltes (Hrsg.), *International Encyclopedia of the Social & Behavioral Sciences* (S. 382–385). Amsterdam et al.: Elsevier.

Martini, M. (2014). Big Data als Herausforderung für den Persönlichkeitsschutz und das Datenschutzrecht. *Das Deutsche Verwaltungsblatt*, 129 (23), S. 1481–1489.

Martini, M. (2017). Algorithmen als Herausforderung für die Rechtsordnung. *JuristenZeitung*, 72 (21), S. 1017–1025.

Martini, M. (2019). *Blackbox Algorithmus – Grundfragen einer Regulierung Künstlicher Intelligenz*. Berlin: Springer.

Martini, M., & Nink, D. (2017). Wenn Maschinen entscheiden…- vollautomatisierte Verwaltungsverfahren und der Persönlichkeitsschutz. *Neue Zeitschrift für Verwaltungsrecht – Extra*, 36 (10), S. 1–14.

Mau, S. (2017). *Das metrische Wir. Über die Quantifizierung des Sozialen*. Berlin: Suhrkamp.

Mayer-Schönberger, V., & Cukier, K. (2013). *Big Data*. London: John Murray.

Meinicke, D. (2015), Big Data und Data-Mining: Automatisierte Strafverfolgung als neue Wunderwaffe der Verbrechensbekämpfung? *Kommunikation & Recht*, 18 (6), S. 377–384.

Merbach, L., & Seidensticker, K. (2019). Bitship Troopers – Big Data und informationsgeleitete Polizeiarbeit. In E. Kühne (Hrsg.), *Die Zukunft der Polizeiarbeit – die Polizeiarbeit der Zukunft* (S. 143–156). Rothenburg/Oberlausitz: Hochschule der Sächsischen Polizei.

Möllers, M. H. W. (2018). Die Interaktion zwischen Mensch und Computer – Chancen und Nutzen für Bürgerinnen und Bürger, für Polizeibehörden und das Polizeiverwaltungsverfahren. In T.-G. Rüdiger, & P. S. Bayerl (Hrsg.), *Digitale Polizeiarbeit* (S. 39–61). Wiesbaden: Springer VS.

Münch, H. (2019): Kriminalitätsbekämpfung weiterdenken. *Kriminalistik*, 73 (1), S. 11–16.

Nissenbaum, H. (2001). How Computer Systems Embody Values. *Computer* 34 (3), S. 120, 118–119.

Okon, G. (2018). PRECOBS Enterprise. Herausforderung und Chance für die moderne Polizeiarbeit. Folien zum Vortrag auf dem 2. PRECOBS-Anwendertreffen in Aarau, 19.06.2018.

Okon, G., & Weinreich, R. (2000). Das geografische Informationssystem GLADIS: DV-gestützte Lagebilderstellung und Kriminalitätsanalyse beim Polizeipräsidium München. *Kriminalistik*, 54 (2), S. 122–127.

Pasquale, F. (2015). *The Black Box Society*. Cambridge: Harvard University Press.

Peteranderl, S. (2019). Wie die Polizei mit Algorithmen experimentiert, https://www.spiegel.de/netzwelt/web/europaeischer-polizeikongress-kuenstliche-intelligenz-in-der-polizeiarbeit-a-1254195.html (19.08.2019).

Pett, A., & Gluba, A. (2017). Das Potenzial von Polizeipräsenz für Maßnahmen im Sinne des Predictive Policing. *Die Polizei*, 108 (11), S. 323–330.

Polizei Hamburg. (2019). Projekt: „Entwicklung Berufsbild Kriminalitätsanalytik", https://www.polizei.hamburg/contentblob/11904620/9c1c50c88eb00be720cb98cf0feec677/data/projektbeschreibung-berufsbild-kriminalitaetsanalytiker-do.pdf. Zugegriffen: 08.11.2019.

Poscher, R. (2008). Eingriffsschwellen im Recht der inneren Sicherheit. Ihr System im Licht der neueren Verfassungsrechtsprechung. *Die Verwaltung*, 41 (3), S. 345–373.

Prietl, B., & Houben, D. (2018). Einführung. Soziologische Perspektiven auf die Datafizierung der Gesellschaft. In D. Houben & B. Prietl (Hrsg.), *Datengesellschaft. Einsichten in die Datafizierung des Sozialen* (S. 7–32). Bielefeld: transcript.

Rademacher, T. (2017). Predictive Policing im deutschen Polizeirecht. *Archiv des öffentlichen Rechts*, 142 (3), S. 366–416.

Rademacher, T. (2018). Predictive Policing als Herausforderung für das öffentliche Recht. In D.-U. Galetta & J. Ziller (Hrsg.), *Das öffentliche Recht vor den Herausforderungen der Informations- und Kommunikationstechnologien jenseits des Datenschutzes* (S. 170–190). Baden-Baden: Nomos.

Ratcliffe, J. H. (2016). *Intelligence-Led Policing*. 2. Aufl. Abingdon/New York: Routledge.

Reckwitz, A. (2017). *Die Gesellschaft der Singularitäten. Zum Strukturwandel der Moderne*. Berlin: Suhrkamp.

Reichertz, J., & Wilz, S. M. (2016). Wie verändert die Einführung der Informations- und Kommunikationsmedien die polizeiliche Ermittlungsarbeit? *Der Kriminalist*, 48 (3), S. 18–25.

Reigeluth, T. (2014). Why data is not enough: Digital traces as control of self and self-control. *Surveillance & Society*, 12 (2), S. 243–254.

Ridsdale, C., Rothwell, J., Smit, M., Ali-Hassam, H., Bliemel, M., Irvine, D., Kelley, D., Matwin, S., & Wuetherick, B. (2015). *Strategies and Best Practices for Data Literacy*. Halifax: Dalhousie University.

Rossmo, D. K. (2000). *Geographic Profiling*. Boca Raton: CRC Press.

Rüdiger, T.-G. (2019). Polizei im Digitalen Raum. *Aus Politik und Zeitgeschichte*, 69 (21–23), S. 18–23.

Rüdiger, T.-G., & Bayerl, P. S. (2018). Digitale Polizeiarbeit: Von Herausforderungen zu Chancen. In: T.-G. Rüdiger, & P. S. Bayerl (Hrsg.). *Digitale Polizeiarbeit* (S. 11–15). Wiesbaden: Springer VS.

Sætnan, A. R. (2018). The haystack fallacy, or why Big Data provides little security. In A. R. Sætnan, I. Schneider & N. Green (Hrsg.), *The Politics of Big Data. Big Data, Big Brother?* (S. 21–38). Abingdon/New York: Routledge.

Schmidt-Wyk, F. (2019). Rheinland-Pfalz: Mit künstlicher Intelligenz auf Verbrecherjagd. https://www.allgemeine-zeitung.de/politik/rheinland-pfalz/rheinland-pfalz-mit-kunstlicher-intelligenz-auf-verbrecherjagd_19936052#. Zugegriffen: 19.08.2019.

Schmitz, R. (2019). Die Bedeutung von Daten für die Polizeiarbeit. https://www.egovernment-computing.de/die-bedeutung-von-daten-fuer-die-polizeiarbeit-a-802121/. Zugegriffen: 19.08.2019.

Schürmann, D. (2015). „SKALA". Predictive Policing als praxisorientiertes Projekt der Polizei NRW, Vortrag auf dem KI-Forum BKA 2015, 24.06.2015. https://www.bka.de/SharedDocs/Downloads/DE/Publikationen/ForumKI/ForumKI2015/kiforum2015SchuermannPositionspapier.html. Zugegriffen: 20.11.2019.

Schweer, T. (2015). „Vor dem Täter am Tatort" – Musterbasierte Tatortvorhersagen am Beispiel des Wohnungseinbruchs. *Die Kriminalpolizei*, 32 (1), S. 13–16.

Schweer, T., & Middendorf, R. (2018). Von der Steckkarte zum Dashboard – PRECOBS als integraler Bestandteil moderner Polizeiarbeit. Folien zum Vortrag auf dem 2. PRECOBS-Anwendertreffen in Aarau, 19.06.2018.

Seyfert, R., & Roberge, J. (Hrsg.) (2017). *Algorithmuskulturen. Über die rechnerische Konstruktion der Wirklichkeit*. Bielefeld: transcript.

Singelnstein, T. (2018a). Predictive Policing: Algorithmenbasierte Straftatprognosen zur vorausschauenden Kriminalintervention. *Neue Zeitschrift für Strafrecht*, 37 (1), S. 1–9.

Singelnstein, T. (2018b). Big Data und Strafverfolgung. In W. Hoffmann-Riem (Hrsg.), *Big Data – Regulative Herausforderungen* (S. 179–185). Baden-Baden: Nomos.

Singelnstein, T. (2018c). Digitalisierung, Big Data und das Strafverfahren. In U. Stein, L. Greco, Chr. Jäger & J. Wolter (Hrsg.), *Systematik in Strafrechtswissenschaft und Gesetzgebung* (S. 725–738). Berlin: Duncker & Humblot.

Singelnstein, T. (2019). Verfassungsbeschwerde gegen § § 6 Satz 5, 8 Abs. 4, 9 Abs. 1, 10 Abs. 2 Nr. 1, 11 Abs. 9, 12 Abs. 1, 13, 16, 18 Abs. 3, 20 Abs. 1 Nr. 1 und 2, Abs. 2 Satz 1 Nr. 2, Abs. 2 Satz 3, 21 Abs. 2, 26 Abs. 1 Hessisches Verfassungsschutzgesetz (HVSG) § § 15 b, 15 c, 25 a Hessisches Sicherheits- und Ordnungsgesetz (HSOG), in der Fassung des Gesetzes zur Neuausrichtung des Verfassungsschutzes in Hessen vom 25. Juni 2018, veröffentlicht am 03. Juli 2018 im Gesetz- und Verordnungsblatt für das Land Hessen, 13. Ausgabe, S. 302, 02. Juli 2019. https://freiheitsrechte.org/home/wp-content/uploads/2019/07/2019-07-01-VB-Hessen-finalohneAdressen.pdf (20.11.2019).

Singelnstein, T., & Stolle, P. (2012). *Die Sicherheitsgesellschaft*. 3., vollst. überarb. Aufl. Wiesbaden: VS.

Stalder, F. (2016). *Kultur der Digitalität*. Berlin: Suhrkamp.

Van Daele, S., & Vander Beken, T. (2011). Outbound offending: The journey to crime and crime sprees. *Journal of Environmental Psychology*, 31(1), S. 70–78.

Wilson, D. (2019). Platform Policing and the Real-Time Cop. In *Surveillance & Society*, 17 (1–2), S. 69–75.

Wilz, S. M. (2012). Die Polizei als Organisation. In M. Apelt & V. Tacke (Hrsg.), *Handbuch Organisationstypen* (S. 113–131). Wiesbaden: Springer VS.

Wolf, G. (2010). The Data-Driven Life. New York Times Magazine, 28 April 2010. https://www.nytimes.com/2010/05/02/magazine/02self-measurement-t.html. Zugegriffen: 20.11.2019.

**Simon Egbert** Dr. phil., Wissenschaftlicher Mitarbeiter an der TU Berlin, Fakultät VI: Planen Bauen Umwelt, Institut für Soziologie, Graduiertenkolleg ‚Innovationsgesellschaft heute', simon.egbert@tu-berlin.de.

# Wo ist das „Vorfeld des strafrechtlichen Staatsschutzes"? Warum das nachrichtendienstliche Wissensmanagement erforscht werden muss

Jonas Grutzpalk

> *Non ci sono informazioni migliori delle altre, il potere sta nello schedarle tutte, e poi cercare le connessioni. Le connessioni ci sono sempre, basta volerle trovare.*
> *(Umberto Eco: Il pendolo di Foucault)*

## 1 Einleitung

Der Begriff des „Vorfeldes" wird im Zusammenhang mit Nachrichtendiensten immer wieder gerne verwandt. So verortete der Bundesinnenminister Werner Maihofer die Tätigkeit des Verfassungsschutzes im „Vorfeld des strafrechtlichen Staatsschutzes" (Grutzpalk 2016a). Eine Behörde, die also quasi präventive Präventionsarbeit betreibt ist aber besonders interessant – denn es stellt sich ja schon die Frage, wie Präventionsarbeit gelingen mag. Wie ein „Vorfeld" aussehen kann, in dem eine Behörde tätig ist, gilt es noch zu erschließen.

Nachrichtendienste – auch als Geheimdienste bekannt – sind eine sehr spezielle Einrichtung der Moderne. Vorläuferorganisationen hat es in verschiedenen Formen in verschiedenen Kulturkontexten gegeben, man spricht

J. Grutzpalk (✉)
Hochschule für Polizei und öffentliche Verwaltung Nordrhein-Westfalen, Bielefeld, Deutschland
E-Mail: jonas.grutzpalk@hspv.nrw.de

© Springer Fachmedien Wiesbaden GmbH, ein Teil von Springer Nature 2020
D. Hunold und A. Ruch (Hrsg.), *Polizeiarbeit zwischen Praxishandeln und Rechtsordnung,* Edition Forschung und Entwicklung in der Strafrechtspflege,
https://doi.org/10.1007/978-3-658-30727-1_5

nicht umsonst vom „zweitältesten Gewerbe der Welt" (Grutzpalk und Zischke 2012)[1]. Doch die Kombination von rationaler Bewirtschaftung des Zeithorizonts „Zukunft" mit einem bürokratischen Aufbau als Behörde ist neuartig. Und diese Kombination lässt sich als „Phänomen der Moderne" beschreiben.

Darin sind Nachrichtendienste den Polizeien sehr ähnlich. Auch Polizeien gehen – unter anderem – präventiven Aufgaben nach und auch sie sind als Behörden organisiert. Anders als die Polizeien sind allerdings Nachrichtendienste kaum Gegenstand genauerer Erforschung geworden. Während Polizeien sehr umfangreich und unter verschiedenem Licht erforscht werden (worauf dieser Sammelband ja hinreichend hinweist), wissen wir über das Innenleben von Nachrichtendiensten sehr wenig. Vielmehr stoßen wir auf ein sehr diffuses Bild von diesen Behörden, das den rationalen Zugang zu ihnen nicht erleichtert.

Das ist insofern bedauerlich, als Nachrichtendienste zunehmend einen wichtigen Platz in der Architektur innerer Sicherheit vieler Länder bekommen. Das liegt insbesondere daran, dass der von ihnen verkörperte Anspruch präventiver Arbeit mit dem Big-Data-Phänomen unserer Zeit einhergeht, das, kurz zusammengefasst, bedeutet, dass es möglich wie noch nie ist, 1) große Datenmengen zu sammeln, sie 2) zu archivieren und sie 3) zusammenhängend auszuwerten. Nachrichtendienste wie die NSA oder GCHQ sind dabei ins Gerede gekommen, weil ihr Hunger nach allen möglichen Daten schier unfassbar zu sein scheint. Das Big-Data-Zeitalter macht es nämlich technisch und inhaltlich möglich, dass massenhaft Daten erhoben werden, ohne dass ihnen a priori ein Informationswert zugesprochen wird. Jeremy Bash, Stableiter des damaligen CIA-Chefs Leon Panetta, beschrieb diesen nachrichtendienstlichen Umgang mit Datenmassen mit dem mittlerweile sprichwörtlichen Satz: „if you're looking for a needle in the haystack, you need a haystack." (Lemieux 2018; S. 212).

Das Big-Data-Zeitalter beobachtet also eine Steigerung der Bedeutung von Nachrichtendiensten, was die Frage umso dringender macht zu verstehen, mit was man es eigentlich zu tun hat, wenn man von Nachrichtendiensten spricht. Die verbreitete Konvention, es handele sich bei diesen Behörden um „Geheimdienste" hilft nicht wirklich weiter, weil man damit die Frage für unbeantwortbar erklärt. Auch die nach meiner eigenen Beobachtung beim Verfassungsschutz beliebte Formulierung, man arbeite mit „so viel Offenheit wie möglich und so

---

[1]Darüber hinaus macht Christopher Andrew (2019, S. 16 f.) auf die historisch engen Beziehungen zwischen Prostitution und nachrichtendienstlicher Tätigkeit spätestens seit der Bronzezeit aufmerksam.

viel Geheimhaltung wie nötig", ist eine Floskel, die einer rationalen Betrachtung der nachrichtendienstlichen Arbeit eher hinderlich ist.

Eine rationale Erforschung des Innenlebens einer Behörde, die die innere Sicherheit maßgeblich mitgestaltet, gebietet sich aber mindestens aus der Anforderung an staatliche Institutionen, die der us-amerikanische Philosoph John Dewey schon vor mehr als 100 Jahren aufgestellt hat:

> „The state is the organization of the public effected through officials for the protection of the interests shared by its members. And since conditions of action and inquiry and knowledge are always changing, the experiment must always be retried; the State must always be rediscovered."

Die Aufgabe des vorliegenden Textes ist es nun, solch eine Wiederentdeckung des Staates im Bereich des Nachrichtendienstwesens vorzubereiten. Es geht insbesondere darum festzuhalten, welche Fragen besonders dringlich an Nachrichtendienste herangetragen werden müssten und wie sich diese Dringlichkeit begründet. Da Nachrichtendienste mit Wissen hantieren, ist dabei das vordringlichste Thema das Wissensmanagements dieser Behörden.

In einem ersten Schritt wird erörtert, welches Bild von Nachrichtendiensten in der breiteren Öffentlichkeit vorherrscht. Das ist insofern wichtig, als das Bild, das wir uns von einer Sache machen, Auswirkungen darauf hat, wie wir mit ihr umgehen. Oder, um es mit Walter Lippmann (1927) zu sagen: „The analyst of public opinion must begin … by recognizing the triangular relationship between the scene of action, the human picture of that scene, and the human response to that picture working itself out upon the scene of action." Und gerade die Nachrichtendienste sind von dem medialen Bild geprägt, das von ihnen gezeichnet wird (Andrew 2019, S. 27 f.).

In einem zweiten Schritt wird erörtert, was reale moderne Nachrichtendienste im Gegensatz zu ihren Vorgängermodellen auszeichnet. Hier geht es darum einzuordnen, wie Nachrichtendienste als Zentralen staatlicher Wissensverwaltung einzuschätzen sind.

Danach geht es darum, die nachrichtendienstliche Wissensverwaltung – soweit das von außen möglich ist – einer kritischen Bewertung zu unterziehen. In dem Zusammenhang wird dann aufgezeigt, welche Forschung zum Wissensmanagement es im polizeilichen Bereich schon gibt und welche – teilweise überraschenden – Ergebnisse hier bereits zutage gefördert wurden. Es steht zu erwarten, dass eine vergleichbare Forschung im nachrichtendienstlichen Bereich vergleichbare Ergebnisse erbringen würde. Aber man weiß es nicht.

Letztlich ist Ziel des Textes, das Forschungsdesiderat „Wissensmanagement von Nachrichtendiensten" so zu beleuchten, dass deutlich wird, dass hier eine wirkliche Wissenslücke gibt, die es zu schließen gilt. Es reicht nicht, auf gesetzliche Vorgaben und Organigramme zu verweisen – die informellen Trampelpfade des Wissens müssen ebenfalls kartiert werden, um das Wissensmanagement von Nachrichtendiensten angemessen zu verstehen. Nur dann ist souveränes Handeln des demokratischen Staates möglich. „The state must always be rediscovered!"

## 2  „Geheimdienst" – Das öffentliche Bild der Nachrichtendienste

Ich war selbst von 2003 bis 2009 Mitarbeiter bei einem Nachrichtendienst – dem Brandenburger Verfassungsschutz. Seitdem begegne ich immer wieder dem Phänomen, dass merkwürdige Erwartungen an mich im Zusammenhang mit meinem ehemaligen Arbeitgeber gerichtet werden. Ich konnte das lange nicht so recht in Worte fassen, aber ich erlebte das, was Helen Rose Fuchs-Ebaugh im Zusammenhang mit Ex-Rollen (also z. B. bei Ex-Nonnen, Ex-Alkoholikern und Ex-Prostituierten) in den 1980er Jahren erforscht hat. Dabei stellte sie fest, dass manchmal „ex-statuses are more salient to other people than current roles" (Fuchs Ebaugh & Rose 1988, S. 184 f.). In diesem Fall müssen die Ehemaligen mit einem „role residual" leben, das sie auch in ihrer neuen sozialen Rolle begleitet.

Dass meine ehemalige Berufsrolle häufig als spannender empfunden wurde als die des Fachhochschulprofessors habe ich – insbesondere im Kontakt mit Medienvertretern – immer wieder erlebt. Aber was macht den Beruf des Verfassungsschützers eigentlich so „salient"? Was für ein Bild herrscht von der Behörde vor, was denken sich Menschen, wenn sie „Verfassungsschutz" hören? Dazu habe ich knapp siebzig meiner Studierenden befragt und sie gebeten, in wenigen Minuten spontan aufzuschreiben, was ihnen zum Thema Verfassungsschutz/Geheimdienst einfiele. Das dabei entstandene Bild ist natürlich alles andere als repräsentativ, aber ich denke, dass es schon aufzeigt, wo für den äußeren Betrachter die Würze im Beruf des Verfassungsschützers stecken kann.

So zeigt sich, dass das am meisten mit dem Verfassungsschutz in Verbindung gebrachte Konzept das der Unsichtbarkeit ist. So wurden die Begriffe „nicht öffentlich"/„unauffällig"/„anonym"/„undercover" 27 Mal genannt. Die Tätigkeit wurde mit „Überwachen", „Observation" und „Kontrolle" von 23 der Befragten beschrieben. Dass es Nachrichtendiensten um Wissensaneignung und -verwaltung geht, beschrieben 13 meiner Studierenden, wobei der Charakter des Geheimen dabei das größte Interesse fand. So beschrieben ebenfalls 13 der

Studierenden den Verfassungsschutz schlicht als „Geheimdienst" (keine/keiner der Befragten notierte den Begriff „Nachrichtendienst"). Acht der Befragten beschrieben den Verfassungsschutz als Behörde und deren Aufgabe wurde in der Ermittlung gegen Straftäter (ebenfalls 8 Nennungen), Prävention (7), Bekämpfung von Extremismus (7), Terrorismus (4) und der Spionage (4), der Vorbereitung von Parteiverboten (2) und dem Demokratieschutz (2) gesehen. Als Arbeitsmethoden der Geheimdienste wurden insbesondere V-Leute (10 Nennungen), IT-Technik (5) und eine spezielle Ausbildung der „Agenten" genannt.

Verweise auf fiktionale Zusammenhänge z. B. „Schwarze Anzüge/Sonnenbrille" bzw. „James Bond/Film" wurden jeweils 8 Mal genannt. Aus diesen Vorlagen wurde auch der Schluss gezogen, dass das Privatleben eines Verfassungsschützers nur schwierig denkbar sei, u. a., weil man mit geheimen Identitäten zu leben habe (4 Nennungen). Dass diese fiktionale Beschreibung ggf. gar nichts mit der Wirklichkeit der Dienste zu tun haben könnte, beschreiben die immerhin zwei Wortmeldungen, die „Skandale" der Nachrichtendienste thematisieren.

Aus dieser Stichwortsammlung ergibt sich ein Bild von den Geheimdiensten als im Geheimen operierende Kontrollinstanz – dabei sind die in der fiktionalen Welt entstandenen Beschreibungen des Innenlebens dieser Instanz tonangebend für deren Wahrnehmung. Gleichzeitig ist interessant, dass mit den Begriffen „Ermittlung" (8) und „Staatsschutz" (3) eine inhaltliche Nähe zur Polizei beschrieben wird. So ließe sich das Bild der Nachrichtendienste im vorhandenen Sample meiner Studierenden vielleicht so zusammenfassen: ein Nachrichtendienst ist eine im Geheimen operierende spezielle Staatspolizei, die so geheim ist, dass ihr im Grunde alles zuzutrauen ist – oder auch nichts.

So sind Geheimdienste unsichtbar und mächtig gleichzeitig. An diesem Bild, das durchaus auch ein Selbstbild ist, haben Nachrichtendienste fleißig mitgewirkt, z. B. in Form des „Kundschafterliedes" der Stasi, in dem sich die offiziellen Mitarbeiter der Behörde als „Soldaten der unsichtbaren Front" besingen.

## 3 Entstehungszusammenhänge moderner Nachrichtendienste: Wissensverwaltung und Prävention

„The history of intelligence is not linear", warnt Christopher Andrew (2019, S. 6) zurecht den Historiker des Geheimdienstwesens. Man sollte in der Tat vorsichtig sein, einen wie auch immer gearteten „Fortschritt" in der Geschichte der Nachrichtendienste erkennen zu wollen. Vielmehr beobachtet Andrew mit einiger Belustigung, wie oft nachrichtendienstliche Techniken in der Geschichte „erfunden" wurden – weil man vergessen hatte, dass es sie schon einmal gegeben hatte (Andrew 2019, S. 4). Dennoch unterscheiden sich moderne Nachrichtendienste von historischen Beispielen insbesondere in zwei Hinsichten: Die bürokratische Wissensverwaltung einer- und die Ausrichtung der Behörde auf Prävention andererseits sind für ein tieferes Verständnis moderner Nachrichtendienste von besonderer Bedeutung. Beide Aspekte sind Merkmale moderner Gesellschaften und tragen dazu bei, dass Nachrichtendienste in der heutigen Welt sich von vergleichbaren Vorgängermodellen in der Vergangenheit unterscheiden.

## 3.1 Die Geburt des modernen Nachrichtendienstwesens aus dem Geist der Prävention

Wer Prävention betreiben möchte und dabei dem lateinischen Begriff „praeventio" (Zuvor-Kommen) gerecht werden will, muss einige Voraussetzungen erfüllen, die vor allem kultureller Natur sind. Dabei spielt insbesondere die Wahrnehmung der Zukunft als bevorstehendem und gestaltbarem Lebensbereich eine zentrale Rolle.

Dass die Zukunft „vor" einem liegt ist z. B. eine sprachliche Konvention, auf die man erst einmal kommen muss (Inglebert 2015). Der Logik, dass es die Vergangenheit ist, die vor einem liegt (denn man kann sie ja sehen), während man die Zukunft „hinter sich" hat ist in vielen mündlichen Traditionen bis heute lebendig, wie Laura Spinney (2005) am Beispiel des in den Anden lebenden Aymara-Volkes beschreibt. Hier begleiten die Menschen Beschreibungen vergangener Geschehnisse mit nach vorne zeigenden Gesten, während sie über die Zukunft sprechen, indem sie hinter ihren Rücken zeigen.

Die Sprache moderner Gesellschaften ist im Gegensatz dazu darauf eingestellt, die Zukunft als etwas zu betrachten, was „vor" einem liegt. Aus dieser Zeitperspektive leiten moderne Verwaltungen ihre Arbeitsaufträge ab. So hat die Polizei laut Polizeigesetz NRW die Aufgabe „Straftaten zu verhüten sowie vorbeugend zu bekämpfen" und das Ordnungsbehördengesetz NRW schreibt den angesprochen Verwaltungszweigen vor „Gefahren für die öffentliche Sicherheit oder Ordnung abzuwehren". Solche Gesetze sind nur vor dem Hintergrund kultureller Konventionen denkbar, die die Zukunft als „bevorstehend" beschreiben.

Hinzu kommt bei modernen Nachrichtendiensten die Überzeugung, dass sich diese bevorstehende Zukunft berechnen und somit beherrschen lasse. „I believe that the time is drawing near when it will be possible to suggest a systematic exploration of the future." Was H.G Wells hier in seinem Buch „The Discovery of the Future" (1905) bekennt, beschreibt einen endgültigen Durchbruch der Überzeugung, Zukunft lasse sich rational gestalten. Auch diese Perspektive entsteht nicht im kulturellen Niemandsland, sondern ist das Ergebnis einer kumulierenden Beschäftigung mit der Zukunft in Europa ab der 17. Jahrhundert, wie Lucian Hölscher (1999) überzeugend darlegt. Dabei spielt Statistik eine markante Rolle. Sie ermöglich es, Voraussagen über gesamtgesellschaftliche Zusammenhänge zu machen, wie sie vorher nicht möglich waren. Die Aussage Sherlock Holmes' im Roman „The Sign of the Four" von Arthur C. Doyle (1890) lässt immer noch die Bewunderung für diesen damals jungen Wissenschaftszweig erkennen, der es ermöglicht, mit mathematischen Mitteln in die Zukunft zu schauen:

> „While the individual man is an insoluble puzzle, in the aggregate he becomes a mathematical certainty. You can, for example, never foretell what any one man will do. But you can, with precision, say what an average man will do. Individuals vary, per-centages remain constant. So says the statistician."

Bei einigen Nachrichtendiensten, die in dieser Zeit ihre ersten vorsichtigen behördlichen Gehversuche machen, schlägt sich diese Begeisterung für die Möglichkeiten der Statistik in die Namensgebung für die Behörden durch. So nannte sich der Nachrichtendienst, der durch die Dreyfus-Affäre in Verruf geraten sollte nicht zufällig „section de statistique" (Harris 2013).

Die Entdeckung der Zukunft trägt dazu bei, dass der Gedanke der Prävention allgemeine Anerkennung findet. Michel Foucault (2003, S. 83 f.) beobachtet in diesem Zusammenhang, dass das Strafrecht seine Bemühungen vorverlagert und versucht, Taten gar nicht erst geschehen zu lassen:

> „Das gesamte Strafsystem des 19. Jahrhunderts richtet sich darauf aus, nicht das tatsächliche, sondern das mögliche Handeln der Menschen zu kontrollieren; man fragt nicht, ob die Menschen sich gesetzeskonform verhalten oder nicht, sondern was sie möglicherweise tun, wozu sie fähig sein könnten, wofür sie anfällig sein könnten, was sie zu tun drohen."

Es ließen sich zahlreiche andere Beispiele finden die alle in diese Richtung deuten: die westliche Moderne ist nicht zuletzt *auch* vom Gedanken der rationalen Plan- und Gestaltbarkeit von Zukunft getragen (Rorty 1991, S. 11).

Der Gedanke der rationalen Zukunftsgestaltung ist deswegen auch in der westlichen Moderne zu Hause.

## 3.2 Die Ausdifferenzierung des Nachrichtendienstwesens aus Militärwesen und Mantik

Vormoderne und außereuropäische Formen des Nachrichtendienstwesens hat es selbstverständlich gegeben. Sie sind häufig im Zusammenhang mit militärischen Notwendigkeiten entstanden. Der große chinesische Militärphilosoph Sun Tsu spricht bereits im fünften Jahrhundert dem *Vorauswissen* eine wichtige militärische Bedeutung zu.

> „Vorauswissen kann man sich nicht durch Dämonen und Geister verschaffen, kann man nicht durch Analogieschluss erfahren, kann man nicht durch Berechnung (astrologischer Art) ergründen. Man muss es sich durch Menschen verschaffen, die über die Lage beim Feind Bescheid wissen." (zit. n. Schmidt-Glintzer 2003, S. 59 f.)

Die Beispiele für militärisches Spionagewesen sind mannigfaltig und lassen sich z. B. auch für die Römer nachvollziehen (Kuhoff 2003). Auch die japanischen Ninja verdingten sich unter anderem als Spione und beriefen sich dabei auf Sun Tsu (Bansenshukai 2013, S. 59 f.). Diese Nachrichtendienstleister arbeiteten fast ausschließlich mit menschlichen Quellen (was man heute: human intelligence (kurz: humint) nennen würde). Sie waren auf militärische Wissensbeschaffung spezialisiert – das heißt, dass sie Wissen um militärische Anlagen, Planungen und Perspektiven sammelten. Das ist ein recht spezifisches Wissensspektrum, das auch zeitlich recht leicht einzuordnen ist: man benötigt es in Zeiten des Krieges. Es hat daher wenig mit dem Anhäufen von Informationsheuhaufen zu tun, die heutige Nachrichtendienste kennzeichnen (s. o.).

Zudem teilten sich Nachrichtendienstleister ihren Aufgabenbereich der Zukunftsschau mit hauptberuflichen Divinatoren und Mantikern (also: Wahrsagern), die z. B. am Hofe König Davids ein hohes soziales Standing erfuhren und als Beamte des Staates beschäftigt wurden (z. B. 2. Samuel 8.15). Der römische Staatsmann und Philosoph Marcus Tullius Cicero sah die althergebrachte Kunst der Erkundung göttlichen Willens (auspicia impetrativa) als eine der zentralen staatstragenden Fertigkeiten an (Engels 2005, S. 152) und die römische Militärgeschichte ist voll von Hinweisen darauf, dass göttlichen Omen mindestens genauso viel Platz bei der Planung und Umsetzung von Taktiken zugesprochen wurde wie geheimdienstlich erworbenes Wissen über den Feind (Andrew 2019, S. 40 ff.).

Dass der klassische Wahrsagerbetrieb in der römischen Spätantike schrittweise verboten wurde ist eher der Konkurrenzsituation zwischen christlicher und heidnischer Deutung des göttlichen Willens geschuldet als einer wie auch immer gearteten Rationalisierung oder Entzauberung des politisch relevanten Wissens.[2] Noch Niccolò Machiavelli (1469–1527) vermutet, dass die Fähigkeit zur Voraussicht zwar eher mit der richtigen Deutung der Zeichen der Zeit als mit übernatürlicher Hilfe unsichtbarer *intelligenze* zu tun hat. Gleichzeitig erkennt er aber an, wie naheliegend der Gedanke ist, dass hinter den Geschehnissen auf Erden ein göttlicher Wille stecken könne, den nur dafür Qualifizierte zu ergründen vermögen (Benner 2009, S. 188 ff.).

Aus beiden Kontexten – aus dem des militärischen anlassbezogenen Denkens und aus dem des mantischen Denkens, es gebe einen nur durch religiöse Fachleute zu entschlüsselnden übernatürlichen Plan für die Zukünfte der Menschen – musste sich das moderne Nachrichtendienstwesen erst einmal herausemanzipieren. Dass der Prozess bis heute nicht abgeschlossen ist, lässt sich leicht erkennen. Der bekannteste Nachrichtendienste Englands z. B., der MI5, zeigt dabei allein mit seinem Namen, wie lange militärische Bedürfnisse („military intelligence") Leitgedanke für die Einrichtung von Nachrichtendiensten waren. Und dass das Preußische Innenministerium sich noch 1929 gezwungen sah, seinen Polizeibeamten in einer Verfügung zu untersagen, „Hellseher, Telepathen u. dgl. zur Aufklärung strafbarer Handlungen heranzuziehen" zeigt, dass eine klare Grenze zwischen wissenschaftlicher und „grenzwissenschaftlicher" Wissensgenerierung bis weit in die Moderne hinein nicht immer klar gesehen wurde (Schetsche 2007).

## 3.3 Die Einrichtung der Nachrichtendienste als Behörden und Archiv

Moderne Nachrichtendienste sind Behörden, d. h. sie sind auf Dauer angelegte Einheiten, die nicht nur anlassbezogen, sondern generell beauftragt sind,

---

[2]Marie Theres Fögen (2016, S. 183) beschreibt eindrücklich die tiefe gesellschaftliche „Gewissheit von der Selbstverständlichkeit, Notwendigkeit und Nützlichkeit vielfältiger Formen der Kommunikation mit übernatürlichen Kräften", die diese Übergangsphase in der Spätantike kennzeichnet.

Informationen zu sammeln und auszuwerten. Dazu bedienen sie sich menschlicher Quellen, aber auch technischer Analysemethoden, die den Antiken gar nicht zur Verfügung standen.

Die Einrichtung von Nachrichtendienst*behörden* nun ist bemerkenswert, denn sie bedeutet, einen Dienst auf Dauer zu stellen, der ursprünglich nur anlassbezogen in Anspruch genommen wurde (s. o.). Bereits die Aufstellung stehender Heere hat immer wieder zu mit den hohen Kosten verbundenen Protest geführt. So beschreibt Max Weber, wie die Einführung eines stehenden israelitischen Heeres unter König David zu einer „Entmilitarisierung der bäuerlichen Schichten" führte. Darüber hinaus wurden die zur Deckung der Kosten für ein stehendes Heer notwendigen „Steuern und Kriegsfronden der freien Israeliten bitter empfunden" (Weber 1988, S. 199).

Es gab zwar lange vor den modernen Nachrichtendiensten verschiedene hauptamtlich im Geheimdienstwesen Tätige, so z. B. die als Legionäre besoldeten *agentes in rebus* des römischen Reiches (Kuhoff 2003, S. 54)[3], aber der Unterschied zwischen militärischen Fachleuten für den Transport geheimer Nachrichten zur Einrichtung einer eigenständigen Behörde ist doch eklatant. In letzter Konsequenz bedeutet die Einrichtung einer Nachrichtendienst*behörde* deren grundsätzliche Bürokratisierung und was das bedeutet ist in Max Webers bis heute unübertroffenen Bürokratiesoziologie beschrieben. „Die Gesamtheit des Verwaltungsstabes", so Weber (1972, S. 126 f.), besteht „im reinsten Typus" aus Einzelbeamten, welche u. a. nur sachlichen Amtspflichten gehorchen, in feste Amtshierarchien eingeordnet und fachlich qualifiziert sind und die ihren Beruf als Hauptberuf betreiben in Voraussicht des Absolvierens einer vorbeschriebenen Laufbahn.

Solche Karrieren sind zwangsläufig das Gegenteil von dem, was man sich unter einem Geheimagenten vorstellt. Personen, die im James-Bond-Film „Casino Royale" von 2006 wie folgt beschrieben werden, finden in der Wirklichkeit einer Behörde im Weber'schen Sinne kein zu Hause: „maladjusted young men, who give little thought to sacrificing others in order to protect queen and country. You know ... former SAS types with easy smiles and expensive watches." Wer die Tür zu einer Nachrichtendienstbehörde öffnet, wird solche Menschen selten antreffen. Wen er dort antrifft sind Bürokraten, die zwar das

---

[3]Auch die indische Staatlenkungslehre Arthashastra (1915, S. 350) des zweiten Jahrhunderts kennt Einkommenslisten für Spione.

Klischee vom Beamten hinter sich lassen, die aber sicherlich auch alles andere als ungehobelte Draufgänger mit lässigem Lächeln und teuren Armbanduhren sind.

Die Einrichtung von Nachrichtendiensten *als Behörden* ist cum grano salis in der späten Moderne zu verorten, wie Eva Horn (2007, S. 138) zurecht feststellt: „Professionell auf- und ausgebaut werden die europäischen Geheimdienste erst zwischen den Weltkriegen." Wie sich an zahlreichen Beispielen belegen lässt, ist diese Datierung nicht ganz zutreffend (Andrew 2019, S. 1 ff.), aber sie beschreibt einen beobachtbaren Trend zur Bürokratisierung von Nachrichtendiensten, der in der Tat erst im 20. Jahrhundert Fahrt aufnahm.

Entscheidend war hierbei die Erfahrung der beiden Weltkriege, die einer Stabilisierung der militärischen Nachrichtendienstbürokratie in der westlichen Welt entgegenkam. Kenneth Strong, der im Verlauf des zweiten Weltkrieges selbst vom einfachen britischen Soldaten zum Director General of Intelligence im Verteidigungsministerium aufstieg beschreibt in einfachen Worten, worum es diesen Nachrichtendienstbehörden geht: „Geheimdienstarbeit ist die Beschaffung, Zusammenstellung und Auswertung von Informationen, die für die politische Entscheidungsfindung benötigt werden."

Diese schlichte Beobachtung macht erkenntlich, auf welche weiteren Voraussetzungen die Einrichtung von modernen Nachrichtendiensten angewiesen ist: Wenn staatliche alimentierte Beamte im Dienste einer Nachrichtendienstbehörde Daten sammeln wollen, brauchen sie dafür ein entsprechendes staatliches Archiv. Das wiederum ist voraussetzungsreicher als man auf den ersten Blick vermuten mag.

Das Wort „Archiv" (von griech. $ἀρχεῖν$ = herrschen) macht deutlich, dass mithilfe gespeicherter Informationen seit jeher Macht ausgeübt werden kann und will. Wissensverwaltung und Herrschaftsausübung fließen in der öffentlichen Verwaltung zusammen. Das setzt aber voraus, dass „der Staat" als abstrakter Eigentümer dieser Archive auch Anerkennung findet. Dass das in der Neuzeit nicht immer und überall durchsetzbar war, beschreibt Jean Favier am Beispiel des Kardinals Richelieu. Der erzwang zwar die Herausgabe der staatlichen Archive durch den vorherigen Verwaltungschef, der sie als Privatbesitz gehortet hatte. Der Bestand blieb nach Richelieus Tod 1642 aber im Familienbesitz der Richelieus (Favier 1963, S. 23), womit deutlich wird, wie es im 17. Jahrhundert um die Wahrnehmung „staatlicher" Wissensspeicher bestellt war.

Vorherige Modelle des Nachrichtendienstwesens waren auf die Person des Herrschenden und sein persönliches Umfeld ausgerichtet – mitunter unternahm der Herrscher selbst die Aufgabe, sich unter seine Leute zu mischen und Stimmungen aufzunehmen – man denke hier z. B. an Harun al-Raschid. Das staatliche Archiv als abstrakte und von der Person des Herrschers unterschiedene eigenständige Institution muss demgegenüber erst denkbar sein, wenn es Behörden geben soll, die diese Archive mit geheim erworbenem Wissen befüllen. Wo sich eine solche Institution nicht denken lässt, ist ein moderner Nachrichtendienst als Behörde ebenfalls nicht vorstellbar.

### 3.4 Zusammenfassung

Moderne Nachrichtendienste sind also Behörden, die auf Dauer eingerichtet sind und deren Aufgabe es ist, Wissen so zu archivieren, dass sich mithilfe dieser Wissenssammlungen Prognosen erstellen lassen. Diesen Prognosen fehlt dabei sowohl das Element der unmittelbaren Nützlichkeit z. B. im militärischen Kontext als auch das Element übernatürlicher Herkunft z. B. im mantischen Sinne. Von solchen Behörden ist regelmäßig seit ca. den 1920er Jahren die Rede, wobei erste Ansätze der Einrichtung solcher Behörden in die Mitte des 19. Jahrhunderts datierbar sind.

## 4 Nachrichtendienstliches Wissen – ein Problem

Soweit lassen sich Nachrichtendienste also als ein Phänomen der Moderne beschreiben. Besondere Kennzeichen sind dabei ihr behördlicher Aufbau und ihre präventive Tätigkeit. Für die hier anzustellenden weiteren Überlegungen zum Nachrichtendienstwesen ist relevant, wie in diesen Behörden Wissensmanagement betrieben wird. Denn der Umgang mit Wissen ist der Hauptarbeitsgegenstand von Nachrichtendiensten, wie Frederic Lemieux (2018, S. 7) festhält: „The mission of intelligence is to evaluate, integrate, and interpret information in order to provide warning, reduce uncertainty, and identify opportunities."

Das klingt erst einmal einfach, aber je mehr Überlegungen man an diese Feststellungen heranträgt, desto komplexer wird die Sache. Das Problem des Wissensmanagements ist nämlich, dass immer nur Daten, nie aber Bedeutungen gespeichert werden können. Eine reine Information als solche hat beim wahrsten Sinn des Wortes nichts zu bedeuten, wenn man sie nicht deuten kann. Und deuten heißt: die Information in einen sinnvollen Zusammenhang mit anderen Daten zu stellen. Zugleich muss davon ausgegangen werden, dass Informationen nie „einfach so" gesammelt werden, sondern ihrer Sammlung immer schon ein Deutungsprozess vorangegangen ist, der z. B. bestimmte Wissenskategorien kennt. Offene Debatten machen solche Kategorisierungen und kategorialen Pfadabhängigkeiten sichtbar – etwas, was in Geheimdienste naturgemäß nicht stattfinden kann.

Es lassen sich also mindestens drei Punkte nennen, in denen sich die Frage nach dem Funktionieren nachrichtendienstlichen Wissensmanagements hinterfragt werden muss. Diese drei Punkte sind 1. die Sammlung und Interpretation von Information, 2. die Erzeugung von nachrichtendienstlichen Narrativen und 3. der Unterschied zur akademischen Wissensproduktion. Diesen drei Fragen wird im Folgenden nachgegangen.

## 4.1 Die Sammlung und Interpretation von Information

Die Sammlung und vor allen Dingen die Ordnung von Daten ist eine zutiefst soziale Angelegenheit, wie Geoffrey Bowker und Susan Leigh Star in ihrem Buch „Sorting Things Out" (1999) überzeugend darlegen. Dabei geht es insbesondere darum zu verstehen, wer welches Recht hat, welche Kategorien zur Ordnung der Dinge einzurichten (Bowker/Star 1999, S. 61 ff.). Das Problem kennt im Grunde jeder, der Statistiken aus verschiedenen Zeiträumen miteinander vergleichen will, z. B. die polizeiliche Kriminalstatistik. Es zeigt sich dann immer wieder, dass die Grundlage dessen, was überhaupt gezählt und erfasst wurde einem stetigen Wandel unterworfen ist.[4] Das wird besonders dann offensichtlich, wenn wir uns sehr alte Datensammlungen ansehen wie z. B. die unter Statistikern legendären „Bills of Mortality", in denen die Todesursachen in verschiedenen Londoner Kirchengemeinden von 1664 erfasst sind. Damals konnte man noch an Todesangst („frighted"), Ablenkung („distracted"), Kummer („grief") und an Verrücktheit („spleen") sterben – Kategorien, die heutige Todesursachenstatistiken nicht mehr kennen.

Während also auf der einen Seite schon die Sammlung von Informationen die Frage nach Deutungshoheiten und Kategorisierungsrechten aufwirft, stellt sich auf der anderen Seite die Frage nach der Deutung von Information. Wo hier das Problem liegt, beschreibt Olaf Breidbach (2008, S. 169 f.), wenn er sagt:

---

[4] „Die Gesamtzahl aller registrierten Fälle nach § 177 StGB war 2017 nochmals etwas höher als 2016: 14.260 Fälle stehen für dieses Jahr in der PKS. Allerdings muss *dieser* Zuwachs vor dem Hintergrund der Gesetzesänderung gesehen werden, die seit dem 10.11.2016 in Kraft ist. Seither sind nicht mehr nur sexuelle Nötigungen und Vergewaltigungen strafbar, sondern *zusätzlich* Vergehen in der Form von sexuellen Übergriffen, s. § 177 Abs. 1, 2 StGB. Die erläuternden Hinweise zur PKS 2017 geben an, dass ‚der Vergleich der Straftaten gegen die sexuelle Selbstbestimmung mit den Vorjahren nicht bzw. nur eingeschränkt möglich' ist." (Hörnle 2018).

„Wissen (…) baut auf Tätigkeiten, Verfahren und Strukturen auf. Es ist (…) nicht Information, sondern interpretierte Information. Interpretation ist nur in einer offenen Ordnung möglich, in der die Rasterung des Bekannten in Frage gestellt wird." Was damit gesagt sein will, erschließt sich, wenn man die klassische wissenssoziologische Stufenleiter von „Daten" über „Informationen" hin zum „Wissen" nachvollzieht (Willke 1998, S. 7 ff.).

Dann bedeuten *Daten* (von lateinisch: dare = geben), dass etwas gegeben ist. Das trifft auf archivierte Datensätze zu. Hier mag erfasst sein, dass am 25. April jemand geboren wurde. *Informationen* sind Daten, die formenden Einfluss auf den haben, der sie zur Kenntnis nimmt. Wenn heute z. B. der 25. April ist, dann hat das Datum, dass jemand an diesem Tag geboren wurde, Einfluss auf mein Verhalten – wenn sich diese Person z. B. mit mir zusammen in einem Raum befindet. *Wissen* zu guter Letzt ist eine sehr breite Kategorie, die Erfahrungen, Können und einen „ganzkörperlichen Austausch mit der Welt" (Erschenbroich 2002, S. 52) umfasst. Dieses Wissen verrät mir z. B., dass ich dem Geburtstagskind ein Ständchen bringen könnte.

Wenn wir also feststellen, dass „intelligence is interpretive" (Lemieux 2019, S. 20), dann stellt sich uns die gleiche Frage wie schon bei den Kategorisierungen, die einer Datensammlung zugrunde liegen: wer interpretiert auf der Basis welchen Wissens die ihm zur Verfügung stehenden Daten? Und die wohl wichtigste Frage dabei ist: Wer gibt ihm die Macht dazu, wie ist er qualifiziert, was weiß er über das, was er deutet? Welches Wissen zieht er in seine Deutung mit hinein? Diese Frage ist in einer Demokratie alles andere als banal, denn nachrichtendienstliches Wissen ist – stark vereinfacht gesagt – Herrschaftswissen und somit genau dem hier genannten Hinterfragungsprozess entzogen (Andrew 2019, S. 17).

## 4.2 Die fehlende Debatte

Kenneth Strong (1971, S. 243) behauptet dennoch über die Tätigkeit eines Mitarbeiters in einem Nachrichtendienst: „Allgemein gesprochen ähnelt die Arbeit der eines Gelehrten, denn die grundlegenden Tätigkeiten sind ‚Lesen, Denken und Schreiben'." Doch Eva Horn (2007; S. 140) widerspricht dem energisch:

> „Die Exklusivität dieses geheimen Wissens aber ist zugleich die epistemische Bürde von Intelligence. Denn wo die Krönung wissenschaftlicher Forschung in der Veröffentlichung besteht und mithin in der Kritik durch andere Perspektiven seine Bestätigung oder Korrektur erfährt, ist Intelligence ‚blind'. Geheimdienstliche Daten Hypothesen und Theorien entstehen, zirkulieren und vergehen in der Abgeschlossenheit nachrichten-dienstlicher Frageinteressen."

Es gibt zwar verschiedene Verfahren, in denen Nachrichtendienste diese Debatte simulieren, was aber fehlt, ist die Möglichkeit einer Kritik, die das Wissen auch fundamental hinterfragt. Nachrichtendienste fallen deswegen immer wieder auf Geschichten herein, die ihnen einfach zu gut gefallen als dass sie ihre Plausibilität überprüfen möchten. Legendär ist hier die Dreyfus-Affäre, in der die Beteiligten unbedingt am Verdächtigen festhalten wollten. Der Codename Curveball steht für die Begeisterung US-amerikanischer Geheimdienste für die Geschichten eines in Deutschland lebenden Irakischen Taxisfahrers, der über die mobilen Werkstätten zur Produktion von Massenvernichtungswaffen berichtet hatte – die nach dem Krieg nie gefunden wurden (Jervis 2006).

Wie stichhaltig und wie „wahr" eine Entdeckung ist, wird in der Wissenschaft idealerweise im freien und fachlichen Meinungsstreit entschieden. Der wird im nachrichtendienstlichen Bereich häufig durch Erfahrung ersetzt (Strong 1971, S. 243) – eine Kategorie zur Erfassung der Wirklichkeit, die auch im polizeilichen Wissensmanagement eine Schlüsselrolle spielt (Werner 2006). Häufig wird Publikum bei der Verarbeitung von nachrichtendienstlich erworbenem Wissen sogar als hinderlich wahrgenommen (Andrew 2019, S. 17 f.). Das mag seine fachliche Berechtigung haben, muss aber damit rechnen, mit der entsprechenden Skepsis wahrgenommen zu werden. Denn wie sehr den Erfahrungen von Nachrichtendienstlern geglaubt wird, ist letztlich eine Frage des Vertrauens – einer der entscheidenden Währungen in modern differenzierten Gesellschaften.

## 4.3 Wer erfindet den Plot?

In dichtem Zusammenhang mit dem Mangel an freier Debatte über nachrichtendienstliche Erkenntnisse steht die Tätigkeit der Nachrichtendienste als Geschichtenerzähler. Auch hier gibt es Überschneidungen mit dem polizeilichen Umgang mit Wissen. Wie Gianrico Carofiglio (2014, S. 92) in einem seiner Romane ausführt, ähnelt die Arbeit der Polizei der „eines Schriftstellers, der eine gute Geschichte erfinden muss."[5] Dass das ein Problem sein kann, erfahren wir wiederum bei Eva Horn (2007, S. 145), wenn sie schreibt. „Möglicherweise

---

[5] „E dunque il nostro problema, come ti dicevo, è più simile a quello di uno scrittore che deve elaborare una buona storia. (…) Una storia plausibile deve includere gli elementi che abbiamo già e deve essere verificata attraverso la ricerca di nuovi elementi."

(...) verhalten sich Geheimdienste wie Romanautoren: Sie entwickeln plots." Die Erfahrung zeigt, dass die Schönheit der Geschichte dabei für die Dienste relevanter sein kann als die Schlüssigkeit der zusammengetragenen Argumente. Es ist also von zentralem Interesse nachzuvollziehen, welche soziologischen Faktoren zu einer Produktion nachrichtendienstlicher Plots beitragen. HIerbei geht es nicht darum, verschwörungstheoretische Bedürfnisse zu befriedigen, sondern darum, nachzuvollziehen, welchen Weg Informationen durch die Behörde nehmen und wie sie sich dabei verändern. Eine vergleichbare Forschung hat Bruno Latour (2009) einst für den französischen Staatsgerichtshof vorgenommen.

## 5 Fazit – Was es zu erforschen gilt

Das Nachrichtendienstwesen ist ein riesengroßer Markt, der zur Zeit zu 65 % von den USA finanziert wird. Siebzig Prozent des vom amerikanischen Staat zur Verfügung gestellten Geldes fließt dabei an private Anbieter, die entweder als Fachleute Expertise oder als Firmen ganze Lösungspakete verkaufen (Lemieux 2018, S. 205, 195). Damit erweitert sich der Problemkreis, den der Artikel hier anreißen wollte, noch um die Frage der privaten Nutzenträger nachrichtendienstlicher Arbeit. Diese Frage muss man stellen, denn was der Staat über seine Feinde wissen möchte, sollte Angelegenheit des Staates sein. Wenn er solche Fragestellungen outsourced müssen sich Zweifel einstellen, ob die Vertragspartner überhaupt mit der gleichen Intention an die Erfüllung ihres Auftrages herangehen wie ihre staatlichen Auftraggeber, oder ob sie nicht einer hidden agenda folgen (müssen), die das Vertragsverhältnis möglichst langlebig werden lässt. (Der Verdacht hat sich hinsichtlich des privatwirtschaftlichen Betriebs von Gefängnissen z. B. bereits erhärtet.).

Aber selbst im Idealfall, dass private Anbieter lediglich staatliche Order umsetzen, stellen sich mannigfaltige Fragen. nach Funktion und Tätigkeit von Nachrichtendiensten. Das zumindest sollte sich gezeigt haben. So muss geklärt werden, welchen konkreten Präventionsauftrag Nachrichtendienste für sich sehen, welche Kategorien sie ihren Datensammlungen zugrunde legen und nicht zuletzt: wie sie ihr Wissensmanagement gestalten. Dabei ist der Verweis auf Organigramme selten hilfreich, denn Wissen geht erfahrungsgemäß gerne unkonventionelle Wege (Grutzpalk & Hoppe 2018).

Das Wissensmanagement der Polizei ist in vielerlei Hinsicht untersucht worden (Werner 2006, Dean & Gottschalk 2007; Grutzpalk 2016b; Grutzpalk & Hoppe 2018 etc.) und die Polizei hat sich dabei als offener und interessierter

Gegenstand *und* Adressat solcher Forschung erwiesen. Nachrichtendienste, für die Wissensmanagement noch viel zentraler ist als für Polizeien, sollten sich für vergleichbare Forschung öffnen. Ein Atlas der Trampelpfade nachrichtendienstlichen Wissens ist ein Forschungsdesiderat, das schon lange darauf wartet, eingelöst zu werden (Grutzpalk 2013, S. 20). Er könnte ermöglichen, dass Nachrichtendienste effizienter arbeiten und Wissen mehr als zuvor sicherheitsfördernd verwaltet wird. Eine solche Forschung steht aber noch aus. Hoffentlich nicht mehr lang, denn „the State must always be rediscovered." Zum Nutzen Aller.

## Literatur

Andrew, C. (2019). *The Secret World. A History of Intelligence*, London: Penguin.
Arthashastra (1915). *Arthashastra*, https://csboa.com/eBooks/Arthashastra_of_Chanakya_-_English.pdf. Zugegriffen: 06. März 2020.
Bansenshukai (2013). *The Book of Ninja. Translated by Antony Cummins and Yoshie Minami*. London: Watkins.
Benner, E. (2009): *Machiavellis's Ethics*. Princeton & Oxford: PUP.
Bowker, G, & Leigh Star, S. (1999). *Sorting Things Out. Classification and Its Consequences*. Cambridge (MA): MIT Press.
Breidbach, O. (2008). *Neue Wissensordnungen. Wie aus Informationen und Nachrichten kulturelles Wissen entsteht*; Frankfurt a. M.: Suhrkamp.
Carofiglio, G. (2014). *Una mutevole verità*. Torino. Einaudi.
Dean, G., & Gottschalk, P. (2007). *Knowledge Management in Policing and Law Enforcement. Foundations, Structures, Applications*. Oxford: OUP.
Doyle, A. (1890). *The Sign of the Four*. London: Spencer Blackett.
Engels, D. (2005). Eo anno multa prodigia facta sunt. Das Jahr 2018 als Wendepunkt des römischen Vorzeichenwesens. In Hogebe, W. (Hrsg.). *Mantik. Profile prognostischen Wissens in Wissenschaft und Kultur*. Würzburg: Königshausen und Neumann.
Erschenbroich, D. (2002). *Weltwissen der Siebenjährigen. Wie Kinder die Welt entdecken können*; München: Kunstmann
Favier, J. (1963): *Les Archives*. Paris: P.U.F
Fögen, M. (2016). *Die Enteignung der Wahrsager. Studien zum kaiserlichen Wissensmonopol in der Spätantike*. Frankfurt a. M.: Suhrkamp.
Foucalt, M. (2003). *Die Wahrheit und die juristischen Formen*. Frankfurt: Suhrkamp.
Fuchs Ebaugh, H., & Rose, H. (1988). *Becoming an Ex. The Process of Role Exit*. Chicago: CUP.
Grutzpalk, J. (2013). Zur Erforschung des Wissensmanagements in Sicherheitsbehörden In: *Der Kriminalist*, (S. 18–20).
Grutzpalk, J. (2016a). *Was ist Verfassungsschutz? Eine Analyse der Vorworte von Verfassungsschutzberichten 1976-2004*. https://grutzpalk.wordpress.com/2016/05/25/%E2%80%A2was-ist-verfassungsschutz-eine-analyse-der-vorworte-von-verfassungsschutzberichten-1976-2004. Zugegriffen: 06. März 2020.

Grutzpalk, Jonas (Hrsg.). (2016b). *Polizeiliches Wissen. Formen, Austausch, Hierarchien*; Frankfurt a. M., Verlag für Polizeiwissenschaft.

Grutzpalk, Jonas und Rolf-Peter Hoppe (2018): Polizeiliches Handlungswissen: Eine mehrstufige Untersuchung des Wissensbedarfs und Wissenstransfers in Kreispolizeibehörden. *Polizei und Wissenschaft*, (S. 13–22).

Grutzpalk, J., & Zischke, T. (2012). *Nachrichtendienste in Deutschland*, http://www.bpb.de/politik/innenpolitik/innere-sicherheit/135216/nachrichtendienste?p=all. Zugegriffen am 06. März 2020.

Harris, R. (2013). *An Officer and a Spy*. London: Hutchinson.

Hölscher, L. (1999). *Die Entdeckung der Zukunft*. Frankfurt a. M.: Wallstein.

Hörnle, T. (2018). *Taten nach § 177 StGB in der Polizeilichen Kriminalstatistik*. KripoZ, 3. Jahrgang, 4. Ausgabe, (S. 218–223).

Horn, E. (2007). *Der geheime Krieg. Verrat, Spionage und moderne Fiktion*, Frankfurt am Main: Fischer.

Inglebert, H. (2015). Penser l'histoire universelle. *Sciences Humaines, 286*, (S. 28–31).

Jervis, R. (2006). Reports, politics, and intelligence failures: The case of Iraq. *Journal of Strategic Studies, 29*, (S. 3–52).

Kuhoff, W. (2003). Kryptographie und geheime Nachrichtenübermittlung in griechisch-römischer Zeit, In W. Krieger (Hrsg.), *Geheimdienste in der Weltgeschichte* (S. 44–55), München: Beck.

Latour, B. (2009). *The Making of Law. An Ethnography of the Conseil d'Etat*. Cambrige (MA): MIT-Press.

Lemieux, F. (2018). *Intelligence and State Surveillance in Modern Societies: An International Perspective*. Bingley: Emerald.

Lippmann, W. (1927). *Public Opinion*. New York: Harcourt.

Rorty, R. (1992). *Kontingenz, Ironie und Solidarität*. Frankfurt a. M.: Reclam

Schetsche, M. 2007. „Psychic detectives" auch in Deutschland? Hellseher und polizeiliche Ermittlungsarbeit. *Die Kriminalpolizei*.

Schmidt-Glintzer, H. (2009). Spionage im Alten China. In W. Krieger (Hrsg.), *Geheimdienste in der Weltgeschichte* (S. 56–69). München: Beck.

Spinney, L. (2005). How Time Flies. *Guardian*, https://www.theguardian.com/science/2005/feb/24/4. Zugegriffen: 06. März 2020.

Strong, K. (1971). *Geheimnisträger. Männer im Nachrichtendienst*. Wien: Szolnay.

Weber, M. (1988). *Gesammelte Aufsätze zur Religionssoziologie III*. Tübingen: Mohr.

Weber, M. (1972). *Wirtschaft und Gesellschaft*. Tübingen: Mohr.

Wells, H.G. (1905). *The Discovery of the Future*. http://www.gutenberg.org/files/44867/44867-h/44867-h.htm. Zugegriffen: 06. März 2020.

Werner, J.-T. (2006). *Über die Grenzen der Erkenntnisfähigkeit gesellschaftlicher Ordnungsagenturen*. http://www.polizei-newsletter.de/documents/WernerGrenzenderErkenntnisfaehigkeit.pdf. Zugegriffen: 06. März 2020.

Willke, H. (1998): *Systemisches Wissensmanagement*. Tübingen: Mohr.

**Jonas Grutzpalk** Prof. Dr., Inhaber einer Professur für Soziologie und Politikwissenschaft an der Hochschule für Polizei und öffentliche Verwaltung Nordrhein-Westfalen jonas.grutzpalk@hspv.nrw.de.

Gewalterfahrungen und Gewaltanwendung

# Polizei und Gewalt

Benjamin Derin und Tobias Singelnstein

## 1 Einleitung

Die Polizei ist als gesellschaftliche Konfliktlösungsinstanz, allgemeine Ordnungsmacht und unmittelbare Manifestation des staatlichen Gewaltmonopols wie kaum eine andere Institution mit der Frage der Gewalt verknüpft. Einerseits werden Polizist*innen bei der Erfüllung ihrer Aufgaben regelmäßig mit konflikthaften Situationen konfrontiert und können dabei zum Ziel von Gewalt werden. Andererseits gehört gerade das eigene Ausüben von Gewalt zu den zentralen Funktionen der Polizei und daher zum polizeilichen Berufsbild und Alltag. Zuletzt zeigte sich zunehmende gesellschaftliche Sensibilität gegenüber polizeilicher Gewaltausübung auch in den Debatten über die Black-Lives-Matter-Proteste und Videoaufnahmen umstrittener Polizeieinsätze. Die Polizei ist unter bestimmten Voraussetzungen zur Anwendung von Gewalt rechtlich legitimiert, unter Umständen sogar verpflichtet. Die hieraus resultierende polizeiliche Praxis macht Polizist*innen selbst zu Beteiligten gewaltsamer Auseinandersetzungen. Dabei darf Gewalt nicht als monolithischer Akt missverstanden werden, sondern ist stets als interaktives und dynamisches Geschehen zu begreifen.

---

B. Derin (✉) · T. Singelnstein
Ruhr-Universität Bochum, Bochum, Deutschland
E-Mail: benjamin.derin@rub.de

T. Singelnstein
E-Mail: tobias.singelnstein@rub.de

## 2 Gewalt und polizeiliche Befugnis

Der Gewaltbegriff kann sich auf körperliche Gewalt wie Schläge oder Tritte beschränken, auch weniger schwerwiegende Varianten wie Festhalten oder Schubsen umfassen, psychische Gewalt in Form von Drohungen oder Isolation einschließen oder auf verbale Gewalt durch Beleidigungen oder Erniedrigungen ausgeweitet werden. Unter Gewalt wird neben der Einwirkung auf Personen teilweise auch die Beschädigung von Sachen verstanden.

### 2.1 Gewalt als interaktives Geschehen

Die Befugnis zum Einsatz von Gewalt wird in der Polizeiwissenschaft weithin als Kern und wesentliches Definitionsmerkmal des Untersuchungsgegenstandes „Polizei" angesehen (Brodeur 2002, S. 259; Fassin 2014). Die Polizei setzt das staatliche Monopol auf Gewaltausübung um und dient der Gesellschaft als Instanz der Anwendung von Zwang zur Durchsetzung bestimmter Ziele und Aufrechterhaltung der Ordnung (vgl. Bittner 1970, S. 36 ff.). Obwohl die alltägliche Polizeiarbeit in großen Teilen ohne Gewalt abläuft, spielen Gewalt und die Berechtigung zu ihrem Einsatz eine entscheidende Rolle für die polizeiliche Praxis und ihre öffentliche Wahrnehmung.

Gewalt durch oder gegen die Polizei kann in unterschiedlichen Zusammenhängen auftreten. Am naheliegendsten ist ihr Einsatz im Kontext des Vollzugs konkreter polizeilicher Maßnahmen, etwa bei Festnahmen oder Platzverweisungen, Fußballspielen, Demonstrationen, Ruhestörungseinsätzen oder Verkehrskontrollen. Beamt*innen wenden zum Beispiel Gewalt an, um eine Maßnahme durchzusetzen – Betroffene, um sich ihr zu widersetzen. Gewalt ist jedoch nicht zwangsläufig akzessorisch zu einem dahinterstehenden Verwaltungshandeln, sondern kann sich ebenso unabhängig davon äußern. So dient die willkürliche Misshandlung im Polizeigewahrsam ebenso wenig dem Vollzug einer polizeilichen Aufgabe, wie sich ein Übergriff auf Streifenpolizist*innen gegen eine bestimmte Maßnahme richten muss. Insofern lassen sich Gewaltsituationen als Spektrum darstellen von der unmittelbaren Durchsetzung oder Abwehr staatlichen Handelns einerseits bis hin zur isolierten, davon vollständig losgelösten Aktion andererseits.

Unabhängig von Anlass und situativem Kontext, ist Gewalt stets als Interaktion zu begreifen, als Prozess mit mehreren Beteiligten, deren Merkmale und Handlungen den Verlauf wechselseitig beeinflussen. Der Einsatz von Gewalt erfolgt nur teilweise als zielgerichtetes, einen zuvor gesetzten Zweck verfolgendes Agieren. Daneben ist er immer auch Produkt der Situation, der Aktionen, Reaktionen und Eigenschaften der Beteiligten, und hat als solches die Tendenz, sich zu verselbstständigen. So mag sich das Versetzen eines Faustschlages zwar im Rahmen der Festnahme des sich widersetzenden Verdächtigen abspielen und zu deren Durchsetzung grundsätzlich geeignet sein. Das tatsächliche Handeln aber ist dabei in der Regel von Motivbündeln und dynamischen Entwicklungen geprägt und möglicherweise etwa auch dadurch motiviert, sich den zuvor nicht entgegengebrachten Respekt zu verschaffen.

## 2.2 Rechtliches Verbot und polizeiliche Befugnisse zum Gewalteinsatz

Der Einsatz körperlicher Gewalt gegen andere Personen ist nicht nur gesellschaftlich geächtet, sondern auch verboten. Strafrechtlich wird dies durch die §§ 223 ff. StGB (Körperverletzung), die Regelung des § 340 StGB zur Körperverletzung im Amt (vgl. Singelnstein 2019) sowie durch die Tötungsdelikte (§§ 211, 212, 222 StGB) umgesetzt. Relevant für die Auseinandersetzung mit Gewalterscheinungen im weiteren Sinne können aber auch andere Strafnormen werden, die nicht notwendig mit körperlicher Gewalt verbunden sind, etwa Widerstand gegen und tätlicher Angriff auf Vollstreckungsbeamte (§§ 113, 114 StGB; s. dazu Busch und Singelnstein 2018; Singelnstein und Puschke 2011), Nötigung und Bedrohung nach §§ 240, 241 StGB, Freiheitsberaubung gem. § 239 StGB und Delikte gegen die sexuelle Selbstbestimmung (§§ 174 ff. StGB). Gewalt gegen Sachen wird in der Regel als Sachbeschädigung (§§ 303 ff. StGB) subsumiert.

Während sich Bürger*innen zur Rechtfertigung von Gewalt nur auf die allgemeinen Rechtfertigungsgründe – insbesondere Einwilligung, Notwehr und Notstand berufen können (vgl. zur begrenzten Wirkung des § 113 Abs. 3 StGB Eser 2019, § 113, Rn. 36 f.) – stehen Polizist*innen weitere Rechtfertigungsgründe in Form der polizeilichen Befugnisse zur Gewaltanwendung im Strafverfahrens- und Polizeirecht zur Verfügung. Weil auch die gegen einen Bankräuber eingesetzte Hebeltechnik den Tatbestand der Körperverletzung verwirklicht, bedarf es für die Polizei besonderer Befugnisse, die ein solches Vorgehen ausnahmsweise gestatten. War der Eingriff nach den strafprozessualen oder verwaltungsrechtlichen Vorschriften zulässig, kann auch den vollziehenden Beamt*innen kein strafrechtlicher Vorwurf gemacht werden. Weil sich Polizist*innen alltäglich in der Lage sehen, in unübersichtlichen Gemengelagen schnelle Entscheidungen treffen zu müssen, wird der individuell-strafrechtlichen

Ebene jedoch ein erweiterter „strafrechtlicher Rechtmäßigkeitsbegriff" zugrunde gelegt. Rechtspolitische Intention ist es, das persönliche Risiko des/der einzelnen Beamt*in zu verringern. Dieser umstrittenen Privilegierung zufolge kann ein später als (polizeirechtlich) unzulässig bewertetes Vorgehen dennoch (strafrechtlich) gerechtfertigt werden, wenn der/die Beamt*in die wesentlichen Förmlichkeiten einhält und nach einer pflichtgemäßen Prüfung davon ausgehen durfte, dass die Maßnahme rechtmäßig sei (zur Kritik etwa Singelnstein 2019, S. 540 ff.; Sternberg-Lieben 2019, Vorb. § 32 ff., Rn. 86 – jeweils m. w. N.).

Im Fall staatlichen Handelns besteht neben der strafrechtlich-individuellen Bewertung des Handelns der Polizist*innen eine weitere, überindividuelle Ebene der rechtlichen Bewertung, da dem Staat als solchem auch durch das Grundrecht auf körperliche Unversehrtheit aus Art. 2 Abs. 2 S. 1 GG Grenzen gezogen sind. Gewalt durch Polizist*innen ist auch hier nur rechtmäßig, wenn sie auf Grundlage einer entsprechenden rechtlichen Befugnis erfolgt, deren Voraussetzungen erfüllt sind, wobei die Rechtmäßigkeit des Handelns nach verwaltungsrechtlichen bzw. strafprozessualen Maßstäben beurteilt wird. In beiden Konstellationen kommt es wesentlich darauf an, ob das Vorgehen verhältnismäßig war. Das Verhältnismäßigkeitsprinzip ist verfassungsrechtlich verankerter Maßstab für jedes staatliche Handeln. Es besagt, dass eine Maßnahme nur dann rechtmäßig ist, wenn die verfolgten Ziele nicht eben so gut durch ein milderes Vorgehen hätten erreicht werden können und die Art der Umsetzung insgesamt nicht außer Verhältnis zu diesen Zielen steht. Welche konkreten Kriterien für den Einsatz von Gewalt durch die Polizei letztlich heranzuziehen sind, ist damit noch nicht gesagt, da das Konzept im Einzelfall stark ausfüllungsbedürftig ist. Gerade über die Frage, ob das gewaltsame Vorgehen der Situation angemessen oder vielmehr exzessiv war, bestehen bei den unterschiedlichen Beteiligten und Beobachtenden regelmäßig stark divergierende Ansichten. Im Zusammenhang mit polizeilicher Gewaltanwendung sind international verschiedene Spezifizierungen vorgeschlagen worden, die sich etwa an der Beachtung von Ausbildungsstandards oder den Verletzungsfolgen orientieren (vgl. Klockars 1996).

## 3 Empirisches Wissen über Polizei und Gewalt

Empirische Befunde zum Themenfeld Polizei und Gewalt liegen nur in Teilen vor. Wie häufig Gewalt gegen und durch die Polizei angewandt wird, unter welchen Umständen dies geschieht und wie oft polizeiliche Gewaltausübung rechtswidrig ist – aber auch, welche Verhaltens- und Wertemuster bei Polizist*innen bestehen, wie das Phänomen Gewalt von ihnen wahrgenommen wird, welche Ansichten in der Bevölkerung über die Polizei und ihre Arbeit bestehen oder wer besonders häufig mit der Polizei in Konflikt gerät, kann nur in Ansätzen beantwortet werden.

## 3.1 Ausmaß von Gewalt gegen die Polizei

Die Häufigkeit von Gewalt gegen Polizist*innen in Deutschland lässt sich zunächst anhand amtlicher Statistiken, insbesondere der Polizeilichen Kriminalstatistik (PKS), in groben Zügen nachzeichnen. Hierbei ist jedoch zu berücksichtigen, dass es sich lediglich um die polizeilich registrierten Verdachtsfälle handelt (ausführlich zu den diesbezüglichen Problemen amtlicher Statistiken Derin und Singelnstein 2019, S. 213 ff.). Die Statistiken können stets nur einen Teil der tatsächlich relevanten Sachverhalte beleuchten, ohne aber Aussagen darüber zu ermöglichen, wie groß dieser Teil denn ist (Kunz und Singelnstein 2016, § 16 Rn. 15 f.). Zugleich ist der Prozess der Registrierung in der Kriminalstatistik selbst mit erheblichen Verzerrungseffekten verbunden. Ob ein Sachverhalt registriert wird, hängt beispielsweise davon ab, wer die Anzeige erstattet und wie die Erfolgsaussichten eingeschätzt werden (Eisenberg und Kölbel 2017, S. 372 ff.; Kunz und Singelnstein 2016, § 19 Rn. 17). Auch bei der Subsumtion und Bewertung des Geschehens besteht ein großer Beurteilungsspielraum – erst recht, wo es um komplexe Konfliktsituationen geht. So besehen ist die PKS keine Statistik über Kriminalität, sondern über die Registrierungstätigkeit der Polizei. Letztlich sind die Ergebnisse deshalb weniger als belastbare Erkenntnisse über das tatsächliche Ausmaß von Gewalt und mehr als Ansatzpunkte für weitere Untersuchungen zu verstehen.

Die PKS weist seit 2011 die Anzahl von Polizist*innen aus, die als Opfer von Körperverletzungsdelikten registriert wurden. Diese Zahl betrug 2011 rund 14.600, 2017 waren es etwa 20.900 (davon 36,3 % versuchte Taten) (PKS 2011; 2017). Seither sinkt diese Zahl rapide – 2018 auf ca. 7800, 2019 auf rund 5100 (PKS 2018; 2019), wobei ein gewisser Teil der Fälle im neuen Tatbestand des tätlichen Angriffs (nunmehr knapp 26.200 registrierte polizeiliche Opfer) aufgegangen sein wird, der wiederum weder Verletzungserfolg noch -absicht voraussetzt. Diese Fluktuation innerhalb und zwischen Kategorien verdeutlicht eindrucksvoll, wie interpretationsoffen und definitionsabhängig gewalttätiges Geschehen ist (vgl. auch Puschke 2014, S. 38 f.). Zu berücksichtigen ist zudem, dass für eine einzelne Tat mehrere Opfer registriert werden können. Stellt man etwa den genannten Opferzahlen des tätlichen Angriffs die registrierten Fälle, also Sachverhalte gegenüber (ca. 14.900), ergibt sich ein Verhältnis von fast 2:1

(PKS 2019. Für Körperverletzungsdelikte gegen Polizist*innen liegen keine Fallzahlen vor, da es sich nicht um eigenständige Tatbestände handelt.). Die Inzidenz entsprechender Vorfälle ist damit objektiv betrachtet deutlich niedriger als ihre Prävalenz aus der Betroffenenperspektive.

Außerhalb des Hellfeldes der amtlichen Statistiken liegt das sog. Dunkelfeld der nicht erfassten Taten, in das empirische Methoden wie Täter*innen- und Opferbefragungen begrenzte Einblicke gewähren. Bisherige Erkenntnisse der Dunkelfeldforschung deuten darauf hin, dass Gewalt gegen Polizist*innen in Deutschland zwar nicht häufig, insgesamt aber ein verbreitetes Vorkommnis ist. So gaben bei einer Befragung unter niedersächsischen Beamt*innen 39,6 % an, innerhalb des letzten Jahres zumindest leichte physische Gewalt gegen sich erlebt zu haben (Bosold 2006, S. 118). Einer weiteren niedersächsischen Erhebung zufolge hatten die dort befragten Polizist*innen in 27,6 % der Einsätze selbst Formen von Gewalt erfahren (Ellrich und Baier 2015, S. 29). In einer Umfrage unter Beamt*innen aus zehn Bundesländern wurden die beiden dort erhobenen Kategorien leichter körperlicher Gewalt während eines Jahres von 37,9 % bzw. 38,9 % der Befragten berichtet (Ellrich et al. 2012, S. 44; dort weiter aufgeschlüsselt nach Häufigkeit). Bei einer Opferbefragung in NRW berichteten 43,3 % der befragten Polizeibeamt*innen, mindestens einen tätlichen Angriff innerhalb eines Jahres erlebt zu haben (Jager et al. 2013, S. 48).

Dieses Ergebnis ist insofern erwartungsgemäß, als die Erhebungen regelmäßig auch Festhalten oder Schubsen als (leichte) Gewalt erfassen. Aufgrund der berufsbedingten Konfliktnähe liegt eine gewisse Verbreitung solcher Vorfälle nahe. Viktimisierung durch mittlere oder schwere Gewaltformen wurde in den genannten Studien weitaus seltener berichtet: Von den o. g. in NRW befragten Beamt*innen ordneten 81,6 % ihrem schwerwiegendsten Erlebnis auf einer Skala von 0 bis 9 einen Wert von 3 oder niedriger zu und nur 3 % einen Wert von 6 oder höher (Jager et al. 2013, S. 90). In Niedersachsen berichteten Polizist*innen, in 8,8 % der Einsätze Gewalt mit hohem Verletzungsrisiko (wozu Schläge und Tritte zählten) erlebt zu haben (Ellrich und Baier 2015, S. 29). Von den durch *Ellrich, Baier & Pfeiffer* befragten Beamt*innen führten für einen Zeitraum von fünf Jahren 12,9 % einen Übergriff mit nachfolgender Dienstunfähigkeit von mindestens einem Tag an (Ellrich et al. 2012, S. 45).

## 3.2  Ausmaß von Gewalt durch die Polizei

Über das Ausmaß des Einsatzes von Gewalt durch die Polizei in Deutschland ist empirisch nur punktuell Wissen vorhanden. Anders als in angloamerikanischen

Ländern fehlt es insbesondere an einer statistischen Erfassung des Einsatzes von unmittelbarem Zwang bzw. Gewalt durch die Polizei, die diesbezüglich Auswertungen und Transparenz möglich machen würden. Eine Ausnahme stellt hier der Schusswaffeneinsatz dar. Der Schusswaffengebrauchsstatistik der Deutschen Hochschule für Polizei zufolge schossen Polizist*innen 2018 56 Mal im Einsatz auf Personen (2017: 75) und 23 Mal auf Sachen einschließlich Fluchtfahrzeuge (2017: 17), wobei es zu 34 Verletzten und elf Getöteten kam (2017: 39/14) (Schusswaffengebrauchsstatistik 2018 [nicht veröffentlicht]; Diederichs 2018; 2019). Die Zahlen liegen unabhängigen Auswertungen zufolge mitunter höher als dort erfasst (Diederichs 2018).

Empirische Untersuchungen, die diesen Mangel an statistischen Daten ausgleichen könnten, sind in Deutschland noch selten. Die diesbezüglichen Forschungsergebnisse lassen aber wie schon bei der Gewalt gegen die Polizei vermuten, dass es sich bei polizeilicher Gewalt in Deutschland ebenfalls nicht um ein individuell häufiges, aber institutionell betrachtet um ein ganz regelmäßiges und flächendeckendes Ereignis handelt. So lag die Jahresprävalenz des eigenen physischen Gewalteinsatzes nach den Angaben der von *Bosold* in Niedersachsen befragten Beamt*innen bei 66,6 % (Bosold 2006, S. 122). Eine Erhebung von *Ellrich und Baier* ergab in der Bevölkerung für das Erleben physischer polizeilicher Gewalt eine Gesamtprävalenz von 0,47 %, während nach den Angaben der Polizist*innen in 36,5 % der Einsätze Gewalt seitens der Polizei angewendet wurde (Ellrich und Baier 2015, S. 29). Das Ausüben schwererer Gewalt wird wiederum deutlich seltener berichtet: Eigene Gewalt mit hohem Verletzungspotential einschließlich Schlägen und Tritten wurde bei *Ellrich und Baier* für 7,9 % der Einsätze angegeben (Ellrich und Baier 2015, S. 29); aus der Bevölkerung gaben dort 0,17 % der Befragten an, schon einmal schwererer Gewalt seitens der Polizei ausgesetzt gewesen zu sein (Ellrich und Baier 2015, S. 31). *Bosold* berichtet den Einsatz von Schlagstöcken bei immerhin 11,6 % der befragten Beamt*innen (Bosold 2006, S. 122).

Rechtswidrige Formen des polizeilichen Gewalteinsatzes werden demgegenüber in den amtlichen Kriminalkontrollstatistiken erfasst. Registrierte Fälle der Körperverletzung im Amt gem. § 340 StGB (ganz überwiegend handelt es sich bei den Amtsträger*innen um Polizist*innen) werden seit 1998 von der PKS separat erfasst und lagen damals bei knapp 2200, 2019 bei ca. 1500 Fällen (davon 1,5 % Versuche) (PKS 1998; 2019). Über die Hälfte der Vorfälle wurde 2019 in Großstädten verzeichnet. Die zuvor benannten Einschränkungen der Aussagekraft der PKS gelten selbstverständlich auch hier. Eine Tat kann außerdem mehrere Täter*innen und Opfer haben. So wurden nur in gut 1100 der 1500 Fälle überhaupt Tatverdächtige ermittelt, für diese aber über 1600 Verdächtige geführt. Der

Staatsanwaltschaftsstatistik lässt sich zudem entnehmen, dass dort 2018 gut 2100 Verfahren wegen Körperverletzung im Amt durch Polizeibedienstete erledigt wurden, die sich aber gegen rund 4300 Polizist*innen richteten (Rechtspflege – Staatsanwaltschaften 2018, Sachgebiet 53 [nicht veröffentlicht]. Die Kategorie umfasst „Gewaltausübung und Aussetzung", letztere dürfte aber quantitativ vernachlässigbar sein).

Die Anwendung von Gewalt durch die Polizei ist damit den bisherigen Ergebnissen zufolge häufig, was angesichts der Zentralität von Zwang und Gewaltausübung in der Konzeption der Polizei nicht verwundert. Wenig bekannt ist insbesondere über den besonders relevanten Gesichtspunkt der Rechtmäßig- oder Rechtswidrigkeit polizeilicher Gewaltausübung (so auch Ellrich und Baier 2015, S. 38). Aufgrund der aufgabenbedingten Regelmäßigkeit der Zwangsanwendung liegt eine gewisse empirische Normalität von Fällen nahe, in denen die Befugnisse (bewusst oder unbewusst) überschritten werden. Von den durch *Bosold* befragten Beamt*innen hielten 10,8 % illegale Polizeigewalt für ein „flächendeckendes" Phänomen; 57,8 % hatten rechtswidrige Übergriffe bereits beobachtet oder waren daran beteiligt (Bosold 2006, S. 125). Differenzierte Befunde hierzu ermöglichen die quantitativen Auswertungen des Forschungsprojektes KviAPol, in dessen Rahmen Berichte von 3374 Personen zur eigenen Viktimisierung durch mutmaßlich rechtswidrige Polizeigewalt ausgewertet wurden (Abdul-Rahman et al. 2019, S. 19 ff.).

Die bisherigen Untersuchungen zu rechtswidriger polizeilicher Gewaltausübung lassen zudem auf eine erhebliche Dunkelziffer in diesem Deliktsbereich schließen. *Ellrich und Baier* berichten für Betroffene polizeilicher Gewalt eine außerordentlich niedrige Anzeigequote von zwischen 5,3 % und 16,7 % (Ellrich und Baier 2015, S. 31), die KviAPol-Studie verortet diese bei 9 % (Abdul-Rahman et al. 2019, S. 64). Dabei liegt die Annahme struktureller Besonderheiten nahe, wonach etwa bestimmte Geschehensabläufe oder Personen im Hellfeld systematisch unterrepräsentiert sind. So könnte sich das Erleben rechtswidriger Polizeigewalt negativ auf die Bereitschaft auswirken, den Vorfall bei der Polizei anzuzeigen. Und diejenigen Merkmale einer Person, die Interaktionen mit der Polizei überdurchschnittlich oft gewaltsam verlaufen lassen, könnten sich mit den Merkmalen überschneiden, die zu einer unterdurchschnittlichen Anzeigebereitschaft führen (z. B. Alter, Drogenkonsum, subkulturelle Assoziation).

## 3.3 Erkenntnisse zu Beteiligten

Die Frage, welche Faktoren zur Entstehung von Gewalt durch und gegen Polizist*innen beitragen, lässt sich grundsätzlich aus zwei Perspektiven betrachten: Einerseits individuell im Hinblick auf die Merkmale der Opfer und Täter*innen von Gewalt, andererseits als Prozess und wechselseitige, situative Dynamik. Es sollen jeweils einige wesentliche Befunde wiedergegeben werden.

In der internationalen Forschung vor allem aus den Vereinigten Staaten hat sich herauskristallisiert, dass sich zumindest tödliche polizeiliche Gewalt überdurchschnittlich häufig gegen nichtweiße Menschen und Minderheiten richtet (U.S. Department of Justice 2001; Nix et al. 2015; Jones 2017; Scott et al. 2017). Für den niedrigschwelligeren polizeilichen Gewalteinsatz sind die Befunde diesbezüglich unterschiedlich (vgl. den Überblick bei Klahm und Tillyer 2010, S. 216 ff.). Anhaltspunkte für ein höheres Viktimisierungsrisiko ausländischer und nichtweißer Menschen bestehen aber auch für Deutschland (siehe etwa UN Committee on the Elimination of Racial Discrimination 2001, S. 3; Amnesty International 2004; 2010; ReachOut und KOP 2010; European Committee for the Prevention of Torture and Inhuman or Degrading Treatment or Punishment 2017, S. 5; dagegen Ellrich und Baier 2015, S. 30). Die Gründe hierfür können im Verhalten der Polizist*innen, im Verhalten der Opfer oder in Umweltfaktoren gesucht werden, ohne dass sich diese Erklärungsansätze notwendig ausschließen (Scott et al. 2017, S. 702 f.). Bisherige Erkenntnisse deuten darauf hin, dass vor allem das polizeiliche Vorgehen Auffälligkeiten aufweist. (Ross 2015; Scott et al. 2017, S. 704 ff. m. w. N.). Dabei kommt möglicherweise vor allem mittelbaren, strukturellen Mechanismen eine gewichtige Rolle zu. So lässt sich in Simulationen nachweisen, dass nichtweiße Menschen schneller als Bedrohung eingeordnet und häufiger fälschlich für bewaffnet gehalten werden (sog. shooter bias; siehe etwa Correll et al. 2002; 2007; Plant und Peruche 2005; Sadler et al. 2012; Kahn und Davies 2017; zu Muslimen in Deutschland Unkelbach et al. 2008). Abhängig von der Ausbildung können die Auswirkungen dieses Effekts bei Polizist*innen offenbar erheblich reduziert werden. Vermutlich ist zudem der Ort der Interaktion als verknüpfender Faktor relevant, wenn etwa in einer kriminalitätsbelasteteren Gegend häufiger polizeiliche Gewalt eingesetzt wird und dort zugleich der Anteil der nichtweißen Bevölkerung höher ist (vgl. Terrill und Reisig 2003). Denkbar ist aber auch, dass innerhalb der Polizei bestimmte vorurteilsaffine Persönlichkeitstypen, gekennzeichnet durch Merkmale wie Autoritätshörigkeit und Traditionsverbundenheit, stärker verbreitet sind (Gatto et al. 2009; allg. zum Thema Rassismus und Diskriminierung in der deutschen Polizei

s. etwa Eckert et al. 1998; Mletzko und Weins 1999; Heuer 2009; Herrnkind 2014; Krott et al. 2018).

Die Personen, die als Opfer oder Tatverdächtige in gewalttätige Auseinandersetzungen mit Polizist*innen verwickelt werden, sind allgemein überwiegend jung und männlich (Croft 1985; Alpert und Dunham 2000, II-3, III-1 f.; Manzoni 2003, S. 62 ff.; Ohlemacher et al. 2003, S. 57; Abdul-Rahman et al. 2019, S. 25). Die Wahrscheinlichkeit, als Polizist*in Opfer von Gewalt zu werden, scheint für männliche Polizisten leicht erhöht zu sein, wobei diese wesentlich häufiger selbst Gewalt anwenden (Manzoni 2003, S. 62 ff.; Ellrich und Baier 2015, S. 35, 40; vgl. aber Rabe-Hemp und Schuck 2007 zu höheren Viktimisierungsraten von Polizistinnen bei bestimmten Einsatztypen). Mit dem Dienstalter nimmt sowohl die Gewaltanwendung als auch die Viktimisierungshäufigkeit ab (Manzoni 2003, S. 62 f.); dabei ist aber der tendenziell reziproke Zusammenhang zwischen Alter und konfliktaffiner Tätigkeit zu berücksichtigen (so auch Manzoni 2003, S. 61; Ellrich und Baier 2014, S. 133).

## 3.4 Situativer Kontext

Situationen, in denen es vermehrt zu Gewalt kommt, sind Kontrollen und Fest- bzw. Ingewahrsamnahmen (Manzoni 2003, S. 173; Garner et al. 1996; Amnesty International 2004; ReachOut und KOP 2010, S. 7 ff.), daneben spielen wohl auch Demonstrationen (Abdul-Rahman et al. 2019, S. 27; Manzoni 2003, S. 100 f.), Abschiebungen (Amnesty International 2004; 2010) und unter Umständen Einsätze wegen häuslicher Gewalt (Ellrich et al. 2012, S. 163 ff., 193; differenzierend etwa Uchida et al. 1987; Pinchevsky und Nix 2017) eine Rolle. Das empirische Wissen darüber, welche Settings sich als besonders gewaltaffin erweisen, ist aber ausbaufähig. Ob bei einem Einsatz seitens der Polizei Gewalt angewandt wird, hängt unter anderem wesentlich vom Aspekt der Eigensicherung und somit davon ab, ob der Betroffene als gefährlich eingeschätzt wird (Ellrich und Baier 2015, S. 35 ff.), wobei bestimmte Gegenüber grundsätzlich als gefährlicher eingestuft werden als andere (vgl. Feltes und Reiners 2018 für Rocker; s. auch oben 2.3).

Betroffene polizeilicher Gewalt und Tatverdächtige bei Gewalt gegen die Polizei sind oft alkoholisiert oder stehen unter Drogeneinfluss (Garner et al. 1996, S. 8; Hermanutz 2015, S. 54; differenzierend Klahm und Tillyer 2010, S. 220 f.). Alkohol- und Drogenkonsum steigern vermutlich schon die allgemeine Konflikttendenz der Interaktion: von den im Jahr 2019 wegen Widerstands oder tätlichem Angriff gegen Vollstreckungsbeamt*innen (und gleichgestellte Personen) registrierten Tatverdächtigen waren 11,2 % Konsumenten harter Drogen, 55,3 % standen unter dem Einfluss von Alkohol (PKS 2019, Tab. 22, Schlüssel 621100). Unter Umständen wirkt sich eine entsprechende polizeiliche Wahrnehmung und Einordnung des Gegenübers wiederum auch auf die Vorgehensweise und Gefahreneinschätzung der Polizist*innen aus. Wo Polizist*innen angegriffen werden, geschieht dies meist durch Einzelpersonen (Ohlemacher et al. 2003, S. 57; Ellrich et al. 2012, S. 72; Jager et al. 2013, S. 108; Hermanutz 2015, S. 44; vgl. auch PKS 2019, Tab. 22, Schlüssel 621100).

Gewalt wird häufig dann angewandt, wenn auch von der anderen Seite Gewalt ausgeht (Garner et al. 1996; Reuter 2014, S. 78; Ellrich und Baier 2015, S. 36 ff.; zum Einfluss früherer Viktimisierungserfahrungen von Polizist*innen Garner und Maxwell 2002, 6/15; Manzoni 2003, S. 117 ff., 148 ff., 168; Reuter 2014, S. 81). Polizeiliche Gewalt wird außerdem dann wahrscheinlicher, wenn der Betroffene sich (nicht notwendig gewaltsam) widersetzt (Terrill und Mastrofski 2002, S. 240 f.; Klahm und Tillyer 2010, S. 222 m. w. N). Aussagen über Ursache-Wirkungs-Zusammenhänge lassen sich damit jedoch nicht ohne Weiteres treffen. Interessanter werden diese Befunde durch einen Perspektivwechsel: Womöglich lautet die Frage nicht, wer angefangen hat, sondern welche Faktoren zu dem sich schließlich realisierenden Gewaltpotenzial beigetragen haben. Die Korrelation zwischen Gewaltausübung und Viktimisierung ist insofern ein weiterer Hinweis auf die Situationsabhängigkeit und Dynamik gewalttätigen Geschehens.

Große Bedeutung für die Anwendung von Gewalt durch die Polizei kommt dem Themenkomplex des Respekts zu (Kavanagh 1997; Hunold 2011; Reuter 2014, S. 83 ff.; Hermanutz 2015, S. 61, 64; vgl. aber auch Klahm und Tillyer 2010, S. 219 f.). Verhalten von Bürger*innen, das als respektlos wahrgenommen wird, wird von Polizist*innen potenziell nicht nur als die konkrete Berufsausübung betreffend aufgefasst, sondern kann auch als Angriff auf die eigene Persönlichkeit einerseits und die grundlegende Autorität des Staates andererseits verstanden werden (Ohlemacher et al. 2008; Hunold 2011, S. 171 ff.; Bettermann 2014). Gerade im Bereich der als persönlich empfundenen Angriffe besteht offenbar eine erhebliche Bereitschaft, auch rechtlich unverhältnismäßige Gewalt anzuwenden (vgl. Ohlemacher et al. 2008, S. 26 f.). Aus der Perspektive des Bürger*innenkontakts als Interaktion dient Zwang zudem als Ressource zur Aufrechterhaltung des Autoritätsverhältnisses zwischen Polizei und Bürgern (Hunold 2011). Negative Erfahrungen der Beamt*innen fördern hier mitunter eine Abwehrhaltung gegenüber Bürger*innen, die wiederum in Überreaktionen oder Gewalt münden kann (Liebl 2003, S. 209). Die Schwierigkeiten im Management solcher Situationen finden sich demnach auch in der Polizeiausbildung wieder, die das wechselseitige Verhältnis von Eigensicherung, Gewalt und Deeskalation zueinander offenbar nicht immer hinreichend aufzulösen vermag (Liebl 2003, S. 217 f.; zur gewaltpräventiven Wirkung der Befolgung von Eigensicherungsleitfäden Ellrich und Baier 2014, S. 124). Die Verhandlung von Respekt und Autorität scheint letztlich jedenfalls einen erheblichen Faktor in der Anwendung polizeilicher Gewalt darzustellen.

## 4 Juristische Aufarbeitung und soziale Kontrolle

Soziale Kontrolle im Phänomenbereich Gewalt und Polizei erfolgt vorwiegend in Form strafrechtlicher Aufarbeitung, kann bezüglich rechtswidriger Gewaltausübung aber auch durch externe Kontrollmechanismen gewährleistet werden.

### 4.1 Strafrechtliche Aufarbeitung von Gewalt

Die juristische Aufarbeitung von Gewalt im Kontext polizeilicher Tätigkeit erfolgt vor allem durch das Strafrecht; daneben sind zivilrechtliche und für Polizist*innen auch disziplinarrechtliche Folgen möglich. Die strafrechtliche Bearbeitung von Gewalt durch Polizist*innen und Gewalt gegen Polizist*innen folgt dabei grundlegend unterschiedlichen Mustern.

Die strafrechtliche Bearbeitung von Anzeigen wegen Gewalt durch die Polizei weist strukturelle Besonderheiten auf (näher zum Ganzen Singelnstein 2014). Bereits die Aufklärungsquote betrug der PKS für das Jahr 2019 zufolge bei den 1500 registrierten Fällen von Körperverletzungen im Amt (§ 340 StGB) nur 76,0 % (PKS 2019, Tab. T01). Damit konnte in nahezu einem Viertel der registrierten Fälle bereits kein Tatverdächtiger ermittelt werden. Bei herkömmlichen Körperverletzungsdelikten gelang dies hingegen in 88,6 % der Fälle (PKS 2019, Tab. T01, Schlüssel 220000), für tätliche Angriffe auf Vollstreckungsbeamte und gleichstehende Personen liegt die Aufklärungsquote sogar bei 98,0 % (PKS 2019, Tab. T01).

Auch die staatsanwaltschaftliche und gerichtliche Erledigungspraxis für Verfahren wegen § 340 StGB ist bemerkenswert. 2018 wurde nur in 1,9 % der erledigten Verfahren Anklage erhoben oder ein Strafbefehl beantragt, während 95 % eingestellt wurden – 89 % gar mangels hinreichenden Tatverdachts (Rechtspflege – Staatsanwaltschaften 2018, Sachgebiet 53 [nicht veröffentlicht]). Im gleichen Zeitraum betrug die durchschnittliche Quote für Anklageerhebungen und Strafbefehlsanträge allgemein zusammen 19,5 % (Rechtspflege – Staatsanwaltschaften 2018, Tab. 2.2.1.2). Somit landet nur ein sehr geringer Teil der angezeigten Fälle polizeilicher Gewaltanwendung vor Gericht: Im Jahr 2018 wurden insgesamt 49 Menschen in Verfahren wegen § 340 StGB abgeurteilt (Rechtspflege – Strafverfolgung 2018, Tab. 2.2). Von diesen Verfahren wurden wiederum 16 durch das Gericht eingestellt (32,7 %) und 13 endeten mit Freisprüchen (26,5 %). Von den damit verbleibenden 20 Verurteilten (dies entspricht einer Verurteilungsquote von 40,8 %) erhielten 17 Geldstrafen (12 davon nicht über 90 Tagessätze [Rechtspflege – Strafverfolgung 2018, Tab. 3.3]) und drei eine Freiheitsstrafe, die zur Bewährung ausgesetzt wurde (Rechtspflege – Strafverfolgung 2018, Tab. 2.3). Die Aburteilungs- und Verurteilungsquoten sind damit sowohl im Vergleich zu Delikten allgemein als auch zu anderen Körperverletzungsdelikten außerordentlich niedrig. Dies hat sich zuletzt auch in einer entsprechenden Dunkelfeldstudie bestätigt (Abdul-Rahman et al. 2019, S. 72).

In Verfahren wegen Körperverletzung im Amt kommt es somit nur sehr selten zu einer Anklage oder gar Verurteilung. Die Gründe für dieses seit Jahren konstante Phänomen (vgl. schon Singelnstein 2003, S. 7 ff.; Singelnstein 2014) werden überwiegend in systemimmanenten Besonderheiten vermutet, wie schwierigen Beweissituationen, dem Umstand, dass die Ermittlungen gegen Polizist*innen von Polizist*innen geführt werden, dass den Aussagen polizeilicher Berufszeugen eher geglaubt wird und dass Polizist*innen für Staatsanwaltschaften und Gerichte besondere Beschuldigte sind (vgl. Bürgerschaft der Freien und Hansestadt Hamburg 1999, S. 4; Singelnstein 2003, S. 10 ff.; Amnesty International 2010; Töpfer 2014, S. 6 ff. m. w. N; Arabi 2017, S. 228 f.). Allein auf eine große Zahl unberechtigter Anzeigen lassen sich die Befunde nicht zurückführen.

Demgegenüber ist die Erledigung von Verfahren wegen Gewalt oder Widerstand gegen Polizist*innen grundlegend anders strukturiert. Neben der höheren Aufklärungsquote bei Widerstandsdelikten werden diese auch sehr viel öfter zur Anklage gebracht. Mangels einer gesonderten Erfassung in der Staatsanwaltschaftsstatistik lässt sich dies nicht detailliert, sondern nur von der Größenordnung her bestimmen. Während im Jahr 2018 beispielsweise rund 21.200 Verdachtsfälle des Widerstands gegen Vollstreckungsbeamte registriert wurden (PKS 2018, Tab. T01), wurden im selben Jahr etwa 6600 Personen zu diesem Vorwurf abgeurteilt (Rechtspflege – Strafverfolgung 2018, Tab. 2.1). Auch wenn diese Zahlen aus unterschiedlichen Statistiken nicht unmittelbar ins Verhältnis gesetzt werden können, so zeigen sie doch, dass ein erheblicher Teil der erfassten Fälle auch zur Anklage gebracht wird. Es kann daher davon ausgegangen werden, dass die Anklagequote in diesem Bereich überdurchschnittlich hoch ist. Vergleichbares gilt für die Verurteilungsquote in Verfahren wegen Widerstands gegen Vollstreckungsbeamte, die 2018 79,6 % betrug (Rechtspflege – Strafverfolgung 2018, Tab. 2.1).

## 4.2 Anderweitige Kontrollmechanismen

Angesichts dieser Befunde bezüglich der Defizite der strafrechtlichen Aufarbeitung von Verdachtsfällen rechtswidriger Polizeigewalt und in Verbindung mit den Erkenntnissen der Dunkelfeldforschung zu rechtswidriger polizeilicher Gewaltausübung werden ergänzende Kontrollmechanismen intensiv diskutiert. Von besonderer Bedeutung sind dabei Kennzeichnungspflichten und die Einrichtung unabhängiger Beschwerdestellen.

In Fällen mutmaßlich rechtswidriger Polizeigewalt besteht häufig eine besondere Schwierigkeit darin, die uniformierten, behelmten oder auch maskierten Tatverdächtigen zu identifizieren. Seit langem wird deshalb eine individuelle Kennzeichnung von Polizist*innen debattiert. Eine solche ist in Europa und den USA inzwischen weitgehend etabliert, besteht in Deutschland aber noch immer nicht in allen Bundesländern (Überblick bei Amnesty International 2018). Der Europäische Gerichtshof empfiehlt die Einführung einer umfassenden Kennzeichnungspflicht und hat in einem Verfahren gegen Deutschland festgestellt, das mit dem Fehlen einer individuellen Kennzeichnung einhergehende Risiko der Nichtidentifizierbarkeit sei angesichts des Gebots der effektiven Aufklärung von rechtswidriger Polizeigewalt wenn überhaupt so nur durch äußerst intensive anderweitige Ermittlungsmaßnahmen auszugleichen (EGMR, Urteil v. 09.11.2017 – Nr. 47274/15 [Hentschel und Stark v. Deutschland]).

Darüber hinaus haben mehrere Bundesländer in den vergangenen Jahren Beschwerdestellen eingerichtet, die auch für polizeiliches Fehlverhalten bei der Gewaltanwendung zuständig sind. Hintergrund ist auch die Annahme, dass zahlreiche Opfer rechtswidriger staatlicher Gewalt auf eine Anzeige bei der Polizei verzichten (Töpfer 2014, S. 7 m. w. N). Zudem bergen Ermittlungen, die von Polizist*innen gegen Polizist*innen geführt werden, stets die Gefahr der Voreingenommenheit (vgl. auch EGMR, Urteil v. 30.08.2016 – Nr. 64418/10 [Mihhailov v. Estland], Rn. 128; Urteil v. 09.11.2017 – Nr. 47274/15 [Hentschel und Stark v. Deutschland], Rn. 86). Solche Beschwerdestellen sind in vielfältigen Konzeptionen denkbar und umgesetzt (vgl. international Töpfer 2014; 2018; Töpfer und Peter 2017). Entscheidend ist etwa, inwieweit solche Stellen tatsächlich unabhängig ausgestaltet sind, welche Zuständigkeiten sie haben, mit welchen

Befugnissen und Ressourcen sie ausgestattet sind. Ausgestaltung und Praxis dieser Stellen variieren in den verschiedenen Bundesländern erheblich.

## 5 Der öffentliche Diskurs zu Polizei und Gewalt

Der Themenkomplex Polizei und Gewalt ist ebenso von den gesellschaftlichen Diskursen, vor deren Hintergrund er sich entfaltet, geprägt wie er umgekehrt in die öffentliche Debatte hineinwirkt.

### 5.1 Medien und Gewalt als diskursives Mittel

Das öffentliche Wissen zu Gewalt durch und gegen Polizist*innen wird entscheidend von der medialen Darstellung beeinflusst, denn eigenes Erleben hierzu ist relativ selten. Die Medienberichterstattung hat sich in den letzten Jahren zunehmend mit der Legitimität polizeilicher Gewaltausübung und der Frage exzessiver Polizeigewalt beschäftigt. Auch Gewalt gegen Polizeibeamt*innen wird häufig thematisiert. Besondere Aufmerksamkeit erfahren Großereignisse, bei denen sich gewalttätige Verläufe häufen – wie die Proteste gegen den G20-Gipfel in Hamburg 2017 oder die Einsätze um die geplante Rodung des Hambacher Forsts 2018. Die mediale Wiedergabe von Konflikten ist dabei teilweise durch eine Fokussierung auf die Gewalt sowie durch deren Schematisierung und Dramatisierung gekennzeichnet (vgl. Kunz und Singelnstein 2016, S. 349 ff.). Mitunter trägt die zunächst weitgehend unkritische Übernahme polizeilicher Meldungen und Berichte über entsprechende Vorfälle zu einer weiteren Verzerrung bei (vgl. die Pressemitteilung des Deutschen Journalisten-Verbandes v. 01.07.2019 anlässlich irreführender Polizeimeldungen über die Besetzung des Tagebaus Garzweiler [Deutscher Journalisten-Verband 2019]).

Dem Einsatz von Gewalt kommt darüber hinaus – vor allem mit Blick auf seine mediale Darstellung – eine eigene diskursive Wirkung zu. Gewaltanwendung dient insofern nicht nur unmittelbar der physischen Durchsetzung in der konkreten Situation, sondern kann auch mittelbar die spätere Legitimation des Handelns und eine bestimmte Deutung des Geschehens bezwecken. Während etwa politische Akteure versucht sein können, durch Gewalt mediale und damit gesellschaftliche Aufmerksamkeit auf sich zu ziehen, kann die Polizei ihr Gegenüber umgekehrt durch die eigene Anwendung von Gewalt den zuvor gemachten Gefahrenprognosen entsprechend inszenieren (für ein Beispiel solcher Delegitimierungseffekte: Hunold und Wegner 2018). Ob es sich bei einer Menschenansammlung um friedliche Bürger oder gewaltbereite Hooligans handelt, wird letztlich oftmals durch die resultierenden Bilder definiert – und zwar unabhängig davon, von wem die Gewalt zuerst ausging oder inwiefern sie rechtmäßig war.

## 5.2 Gesellschaftliche Reaktionen

Im politischen Diskurs wird auf das Thema Gewalt gegen Polizist*innen regelmäßig mit der Forderung nach der Verschärfung entsprechender strafrechtlicher Regelungen reagiert, obwohl in der kriminologischen Forschung eine präventive Wirkung von Strafrechtsverschärfungen nicht nachgewiesen ist (Kunz und Singelnstein 2016, S. 289). Es ist deshalb nicht davon auszugehen, dass solche Gesetzesänderungen zum Schutz der Beamt*innen beitragen. Sowohl die Hervorhebung von Gewalt gegen die Polizei als auch die politische Punitivität fungieren hier vielmehr als effektive und kostengünstige Positionierung für Parteien und Politiker*innen entlang von Wähler*innenblöcken, etwa anhand des Law-and-Order-Topos. Derartige Argumentationslinien werden auch von polizeilichen Interessensvertretungen wie Gewerkschaften zunehmend aufgegriffen oder selbst initiiert. Der Themenkomplex ist dort auch eng mit einem spezifischen Selbstbild und den eigenen Ansprüchen an die Gesellschaft verknüpft: der Respekt gegenüber der Polizei nehme ab, die Etablierung von Kontrollinstanzen weise auf einen Mangel an Vertrauen hin. Traditionell wird seitens der Polizei aber v. a. die Aufstockung von Personal und Ausrüstung gefordert, um bestimmten Bedrohungen besser begegnen zu können. In der Polizeiforschung werden hingegen die Ergründung der Ursachen und Faktoren von Gewaltdynamiken und die sich daraus ggf. ergebenden Konsequenzen für die polizeiliche Arbeit und Ausbildung in den Vordergrund der Reflexion gestellt (siehe etwa Ohlemacher et al. 2008; Jager et al. 2013, S. 368 ff.; Ellrich und Baier 2014; Reuter 2014, S. 103 ff.).

Polizeiliches Fehlverhalten bei der Gewaltausübung wird innerhalb der Polizei und von der Innenpolitik nach wie vor häufig mittels der Konstruktion der „Theorie der schwarzen Schafe" individualisiert und damit externalisiert. Dies entlastet Institutionen, Führungspersonal und Kolleg*innen von der Verantwortung, verhindert aber eine angemessene Problematisierung des Themas institutionalisierter Gewalt als strukturelles Problem der Polizei (Behr 2000). Die gesellschaftliche Debatte nimmt demgegenüber zunehmend Bezug auf organisierte Kontrollmechanismen insbesondere in Form einer Kennzeichnungspflicht und der Einrichtung von Beschwerdestellen. Insgesamt sind gewisse

Polarisierungstendenzen zu beobachten (Dübbers 2012, S. 81 f.). Als besonders wahrnehmbare Protagonist*innen des Diskurses treten diesbezüglich die Polizeigewerkschaften auf, die sich häufig gegen die Notwendigkeit solcher Kontrollmechanismen aussprechen. Dabei zeigt sich, dass die Weigerung, Gewalt (zulässige wie rechtswidrige) als problematischen, aber empirisch normalen Bestandteil polizeilicher Tätigkeit zu behandeln, die Tür zu einer konstruktiven Fehlerkultur verschließt. In letzter Zeit sind jedoch vermehrt auch Stimmen aus der Polizei selbst zu vernehmen, die eine Bearbeitung des Problembereichs fordern und unterstützen.

## 6   Fazit

Gewalt ist im Zusammenhang mit Polizei ein faktisch normales Ereignis. Dies folgt nicht nur aus den empirischen Befunden, sondern bereits aus der theoretischen Konzeption der Institution Polizei und kann angesichts der bestimmungsgemäß großen Konfliktnähe auch nicht weiter verwundern. Dabei ist hervorzuheben, dass Gewalt stets eine dynamische Interaktion zwischen mehreren Beteiligten darstellt und insofern einerseits einen signifikanten Interpretationsspielraum eröffnet und andererseits vielfältigen wechselwirkenden Einflüssen unterliegt. Hinsichtlich polizeilicher Gewaltausübung ist die Differenzierung zwischen rechtmäßiger und rechtswidriger Gewalt von zentraler Bedeutung. Bei der strafrechtlichen Aufarbeitung zeigen sich besondere Muster sowohl hinsichtlich der Bearbeitung von Gewalt durch die Polizei als auch Gewalt gegen die Polizei. Bei ersterer bestehen spezifische Probleme der Aufklärung, denen durch unabhängige Ermittlungs- und Beschwerdemechanismen begegnet werden könnte. Der öffentliche Diskurs ist von Polarisierungen geprägt, die einen konstruktiven Umgang mit der faktischen Normalität der verschiedenen Richtungen und Formen von Gewalt im Kontext polizeilicher Tätigkeit erschweren.

## Literatur

Abdul-Rahman, L., Espín Grau, H. & Singelnstein, T. (2019). Polizeiliche Gewaltanwendungen aus Sicht der Betroffenen. Zwischenbericht zum Forschungsprojekt „Körperverletzung im Amt durch Polizeibeamt*innen" (KviAPol). https://kviapol.rub.de. Zugegriffen: 3. Januar 2020.

Alpert, G. & Dunham, R. (2000). Analysis of Police Use-of-Force Data (Document No. 183648). NCJRS. https://www.ncjrs.gov/pdffiles1/nij/grants/183648.pdf. Zugegriffen: 3. Januar 2020.

Amnesty International (2004). *Erneut im Fokus. Vorwürfe über polizeiliche Misshandlungen und den Einsatz unverhältnismäßiger Gewalt in Deutschland.* Bonn: Amnesty International Sektion der Bundesrepublik Deutschland e. V.

Amnesty International (2010). *Täter unbekannt. Mangelnde Aufklärung von mutmaßlichen Misshandlungen durch die Polizei in Deutschland.* Bonn: Amnesty International Sektion der Bundesrepublik Deutschland e. V.

Amnesty International (2018). *Kennzeichnungspflicht für Polizist_innen. Positionspapier.* Berlin: Amnesty International Deutschland e. V.

Arabi, T. (2017). *Polizeilicher Zwang und dessen staatliche Kontrolle. Exzessive Anwendung physischer Gewalt durch den Staat – mit rechtsvergleichenden Bezügen zu den USA.* Baden-Baden: Nomos.

Behr, R. (2000). Funktionen und Funktionalisierung von Schwarzen Schafen in der Polizei. Arbeitsskizze aus der empirischen Polizeiforschung. *Kriminologisches Journal, 32* (S. 219–229).

Bettermann, U. (2014). „Lässig bleiben?!" Respektlosigkeiten und Autoritätsverlust im Erleben von uniformierten Streifenpolizisten. *SIAK-Journal – Zeitschrift für Polizeiwissenschaft und polizeiliche Praxis* (S. 17–30).

Bittner, E. (1970). *The Functions of the Police in Modern Society. A Review of Background Factors, Current Practices, and Possible Role Models.* Chevy Chase: National Institute of Mental Health Studies.

Bosold, C. (2006). *Polizeiliche Übergriffe. Aspekte der Identität als Erklärungsfaktoren polizeilicher Übergriffsintentionen.* Baden-Baden: Nomos.

Brodeur, J. (2002). Gewalt und Polizei. In W. Heitmeyer & J. Hagan (Hrsg.), *Internationales Handbuch der Gewaltforschung* (S. 259–283). Wiesbaden: Westdeutscher Verlag GmbH.

Busch, J. & Singelnstein, T. (2018). Was ist ein „tätlicher Angriff auf Vollstreckungsbeamte"? Schutzgut und Reichweite des neuen § 114 StGB. *Neue Zeitschrift für Strafrecht* (S. 510–514).

Correll, J., Park, B., Judd, C. & Wittenbrink, B. (2002). The Police Officer's Dilemma: Using Ethnicity to Disambiguate Potentially Threatening Individuals. *Journal of Personality and Social Psychology, 83* (S. 1314–1329).

Correll, J., Park, B., Judd, C., Wittenbrink, B., Sadler, M. & Keese, T. (2007). Across the Thin Blue Line: Police Officers and Racial Bias in the Decision to Shoot. *Journal of Personality and Social Psychology, 92* (S. 1006–1023).

Croft, E. B. (1985). *Police Use of Force: An Empirical Analysis.* (Dissertation, State University of New York at Albany). Ann Arbor: UMI.

Deutscher Journalisten-Verband (2019). Polizeiberichte kritisch hinterfragen. https://www.djv.de/startseite/profil/der-djv/pressebereich-download/pressemitteilungen/detail/article/polizeiberichte-kritisch-hinterfragen.html. Zugegriffen: 3. Januar 2020.

Derin, B. & Singelnstein, T. (2019). Amtliche Kriminalstatistiken als Datenbasis in der empirischen Polizeiforschung. In C. Howe & L. Ostermeier (Hrsg.), *Polizei und Gesellschaft. Transdisziplinäre Perspektiven zu Methoden, Theorie und Empirie reflexiver Polizeiforschung* (S. 207–230). Wiesbaden: Springer VS.

Diederichs, O. (2018). Polizeiliche Todesschüsse 2017. *Bürgerrechte & Polizei/CILIP, 117* (S. 74–79).
Diederichs, O. (2019). Polizeiliche Todesschüsse 2018. *Bürgerrechte & Polizei/CILIP, 120* (S. 78–83).
Dübbers, C. (2012). Der „wahre Alltag" im Gewaltmonopol: Erste Ergebnisse verschiedener quantitativ-empirischer Studien zur Cop-Culture der Kölner Polizisten. In T. Ohlemacher & J. T. Werner (Hrsg.), *Empirische Polizeiforschung XIV: Polizei und Gewalt – Interdisziplinäre Analysen zu Gewalt gegen und durch Polizeibeamte* (S. 65–82). Frankfurt: Verlag für Polizeiwissenschaft.
Eckert, R., Jungbauer, J. & Willems, H. (1998). Polizei und Fremde: Belastungssituationen und die Genese von Feindbildern und Übergriffen. In R. Eckert (Hrsg.), *Wiederkehr des „Volksgeistes"? Ethnizität, Konflikt und politische Bewältigung* (S. 215–227). Wiesbaden: Springer VS.
Ellrich, K. & Baier, D. (2014). Gewalt gegen niedersächsische Beamtinnen und Beamte aus dem Einsatz- und Streifendienst. Zum Einfluss von personen-, arbeits- und situationsbezogenen Merkmalen auf das Gewaltopferrisiko. *KfN-Forschungsbericht Nr. 123.*
Ellrich, K. & Baier, D. (2015). Gewaltausübung durch Polizeibeamte – Ausmaß und Einflussfaktoren. *Rechtspsychologie* (S. 22–45).
Eisenberg, U. & Kölbel, R. (2017). *Kriminologie*, 7. Aufl. Tübingen: Mohr Siebeck.
Ellrich, K., Baier, D., & Pfeiffer, C. (2012). *Polizeibeamte als Opfer von Gewalt. Ergebnisse einer Befragung von Polizeibeamten in zehn Bundesländern.* Baden-Baden: Nomos.
Eser, A. (2019). § 113 StGB. In A. Schönke & H. Schröder (Hrsg.), *Strafgesetzbuch*, 30. Aufl. München: C. H. Beck.
European Committee for the Prevention of Torture and Inhuman or Degrading Treatment or Punishment (2017). *Report to the German Government on the visit to Germany carried out by the European Committee for the Prevention of Torture and Inhuman or Degrading Treatment or Punishment (CPT) from 25 November 2015 to 7 December 2015, CPT/Inf (2017) 13.* Straßburg: Council of Europe.
Fassin, D. (2014). Gewaltformen. *sub\urban. Zeitschrift für kritische Stadtforschung, 2* (S. 91–106).
Feltes, T. & Reiners, P. (2018). Polizeiliche Maßnahmen gegen Hells Angels und andere „Out-law Motorcycle Gangs" (OMCG) – Inszenierte Repression am Rande der Legalität? *Kriminologisches Journal, 50* (S. 295–311).
Bürgerschaft der Freien und Hansestadt Hamburg (1999). *Polizeikommission – Jahresbericht 1999. Anlage zur Bü-Drs. 16/3382.* Hamburg.
Garner, J., Buchanan, J., Schade, T. & Hepburn, J. (1996). *Understanding the Use of Force By and Against the Police. Research in Brief* (NCJ 158614). Washington D.C.: U.S. Department of Justice, National Institute of Justice.
Garner, J. & Maxwell, C. (2002). Understanding the Use of Force By and Against the Police in Six Jurisdictions, Final Report (Document No. 196694). NCJRS. https://www.ncjrs.gov/pdffiles1/nij/grants/196694.pdf. Zugegriffen: 3. Januar 2020.
Gatto, J., Dambrun, M., Kerbrat, C. & De Oliveira, P. (2009). Prejudice in the police: On the processes underlying the effects of selection and group socialization. *European Journal of Psychology, 40* (S. 252–269).

Hermanutz, M. (2015). *Gewalt gegen Polizisten. Sinkender Respekt und steigende Aggression? Eine Beleuchtung der Gesamtumstände.* Frankfurt: Verlag für Polizeiwissenschaft.

Herrnkind, M. (2014). „Filzen Sie die üblichen Verdächtigen!" oder: Racial Profiling in Deutschland. *Polizei & Wissenschaft* (S. 35–58).

Heuer, H. J. (2009). Fremde als Belastung und Gefährdung. Zu einigen Bewertungsstrategien der 90er Jahre. In K. Liebl (Hrsg.), *Polizei und Fremde – Fremde in der Polizei* (S. 45–68). Wiesbaden: VS Springer.

Hunold, D. (2011). Gewalt durch die Polizei gegenüber Jugendlichen – Innenperspektiven zur Anwendung polizeilichen Zwangs. *Kriminologisches Journal, 43* (S. 167–184).

Hunold, D. & Wegner, M. (2018). Protest Policing im Wandel? Konservative Strömungen in der Politik der Inneren Sicherheit am Beispiel des G20-Gipfels in Hamburg. *Kriminalpolitische Zeitschrift, 3* (S. 291–299).

Jager, J., Klatt, T. & Bliesener, T. (2013). *Gewalt gegen Polizeibeamtinnen und Polizeibeamte. Die subjektive Sichtweise zur Betreuung und Fürsorge, Aus- und Fortbildung, Einsatznachbereitung, Belastung und Ausstattung. Abschlussbericht.* Kiel.

Jones, J. M. (2017). Killing Fields: Explaining Police Violence against Persons of Color. *Journal of Social Issues, 73* (S. 872–883).

Kahn, K. B. & Davies, P. G. (2017). What Influences Shooter Bias? The Effects of Suspect Race, Neighborhood, and Clothing on Decisions to Shoot. *Journal of Social Issues, 73* (S. 723–743).

Kavanagh, J. (1997). Occurrence of Resisting Arrest in Arrest Encounters: A Study of Police-Citizen Violence. *Criminal Justice Review, 22* (S. 16–33).

Klahm, C. & Tillyer, R. (2010). Understanding Police Use of Force: A Review of the Evidence. *Southwest Journal of Criminal Justice, 7* (S. 214–239).

Klockars, C. B. (1996). A Theory of Excessive Force and Its Control. In W.A. Geller & H. Toch (Hrsg.), *Police Violence. Understanding and Controlling Police Abuse of Force* (S. 1–22). New Haven: Yale University Press.

Krott, N., Krott, E. & Zeitner, I. (2018). Xenophobic attitudes in German police officers: A longitudinal investigation from professional education to practice. *International Journal of Police Science & Management, 20* (S. 174–184).

Kunz, K.-L. & Singelnstein, T. (2016). *Kriminologie. Eine Grundlegung*, 7. Aufl. Bern/Stuttgart: Haupt/utb.

Liebl, K. (2003). Aus- und Fortbildung der Polizei und die Problematik der Gewaltlizenz. In M. Herrnkind & S. Scheerer (Hrsg.), *Die Polizei als Organisation mit Gewaltlizenz. Möglichkeiten und Grenzen der Kontrolle* (S. 207–219). Münster: LIT Verlag.

Manzoni, P. (2003). *Gewalt zwischen Polizei und Bevölkerung. Einflüsse von Arbeitsbelastungen, Arbeitszufriedenheit und Burnout auf polizeiliche Gewaltausübung und Opfererfahrungen.* Zürich: Rüegger Verlag.

Mletzko, M., & Weins, C. (1999). Polizei und Fremdenfeindlichkeit. Ergebnisse einer Befragung in einer westdeutschen Polizeidirektion. *Monatsschrift für Kriminologie und Strafrechtsreform, 82* (S. 77–93).

Nix, J., Campbell, B. A., Byers, E. H. & Alpert, G. P. (2015). A Bird's Eye View of Civilians Killed by Police in 2015. Further Evidence of Implicit Bias. *Criminology & Public Policy, 16* (S. 309–340).

Ohlemacher, T., Rüger, A., Schacht, G. & Feldkötter, U. (2003). *Gewalt gegen Polizeibeamtinnen und -beamte 1985–2000. Eine kriminologische Analyse.* Baden-Baden: Nomos.

Ohlemacher, T., Feltes, T. & Klukkert, A. (2008). Die diskursive Rechtfertigung von Gewaltanwendung durch Polizeibeamtinnen und -beamte. Methoden und Ergebnisse eines empirischen Forschungsprojektes. *Polizei & Wissenschaft* (S. 20–29).

Pinchevsky, G. M., & Nix, J. (2017). Domestic Disturbances and Fatal Police Shootings: An Analysis of the Washington Post's Data. *Police Quarterly, 21* (S. 53–76).

Plant, E. A. & Peruche, B. M. (2005). The Consequences of Race for Police Officers' Responses to Criminal Suspects. *Psychological Science, 16* (S. 180–183).

Puschke, J. (2014). Gewalt und Widerstand gegen Polizeibeamte – Befunde und Diskurs. *Neue Kriminalpolitik, 25* (S. 28–41).

Rabe-Hemp, C. E. & Schuck, A. (2007). Violence Against Police Officers: Are Female Officers at Greater Risk? *Police Quarterly, 10* (S. 411–428).

ReachOut/KOP (2010). Analysebericht der Berliner Initiativen „ReachOut" und „Kampagne für Opfer rassistisch motivierter Polizeigewalt – KOP" auf Grundlage der dokumentierten Berichte von Betroffenen im Zeitraum von 2000 bis August 2010 für das Land Berlin. https://kop-berlin.de/files/documents/Analysebericht.pdf. Zugegriffen: 3. Januar 2020.

Reuter, J. (2014). *Polizei und Gewalt. Eine handlungstheoretische Rekonstruktion polizeilicher Konfliktarbeit.* Frankfurt: Verlag für Polizeiwissenschaft.

Ross, C. T. (2015). A Multi-Level Bayesian Analysis of Racial Bias in Police Shootings at the County-Level in the United States, 2011–2014. *PLoS One, 10* (S. 1–34). https://doi.org/10.1371/journal.pone.0141854.

Sadler, M. S., Correll, J., Park, B. & Judd, C. M. (2012). The World Is Not Black and White: Racial Bias in the Decision to Shoot in a Multiethnic Contex. *Journal of Social Issues, 68* (S. 286–31).

Scott, K., Ma, D. S., Sadler, M. S. & Correll, J. (2017). A Social Scientific Approach toward Understanding Racial Disparities in Police Shooting: Data from the Department of Justice (1980-2000). *Journal of Social Issues, 73* (S. 701–722).

Singelnstein, T. (2003). Institutionalisierte Handlungsnormen bei den Staatsanwaltschaften im Umgang mit Ermittlungsverfahren wegen Körperverletzung im Amt gegen Polizeibeamte. *Monatsschrift für Kriminologie und Strafrechtsreform, 86* (S. 1–26).

Singelnstein, T. (2014). Körperverletzung im Amt durch Polizisten und die Erledigungspraxis der Staatsanwaltschaften – aus empirischer und strafprozessualer Sicht. *Neue Kriminalpolitik, 25* (S. 15–27).

Singelnstein, T. (2019). *Strafbare Strafverfolgung.* Baden-Baden: Nomos.

Singelnstein, T. & Puschke, J. (2011). Polizei, Gewalt und das Strafrecht – Zu den Änderungen beim Widerstand gegen Vollstreckungsbeamte. *Neue Juristische Wochenschrift, 64* (S. 3473–3477).

Sternberg-Lieben, D. (2019). Vorbemerkungen zu den §§ 32ff. In A. Schönke & H. Schröder (Hrsg.), *Strafgesetzbuch*, 30. Aufl. München: C. H. Beck.

Terrill, W. & Mastrofski, S. D. (2002). Situational and Officer-Based Determinants of Police Coercion. *Justice Quarterly, 19* (S. 215–248).

Terrill, W. & Reisig, M. D. (2003). Neighborhood Context and Police Use of Force. *Journal of Research in Crime and Delinquency, 40* (S. 291–321).

Töpfer, E. (2014). *Unabhängige Polizei-Beschwerdestellen – Eckpunkte für ihre Ausgestaltung. Policy Paper Nr. 27*. Berlin: Deutsches Institut für Menschenrechte.

Töpfer, E. (2018). Unabhängige Polizeibeschwerdestellen. Zum Stand der Dinge. *Bürgerrechte & Polizei/CILIP, 116* (S. 72–81).

Töpfer, E. & Peter, T. (2017). *Unabhängige Polizeibeschwerdestellen. Was kann Deutschland von anderen europäischen Staaten lernen?* Berlin: Deutsches Institut für Menschenrechte.

U.S. Department of Justice (2001). *Policing and Homicide, 1976-98: Justifiable Homicide by Police, Police Officers Murdered by Felons* (NCJ 180987). Washington D.C.: U.S. Department of Justice, Office of Justice Programs.

Uchida, C., Brooks, L., & Koper, C.S. (1987). Danger to police during domestic encounters: Assaults on Baltimore country police, 1984–86. *Criminal Justice Policy Review, 2* (S. 357–371).

UN Committee on the Elimination of Racial Discrimination (2001). *Concluding Observations – Germany*. CERD/C/304/Add.115.

Unkelbach, C., Forgas, J. P. & Denson, T. F. (2008). The turban effect: The influence of Muslim headgear and induced affect on aggressive responses in the shooter bias paradigm. *Journal of Experimental Social Psychology, 44* (S. 1409–1413).

**Benjamin Derin** Rechtsanwalt mit Schwerpunkten im Strafrecht und Verfassungsrecht in Berlin, Wissenschaftlicher Mitarbeiter am Lehrstuhl für Kriminologie an der Juristischen Fakultät der Ruhr-Universität Bochum benjamin.derin@rub.de.

**Tobias Singelnstein** Prof. Dr. iur., Inhaber des Lehrstuhls für Kriminologie an der Juristischen Fakultät der Ruhr-Universität Bochum (RUB); dort auch kooptiertes Mitglied der Fakultät für Sozialwissenschaft; Leiter des weiterbildenden Masterstudiengangs „Kriminologie, Kriminalistik und Polizeiwissenschaft" an der RUB tobias.singelnstein@rub.de.

//  # Autoritätserhalt um jeden Preis? Was Streifenbeamt_innen bewegt, bei drohenden Widerstandslagen auf die Durchsetzung des Gewaltmonopols zu verzichten und Handlungsspielräume zur Deeskalation zu nutzen

Stefanie Tränkle

## 1  Einleitung

Jedes Anordnen einer polizeilichen Maßnahme birgt das – demokratisch legitimierte – Risiko, dass die Adressat_innen der Maßnahme damit nicht einverstanden sind. Ob es eine Personen- oder Fahrzeugkontrolle ist, ein Platzverweis, die Beendigung einer Ruhestörung durch Sicherstellung des Musikgerätes, die Verbringung einer alkoholisierten tatverdächtigen Person ins Krankenhaus zur Blutabnahme, eine Festnahme: Eskalationspotential und das Risiko sog. „Widerstandshandlungen" (§ 113 StGB) prägen den polizeilichen Dienstalltag. Streifenbeamt_innen tendieren dazu, das Hinterfragen, Verzögern oder Verweigern ihrer Anordnungen als Infragestellung ihrer Autorität wahrzunehmen (vgl Tränkle 2014, 2015). Da hilft es nicht viel, abstrakt „im Recht" zu sein und das Gewaltmonopol zur Durchsetzung legaler Maßnahmen inne zu haben. Aufgrund der Letztzuständigkeit der Polizei muss eine Einsatzlage gelöst werden – nur wie? Einen Einsatz abzubrechen und den Rückzug anzutreten, ist nur im Ausnahmefall akuter Lebensbedrohung bei zahlenmäßiger Unterlegenheit für die Streifenbesatzung eine Option. Welche Handlungsoptionen bleiben also?

S. Tränkle (✉)
Hochschule für Polizei Baden-Württemberg, Villingen-Schwenningen, Deutschland
E-Mail: StefanieTraenkle@hfpol-bw.de

Entscheiden die Beamt_innen sich – vielleicht auch erst nach einer ergebnislosen Phase der kommunikativen Aushandlung – zum Durchsetzen der Maßnahme, kann dies eine Strategie des Autoritätserhalts sein. Als Anwendung „unmittelbaren Zwangs" (§ 52 PolG BW) ist polizeiliche Gewaltanwendung rechtlich abgesichert. Allerdings kann dies bedeuten, eine sog. Widerstandshandlung (§ 113 StGB) in Kauf zu nehmen, wenn sich die Adressat_innen der Maßnahme weiterhin dagegen zur Wehr setzen. Rechtlich gesehen reicht dies von der passiven Verweigerung bis zur physischen Gegenwehr. *„...und dann kam es zum Widerstand"* ist ein Topos, mit dem Streifenbeamt_innen einen Einsatz beschreiben, der *„aus dem Ruder gelaufen"*, also eskaliert ist und in dem die Situationskontrolle mit physischer Gewaltanwendung wieder hergestellt werden muss. Dabei verschiebt sich der Interaktionsmodus, sodass die kommunikative Ebene verlassen wird und es zur körperlichen Auseinandersetzung kommt. Im Rahmen von Widerstandshandlungen kann es zu polizeilichen Gewalthandlungen mit massivem Körpereinsatz kommen: *„Wenn's zum Widerstand kommt, helfen die ganzen Tricks und Griffe aus dem AZT[1] nix, dann haut man dem auf die Fresse"*[2]. Dies birgt ein hohes Viktimisierungsrisiko für alle Beteiligten. Agieren die Beamt_innen beim Versuch, diesen Widerstand zu brechen, zu „hart", kann das Vorgehen auch in inkriminierbare Handlungen kippen, beispielsweise eine Körperverletzung im Amt (§ 340 StGB).[3] Wenn die Wahrung oder Rückeroberung der polizeilichen Autorität in den Vordergrund und der polizeiliche Auftrag in den Hintergrund rückt, geht dies mit dem Risiko einher, dass das polizeiliche Handeln nicht mehr verhältnismäßig oder gar strafbewehrt ist (vgl. Tränkle 2014).

Aus strafrechtlicher Perspektive mag die Zuschreibung von polizeilicher Täterschaft merkwürdig anmuten, denn § 113 StGB konstituiert für Beamt_innen in einer Widerstandssituation den Opferstatus. Diese rechtliche Perspektive der Viktimisierung wird auf politischer und medialer Bühne aufgenommen. Im polizeilichen Binnenverhältnis jedoch erzeugen Widerstandslagen durchaus Rechtfertigungsbedarf vor Dienstgruppe und/oder Vorgesetzten, *„ob das denn sein musste"* (vgl. Tränkle 2015).

Die Strategie, eine *„Lage in die Eskalation zu führen"*, die der Autorin gegenüber in verschiedenen Gesprächskontexten immer wieder geschildert wird, findet sich vermutlich nicht in einsatzwissenschaftlichen oder polizeirechtlichen

---

[1] Akronym für „Abwehr- und Zugriffstraining".
[2] Studentische Bemerkung im Rahmen einer Vorlesung der Autorin.
[3] Vgl. auch Feltes/Klukkert/Ohlemacher (2007).

Lehrbüchern. Wie erklärt es sich, dass so manche Widerstandslage in Kauf genommen oder sogar provoziert wird? In den qualitativen Interviews und Feldnotizen, die diesem Beitrag zugrunde liegen, lassen sich die Beamt_innen nach ihrem Konfliktverhalten typisieren. Unter denjenigen, die einer Eskalation nicht aus dem Wege gehen und die eher konfrontativ orientiert sind, finden sich

- die Kämpferischen (*„wir gewinnen das Spiel"*), die eine Widerstandslage mit heroisierenden Topoi als Kräftemessen unter Kampfgegnern beschreiben (*„wir geh'n als Letzte vom Platz"*),
- die Konsequenten (*„begonnene Maßnahmen werden durchgezogen"*)
- die Autoritätsverteidiger (*„ich lass' mir von denen nicht auf der Nase rumtanzen"*, *„zeigen, wo der Hammer hängt"*), die das „Brechen" eines Widerstandes als notwendige Disziplinierungsmaßnahme des polizeilichen „Gegenübers" konstruieren,
- die Unbeherrschten (*„austicken"*, *„Dampf ablassen"*)
- sowie die Erlebnisorientierten (*„heute Nacht holen wir uns einen"*, *„mit action geht der Dienst schneller vorbei"*).
- Die Selbstkritischen hingegen gestehen eine Eskalation als professionelles Versagen ein.

Eine andere Möglichkeit zum Umgang mit Personen, die hoheitliche Anordnungen nicht befolgen, besteht darin, sich auf Aushandlungen einzulassen und eine Maßnahme x-fach geduldig zu erklären: Kommunikation als Einsatzmittel. Aber auch dies ist risikobehaftet: Agieren die Beamt_innen zu geduldig, droht aus ihrer subjektiven Sicht ein Autoritätsverlust, mit dem eine schwindende Durchsetzungschance einhergeht. Dies wird als Glaubwürdigkeitsverlust interpretiert und in Zusammenhang mit einem angeblichen Respektverlust der Bevölkerung gegenüber der Polizei gebracht: *„Wir sind selbst schuld, dass die Leute uns nicht mehr ernst nehmen, wir sind viel zu weich"*.[4] Polizeiarbeit „auf der Straße" verlangt den Beamt_innen zahlreiche Kompetenzen sowie einen ständigen Balanceakt auf einem schmalen Grat ab, um situativ stets die richtige Strategie zum Autoritätserhalt zu treffen.

Auf Basis qualitativer Daten kommen im Folgenden die polizeilichen Akteure zu Wort. Die befragten Streifenbeamt_innen reflektieren mit einem hohen Maß an Selbstkritik die Parameter ihrer eigenen Konflikt- und Deeskalationsbereitschaft.

---

[4]Vgl. hierzu auch Behr (2019, 2012) zu den Folgen des „smart policing".

Im vorliegenden Beitrag wurde folgender Fragestellung nachgegangen: Wovon hängt die Bereitschaft zur Deeskalation ab? Genauer: Unter welchen Bedingungen werden von den polizeilichen Akteuren Chancen zur Deeskalation genutzt? Was veranlasst sie, ihre Macht in Form des Gewaltmonopols *nicht* auszuspielen, *obwohl* es rechtmäßig wäre und *obwohl* subjektiv die Situation als Bedrohung der hoheitlichen Autorität wahrgenommen wird? Deeskalation wird hier alltagsweltlich verstanden als defensive Strategie, d. h. wenn die Situation mit beschwichtigender Kommunikation statt mit Zwangsmaßnahmen gelöst wird.[5]

Die mikrosoziologische Interaktionsanalyse versucht einen Beitrag zum Verständnis der situativen Dynamik von Gewalt im Handlungsfeld Polizeiarbeit zu leisten. Es geht darum, besser zu verstehen, wie Polizeibeamt_innen mit Einsatzsituationen umgehen, die sie des Eskalationspotentials wegen als schwierig einstufen: Unter welchen Bedingungen sind sie bereit, trotz Provokationen oder unkooperativen Verhaltens auf Bürgerseite eine Deeskalation zumindest zu versuchen? Dies liefert einen Schlüssel zum Verständnis, wie Eskalationsspiralen unterbrochen oder verhindert werden können. Ein weiteres Erkenntnisinteresse besteht darin, aus der Engführung des Diskurses um die Phänomene Gewalt „gegen" oder Gewalt „durch" Polizei herauszutreten und die Interaktivität und Situationslogik des Phänomens in den Blick zu nehmen.

Die o. g. Fragestellung ist eingebettet in den Kontext weiterer Publikationen der Autorin zum Thema „Widerstand als kritische Interaktionsform": Wie polizeiliche Akteure mit Insubordinationen (Provokationen, Respektlosigkeiten) und der Infragestellung ihrer Autorität und Durchsetzungsfähigkeit umgehen, wird in Tränkle (2017) näher betrachtet. Was nach „Widerstandslagen" passiert, in denen sich Beamt_innen über das Verhalten von Bürger_innen ärgern, beschreibt Tränkle (2014). Hier werden insbesondere die polizeilichen Strategien zur Juridifizierung, bei denen die polizeilichen Akteure die teils illegitime Ausnutzung ihrer juristischen Definitionsmacht selbstkritisch reflektieren, herausgearbeitet. Die polizeiliche Binnensicht auf das Thema Gewalt im Polizeialltag zeigt sich insbesondere auch bei der Auswertung der Daten zum Topos des *„Widerstandsbeamten"*, der sich als verdichtete Form einer kollegialen Selbstkritik herausstellt. Hierzu konnten die Etikettierungsprozesse und die durchaus ambivalenten Deutungsmuster (Widerstandsbeamter als Rambo oder Pechvogel,

---

[5]Nicht kongruent mit dem Verständnis von vom Hau (2017), welche die Ausübung von Autorität als Deeskalationsstrategie beschreibt.

als Risiko oder Held im Einsatz) herausgearbeitet werden (Tränkle 2015). Mit dem vorliegenden Beitrag sollen die bereits vorliegenden Auswertungen um den Aspekt der Deeskalationsbereitschaft ergänzt werden.

## 2 Forschungskontext und Methode

### 2.1 In welchem Forschungsfeld ist der Beitrag verortet?

Die vorliegende Arbeit ist disziplinär verortet in der (mikro-)soziologischen und kriminologischen Polizei- und Gewaltforschung. Die Einsatzerlebnisse der Polizeibeamt_innen werden durch die mikrosoziologische Lupe betrachtet. Die eigene Perspektive beim Codieren hat eine Prägung erfahren u. a. durch das polizeisoziologische Schrifttums Behrs (2008, 2013, 2012, 2014, 2019). Angeknüpft wird auch an Feltes/Klukkert/Ohlemacher (2007), wo die rechtlich nicht legitimierte polizeiliche Gewaltanwendung im Fokus steht. Es werden Rahmenbedingungen für polizeiliche Übergriffe und Rechtfertigungsmuster dafür untersucht. Dass sich polizeiliche Akteure in einer Grundspannung zwischen Eskalationsangst und (subjektiver) Notwendigkeit von Autoritätserhalt bewegen, kann mit den hier verwendeten Daten bestätigt werden. Während Feltes/Klukkert/Ohlemacher (2007) den Eskalationsprozess untersucht haben, eruiert der vorliegende Beitrag Bedingungen, welche die Akteure veranlassen, Chancen zur Deeskalation zu ergreifen.

Collins' (2016) Analyse der situativen Dynamiken von (allen Arten von) Gewalt bildet einen weiteren Hintergrund für den vorliegenden Beitrag. Collins hat für seinen Untersuchungsgegenstand die Metapher der „Einfahrten und Ausfahrten des Tunnels der Gewalt" geprägt. Um zu erklären, was in diesem „Tunnel" passiert, führt er u. a. physiologische Prozesse als Erklärungsansatz in seine mikrosoziologische Theorie ein. Basierend auf dem zentralen Begriff der Konfrontationsanspannung unterscheidet er verschiedene Typen von Gewalt nach der Dauer der Gewaltinteraktion und die damit einhergehenden Wahrnehmungsmechanismen. „Gewalt ist emotional schwierig durchzuführen und eine Motivation für Gewalt ist nicht ausreichend... Es spielt keine Rolle, wie wütend oder entfremdet jemand ist, es muss immer eine Barriere aus Konfrontationsanspannung überwunden werden." (Collins 2016: 18). Und weiter: „Die meisten Konflikte eskalieren nicht bis zur Gewalt, weil in ihnen die Barriere von Konfrontationsanspannung und -angst nicht überwunden werden kann." (Collins 2016: 34). Die im vorliegende Beitrag verwendeten Daten können, bezogen auf das Handlungsfeld Polizeiarbeit, helfen zu verstehen, was diese Angst ausmacht, die weit mehr als eine Angst vor körperlicher Verletzung ist. Im vorliegenden Beitrag werden, um die Metaphorik aufzunehmen, die Bedingungen dafür beschrieben, dass polizeiliche Akteure rechtzeitig eine Abfahrt nehmen, sodass der Tunnel der Gewalt gar nicht erst betreten werden muss. Es geht darum, wie Beamt_innen im Einzeldienst (umgangssprachlich: Streifendienst) mit der eigenen Verletzlichkeit und der staatlich legitimierten Verletzungsmacht umgehen (vgl. Papst 2016).

## 2.2 Forschungsfeld Polizei: Offenheit erzeugen trotz inkriminierbarer Erzählinhalte?

Der qualitative Korpus aus Interview- und Beobachtungsdaten stammt aus dem bereits 2011 begonnenen Projekt „Widerstand als kritische Interaktionsform". Im Rahmen eines Forschungssemesters (2018/2019) wurden die Daten vollständig recodiert. Die Autorin hat sich den Umstand zunutze gemacht, als Dozentin an einer Polizeihochschule[6] Zugang zu berufserfahrenen Studierenden[7] zu haben, die auf dem Campus befragt werden können, ohne dass dafür eine Genehmigung der Dienststellen eingeholt werden muss, welche die Aussagekraft von Gesprächsdaten oder Beobachtungen bei einem solch tabuisierten Thema zunichtemachen würde.

Der Korpus aus Beobachtungs- und Interviewdaten ist zugegebenermaßen hoch selektiv und bezieht sich auf den Streifendienst in Baden-Württemberg, gefiltert durch die Sichtweise der zum Studium für den gehobenen Dienst zugelassenen Aufstiegsbeamt_innen. Der Vorteil besteht jedoch darin, dass die Interviews ein hohes Maß an Offenheit und Authentizität aufweisen. Zur Teilnahmemotivation: Manche Erzählende schienen geradezu froh zu sein, ihre schwierigen Einsatzerfahrungen einmal „loswerden" und reflektieren zu können. Sie wurden mit einem offenen Erzählstimulus gebeten, selbst erlebte Widerstandslagen aus ihrer Zeit „auf Streife" im mittleren Dienst zu schildern.

---

[6]Seit 2010 Professorin für Kriminologie und Soziologie an der Hochschule für Polizei Baden-Württemberg.
[7]Zum Zeitpunkt der Erhebung wurden pro Jahrgang werden ca. 425 Studierende als Anwärter_innen für den gehobenen Polizeivollzugsdienst aufgenommen, der sich je zur Hälfte aus Aufstiegsbeamt_innen aus dem mittleren Dienst und Direkteinsteiger_innen nach dem Abitur zusammensetzte.

Die mit der Software MaxQDA unterstützte Analyse erfolgte zunächst in der Logik einer Strukturierenden Inhaltsanalyse (Kuckartz 2016), um den bereits vorliegenden Kategorienbaum zu überprüfen und zu differenzieren. Die Dimensionalisierung und analytische Verknüpfung der Kategorien wurde sodann in der Tradition der Grounded Theory[8] vorgenommen.

## 3 Determinanten der Konflikt- bzw. Deeskalationsbereitschaft von Streifenbeamt_ innen in kritischen Bürger-Interaktionen

Im nachfolgenden Hauptteil wird beschrieben, was Streifenbeamt_innen bewegt, bei drohenden Widerstandslagen auf die gewaltsame Durchsetzung des Gewaltmonopols zu verzichten und stattdessen Handlungsspielräume zur Deeskalation zu nutzen, obwohl damit subjektiv das Risiko eines Autoritäts- und Glaubwürdigkeitsverlustes einhergeht.

### 3.1 Einschätzung der Machtverhältnisse: *„das Gegenüber abscannen"*

Im Vordergrund steht bei der Risikokalkulation die Abwägung der eigenen physischen Konstitution und „Kampftauglichkeit" bzw. der Trainingsstand und derjenigen des „Kampfgegners". Die erste und zentralste Frage bezieht sich auf den Konfliktgegner oder die -gegnerin: Wäre eine körperliche Auseinandersetzung überhaupt zu gewinnen? Das Abscannen des „Gegenübers", so der polizeiliche Jargon, dient der Einschätzung des Gefahrenpotentials. So werden in der Einsatzlage zu allererst die Parameter des „polizeilichen Gegners" eingeschätzt: Körperliche Statur, Tattoos mit gewaltaffinen Inhalten, Körperhaltung und Mimik geben Hinweise auf die Kampftauglichkeit und -bereitschaft. Damit werden die Machtverhältnisse bestimmt, d. h. das Verhältnis aus eigener und fremder Verletzungsmacht.[9]

---

[8]Als Klassiker die Grundlagenmonographie von Strauss/Corbin (1991); zur epistemologischen Fundierung vgl. Strübing (2008), als modernes Handbuch mit methodischen und methodologischen Weiterentwicklungen vgl. Bryant/Charmaz (2010).
[9]Zur Handlungslogik der gewaltaffinen polizeilichen „Klientel", die „Polizisten im Visier" hat, vgl. Steffes-enn (2012).

Bei der Frage, ob man sich aus Gründen des Autoritätserhalts das Eskalationsrisiko bzw. die körperliche Konfrontation einer Widerstandslage leisten kann, spielt das Risiko der Solidarisierung Umstehender – oder per Handy herbeigerufener Unterstützer_innen – mit dem polizeilichen Gegenüber eine wichtige Rolle. Auf dem Lande beispielsweise kann das Aufräumen eines entlegenen, durch Müll verunreinigten Grillplatzes gelassen durchgesetzt werden – der Einsatz in einer städtischen Diskothek ist um ein Vielfaches riskanter für die Beamt_innen, weil damit gerechnet werden muss, dass sich Unbeteiligte mit einer zu durchsuchenden oder einer in Gewahrsam zu nehmenden Person solidarisieren. Bei hohem Mobilisierungs- bzw. Solidarisierungspotential des polizeilichen Gegenübers besteht ein Eskalationsrisiko – eine einzelne Streifenbesatzung wird es dann nicht auf einen Widerstand ankommen lassen und alles tun, um eine solche Lage zu verhindern.

> „Da ging's um die kurdische Familie, wo halt der Sohn mit ner anderen Türkin zusammen war. Und die Familien haben sich dann total bekämpft. Da sind wir dann hin, und konnten dann grad noch die Tochter da aus den Reihen rausziehen und ins Auto rein, und dann wollten die unser Dienstfahrzeug stürmen. Und da hat man da au keine Chance. I bin da eing'stiegen und weggefahren (…). Dann denkt man sich ja au, Gott, was bin ich hier eigentlich. Die Polizei rennt weg, aber da blieb uns nichts anderes übrig. Und da denkt man sich au, o Gott, manchmal ist man schon recht hilflos." (Aufstiegsbeamter)

Wie sieht es mit der eigenen Verletzungsmacht aus? Die Machtverhältnisse werden in der Wahrnehmung der polizeilichen Akteure maßgeblich auch von der eigenen Wehrhaftigkeit bestimmt. Zunächst einmal kommt es auf die Einschätzung der eigenen physischen Konstitution (Körpergröße, Statur) und den Trainingsstand an. Das polizeiinterne Konflikthandhabungstraining (AZT, Abwehr- und Zugriffstraining) wird durch Polizeistudierende in seiner Praxistauglichkeit und seinem Umfang für unzulänglich gehalten. Wer sich in kritischen Einsatzlagen sicher, d. h. körperlich durchsetzungsfähig fühlen möchte, setzt auf Erweiterung der Kompetenzen in der Freizeit durch Kraft- oder Kampfsport, um *„zur Not richtig hinlangen"* zu können.

Während manche Befragte zugeben, dass sie es durchaus auf eine Widerstandshandlung ankommen lassen, um sich beweisen zu können, hat bei anderen ein guter Trainingsstand in Kraft- oder Kampfsporttechniken aber auch einen interessanten paradoxen Effekt: Auf die eigene körperliche Überlegenheit zu vertrauen, sich auf den eigenen Körper als „Einsatzmittel" verlassen zu können, kann auch Gelassenheit erzeugen: Die wirklich gut Trainierten haben es erst gar nicht nötig, die Muskeln spielen zu lassen.

Beamt_innen jedoch, die eher untrainiert und/oder von kleiner und zarter Statur sind, sind auf deeskalierende Kommunikationsfähigkeiten angewiesen. Die Faktoren Geschlecht, Statur und ein für einen „Kampf" zu geringes Körpergewicht wird vor allem von Frauen thematisiert. Von mehreren Befragten werden die eigenen biographischen Erfahrungen – eigene Gewalterfahrungen in Kindheit und Jugend vs. behütetes Aufwachsen in gewaltfreiem Umfeld – thematisiert. Eine Aufstiegsbeamtin schildert die zu Beginn ihrer Polizeikarriere eigene Unsicherheit und Schlaghemmung und die von ihr entwickelte Strategie, um mehr Selbstsicherheit zu erlangen:

> „Ich hab' dadurch auch Kickboxen angefangen, um einfach auch ein bisschen Selbstsicherheit für mich zu bekommen (…). Ich bin sehr behütet aufgewachsen. Ich war nie in irgendeiner Situation, wo ich mich hätt' körperlich wehren müssen. Des hab ich erst bei der Polizei kennengelernt und deswegen eine sehr hohe Hemmschwelle, auch jemanden ins Gesicht zu langen oder so." (Aufstiegsbeamtin Landrevier)

## 3.2 Risikomanagement zum Schutz der Streifenbesatzung

Wenn sich eine Einsatzlage zuspitzt, sodass eine körperliche Auseinandersetzung droht, ist die Zusammensetzung der Streifenbesatzung eine Determinante für die Frage, ob man „*sich einen Widerstand leisten*" kann oder lieber rechtzeitig deeskaliert. Ein Konflikt mit Körpereinsatz ist zu riskant, wenn die Streifenpartnerin körperlich zart und schmal oder als Streifenpartner ein junger, kampfunerfahrener Praktikant dabei ist.

> „(…) wenn du eine Streifenpartnerin hast, du stehst' halt eher vorne dran. Du schützt die eher ein bisschen, wenn du merkst jetzt geht was, jetzt passiert was, dann bist halt du als Mann eher doch derjenige, wo vorne dran steht dann und dadurch auch eher zu der Widerstandshandlung kommt oder zu der körperlichen Auseinandersetzung (…)." (Polizeiobermeister 1, Stadtrevier)

Geht es nun um Kavalierverhalten und Beschützerinstinkt? „*Der DGL würde uns lynchen, wenn wir die Kollegin in die erste Reihe stellen würden*", meint ein Obermeister. Doch wie stehen die weiblichen Beamten dazu? Diese Frage wurde von der Autorin vielfach im Rahmen von Vorlesungen kontrovers diskutiert. Während manche Beamtinnen sofort widersprechen und die eigene Kampfbereitschaft betonen, sich männlichen Schutz verbitten und die eigene

Schutzbedürftigkeit verneinen, zucken vor allem junge, berufsunerfahrene und von Statur her zarte Anwärterinnen für den gehobenen Dienst resigniert und bestätigend mit den Schultern. Welche Rolle das biologische und soziale Geschlecht genau spielt, kann hier nicht genau beantwortet werden, aber es kristallisiert sich deutlich heraus, dass die Bereitschaft, einen Widerstand zu riskieren oder auf Deeskalation zu setzen, vor allem auch mit der eigenen Statur, dem Trainingsstand und der Berufserfahrung variiert.

Zur Frage, welche Rolle eine „gemischte" Streifenbesetzung spielt, heißt es im Gruppeninterview:

> „Also ich glaub, wenn eine Kollegin dabei ist, geht man anders rein, also wird man doch eher mal, bevor es richtig klappert, (…) man hat mehr Geduld dann. Also man weiß ja, dass (…) halt da vielleicht nicht so viel Unterstützung kommt." (Polizeiobermeister 2, Stadtrevier)

Auch für eine Praxisausbilderin, die mit einem jungen Praktikanten auf Streife ist, stellt dessen Unerfahrenheit ein Risiko dar und sie wird sich eher vom Schutzgedanken leiten lassen anstatt eine Eskalation zu riskieren.

## 3.3 Allein auf weiter Flur oder Unterstützungspotential durch die Dienstgruppe?

Obwohl der Streifendienst polizeilich „Einzeldienst" heißt, agieren Streifenbeamt_innen keineswegs als Einzelne. Der Funk wird immer mitgehört, auch, um zu wissen, wo sich die anderen Streifenfahrzeuge befinden und wer in eine brenzlige Lage geraten könnte. Für die Frage des Verhaltens in einer kritischen Bürgerinteraktion ist die Einschätzung des mobilisierbaren Unterstützungspotentials durch andere Streifenbesatzungen also zentral. Ob zur Not per Funk Unterstützung angefordert werden kann, hängt vor allem von der aktuellen Auftragslage im Revierbereich sowie von der Besetzung der Dienstgruppe ab. Wenn viele Streifenbesatzungen verfügbar sind, erhöht das die Konfliktbereitschaft. Wenn die Sollstärke jedoch nicht erfüllt ist, die Dienstgruppe also unterbesetzt ist, muss man alleine klar kommen, und kann sich – hier steht die Eigensicherung im Vordergrund – einen Konflikt in Form einer Widerstandslage nicht leisten.

Selbst wenn von der Personalstärke her Unterstützung angefordert werden könnte – wie schnell könnten die Kolleg_innen am Einsatzort sein? Die langen

Anfahrtswege eines ländlichen Flächenreviers erzwingen geradezu, dass eine Streifenbesatzung mit jeder Einsatzlage selbst fertig wird und Eskalationen tunlichst vermeidet.

> „Wenn ich bei uns in der Gemeinde war, wo ich genau g'wusst hab', wenn ich jetzt Probleme hab', dauert's mindestens 20 Minuten, bis Unterstützung da ist. Da überleg' ich's mir dreimal, wie ich mich verhalte", berichtet eine Polizeiobermeisterin aus einem ländlich geprägten Revier.

Eine Polizeiobermeisterin aus dem städtischen Gebiet schildert analog:

> „Auf dem ländlichen Bereich ist es einfach das Problem, Kollegen stehen meistens alleine da, (...). Und bei uns werden die Androhungen dementsprechend halt auch schneller umgesetzt wie bei den Kollegen, was verständlich ist, wenn ich alleine gegen fünf stehe, warte ich erst mal, bis eine nachrückende Streife kommt. Dauert einfach länger. In der Zeit kann man einfach mehr auf die Leute einreden und versuchen, sie von was anderem zu überzeugen. Und bei uns, dadurch dass die Wege kürzer sind und wir mehr Leute sind, ist die Zeit gar nicht da zum Diskutieren, weil wenn wir sagen, wir brauchen jetzt eine zweite Streife, es kommt recht zügig eine und wir ziehen unsere Maßnahmen dann konsequenter schneller durch. Und da merkt man doch öfters mal, dass die Leute das von den ländlicheren Revieren nicht so gewöhnt sind."

Eine weitere Determinante ist die Größe der Dienstgruppe und die sog. *„Sollstärke":* Personalknappheit führt zu Stress in den Dienstgruppen. Wenn viele Streifen verfügbar sind, erhöht das die Konfliktbereitschaft. Wenn es personellen Notstand gibt, wirkt dies auf die im Einsatz befindlichen Streifen eher disziplinierend, dann kann man sich im Sinne der Eigensicherung einen Konflikt bzw. Widerstand weniger leisten.

Neben „harten" Kriterien wie Auftragslage, Anfahrtswegen oder Krankenstand werden durchaus auch „weiche" Faktoren einbezogen, beispielsweise die Belastbarkeit der Dienstgruppe hinsichtlich ihrer Solidarität und Stressresistenz: Wie durchzogen ist die Dienstgruppe von privatem Geschehen? Außereheliche Liebes- bzw. erotische Affären in der Dienstgruppe, zerstrittene Kollegenpaare in derselben Schicht oder demselben Revier, Eifersüchteleien, weil der Dienstgruppenleiter sich in der Freizeit mit einem Schichtkollegen trifft. Die Frage, wie sehr es „menschelt" in einer Dienstgruppe, beeinflusst das Einsatzverhalten von Einzelnen. Denn die zentrale Frage ist: Kann man sich auf die anderen verlassen, wenn sie zur Unterstützung angefordert werden? Hat man genug Standing in der Dienstgruppe, um sich den Unterstützungseinsatz leisten zu können oder setzt man sich anschließenden Vorwürfen aus? Gibt es eine gemeinsame „Einsatzphilosophie"? Wenn grundsätzlich alle Streifen zu einer Widerstandslage anfahren[10], ist man handlungsfähiger, weil man sich auf bald anrückende Verstärkung verlassen kann. Ist die „Einschreitschwelle" innerhalb der Dienstgruppe ähnlich oder muss man sich vor den Kolleg_innen rechtfertigen, wenn man eine Maßnahme nur zwei Mal ankündigt und sie bei Nichterfüllung unter Anwendung unmittelbaren Zwangs durchsetzt?

### 3.4 Die eigene körperliche und soziale Vulnerabilität: „Ich muss heil heim kommen"

Zunächst ist die Vulnerabilität ganz konkret gemeint im Sinne der körperlichen Verletzlichkeit, d. h. in diesem Kontext das Risiko, in der körperlichen Auseinandersetzung zu unterliegen. Den Befragten geht es jedoch nicht zuerst um die körperliche Integrität. Was hier vor allem bei Dienst- und Lebensälteren mitschwingt, ist eine sorgenvolle soziale Verantwortlichkeit: *„ich hab Frau und Kinder zu Haus'"*, *„meine Frau ist schwanger, ich muss heil heim kommen"* oder *„ich bin alleinerziehend"*. Die ständige Sorge, der Familie durch eine Verletzung Kummer, Versorgungsaufwand oder finanzielle Not bei längerer oder vollständiger Erwerbsunfähigkeit zuzumuten, nehmen Streifenbeamt_innen mit in den täglichen Dienst. Wer soziale Verantwortlichkeiten hat, ist im Einsatz weniger risikofreudig, wenn sich eine körperliche Auseinandersetzung ankündigt und wird eher auf Deeskalation setzen.

Vulnerabilität ist eine Dimension, die übrigens auch dem Gegenüber zugebilligt wird. Ein hohes Lebensalter bzw. die altersbedingte Gebrechlichkeit eines Bürgers oder einer Bürgerin sind klare deeskalierende Faktoren *(„sieht doof aus, einem älteren Mitbürger, der auf die Polizei losgeht, den Stock abzunehmen" (Revierleiter)*. Personen mit wahrnehmbaren psychischen Krankheiten, eine Mutter mit Kindern – diese Personengruppen sind keine würdigen Gegner, hier lassen sich die Beamt_innen eher vom „Schutzmann"-Habitus leiten, auch wenn die Beamt_innen beleidigt und provoziert werden. Vulnerable Personen können

---

[10]Die Autonomie der Streifenbesatzung wurde durch die Polizeistrukturreform 2014 – also noch der Erhebung – eingeschränkt. Einsätze werden nicht mehr auf „Wachen" der Reviere, sondern zentral im Führungs- und Lagezentrum des Präsidiums koordiniert.

hier mit mehr polizeilicher Toleranz und Geduld rechnen. Bei Vulnerabilität des Gegenübers gilt es als nicht legitim, das Gewaltmonopol koste es, was es wolle, durchzusetzen.

## 3.5 Erfolgschancen kommunikativer Deeskalationsmöglichkeiten? „*Den quatsch ich runter!*"

Durchaus selbstkritisch beziehen die Befragten nicht nur die körperlichen, sondern auch die eigenen sozialen und kommunikativen Kompetenzen in ihre Überlegungen mit ein, wenn sie rekonstruieren, was in einer kritischen Interaktion zu ihrer Deeskalationsbereitschaft beiträgt. Stehen kommunikative Strategien zur Verfügung, um die Situation zu deeskalieren? Sind sie situationsadäquat und erfolgversprechend? Dem Gegenüber kann beispielsweise kommunikativ der Wind aus den Segeln genommen werden (*„den quatsch ich runter"*).

Je nach Kontext wird auch der „Code der Straße" bedient. Bei der Strategie des „Kumpelns" oder des „(to) give respect" wird Respekt als zentrale Währung sozialen Kapitals eingesetzt, um beim Gegenüber Kooperationsbereitschaft zu erzeugen.

> „...der Ruf des Kollegen, der eilte ihm voraus. (...) Und der, nur als Beispiel, der hatte regelmäßig zum Beispiel Obdachlosenszene, Trinkermilieu, Punkerszene, regelmäßig Widerstände, immer wieder, (...). Wir haben Kontrollen, bei denen genauso oft durchgeführt und (...) nie einen Widerstand gehabt. Gar nie. Es ist einfach die Art und Weise meines Erachtens wie ich auf solche Leute zugehe, wie ich mit denen rede, ob ich denen auch, auch wenn sie in der OfW[11]-Szene sind, ob ich denen trotzdem als Mensch dementsprechend vielleicht noch Respekt gegenüber bringe und denen auch dementsprechend gegenüber auftrete und ganz normal mit denen rede und nicht so von oben herab so hier, jetzt hab ich hier die Uniform an. (...) Das hat auch so immer funktioniert. Die Leute gehen dann auch so mit, wenn ich dementsprechend mit denen umgehe und denen das verklickere und sage ‚du, heute ist nicht dein Tag.'" (Aufstiegsbeamter)

---

[11]Akronym für obdachlose Menschen („ohne festen Wohnsitz").

## 3.6 Ehrgefühl, Maskulinität und Ich-Konzept: *„und dann kommt dieses Mannesgetue raus"* vs. *„man muss auch mal was überhören können"*

Machen wir uns zunächst noch einmal klar, dass es aus der Sicht der Polizistenkultur Gründe genug gibt, eine Auseinandersetzung nicht zu scheuen: Unter der Handlungsmaxime *„Autoritätserhalt, koste es, was es wolle"* gibt es – in der Regel männliche – Beamte, die eine sich anbahnende körperliche Auseinandersetzung als *„Kampf"* bzw. *„Wettkampf"* rahmen, in dem es die eigene *„Kampfesehre"* zu verteidigen gilt. *„Wir gewinnen das Spiel"*, *„wir geh'n als letzte vom Feld"* oder *„die kriegen mich nicht klein"* sind Aussagen, die einen klaren Gender-Aspekt aufweisen. Ein Rückzieher (*„Schwanz einziehen"*) wäre eine Niederlage vor der Dienstgruppe, die sie sich nicht leisten wollen. Solche Beamte sind von der Ehrauffassung geprägt, dass eine Beleidigung der Uniform eine Beleidigung des Staates sei, die nicht toleriert werden könne.

Die Haltung *„ich sag's zwei Mal, dann ist Schluss"* wird polizeiintern als „klare Linie" bzw. als *„konsequentes Einschreiten"* respektvoll anerkannt.[12] Eine Konfliktorientierung jedoch, die eine körperliche Auseinandersetzung nicht scheut – ein draufgängerisches Gemüt, die eigene leichte Kränkbarkeit oder „Ehrempfindlichkeit" – wird kritisch gesehen:

> „wenn dann eben so Sachen wie Beleidigungen oder sonst was dabei sind, dann gibt's eben diese Kollegen, wo sich da persönlich angegriffen fühlen und dann (…) kommt dieses Mannesgetue raus."

Ein Einschreiteverhalten, das Eskalationen womöglich provoziert, wird untereinander scharf verurteilt, als charakterliche Schwäche und als Risiko im Einsatz gesehen. Risikofreude und Erlebnisorientierung werden jungen männlichen Beamten kritisierend zugeschrieben: *„die jungen Wilden von der BePo*[13]*"*, die dienstliche Misserfolgs- bzw. Frustrationserlebnisse kompensieren (*„heute Nacht*

---

[12] Dies geht zurück auf zahlreiche informelle Gespräche mit Studierenden, mit Vorgesetzten auf Revieren und insbesondere mit Ausbildern. Besonderen Dank an PD Jürgen Renz, HfPolBW, Dozent für Einsatzwissenschaften.

[13] Bereitschaftspolizei.

*holen wir uns einen")* werden von Dienstälteren ungern als Streifenpartner mitgenommen. Ist dies mit pekuniären Interessen verbunden, stößt eine solche Arbeitshaltung erst recht auf Missbilligung in der Kollegenschaft:

> „Man hat Möglichkeiten im Zivilverfahren, dem [Bürger, Aggressor, Konfliktgegner] weh zu tun. Ein Kollege hat das exzessiv ausgenutzt, um an Schmerzensgeld zu kommen. Da war nicht immer alles astrein, der hat auch provoziert. Wenn man den gesehen hat: Oh, der hat die Dollarzeichen in den Augen", berichtet ein Hauptmeister.

Dem gegenüber stehen Beamt_innen, die sich selbst eine konfliktvermeidende Grundhaltung zuschreiben. Einer der Befragten beispielsweise, der von den körperlichen Voraussetzungen her eine Auseinandersetzung nicht scheuen müsste, lässt sich von Gelassenheit und Selbstbeherrschung leiten: *„man muss auch mal was überhören können, sonst könnte man ja jeden Zweiten an die Wand klatschen".* Ein weiterer Beamter mit ähnlichen Voraussetzungen ist ebenfalls von einem stabilen professionellen Ich-Konzept geprägt, das sich von Provokationen und Beleidigungen nicht zur Reaktivität hinreißen lässt: *„Eine Beleidigung perlt an meiner Uniform ab".*

Solche Beamt_innen lassen Flexibilität im Einsatz erkennen, d. h. sie können sich von starren Einsatzhaltungen *(„begonnene Maßnahmen werden durchgezogen")* lösen und lagebezogen auch anders agieren (beispielsweise *„deals"* anbieten), weil sie sich dadurch in ihrem Selbstwert nicht angegriffen fühlen.

Solche Beamt_innen schreiben sich auch einen besonnenen Charakter und Geduld zu. Sie sagen von sich selbst, sie seien geduldig und erklärten oder begründeten eine Maßnahme beliebig oft. Ein professionelles Selbstkonzept, das mit dem Begriffs des „Schutzmanns/der Schutzfrau" im Sinne Behrs (2008) treffend beschrieben werden kann, wirkt als deeskalierendes Moment.

## 3.7 Die interkulturelle Dimension

Eng verbunden mit der Kategorie des Ehrgefühls ist die Bereitschaft und Fähigkeit zur *interkulturellen Kompetenz,* die strukturell vor allem von weiblichen Beamten gefordert ist. Zu deren frustrierenden Alltagserfahrungen gehört es, von manchen männlichen, muslimisch geprägten Bürgern ignoriert zu werden, geschweige denn, dass ihren Anweisungen Folge geleistet würde. Aus einsatztaktischer Sicht sind solche Vorkommnisse schwierig, vor allem dann, wenn eine Streifenbesatzung aus zwei Frauen besteht. Welchen Preis darf der Autoritätserhalt haben? Bringen Einsatzkräfte beiderlei Geschlechts es beispielsweise über sich, den türkischen oder arabischen Ehemann zuerst zu grüßen und nicht dessen Ehefrau, die von ihm in der Wohnung verprügelt wurde? Gerade in Fällen häuslicher Gewalt schlägt das Herz der Schutzmänner und -frauen für die überwiegend weiblichen Opfer.

Im Kontext der Frage, wovon die eigene Deeskalationsbereitschaft abhängt, thematisieren die Befragten sehr selbstkritisch das Ausmaß an situativer Klugheit, die Bereitschaft, eigene Normen und Werte zurückzustellen sowie Kompromissbereitschaft, die hierzu nötig seien, aber nicht immer aufgebracht werden könne.

In den Vorlesungen der Autorin an der Polizei-Hochschule wird dieses Dilemma immer wieder diskutiert. Polizeistudierende nehmen hier sehr polarisierte Positionen ein; die einen sind bereit, *„zurück zu stecken"* und die Sachbearbeitung vor Ort an einen männlichen Kollegen abzugeben – aus situativer Vernunft, aber auch in der Antizipation des Rassismus-Vorwurfs, um eine Eskalation zu verhindern. Andere – männliche wie weibliche Studierende – sind der Meinung, dass die Polizei sich dies nicht bieten lassen könne und das Gewaltmonopol *„jetzt erst recht"* durchgesetzt werden müsse. Die interkulturelle Dimension eines Vorkommnisses jedenfalls ist ein nicht zu unterschätzender Faktor im Glaubwürdigkeits- und Autoritätsmanagement von Streifenbeamt_innen und beeinflusst ihr Konfliktverhalten bzw. ihr Risikomanagement in kritischen Interaktionen.

### 3.8 Diensteifer vs. Arbeitsbelastung oder *„ein Widerstand macht Ärger"*

Vorgesetzte unterscheiden zwischen Dienstgruppen, die aktiv *„Zahlen machen"* und dazu, wenn es sein muss, einer körperlichen Auseinandersetzung nicht aus dem Weg gehen und solchen, die *„möglichst smooth"* durch den Dienst zu kommen versuchen. Die Frage der individuellen und kollektiven Arbeitshaltung scheint ein weiteres erklärendes Moment für Deeskalationsbereitschaft in kritischen Bürger-Interaktionen zu sein. Denn Widerstandsdelikte sind in der anschließenden Juridifizierung sehr arbeitsintensiv, sie bedeuten *„eine Menge Schreibkram"*, sodass die eigene *„Schreibfaulheit"* bzw. die Vermeidung von Rechtfertigungsaufwand eine Motivation sein kann, sich anbahnende Widerstandsituationen im Keim zu ersticken: *„Und das ist auch ein Unterschied was jetzt so in einer Philosophie von einer Schicht anders ist als vielleicht bei anderen, die dann sagen, ah, Widerstand, schreib ich nicht, ist eine riesen*

*Schreibarbeit, gibt Ärger, gibt Gegenanzeigen. Wieso muss ich das haben, komm lass doch den laufen."*, sagt ein Revierleiter. Wer wenig Diensteifer an den Tag legt und Arbeitsaufwand lieber niedrig hält, wird vorhandene Handlungsspielräume zu einer pragmatisch motivierten Deeskalation oder einer Ausweichstrategie *("da hinten ist noch ein Falschparker")* nutzen. Situative Faktoren wie beispielsweise das Auftreten der kritischen Interaktion kurz vor Dienstschluss, vor dem Hintergrund einer dichten Auftragslage im Revier oder eines nicht ordentlich abgearbeiteten Postkorbs mögen eine solche pragmatische Motivation noch verstärken.

## 3.9 Deeskalationsbereitschaft als Risikomanagement für die Karriere

Die eigenen Karriereaspirationen bzw. -risiken können die Motivation erhöhen, eine kritische Bürger-Interaktion nach Möglichkeit zu deeskalieren. Einige Parameter seien nachfolgend benannt.

Der beamtenrechtliche Status beeinflusst die Frage, ob man sich eine Widerstandslage „leisten" kann. Anwärter_innen zum mittleren oder gehobenen Dienst, die noch in der Probezeit sind, versuchen tendenziell Widerstandslagen zu vermeiden, um die Lebzeitverbeamtung nicht zu gefährden.

Steht eine Beamtin kurz vor der Beurteilungs- und Beförderungsrunde oder ist einem Beamten eine interne Stellenbewerbung besonders wichtig, so werden Widerstandslagen tunlichst vermieden. Solange ein Widerstandsverfahren anhängig ist, ist eine Beförderung blockiert, obwohl der Beamte oder die Beamtin in diesem Verfahren Geschädigten-Status hat. Und obwohl ein „Widerstand" eigentlich eine Viktimisierung auf Polizeiseite konstituiert, muss mit einem kritischen *„Musste das denn sein?"*-Vorwurf der Vorgesetzten gerechnet werden.

Mangelnde Rechtssicherheit kann die Deeskalationsbereitschaft ebenfalls beeinflussen: Wer unsicher ist, ob das eigene polizeiliche Handeln vollständig vom legalen Rahmen gedeckt ist, wird eher vorsichtig agieren und im Zweifel eine Eskalation zu verhindern versuchen. Fragen wie *„Was darf ich in dieser Situation genau?"*, *„Ist das verhältnismäßig?"* oder *„Gibt das Ärger (mit den Vorgesetzten)?"* treibt vor allem die Berufsunerfahrenen um. Das heißt nicht zwangsläufig, dass Berufserfahrene rechtlich sicherer sind und Tatbestände korrekter subsumieren, aber sie haben sich vielleicht mehr Strategien angeeignet, um das eigene Handeln und die anschließende Juridifizierung kritiksicher zu machen.

Ein weiterer Parameter, der die Konflikt- oder Deeskalationsbereitschaft beeinflusst, ist die zugeschriebene Beschwerdemacht der betreffenden Person. Allerdings lässt sich nur feststellen, *dass* sie eine Rolle spielt, aber keinesfalls, in welcher Weise. Ob in den Interviews oder in unzähligen Diskussionen im Hörsaal: Gerät eine Streifenbesatzung mit einem Anwalt oder einer Akademikerin in eine eskalierende Interaktion, so kann die Reaktion der polizeilichen Akteure sehr unterschiedlich ausfallen: von einem *„Jetzt-erst-recht"* aus Gründen des Autoritätserhalts bis zum Maßnahmenverzicht bzw. Rückzug, um *„Ärger zu vermeiden"*.

Als handlungsleitend kristallisiert sich außerdem die Fehler- und Führungskultur im eigenen Revier heraus. Befragte begründen in den Interviews, in denen sie ihre Entscheidung zur Deeskalation reflektieren, mit informellen dienstlichen Vorgaben: Beamte, deren Chefin die Haltung vertritt: *„Ihr müsst auch mal was einstecken können"* oder *„Ich will keine schlechte Presse"*, werden Widerstände zu vermeiden versuchen, um keine rechtfertigenden Stellungnahmen schreiben zu müssen. Beamtinnen, deren Vorgesetzter Rückendeckung für eskalatives Einsatzhandeln gibt (*„Lasst Euch nichts gefallen, setzt Euch durch"*), können sich einen Widerstand dienstlich viel eher leisten. Vorgesetzte, bei denen man sich darauf verlassen kann, dass sie Strafantrag gegen den Beschuldigten des Widerstandsdelikts stellen, werden als Rückhalt gebend erlebt – und dieser Rückhalt kann die Bereitschaft, eine Widerstandslage zu riskieren, erhöhen.

### 3.10 Das Risiko einer Reputationsschädigung in der medialen Öffentlichkeit

Es sind nicht nur persönliche Risiken wie die eigene Viktimisierung oder die Auswirkung auf die Karriere, die blitzschnell durchkalkuliert werden, wenn es darum geht, welchen Preis die Durchsetzung einer polizeilichen Maßnahme haben darf. Gerade die berufserfahrenen Beamt_innen lassen sich bei der Entscheidung, ob sie eine Widerstandslage riskieren können oder nicht, vom Gedanken an eine etwaige Reputationsschädigung der Polizei leiten, *„weil man es sonst in der nächsten Situation noch schwerer hat"*.

Örtlichkeit und Öffentlichkeitsgrad einer Einsatzsituation können für die aufgeworfene Fragestellung eine Rolle spielen. Eine Schlägerei zwischen Besuchern eines Gastronomie-Betriebs in einer belebten Innenstadt beispielsweise birgt das Risiko, dass ein polizeiliches Einschreiten mehrfach per Handy-Kamera videographiert wird und anschließend im Internet Verbreitung findet. Vor allem in süddeutschen Universitätsstädten, deren Lokalpresse als tendenziell „polizeikritisch" gilt, lassen Einsatzkräfte eine gewissen Vorsicht walten, vor allem, wenn in jüngster Zeit ähnliche Vorkommnisse berichtet wurden.[14] Ein „Schläger-Image" durch die mediale Berichterstattung gilt es zu vermeiden – und zwar aus ganz pragmatischen Gründen, nämlich um zu verhindern, dass die Bevölkerung sich der Polizei gegenüber aggressiv(er) verhält.

## 4 Zusammenfassung

Auf Basis qualitativer Daten kamen die polizeilichen Akteure zu Wort. Die befragten Streifenbeamt_innen reflektieren mit einem hohen Maß an Selbstkritik die Parameter ihrer eigenen Konflikt- und Deeskalationsbereitschaft. Im vorliegenden Beitrag wurde folgender Fragestellung nachgegangen: Wovon hängt die Bereitschaft zur Deeskalation ab? Genauer: Unter welchen Bedingungen werden von den polizeilichen Akteuren Chancen zur Deeskalation genutzt? Was veranlasst sie, ihre Macht in Form des Gewaltmonopols *nicht* auszuspielen, *obwohl* es rechtmäßig wäre und *obwohl* subjektiv die Situation als Bedrohung der hoheitlichen Autorität wahrgenommen wird?

Vor dem Hintergrund der Collin'schen (2016) Tunnel-Metapher ging es darum, herauszufinden, wann polizeiliche Akteure ihrer Konfrontationsangst nachgeben und unter welchen Bedingungen sie bereit sind, deeskalierende Alternativen zu suchen und den Einfahrt in den Tunnel der Gewalt zu vermeiden. Folgende Motive haben sich ergeben: Vordergründig sind es vor allem die körperliche Integrität sowie – damit verbunden – soziale Verantwortlichkeiten, die zur Einschätzung führen, ob man sich eine Eskalation leisten kann. Bein „Abscannen" der Machtverhältnisse werden sowohl die eigene „Kampftauglichkeit" (im Sinne der Verletzungsmacht) vs. das eigene und fremde Viktimisierungsrisiko eingeschätzt. Aber selbst, wenn die situative Risikoanalyse, die im Bruchteil einer Sekunde vollzogen wird, eine Durchsetzungschance im Falle einer körperlichen Auseinandersetzung ergibt, wird der Tunnel der Gewalt noch lange nicht betreten.

Eine Rolle spielen u. a. pragmatisch-arbeitsökonomische Motive hinsichtlich der eigenen Arbeitsbelastung und derjenigen der Dienstgruppe. Ins Risikokalkül fließen darüber hinaus auch in die Zukunft gerichtete, karriereorientierte

---

[14]Wie sich der Einsatz der flächendeckend in Baden-Württemberg eingeführten Body cam auswirkt, bleibt abzuwarten.

Motive mit ein. Eine konfliktgeladene Einsatzlage zu deeskalieren verhindert im Zweifel eine Karriereblockade oder -schädigung sowie einen Reputationsschaden für die Dienstgruppe, wenn nicht sogar für die gesamte Organisation. Beeinflusst wird diese Risikoanalyse u. a. von der Beschwerdemacht der insubordinierenden Bürgerin oder des Bürgers, gegebenenfalls auch eine interkulturelle Dimension. Die individuelle Risikoanalyse, ob man sich „einen Widerstand leisten kann", ist eingebettet in eine breitere, in der die polizeiliche Subkultur entscheidenden Einfluss nimmt. Vulnerabilität, Unterstützungspotential, Arbeitsbelastung und Reputation sind nur einige der Aspekte, die sich zunächst vor allem auf die eigene Dienstgruppe, aber auch auf die Organisation insgesamt beziehen.

Bei der Abwägung, ob eine Deeskalation versucht oder die angeordneten Maßnahme durchgesetzt wird, wird interessanterweise eines überhaupt nicht erwähnt: Lehrinhalte aus der Aus- und Fortbildung, die Rechtslage, das Leitbild oder Dienstvorschriften. Die Polizeibeamt_innen lassen sich hingegen eher von situativen Zwängen, arbeitsökonomischem Pragmatismus, sozialen Verantwortlichkeiten sowie nicht zuletzt subkulturellen Orientierungen leiten.

Eingangs wurden Typen von Beamt_innen beschrieben, die einer gewalttätigen Auseinandersetzung nicht aus dem Wege gehen. Abschließend können nun die eher deeskalativ orientierten Typen benannt werden:

- die Besonnenen, die aufgrund physischer Voraussetzungen eine körperliche Auseinandersetzung riskieren könnten, es aber aufgrund ausreichenden Selbstbewusstseins nicht nötig haben und die explizit einer ethischen Wertorientierung im Dienst folgen;
- die Vulnerablen, die aufgrund physischer Gegebenheiten auf Kommunikation als Einsatzmittel angewiesen sind,
- die Verantwortungsvollen, die aus Rücksicht und in schützender Absicht auf ihr privates bzw. berufliches Umfeld agieren sowie
- die pragmatisch-arbeitsökonomischen Ärgervermeider.

Die Frage, welche konkreten Strategien der Deeskalation zum Handlungsrepertoire der polizeilichen Akteure gehören und unter welchen Bedingungen sie erfolgversprechend sind, wird Gegenstand weiterer Untersuchungen sein.

## Literatur

Behr, R. (2019). Gewalt und Polizei. *Aus Politik und Zeitgeschichte (APuZ)*. Herausgegeben von der Bundeszentrale für politische Bildung; Beilage zur Wochenzeitung Das Parlament, 69 (21–23), 24–28.

Behr, R. (2014). „Gewalt" und „Zwang" – Überlegungen zum Diskurs über Polizei. In H. Schmidt-Semisch & H. Hess (Eds.), *Die Sinnprovinz der Kriminalität: Die Dynamik eines sozialen Feldes* (S. 203–218). Wiesbaden: Springer VS.

Behr, R. (2013). Polizei.Kultur.Gewalt: Die Bedeutung von Organisationskultur für den Gewaltdiskurs und die Menschenrechtsfrage in der Polizei. *SIAK-Journal*, 81–93. Retrieved from https://doi.org/10.7396/2013_1_h.

Behr, R. (2012). Die „Gewalt der Anderen" oder: Warum es bei der aktuellen Gewaltdebatte nicht (nur) um Gewalt geht. In T. Ohlemacher & J.-T. Werner (Eds.), *Empirische Polizeiforschung XIV: Polizei und Gewalt: Interdisziplinäre Analysen zu Gewalt gegen und durch Polizeibeamte* (Schriften zur Empirischen Polizeiforschung, S. 177–196). Frankfurt: Verlag für Polizeiwissenschaft.

Behr, R. (2008). *Cop Culture – der Alltag des Gewaltmonopols: Männlichkeit, Handlungsmuster und Kultur in der Polizei*. Univ., Diss.–Frankfurt am Main, 1999. (2. Aufl.). Wiesbaden: VS Verl. für Sozialwiss.

Bryant, A. & Charmaz, K. (Hrsg.) (2010). *The SAGE handbook of grounded theory*. Paperback ed., reprinted. Los Angeles: SAGE.

Collins, R. (2016). Einfahrten und Ausfahrten des Tunnels der Gewalt: Mikro-soziologische Dynamiken der emotionalen Verstrickung in gewaltsame Interaktionen. In C. Equit, A. Groenemeyer, & H. Schmidt (Eds.), *Situationen der Gewalt* (S. 14–39). Weinheim [u. a.]: Beltz Juventa.

Feltes, T., Klukkert, A., & Ohlemacher, T. (2007). „… dann habe ich ihm auch schon eine geschmiert.": Autoritätserhalt und Eskalationsangst als Ursachen polizeilicher Gewaltausübung. *Monatsschrift für Kriminologie und Strafrechtsreform*, 90, 285–303.

Kuckartz. (2016). *Qualitative Inhaltsanalyse. Methoden, Praxis, Computerunterstützung* (3rd ed.). Weinheim: Beltz Juventa.Pabst, A. (2016). Zur Analyse von Gewalt im Spannungsverhältnis von Verletzlichkeit und Verletzungsmacht. In C. Equit, A. Groenemeyer, & H. Schmidt (Eds.), *Situationen der Gewalt* (S. 380–389). Weinheim [u. a.]: Beltz Juventa.

Steffes-enn, R. (2012). *Polizisten im Visier: eine kriminologische Untersuchung zur Gewalt gegen Polizeibeamte aus Tätersicht*. Frankfurt a. M.: Verlag für Polizeiwissenschaft.

Strauss, A. & Corbin, J. (1991). *Grounded theory. Grundlagen qualitativer Sozialforschung*. Unveränd. Nachdr. der letzten Aufl. Weinheim: Beltz PsychologieVerlagsUnion.

Strübing, J. (2008). *Grounded Theory. Zur sozialtheoretischen und epistemologischen Fundierung des Verfahrens der empirisch begründeten Theoriebildung*.Wiesbaden: VS Verlag für Sozialwissenschaften.

Tränkle, S. (2014). Gerechtigkeit auf dem kleinen Dienstweg: Polizeiliche Strategien der Juridifizierung von Widerstands-Delikten. In M. A. Niggli & L. Marty (Eds.), *Neue Kriminologische Schriftenreihe. Risiken der Sicherheitsgesellschaft: Sicherheit, Risiko & Kriminalpolitik* (S. 464–476). Mönchengladbach: Forum Verlag Godesberg.

Tränkle, S. (2015). Der Topos des Widerstandsbeamten als verdichtete Selbstkritik der Polizei. In B. Frevel & R. Behr (Eds.), *Schriften zur empirischen Polizeiforschung. Empirische Polizeiforschung XVII: Die kritisierte Polizei* (S. 142–163). Frankfurt a. M.: Verlag für Polizeiwissenschaft.

Tränkle, S. (2017). „Begonnene Maßnahmen werden durchgezogen" – Widerstandslagen als Testfall für die Legitimität polizeilicher Maßnahmen. In B. Frevel & M. Wendekamm (Eds.), *Sicherheitsproduktion zwischen Staat, Markt und Gesellschaft* (S. 31–46). Wiesbaden: Springer VS.

Vom Hau, S. (2017). *Autorität reloaded: Eine Neukonzeption gegen Gewalteskalationen im Polizeidienst*. Wiesbaden: Springer VS.

**Stefanie Tränkle** Prof. Dr., Professorin für Kriminologie und Soziologie an der Hochschule für Polizei Baden-Württemberg, Villingen-Schwenningen, Fakultät für Kriminalwissenschaften StefanieTraenkle@hfpol-bw.de.

# „Militarisierung" als Antwort auf „mangelnden Respekt"? Ein soziologischer Beitrag zur Diskussion um einen Paradigmenwechsel der Polizei in Deutschland

Thomas Naplava

## 1 Einleitung

Ausgangspunkt der Überlegungen in diesem Beitrag ist der seit vielen Jahren von Polizei und Politik beklagte Anstieg der Widerstandshandlungen und tätlichen Angriffe gegen Polizisten[1], der vor allem im Zusammenhang mit sinkendem Respekt der Menschen in der Gesellschaft gegenüber öffentlichen Institutionen gedeutet wird.[2] Damit wurde eine Perspektive eingenommen, die sogar vom Bundespräsidenten Unterstützung erfährt, wenn er Respekt vor der Polizei ein-

---

[1]Aufgrund der besseren Lesbarkeit wird in dem Beitrag auf die Ausschreibung der weiblichen und männlichen Form verzichtet. Selbstverständlich sind stets alle Geschlechter gemeint.

[2]Auf die Probleme der Interpretation polizeilich registrierter Widerstandshandlungen und tätlicher Angriffe auf Polizisten wird in diesem Beitrag nicht eingegangen, da für die vorliegende Argumentation die polizeiliche Wahrnehmung dieser Entwicklungen entscheidend ist.

---

T. Naplava (✉)
Hochschule für Polizei und öffentliche Verwaltung Nordrhein-Westfalen, Duisburg, Deutschland
E-Mail: thomas.naplava@hspv.nrw.de

© Springer Fachmedien Wiesbaden GmbH, ein Teil von Springer Nature 2020
D. Hunold und A. Ruch (Hrsg.), *Polizeiarbeit zwischen Praxishandeln und Rechtsordnung,* Edition Forschung und Entwicklung in der Strafrechtspflege,
https://doi.org/10.1007/978-3-658-30727-1_8

fordert³, und die auch auf andere Erscheinungen wie Behinderungen von Feuerwehr- und Rettungskräften (Rau und Leuschner 2018) bezogen wird. Die Wahrnehmung mangelnden Respekts wird als Autoritätsverlust der Polizei erlebt, der sich in fehlender Akzeptanz polizeilicher Maßnahmen und deren rechtlichen Grundlagen durch die Bürger äußert. Zwar fällt das Vertrauen in die Polizei in Deutschland im Vergleich zu anderen Institutionen weiterhin sehr hoch aus⁴, doch kann z. B. der Anstieg der Anträge auf Kleine Waffenscheine⁵ als ein Hinweis auf ein steigendes Bedürfnis nach Selbstschutz im Kontext nachlassenden Vertrauens in die Sicherheitsarbeit staatlicher Institutionen interpretiert werden. In diesem Bild sind Polizisten den Folgen gesellschaftlichen Wandels ausgesetzt und erscheinen als deren Opfer, die es vor der Gesellschaft und den von ihr ausgehenden Gefahren zu schützen gilt (Behr 2014). In diesem Sinne warf Herbert Reul, Innenminister von Nordrhein-Westfalen, die Frage nach dem Wesen einer Gesellschaft auf, in der „diejenigen, denen wir eigentlich Danke sagen müssten, auch noch beleidigt und angegriffen werden"⁶. Diese aus politischer Perspektive grundsätzlich nachvollziehbare Aussage engt allerdings die Frage nach Ursachen der genannten Entwicklungen auf gesellschaftliche ein und übergeht die Möglichkeit, auch mit Blick auf die Polizei und deren Verhältnis zu den Bürgern nach Gründen für diese Veränderungen zu suchen und dabei zu berücksichtigen, dass für einen differenzierten Blick die jeweiligen Wahrnehmungs- und Deutungsprozesse der Polizei einerseits und der Bürger andererseits berücksichtigt werden müssen.

So, wie in der Regel bei anderen wahrgenommenen Kriminalitätsproblemen auch, wurde auf die Debatte um Gefahren des Polizeidienstes aufgrund von Widerstandshandlungen und tätlichen Angriffen zunächst reflexhaft mit Strafverschärfungen (§ 113 StGB) und Änderungen des Strafgesetzbuches (§§ 114 und 115 StGB) unter der üblichen Annahme reagiert, Personen von der Begehung

---

³So berichtet in einem Artikel der Welt vom 17.05.2019 (www.welt.de/regionales/nrw/article193693957/Bundespraesident-fordert-Respekt-vor-der-Polizei-ein.html).

⁴Laut einer Umfrage des Instituts für Demoskopie (https://fowid.de/meldung/vertrauen-institutionen-1991-2018).

⁵Angaben nach einem Artikel in der Frankfurter Allgemeinen Zeitung vom 15.01.2019 (www.faz.net/aktuell/politik/inland/zahl-der-kleinen-waffenscheine-steigt-weiter-15989338.html).

⁶Zitiert nach einem Artikel in Der Westen vom 20.09.2018 (www.derwesten.de/region/gewalt-polizisten-polizeigewerkschaft-nrw-id215374095.html).

solcher Handlungen abzuschrecken und durch eine erweiterte Erfassung diese Strafnormen und deren Schadhaftigkeit zu verdeutlichen (König und Müller 2018; Puschke 2013; Zöller 2017). Da die Erfassung von Widerstandshandlungen keine aussagekräftige Grundlage für das Ausmaß tätlicher Angriffe gegen Polizisten darstellt, ist auch nicht davon auszugehen, dass die Strafverschärfungen Gewalt gegen Polizisten eindämmen (Puschke 2013). Vielmehr deutet sich an, dass die Anzeige von Widerstandshandlungen aus polizeilicher Sicht dazu genutzt wird, das eigene Verhalten gegenüber Bürgern zu rechtfertigen (Pütter 2010). Widerstandsdelikte können in diesem Sinne als Ausdruck für eine wahrgenommene Infragestellung bzw. mangelnde Anerkennung der Legitimation der Polizei interpretiert werden. Die Anzeige eines Widerstandsdeliktes wird damit zu einem Mittel zur (Wieder-)Herstellung von verloren erlebter Autorität und Souveränität (Behr 2014; Tränkle 2014).

Neben diesen strafgesetzlichen Reaktionen erfolgten weitere Maßnahmen zur Ausrüstung und Ausrichtung der Polizeiarbeit vor allem im Rahmen von Änderungen der Polizeigesetze in einigen Bundesländern, die im Zusammenhang mit dem Begriff der „Militarisierung" der Polizei diskutiert werden. Die Argumentation des Beitrags startet vor diesem Hintergrund zunächst mit dem Modell der Bürgerpolizei als Grundlage der polizeilichen Strategie der Deeskalation und geht dann auf die darauf bezogene polizeiliche Kommunikation als ein Einsatzmittel ein, um anschließend anhand eines kurzen Aufrisses zur Militarisierung der Polizei die Veränderungen der polizeilichen Ausrichtung zu verdeutlichen. Abschließend werden Folgen dieser Veränderungen im Kontext gesellschaftlichen Wandels beleuchtet und mit Blick auf das Verständnis von Autorität im Verhältnis zwischen Polizei und Bürgern diskutiert.

## 2 Das Modell der Bürgerpolizei

Die Philosophie der Polizeiarbeit seit vielen Jahren wird gemeinhin mit dem Begriff der Bürgerpolizei bezeichnet, der zum Ausdruck bringen soll, dass die Polizeiarbeit bei der Wahrnehmung ihrer Aufgaben auch die Belange und Bedürfnisse der Bürger einbezieht. Ein genauerer Blick auf diese vielfach beschworene Formel der Polizeiarbeit ist insoweit von Bedeutung, als diese im Sinne zu nachgiebigen Vorgehens der Polizei für die zunehmende Respektlosigkeit verantwortlich gemacht wird, obwohl dabei unklar bleibt, was die bürgernahe Polizeiarbeit konkret bedeutet und mit welchen polizeilichen Handlungsweisen diese umgesetzt werden kann (Herzbach und Tränkle 2013). Zum grundlegenden

Aufgabenverständnis der Bürgerpolizei gehört der Schutzauftrag der Bürger, der beinhaltet, dass Sicherheit weder zum Selbstzweck im Sinne einer Pflichtaufgabe für den Staat noch aus politischen Interessen heraus herzustellen ist, sondern sich an den Rechten der Bürger auf Sicherheit orientiert. Behrendes (2013a) spricht in diesem Zusammenhang von der „Bürger(rechts)polizei", die die „Rolle als neutrale Beschützerin" (S. 123) von Bürgerrechten einnimmt. Die Bürgerpolizei stellt einen integrativen Bestandteil der Bürgergesellschaft dar, in der aus Sicht der Polizei Bürger nicht als Gegner, sondern als Partner verstanden werden. Dadurch gewinnt die Art und Weise, wie die Polizei ihre Aufgaben erfüllt, an grundlegender Bedeutung (Dübbers 2015). Dazu zählt zum einen Transparenz der Polizeiarbeit als Voraussetzung dafür, dass Bürger die Wahrung ihrer Interessen kontrollieren können, und zum anderen Neutralität der Polizeiarbeit, in der sich der im Grundgesetz verankerte Gleichheitsgrundsatz und das Diskriminierungsverbot erfüllen. Diese Philosophie der Polizeiarbeit steht in enger Verbindung mit dem Konzept des Community Policings und erhält darin einen sichtbaren Ausdruck. Auf den Grundsatz beschränkt, beinhaltet das Konzept des Community Policings die Idee, dass die polizeiliche Sicherheitsarbeit neben der Strafverfolgung und Gefahrenabwehr auch kriminalitätsbezogene Ängste und Sorgen der Bürger einbezieht und dezentrale Lösungen in Bezug auf jeweils spezifische lokale Sicherheitsprobleme in Kooperation mit Bürgern und örtlichen Akteuren entwickelt und umsetzt. Mit der Beteiligung der Bürger an der Sicherheitsarbeit wird das Ziel verfolgt, die Legitimation polizeilichen Handelns im lokalen Kontext zu stärken (Feltes 2014). In diesem Zusammenhang sind z. B. die sog. Bezirks- und Schwerpunktdienste der Polizei zu sehen, die persönliche Kontakte zu Bürgern in Wohnquartieren aufbauen und dadurch ein Bindeglied zwischen Polizei und Bürgerinteressen herstellen (Hunold 2015).

Grundlage für diesen Ansatz der bürgernahen und kooperativen Polizeiarbeit ist die wechselseitige Anerkennung von Polizei und Bürgern. Mit Blick auf die Bürger sind dabei Zufriedenheit mit der Leistung und vor allem Vertrauen in die Art und Weise der Polizeiarbeit von Bedeutung (Hecker 2016). Dem diesen Überlegungen zugrunde liegenden Modell der prozessualen bzw. Verfahrensgerechtigkeit nach wird die Polizei als Institution dadurch anerkannt bzw. legitimiert, dass die Bürger die Leistung der Polizei gemessen an der Effektivität der Strafverfolgung positiv und gemessen am polizeilichen Umgang mit ihnen als gerecht bzw. fair bewerten. Mit der Anerkennung der Polizei wächst zudem die Bereitschaft, der Polizei Folge zu leisten und mit der Polizei zu kooperieren, worauf die Polizei im Rahmen der Strafverfolgung zwingend angewiesen ist (Tyler 2003). Umfragestudien belegen in diesem Zusammenhang, dass die Polizei in Deutschland generell sehr hohes Vertrauen im Sinne großer Zufriedenheit mit der

Effektivität der Verbrechensbekämpfung genießt. Die Bewertungen der Umgangsweise der Polizisten mit Bürgern fallen insgesamt ebenfalls positiv, doch im Vergleich zur Bewertung der Strafverfolgung deutlich kritischer aus, ohne dass dies auf eigene Erfahrungen mit persönlichen Kontakten mit Polizisten zurückgeführt werden könnte (Guzy 2015). Internationale Studien zeigen darüber hinaus, dass für die generelle Anerkennung der Polizei die Bewertung eines fairen Umgangs bedeutsamer ist als die Zufriedenheit mit der Kriminalitätsbekämpfung. Die Anerkennung der Polizei wiederum wirkt sich positiv, wenn auch nur moderat auf die Kooperationsbereitschaft der Bürger mit der Polizei aus (Hough et al. 2013; Tyler 2003).

Die Legitimation der Polizeiarbeit nach dem Modell der Bürgerpolizei ergibt sich vor allem aus der Kooperation und der gegenseitigen Anerkennung von Polizei und Bürgern, weswegen die Art und Weise des polizeilichen Umgangs mit Bürgern einen zentralen Stellenwert für die Umsetzung dieses Modells erhält. Damit ist dieses Modell in nicht geringem Maße voraussetzungsvoll, schließlich müssen entsprechende (kommunikative) Kompetenzen der Polizisten und entsprechende Einstellungen auf beiden Seiten erfüllt sein. Mit Blick auf die Debatten um steigende Respektlosigkeit gegenüber der Polizei und wachsendem Autoritätsverlust der Polizei steht zu vermuten, dass diese Grundlagen erodieren bzw. aus polizeilicher Sicht als erodierend wahrgenommen werden.[7] Diese Entwicklungen gewinnen vor dem Hintergrund zusätzlich an Gewicht, dass die Durchsetzung polizeilicher Maßnahmen in Einsatzsituationen stets von der Balance zwischen Deeskalation (und Eigensicherung) auf der einen Seite und der Aufrechterhaltung der Autorität und damit der Situationsdefinition auf der anderen Seite geprägt ist (Feltes et al. 2007; Hunold 2011).

So sehr der Begriff der Bürgerpolizei und das Konzept des Community Policings an die Idee einer konfliktfreien Zusammenarbeit zwischen Polizei und Bürgern angelehnt sind, darf nicht außer Acht gelassen werden, dass polizeiliche Einsätze zwar nicht in der Mehrzahl, doch immer wieder in Konfliktsituationen stattfinden und der polizeiliche Auftrag darin besteht, diese Konflikte zu schlichten und die Situationen zu beruhigen. In solchen Situationen finden verbale und tätliche Auseinandersetzungen mit hohem Aggressionspotential der

---

[7]Diese polizeiliche Einschätzung zeigt sich z. B. in einem Zeitungsartikel, in dem Erich Rettinghaus, NRW-Landesvorsitzender der Deutschen Polizei Gewerkschaft, sinngemäß zitiert wird mit den Worten, dass das deeskalierende Einsatzmodell immer öfter an seine Grenzen stoße und kommunikative Lösungsansätze allein oft nicht mehr zum Erfolg führen (Diehl und Ziegler 2018).

beteiligten Personen statt, die häufig unter Alkohol- und Drogeneinfluss stehen. Damit sind die Situationen in der Regel emotional stark aufgeladen, sodass sich die Aggressionen auch gegen die Polizei richten können. Dies trifft insbesondere auf polizeiliche Einsätze im Kontext von Versammlungen vieler Menschen zu, die typischerweise ein hohes Konfliktpotential bergen, das sich z. B. bei Demonstrationen aufgrund der antagonistischen Motive der Teilnehmer auf der Grundlage politischer Überzeugungen ergibt (Schmalzl 2001, 2003). Die polizeiliche Kontrolle von politischen Protesten in demokratischen Gesellschaften stellt grundsätzlich ein Spannungsfeld dar, da die Proteste in der Regel gegen die Politik allgemein und nicht gegen die Polizei gerichtet sind, letztere sich aber unmittelbar mit den Protestierenden auseinandersetzen müssen (Hunold und Wegner 2018). Zu bedenken ist dabei zudem, dass Menschen in solchen großen Ansammlungen dazu tendieren, weniger zielgerichtet und kontrolliert zu agieren, und dass das Verhalten der Menschen von der Dynamik des Geschehens und damit auch von der Interaktion mit der Polizei beeinflusst wird.[8] Zudem ist davon auszugehen, dass sich Menschen in Massen häufig anders verhalten als allein oder in kleinen Gruppen, da die Anonymität im Beisein vieler anderer Menschen und der damit einhergehenden Verantwortungsdiffusion zu einer höheren Risikobereitschaft des Einzelnen führen kann (Gebauer & Rücker 2019; Kühl 2017).

Die grundlegende polizeiliche Strategie im Umgang mit solchen Situationen gemäß der Idee der Bürgerpolizei ist es dabei, eine Deeskalation der Situation durch eigenes Verhalten und eigene Kommunikation zu erreichen und restriktivere polizeiliche Maßnahmen erst bzw. nur einzusetzen, wenn einfachere Mittel nicht ausreichen. Der Polizei stehen dazu eine Vielzahl an Maßnahmen zur Verfügung, die sich im Sinne eines „continuum of force" je nach Restriktivität des Vorgehens anordnen lassen (Garner et al. 1995). Die diesen Überlegungen zugrunde liegende Idee ist, polizeiliche Maßnahmen so zurückhaltend einzusetzen, dass die Maßnahmen nicht selbst zu einer Steigerung der Konflikthaftigkeit der Situation beitragen. Es geht also um einen angemessenen Einsatz polizeilicher Maßnahmen, der sich an den Bürgerrechten und dessen Schutz bemisst. Dieser Ausrichtung polizeilichen Handelns sind allerdings Grenzen

---

[8]Im Gegensatz zu lange überholten Vorstellungen soll damit aber nicht angedeutet werden, dass Menschen, die sich in einer Masse bewegen, die Kontrolle über ihr Verhalten völlig verlieren und zu rein trieb- und affektgesteuerten Wesen mutieren. Vielmehr ist davon auszugehen, dass Menschen in der Masse die rationale Steuerung ihrer Handlungen grundsätzlich beibehalten, dabei aber durch kollektive Stimmungen und die Verhaltensweisen der anderen Teilnehmer beeinflusst werden (Schmalzl 2003).

gesetzt, da durch Zurückhaltung allein Gewalthandeln anderer nur bedingt unterbunden werden kann und es daher polizeiliche Aufgabe bleibt, notfalls auch mit härterem Vorgehen wie Festnahmen und Einsatz von Schlagstöcken sowie Wasserwerfern auf Gewalt(-bereitschaft) zu reagieren (Schmalzl 2003). Die besondere Herausforderung der Polizei ergibt sich dabei daraus, wie die Polizei die Handlungen der Teilnehmer solcher Versammlungen, die sich häufig im Graubereich zwischen Symbolik einerseits und Straftaten wie Sachbeschädigungen und Körperverletzungen andererseits bewegen, wahrnimmt, bewertet und darauf reagiert.

Diese Überlegungen sind eingebettet in der Erkenntnis, dass eine Eskalation immer als das Ergebnis der Interaktion der beteiligten, sich gegenüberstehenden Parteien zu begreifen ist (Schmalzl 2001). Solche kollektiven Interaktionsprozesse können aufgrund unvollständiger und verzerrter Wahrnehmungsprozesse auf beiden Seiten zu ungewollten Kettenreaktionen führen, weswegen es im Rahmen einer taktischen Kommunikation das Ziel ist, bereits im Vorfeld solcher Ereignisse durch Kommunikation gegenseitige Akzeptanz aufzubauen und damit aus polizeilicher Sicht die Deutungshoheit über die Situation und deren Regeln zu erhalten. Im Einsatzgeschehen selbst ist diesem Ansatz gemäß durch die gezielte Ansprache einzelner Personen soziale Nähe herzustellen, um diese Personen aus der Anonymität der Masse herauszuholen (Schenk et al. 2012; Schmalzl 2003). Das Gelingen dieser polizeilichen Strategie mit dem Ziel der Deeskalation ist u. a. davon abhängig, inwieweit es gelingt, die Aggressionen, die aus den Reihen der Teilnehmer der Versammlungen gegen die Polizei gerichtet sind, nicht auf die eigene Person, sondern im Kontext des gesamten Geschehens und letztlich auf die Organisation der Polizei als Ganzes zu beziehen (Pfeiffer 2014; Schmalzl 2003). Gleichwohl muss konstatiert werden, dass eine Deeskalation den beiderseitigen Willen dazu voraussetzt und eine ausgeprägte konfrontative Grundeinstellung (z. B. durch Kommunikationsverweigerung) auf beiden oder einer der beteiligten Seiten die Wahrscheinlichkeit für einen eskalierenden Verlauf erhöht (Schmalzl 2001).

## 3 Kommunikative Deeskalation

Ganz im Sinne dieser Philosophie der Bürgerpolizei und in starkem Kontrast zu Polizeistrategien früherer gesellschaftlich-politischer Epochen ist die besondere Bedeutung kommunikativer Strategien der Polizei im Umgang mit Bürgern darin zu sehen, Vertrauen der Bürger in die Polizei und deren Arbeit herzustellen. Kooperation mit den Bürgern und vertrauensbildende Kommunikationsstrategien sind daher zwei zentrale Elemente polizeilicher Leitbilder der Bürgerpolizei, die im Vergleich zu früheren Leitbildern mit einer vor allem nach außen getragenen Tabuisierung von Gewalt und deren polizeiliche Anwendung als Mittel der Durchsetzung polizeilicher Maßnahmen einhergehen (Behr 2014). Die Kommunikation mit Bürgern stellt somit ein polizeiliches Einsatzmittel dar, mit dem die Art und Weise der Polizeiarbeit bestimmt wird und deren Grundlagen in der gegenseitigen Anerkennung und einer aktiven Gesprächsführung seitens der Polizei liegen. Die Zufriedenheit mit der Polizei und das Vertrauen in die Polizei können positiv beeinflusst werden, indem sich die polizeiliche Kommunikation mit Bürgern vor allem an Transparenz und (gegenseitiger) Anerkennung orientiert. Dazu zählt zum einen, im Rahmen polizeilicher Einsätze die Maßnahmen zu begründen und deren Durchführung zu erklären, um den von den Maßnahmen betroffenen Personen die Möglichkeit zu geben, die Situation einschätzen und die polizeiliche Maßnahme nachvollziehen zu können. Zudem werden damit Neutralität und in Folge dessen sachlich begründbare und gleiche Vorgehensweisen gegenüber dem Bürger signalisiert. Zum anderen können gegenüber den angesprochenen Personen geäußerte Ich-Botschaften und aktives Zuhören das Gefühl von Anerkennung bzw. Respekt vermitteln und einen in der asymmetrischen Interaktion zwischen Polizisten und Bürgern subjektiv bedrohlichen Eindruck der Unterlegenheit verhindern (Hücker 2017; Oßwald-Meßner 2016; Pfeiffer 2012). Weitere deeskalierende Verhaltens- und Kommunikationsstrategien zielen darauf, mit Bürgern im Rahmen der polizeilichen Aufgabe Lösungen zu verhandeln, Bürger nicht unter Druck zu setzen, die Situation zu entspannen, Erwartungen und die eigene emotionale Befindlichkeit zu signalisieren, eigenen Stress zu kontrollieren sowie ggfs. auf eine Metaebene der Kommunikation zu wechseln (Pfeiffer 2014). Im Einklang mit diesen Überlegungen liegen Hinweise aus dem deutschsprachigen Raum darauf vor, dass im Rahmen alltäglicher polizeilicher Einsätze erwartungsgemäß als herablassend wahrgenommene polizeiliche Verhaltensweisen negativ und erklärende Ausführungen zur polizeilichen Maßnahme positiv bewertet werden (Hermanutz et al. 2005; Hermanutz und Spöcker 2007). Zudem weisen Auswertungen von Beschwerden durch Bürger in Bayern darauf hin, dass sich die Kritik, die Bürger an dem Umgang der Polizisten mit ihnen üben, häufig auf subjektive Beschwerdegründe wie fehlende Rechtmäßigkeit und unhöfliches Auftreten beziehen (Luff 2019). Die Wahrnehmung fehlender Rechtmäßigkeit einer polizeilichen Maßnahme könnte dabei Folge mangelnder Transparenz der Maßnahme aus Sicht der Betroffenen sein.

Mit diesen Befunden wird die Bedeutung der wechselseitigen Beeinflussung des Verhaltens in Interaktionen zwischen Polizisten und Bürgern deutlich und in den Kontext der Frage gestellt, welches polizeiliche Verhalten dazu führt, dass polizeiliche Maßnahmen von Bürgern akzeptiert und damit konfliktfrei durchgeführt werden können. Ergebnisse einer Studie aus den USA auf der Grundlage teilnehmender Beobachtungen zeigen in diesem Zusammenhang, dass eine deeskalierende Wirkung vor allem durch das Beruhigen von Emotionen und durch ebenbürtige Kommunikation mit dem Bürger erreicht wird (Todak und James 2018). Ebenfalls auf der Grundlage teilnehmender Beobachtungen liefert eine weitere Studie zudem Hinweise darauf, dass neben dem polizeilichen Verhalten auch situationsspezifische Bedingungen wie die Anwesenheit Dritter den Interaktionsverlauf beeinflussen, da diese den Druck erhöhen, das eigene Selbstwertgefühl im Rahmen der asymmetrischen Interaktion mit Polizisten zu verteidigen bzw. aufrechtzuerhalten (Reisig et al. 2004). Ein vergleichbarer Effekt könnte durch das mittlerweile häufig auftretende Filmen von Polizeieinsätzen durch Passanten eintreten. Durch diese Videobeobachtung in Einsatzsituationen kann eine zusätzliche Spannung in der Interaktion entstehen, die sich sowohl auf die von der polizeilichen Maßnahme betroffenen Bürger wie auch auf die Polizisten dahin gehend auswirken kann, dass sich die Beteiligten bemühen, sich jeweils dem anderen gegenüber zu behaupten und das Gesicht zu wahren.

Diese Studienergebnisse sind zudem insoweit von Bedeutung, als davon auszugehen ist, dass durch (Verhaltens-)Trainings der Polizisten deren Vorgehensweise im Einsatz und deren Umgang mit Bürgern im oben erläuterten Sinn positiv beeinflusst werden kann (Schmalzl 2008). Eine Ergänzung der empirischen Hinweise auf die Bedeutung des polizeilichen Handelns für den Verlauf von Einsatzsituationen stellt daher die experimentelle Studie von Rosenbaum und Lawrence (2017) dar. Dabei zeigte sich, dass sich die Teilnahme an einem besonderen Training zu Aspekten wie Fairness, Kommunikation, Entscheidungsfindung, kulturelle Kompetenz und Stressbewältigung im Rahmen der Polizeiausbildung positiv auf die Fähigkeiten im Umgang mit Bürgern auswirkt. Die Teilnehmer erwiesen sich nach dem Training gegenüber den Nicht-Teilnehmern als respektvoller gegenüber Bürgern im Rollenspiel und bevorzugten häufiger ausgleichende und kommunikative Lösungen im Kontakt mit Jugendlichen in einem Einsatzszenario. Die Studie von Lowrey-Kinberg (2018) liefert darüber hinaus Hinweise darauf, dass die verbale Ausdrucksweise von Polizisten in der Kommunikation mit Bürgern in nichtlinearer Beziehung zu der Bewertung der Autorität und Professionalität der Polizisten steht, d. h. es existiert in der Art und Weise der verbalen Ansprache ein optimaler Punkt. Wird dieser optimale Punkt unter- oder überschritten, wirkt sich dies negativ auf die Bewertung der Polizisten durch die Gesprächspartner aus. Ausgangspunkt dieser Überlegungen ist, dass soziale Nähe und Vertrauen zum Gesprächspartner aufgebaut werden, indem sich der Sprecher an den sprachlichen Gewohnheiten des Gesprächspartners orientiert.

Demnach fällt die Bewertung der Autorität und Professionalität der Polizisten durch Bürger negativer aus, wenn Polizisten ihre verbale Ausdrucksweise entweder sehr sachlich und neutral oder in überzogener Weise an den sprachlichen Gewohnheiten des Gesprächspartners ausrichten. Eine sehr sachliche und neutrale Sprechweise drückt soziale Distanz aus und verstärkt die Asymmetrie in der Interaktion zwischen Polizisten und Bürgern. Eine überzogene Sprechweise wird als sogenannte Überanpassung (Overaccommodation) bezeichnet und kann sich deshalb negativ auf die Bewertung auswirken, weil der Sprecher unglaubwürdig wird und dadurch das Vertrauen des Gegenübers verliert. In diesem Zusammenhang liefert die Evaluationsstudie zur Wirksamkeit der Bodycam im Wachdienst der Polizei in Nordrhein-Westfalen Hinweise darauf, dass eine inadäquate Kommunikation mit Bürgern im Sinne formal-juristischer Formulierungen in Zusammenhang mit eskalierenden Einsätzen steht, womit die Bedeutung einer am Gesprächspartner ausgerichteten verbalen Ausdrucksweise verdeutlicht wird (Kersting et al. 2019). Wie die Befunde dieser Studie zeigen, tritt dieser Effekt nicht generell auf, sondern dürfte von dem Verhältnis der eigenen zu den jeweiligen sprachlichen Gewohnheiten der Gesprächspartner abhängen, die je nach Dialekt, Bildung und Milieuzugehörigkeit variieren können. Diese Grenzen der kommunikativen Einflussnahme auf das Interaktionsgeschehen durch die Polizei treten daher vor allem in sozial benachteiligten Wohngebieten mit hoher Kriminalitätsbelastung und multiethnischer Zusammensetzung der Bewohner auf (Schneider 1999).

Voraussetzungen der Anwendung dieser Kommunikations- und Interaktionsstrategien sind nicht nur deren Kenntnis und Beherrschung, sondern vor allem auch die Bereitschaft, Bürger im oben genannten Sinn anzuerkennen, was sich z. B. darin zeigt, inwieweit Polizisten Bürgern gegenüber Vertrauen entgegenbringen. Dies dürfte einerseits je nach generellen persönlichen Einstellungen und Erfahrungen im Umgang mit Bürgern und andererseits in dem Maß, in dem diesbezüglich Konsens innerhalb von Organisationseinheiten der Polizei herrscht, variieren. Für eine gewisse Heterogenität an Einstellungen unter Polizisten sprechen zum Beispiel Zitate aus Polizeistudien wie „[m]eine Schweine erkenne ich am Gang" (Reichertz 1990) und „[das] da draußen ist ein Zoo, und wir sind die Dompteure" (Schweer et al. 2008). International zeigt sich zudem, dass Polizisten im Vergleich zu Nicht-Polizisten anderen Menschen gegenüber generell weniger Vertrauen entgegenbringen und diesen gegenüber insgesamt misstrauischer sind (Kääriäinen und Sirén 2012). Diese gegenüber Bürgern reserviertere Haltung ist insoweit nachvollziehbar, als Polizisten stets wiederkehrende Erfahrungen mit Bürgern sammeln, die Regeln missachten, in Konflikten involviert sind und Polizisten beleidigen und tätlich angreifen. Diese selektiven Erfahrungen können zu einem generellen zynischen Blick auf die Gesellschaft führen, dem aber auch eine gewisse Schutzfunktion zugesprochen werden kann (Caplan 2003). Gleichwohl ergibt sich daraus das Dilemma, dass die auf solchen Erfahrungen basierenden Einstellungen und Handlungsweisen gegenüber Bürgern zu Lasten einer bürgerorientierten Polizeiarbeit und damit im Sinne einer selbsterfüllenden Prophezeiung zu einer wachsenden sozialen Distanz zwischen Polizei und Bürgern führen können. Bürgernahe Polizeiarbeit setzt daher die fortlaufende Reflexion des eigenen Handelns innerhalb, aber auch außerhalb der Polizei voraus (Behrendes 2013b). In diesem Kontext stellt sich die Frage nach Richtung und Ausmaß des Wandels der Polizeiarbeit als Reaktion auf tatsächliche und wahrgenommene gesellschaftliche Veränderungen.

## 4 „Militarisierung" der Polizei

Unter dem Stichwort der „Militarisierung" der Polizei wird debattiert, ob und in welche Richtung sich die Polizeiarbeit im Zuge eines wahrgenommenen Anstiegs tätlicher Angriffe gegen Polizisten und der Terroranschläge in den USA und Europa verändert und sich von dem Modell der Bürgerpolizei und (kommunikativen) Deeskalation entfernt (Bluth 2016). Ausgangspunkte dieser Überlegungen sind zum einen Erweiterungen der polizeilichen Ausstattung und zum anderen Veränderungen der Ausrichtung der Polizeiarbeit Einen Ausdruck dieser Entwicklungen stellen insbesondere die Änderungen der Polizeigesetze einiger Bundesländer dar, wobei der Begriff der „Militarisierung" in diesem Zusammenhang darauf verweist, dass sich diese Veränderungen an Aspekten einer militärisch ausgerichteten Organisation und Kultur orientieren. Diese Veränderungen der Polizei wurden im Einklang einer politisch wahrgenommenen sowie polizeilich geforderten Notwendigkeit vollzogen, die darin gesehen wird, dass die Aufrechterhaltung bzw. Herstellung der Handlungsfähigkeit der Polizei im Angesicht neuer und wachsender Bedrohungen der Gesellschaft einen Gewinn an Sicherheit bedeutet (Kirsch 2017). Die Ausstattung der Polizei betreffend, wurde diese neben den obligatorischen Einsatzmitteln wie Schusswaffe, Handfessel, Pfefferspray und Schlagstock zusätzlich mit ballistischer Schutzausstattung, Helm und Maschinenpistole ergänzt. Als weitere Indikatoren einer Militarisierung der Polizei können die Einführung von Sturmgewehren, Übungen zum paramilitärischen Häuserkampf der Spezialeinsatzkommandos (SEK) sowie deren Einsatz als fester Bestandteil alltäglicher Polizeiarbeit, Einrichtung von sog. Beweissicherungs- und Festnahmeeinheiten Plus (BFE+) und deren gemeinsames Training mit der Grenzschutzgruppe 9 (GSG 9) sowie spezifischer Einsatztaktik mit unmittelbarer Waffengewalt bei Amoklagen neben anderen genannt werden (Burczyk 2018; Kirsch 2017). Flankiert wurden diese Entwicklungen mit Änderungen der Polizeigesetze auf Länderebene mit der gemeinsamen Zielrichtung einer Ausweitung der polizeilichen Kontroll- und Eingriffsmöglichkeiten. Diese Erweiterungen polizeilicher Kompetenzen sehen u. a. strategische Fahndung (sog. Schleierfahndung), Überwachung der Telekommunikation, Videoüberwachung öffentlicher Räume, verlängerte Fristen für den Unterbringungsgewahrsam, Alkoholkonsumverbote und automatisierte Kennzeichenerkennung von Fahrzeugen vor (Kretschmann und Legnaro 2019; Busch 2018).

Die gesetzlichen Änderungen sind Ausdruck eines Wandels hin zu einer Kriminal- bzw. Polizeipolitik, die darauf ausgerichtet ist, Sicherheit bereits im Vorfeld von Straftaten und damit auf der Grundlage von „Eventualitäten einer Lage" herzustellen (Kretschmann und Legnaro 2019, S. 12). In diesem Zusammenhang wurde der neu geschaffene Begriff der „drohenden Gefahr" im bayerischen Polizeigesetz eingeführt, um polizeiliche Maßnahmen zur aktiven Kontrolle und Überwachung im Sinne einer „strafrechtliche[n] Vorverlagerung" (Derin 2018, S. 3) zu ermöglichen, ohne erst auf eingetretene Straftaten reagieren zu können. Dieser Begriffsschöpfung war die Einführung des Gefährderkonzepts in den polizeilichen Arbeitsalltag vorausgegangen, das vorsieht, dass die Polizei anhand verschiedener Informationsquellen Prognosen zur Abschätzung des Gefahrenrisikos bestimmter Personen erstellt (Kretschmann und Legnaro 2019; Lippa 2018; Wegner und Hunold 2017). Bemerkenswert dabei ist, dass die für Prognosen kriminologisch verlässlichste Information über bereits begangene Straftaten nur einen neben vielen Indikatoren darstellt, wodurch sich die Gefahr erhöht, dass die Prognoseergebnisse stärker von erfahrungsbasierten Deutungs- und Interpretationsprozessen der zusammengetragenen Informationen abhängen. Diese bzw. Teile dieser gesetzlichen Änderungen wurden entgegen den Einwänden der jeweiligen politischen Opposition und den Protesten von Demonstranten sowie im Bewusstsein bereits im Vorfeld artikulierter Fachkritik und angekündigter Verfassungsklagen beschlossen. Sie sind damit sichtbarer Ausdruck einer Stimmungsumkehr in der Ausrichtung der Polizeiarbeit, bei der es darum geht, sich gegen allgegenwärtige Gefahren in Bezug auf Raum, Zeit und Menschen zur Wehr setzen zu können. Dieser Wandel steht im Einklang mit der bereits erwähnten polizeilichen Sicht auf eine Gesellschaft, vor deren Gefahren sich die Polizei schützen muss.

Diese Entwicklungen können als unmittelbare politische Reaktionen auf die terroristischen Anschläge in den USA und Europa verstanden werden und sind insoweit nachvollziehbar, als mit diesen Anschlägen durch den teilweise massiven Einsatz von Schusswaffen und deren Unvorhersehbarkeit eine neue Dimension von Bedrohungen entstanden ist. Die Aufrüstung erweckt dabei den Eindruck, dass eine Art von „Waffengleichheit" hergestellt werden soll, um diesen Angriffen adäquat begegnen zu können. Es stellt sich jedoch dabei die Frage, wie sich diese Aufrüstung der Polizei auf das Selbstverständnis der Polizisten auswirkt, da die Aufrüstung der Schutzausrüstung und der Kampfmittel das äußerliche Erscheinungsbild und damit auch den polizeilichen Habitus beeinflussen. In diesem Zusammenhang stehen zudem die Debatten um den Einsatz von Tasern (Distanzelektroimpulsgerät) und die in manchen Bundesländern bereits eingeführte Bodycam. Beide Einsatzmittel sind Beispiele dafür, wie Bürger auf Distanz gehalten werden sollen, um Polizisten zu schützen und dabei ihre Handlungsfähigkeit zu bewahren. Insbesondere der Einsatz von Tasern, der eine Ergänzung von Pfefferspray und Schusswaffe darstellt, birgt die Gefahr, dass generell die Schwelle zur Anwendung eines Zwangsmittels aufgrund der zur Verfügung stehenden erweiterten Auswahl sinkt (Arzt 2017). In diesem Kontext wurde über ein internes Schreiben der Polizei in Nordrhein-Westfalen aus dem Jahr 2018 berichtet, demnach ein robusteres Einschreiten der Polizisten gefordert und dazu ergänzend in Aussicht gestellt wurde, im Rahmen der Aus- und Fortbildung „körperliches Handeln" und „polizeilichen (Zwangs-)Einsatz" der Polizisten zu stärken (Diehl und Ziegler 2018). Behr (2018a) beschreibt diesen Wandel der Ausrichtung der Polizeiarbeit im Sinne hegemonialer Männlichkeitsnormen der sog. Polizistenkultur, deren Funktionalität sich aus dem polizeilichen Umgang mit Gefahren in täglichen Einsätzen ergibt, woraus gefolgert werden kann, dass unter Polizisten grundsätzlich eine gewisse Befürwortung einer robusteren bzw. konsequenteren Ausrichtung der Polizeiarbeit vermutet werden kann. Dies ergibt sich zudem daraus, dass diese Männlichkeitsnormen beinhalten, im Bürger weniger einen „Kunden", sondern vielmehr einen „Herrschaftsunterworfenen" zu sehen, zu dem die Polizei in einem macht- und dominanzorientierten Verhältnis steht (Behr 2018a). Der Bürger erscheint vor diesem Hintergrund weniger als vertrauensvoller Kooperationspartner der Polizei, sondern eher als Sinnbild einer allgegenwärtigen Möglichkeit einer Bedrohung.

Beispielhafte Anschauungen einer solchen Polizeiausrichtung und deren Folgen lieferten die Ereignisse im Zusammenhang des G20-Gipfels im Jahr 2017 in Hamburg. Per Rahmenbefehl wurden Schutz und Sicherheit des Gipfels als höchste Priorität vorgegeben und im Zusammenhang mit einer negativen Protestprognose durch die Polizei die Strategie der Härte und niedrigen Eingriffsschwelle begründet (Hunold und Wegner 2018; Stolle 2018). Mit großem Aufgebot an Einsatzhundertschaften, dem Einsatz von Wasserwerfern, Hubschraubern, Polizeipanzern, Tränengasgranaten und Pfefferspray bis hin zum Einsatz des SEKs zur Räumung eines Wohnhauses sollte vor allem polizeiliche Stärke demonstriert werden. Damit stellt dieses repressive Vorgehen der Polizei eine Abwendung von der Strategie des selektiven Vorgehens gegen Straftaten zum Schutz des Demonstrationsrechts dar und steht in engem Zusammenhang mit der Frontenbildung zwischen Polizei und Protestteilnehmern sowie schaulustigen Beobachtern und der daraus resultierenden unspezifischen Gewalt auf den Straßen Hamburgs (Hunold et al. 2018). Auch wenn aufgrund der besonderen Konflikthistorie und des lokalen Kontexts der Stadt Hamburg ungewiss bleibt, ob diese Ereignisse auf einen verallgemeinerbaren Trend hindeuten, stehen sie in deutlichem Gegensatz zu der bisherigen Polizeiphilosophie (Hunold und Wegner 2018). Und auch wenn zwischen der Priorität auf Schutz und Sicherheit des Gipfels einerseits und der Aufrechterhaltung des zivilen Lebens in Hamburg andererseits eine erhebliche Ambivalenz der Zielvorgaben herrschte, bleibt Sicherheit eine Luftblase, wenn sie von der Zivilgesellschaft nicht erfahrbar ist und so zu einem Vertrauensverlust der Bürger führt (Behr 2018b; Stolle 2018). Die Ereignisse in Hamburg sind daher ein lehrreiches Beispiel dafür, wie sich die Wahrnehmung und Bewertung einer Situation durch die Polizei auf deren Vorgehen auswirkt und welche Konsequenzen daraus für das Verhältnis zwischen Polizei und Bürgern erwachsen können.

## 5 Folgerungen

Die aufgezeigten Veränderungen können dahin gehend gedeutet werden, dass die Wahrnehmung sinkenden Respekts in der Bevölkerung und eines Autoritätsverlusts der Polizei als Anzeichen dafür interpretiert werden, dass die Grundlagen des Modells der Bürgerpolizei erodieren, worauf die Polizei aufgrund einer gewissen Verunsicherung diesen Veränderungen gegenüber sowie der Auffassung, diese Infragestellung der eigenen Position nicht tatenlos hinzunehmen, reflexhaft mit Aufrüstung und restriktiverem Vorgehen reagiert, um ihre Autorität wieder herzustellen.[9] Doch Stärke demonstrieren und hartes Einschreiten sind keine Strategien, die geeignet sind, Autorität im Verhältnis zu anderen zu

---

[9]Dieser Zusammenhang zeigt sich auch im Kontext mit der Anzeige von Widerstandsdelikten und der Ausübung polizeilicher Gewalt als Reaktionen auf erlebten Autoritätsverlust in Einsatzsituationen (Feltes et al. 2007; Hunold 2011; Tränkle 2014).

bewirken, denn wo Härte und Gewalt eingesetzt werden, ist Autorität bereits verloren. Autorität im Sinne einer Anerkennung der Position eines anderen kann nur auf Gegenseitigkeit beruhen, d. h. der Anspruch auf Autorität der Polizei kann sich nur dadurch erfüllen, dass Bürger diese Autorität auch gewähren. Dies ist nicht selbstverständlich, da das Verhältnis zwischen Polizei und Bürgern davon geprägt ist, dass die Polizei gegenüber Bürgern über besondere Entscheidungs- und Anweisungsbefugnisse verfügt und Interaktionen daher stets in einem hierarchisch ungleichen Verhältnis eingebettet sind. Damit Bürger unter diesen Voraussetzungen bereit sind, Autorität zu gewähren, sind aus Sicht der Bürger gewisse „Gegenleistungen" wie Transparenz, Neutralität und Fairness, also Grundbausteine der Bürgerpolizei, notwendig.

Während zu anderen Zeiten Autorität durch Eigenschaften wie Alter, Geschlecht und institutionalisierte Kompetenzen begründet werden konnte, ist gegenwärtig von einem Wandel des Autoritätsverständnisses auszugehen, der sich auch auf das Beziehungsgeflecht zwischen Polizei und Bürgern auswirkt. Nach vom Hau (2017) kann dieser Wandel auf die von Beck (1986) beschriebenen Individualisierungsprozesse in modernen Gesellschaften zurückgeführt werden, die bisher unerreichte individuelle Autonomie- und Entscheidungsfreiräume eröffnet haben, deren Ambivalenz aufgrund der damit einhergehenden Verantwortung für das eigene Handeln in Kauf zu nehmen ist. Das Freiheitsbewusstsein und die individuelle Selbstbestimmung führen zu einer distanzierteren Haltung gegenüber Autoritätsansprüchen, da diese im Sinne objektiver Zwänge drohen, Freiheit und Selbstbestimmung einzuschränken. Daraus folgt, dass Autoritätsansprüche eine generelle Bedrohung für die eigene Identität darstellen, die sich im Rahmen der eigenen Autonomie- und Entscheidungsfreiräume entfaltet. Autorität kann daher nicht mehr als selbstverständlich vorausgesetzt, sondern muss mehr denn je aktiv erworben werden. Diese Aspekte betreffen sowohl Bürger mit Blick auf die Autoritätsansprüche der Polizei als auch die Polizisten selbst, da auch ihre Identität von der Autoritätsverweigerung bedroht ist (vom Hau 2017). Diese Überlegungen führen zu der Schlussfolgerung, dass die Polizei im eigenen und im Interesse der Bürger den sich selbstverstärkenden Prozess von Autoritätsverlust und restriktiverem Vorgehen nur aufhalten kann, indem sie an dem Modell der Bürgerpolizei und an ihrer aktiven Rolle bei der kommunikativen Deeskalation (weiterhin) festhält. Aufgrund der Veränderungen im Autoritätsverständnis setzt dies allerdings eine Förderung und Fortentwicklung der kommunikativen Kompetenzen der Polizisten voraus.

## Literatur

Arzt, C. (2017). Stellungnahme zur Anhörung des Innenausschusses des Landtages NRW am 9. Februar 2017. Erprobung von Distanzelektroimpulsgeräten (Taser) bei der Polizei in Nordrhein-Westfalen. Landtags-Drucksache 16/13309. https://www.landtag.nrw.de/Dokumentenservice/portal/WWW/dokumentenarchiv/Dokument/MMST16-4608.pdf. Zugegriffen: 02.10.2017.

Beck, U. (1986). *Risikogesellschaft. Auf dem Weg in eine andere Moderne*. Frankfurt a. M.: Suhrkamp.

Behr, R. (2014). „Gewalt" und „Zwang" – Überlegungen zum Diskurs über Polizei. In H. Schmidt-Semisch & H. Hess (Hrsg.), *Die Sinnprovinz der Kriminalität* (S. 204–218). Wiesbaden: Springer.

Behr, R. (2018a). „Die Polizei muss … an Robustheit deutlich zulegen": Zur Renaissance aggressiver Maskulinität in der Polizei. In D. Lorick (Hrsg.), *Kritik der Polizei* (S. 165–178). Frankfurt a. M.: Campus.

Behr, R. (2018b). Ein neuer Rigorismus? Zwölf Thesen zur Rolle der Polizei während der Ereignisse um den G20-Gipfel. Soziopolis. https://soziopolis.de/verstehen/was-tut-die-wissenschaft/artikel/ein-neuer-rigorismus. Zugegriffen: 19. August 2019.

Behrendes, U. (2013a). Orientierungspunkte einer Bürger(rechts)polizei. In B. Frevel & H. Groß (Hrsg.), *Empirische Polizeiforschung XV: Konzepte polizeilichen Handelns* (S. 112–139). Frankfurt a. M.: Verlag für Polizeiwissenschaft.

Behrendes, U. (2013b). Wechselwirkungen zwischen externer Kontrolle und interner Fehlerkultur der Polizei. Die Bürger(rechts)Polizei als Exponentin des staatlichen Gewaltmonopols. *Vorgänge*, 204, 41–50.

Bluth, T. (2016). Gewalt gegen und durch die Polizei – Zwischen Deeskalation und Militarisierung. Bundeszentrale für politische Bildung. https://www.bpb.de/veranstaltungen/dokumentation/232377/gewalt-gegen-und-durch-die-polizei-zwischen-deeskalation-und-militarisierung. Zugegriffen 18. August 2019.

Burczyk, D. (2018). Granatwerfer für die Polizei. Militärisch gerüstet gegen Terror und im Alltag. *Bürgerrechte und Polizei/Cilip*, 116, 13–20.

Busch, H. (2018). Neue deutsche Welle. Zum Stand der Polizeigesetzgebung der Länder. *Bürgerrechte und Polizei/Cilip*, 116, 64–71.

Caplan, J. (2003). Police Cynicism: Police Survival Tool? *The Police Journal*, 76, 304–313.

Derin, B. (2018). Strafrechtliche Vorverlagerung. Der Wandel zum Präventionsstrafrecht. *Bürgerrechte und Polizei/Cilip*, 117, 3–10.

Diehl, J., & Ziegler, J.-P. (2018). Dein robuster Freund und Helfer. Spiegel Online. https://www.spiegel.de/panorama/justiz/polizei-in-nrw-soll-robuster-werden-a-1195662.html. Zugegriffen: 08. August 2019.

Dübbers, C. (2015). *Von der Staats- zur Bürgerpolizei? Empirische Studien zur Kultur der Polizei im Wandel*. Frankfurt a. M.: Verlag für Polizeiwissenschaft.

Feltes, T. (2014). Bürgernahe Polizeiarbeit in Deutschland. In Institut für Friedensforschung und Sicherheitspolitik (Hrsg.), *OSZE-Jahrbuch 2013* (S. 241–252). Baden-Baden: Nomos.

Feltes, T., Klukkert, A., & Ohlemacher, T. (2007). „...dann habe ich ihm auch schon eine geschmiert." Autoritätsverlust und Eskalationsangst als Ursachen polizeilicher Gewaltausübung. *Monatsschrift für Kriminologie und Strafrechtsreform*, 90(4), 285–303.

Garner, J.H., Schade, T., Hepburn, J., & Buchanan, J. (1995). Measuring the Continuum of Force Used By and Against the Police. *Criminal Justice Review*, 20(2), 146–168.

Gebauer, G., & Rücker, S. (2019). *Vom Sog der Massen und der neuen Macht der Einzelnen*. München: DVA.

Guzy, N. (2015). Vertrauen in die deutsche Polizei: Risikogruppen und Einflussfaktoren. In B. Frevel & R. Behr (Hrsg.), *Empirische Polizeiforschung XVII: Die kritisierte Polizei* (S. 13–35). Frankfurt a. M.: Verlag für Polizeiwissenschaft.

Hecker, M. (2016). Warum kooperieren wir mit der Polizei? Kriminalprävention braucht Kooperation. *Kriminalistik*, 70(10), 591–596.

Hermanutz, M., & Spöcker, W. (2007). Erfolgreiche Kommunikationsstrategien gegenüber Bürgern bei polizeilichen Standardmaßnahmen. *Polizei & Wissenschaft*, 4/2007, 35–50.

Hermanutz, M., Spöcker, W., Cal, Y., & Maloney, J. (2005). Kommunikation bei polizeilichen Routinetätigkeiten. *Polizei & Wissenschaft*, 3/2005, 19–39.

Herzbach, D., & Tränkle, S. (2013). Bürgerpolizei oder Ordnungsmacht? Repressive Tendenzen in der Polizei und ihre Auswirkungen auf das Konzept der Bürgernähe. In B. Frevel & H. Groß (Hrsg.), *Empirische Polizeiforschung XV: Konzepte polizeilichen Handelns* (S. 72–91). Frankfurt a. M.: Verlag für Polizeiwissenschaft.

Hough, M., Jackson, J., & Bradford, B. (2013). Legitimacy, Trust and Compliance: An Empirical Test of Procedural Justice Theory Using the European Social Survey. In J. Tankebe & A. Liebling (Hrsg.), *Legitimacy and Criminal Justice: An International Exploration* (S. 326–352). Oxford: Oxford University Press.

Hücker, F. (2017). *Rhetorische Deeskalation. Deeskalatives Einsatzmanagement, Stress- und Konfliktmanagement im Polizeieinsatz*. Stuttgart: Boorberg.

Hunold, D. (2011). Gewalt durch die Polizei gegenüber Jugendlichen – Innenperspektive zur Anwendung polizeilichen Zwangs. *Kriminologisches Journal*, 43(3), 167–185.

Hunold, D. (2015). *Polizei im Revier. Polizeiliche Handlungspraxis gegenüber Jugendlichen in der multiethnischen Stadt*. Berlin: Duncker & Humblot.

Hunold, D., Knopp, P., Schmidt, S., Thurn, R., & Ullrich, P. (2018). Policing der NoG20-Proteste in Hamburg im Juli 2017. Ergebnisse einer strukturierten Demonstrationsbeobachtung. *Kriminologisches Journal*, 50(1), 34–47.

Hunold, D., & Wegner, M. (2018). Protest Policing im Wandel? Konservative Strömungen in der Politik der Inneren Sicherheit am Beispiel des G20-Gipfels in Hamburg. *Kriminalpolitische Zeitschrift*, 3(5), 291–299.

Kääriäinen, J., & Sirén, R. (2012). Do the Police Trust in Citizens? European Comparisons. *European Journal of Criminology*, 9(3), 276–289.

Kersting, S., Naplava, T., Reutemann, M., Heil, M., & Scheer-Vesper, C. (2019). *Die deeskalierende Wirkung von Bodycams im Wachdienst der Polizei Nordrhein-Westfalen: Abschlussbericht*. Gelsenkirchen: Institut für Polizei- und Kriminalwissenschaft der Fachhochschule für öffentliche Verwaltung NRW.

Kirsch, M. (2017). Militarisierung der Polizei – Massive Aufrüstung im Namen der Terrorabwehr. Informationsstelle Militarisierung e. V. http://www.imi-online.de/download/IMI-Studie2017-5-Polizei-web.pdf. Zugegriffen 19. August 2019.

König, D., & Müller, S.T. (2018). Einordnung des neuen § 114 StGB im bisherigen System der „Widerstandstaten". *Zeitschrift für Internationale Strafrechtsdogmatik*, 13(3), 96–102.
Kretschmann, A., & Legnaro, A. (2019). Abstrakte Gefährdungslagen. Zum Kontext der neuen Polizeigesetze. Aus Politik und Zeitgeschichte, 69(21–23), 11–17.
Kühl, S. (2017). Gewaltmassen. Zum Zusammenhang von Gruppen, Menschenmassen und Gewalt. *Aus Politik und Zeitgeschichte*, 67(4), 22–26.
Lippa, M. (2018). Die „drohende Gefahr". Eine konkrete Gefahr für die Freiheitsrechte. *Bürgerrechte und Polizei/Cilip*, 117, 11–19.
Lowrey-Kinberg, B.V. (2018). Procedural Justice, Overaccommodation, and Police Authority and Professionalism: Results from a Randomized Experiment. *Police Practice and Research*, 19(2), 111–124.
Luff, J. (2019). Die Polizei in der Kritik des Bürgers. Eine Analyse von Beschwerden und Körperverletzungen im Amt in Bayern. *Kriminalistik*, 73(2), 96–101.
Oßwald-Meßner, S. (2016). Kommunikation und Konflikt. In: T. Porsch & B. Werdes (Hrsg.), *Polizeipsychologie. Ein Lehrbuch für das Bachelorstudium Polizei* (S. 119–147). Göttingen: Hogrefe.
Pfeiffer, P. (2012). Einsatzkommunikation. In: C. Lorei & J. Sohnemann (Hrsg.), *Eigensicherung* (S. 85–107). Frankfurt a. M.: Verlag für Polizeiwissenschaft.
Pfeiffer, P. (2014). Kommunikative Deeskalation. In F. Hallenberger & C. Lorei (Hrsg.), *Grundwissen Kommunikation* (S. 189–210). Frankfurt a. M.: Verlag für Polizeiwissenschaft.
Pütter, N. (2010). Polizei und Gewalt: Opfer und Täter. Halbe Wahrheiten – falsche Debatte. *Bürgerrechte und Polizei/Cilip*, 95(1), 3–14.
Puschke, J. (2013). Gewalt und Widerstand gegen Polizeibeamte – Befunde und Diskurs. *Neue Kriminalpolitik*, 25 (4), 28–41.
Rau, M., & Leuschner, F. (2018). Gewalterfahrungen von Rettungskräften im Einsatz – Eine Bestandsaufnahme der empirischen Erkenntnisse in Deutschland. *Neue Kriminalpolitik*, 30(3), 316–335.
Reichertz, J. (1990). „Meine Schweine erkenne ich am Gang": Zur Typisierung typisierender Kriminalpolizisten. *Kriminologisches Journal*, 22(3), 194–207.
Reisig, M.D., McCluskey, J.D., Mastrofski, S.D., & Terrill, W. (2004). Suspect Disrespect Toward the Police. *Justice Quarterly*, 21(2), 241–268.
Rosenbaum, D.P., & Lawrence, D.S. (2017). Teaching Procedural Justice and Communication Skills During Police-Community Encounters: Results of a Randomized Control Trial with Police Recruits. *Journal of Experimental Criminology*, 13, 293–319.
Schenk, C., Singer, S., & Neutzler, M. (2012). Taktische Kommunikation. In H.P. Schmalzl & M. Hermanutz (Hrsg.), *Moderne Polizeipsychologie in Schlüsselbegriffen* (S. 336–346). Stuttgart: Boorberg.
Schmalzl, H.P. (2001). Demo (Eskalation und Deeskalation). In M. Hermanutz, C. Ludwig & H.P. Schmalzl (Hrsg.), *Moderne Polizeipsychologie in Schlüsselbegriffen* (S. 44–51). Stuttgart: Boorberg.
Schmalzl, H.P. (2003). Das Problem der Eskalation von Protestverläufen. In F. Stein (Hrsg.), *Grundlagen der Polizeipsychologie* (S. 83–94). Göttingen: Hogrefe.
Schmalzl, H.P. (2008). *Einsatzkompetenz. Entwicklung und empirische Überprüfung eines psychologischen Modells operativer Handlungskompetenz zur Bewältigung kritischer*

*Einsatzsituationen im polizeilichen Streifendienst*. Frankfurt a. M.: Verlag für Polizeiwissenschaft.

Schneider, S.R. (1999). Overcoming Barriers to Communication between Police and Socially Disadvantaged Neighbourhoods: A Critical Theory of Community Policing. *Crime, Law & Social Change*, 30, 347–377.

Schweer, T., Strasser, H., & Zdun, S. (2008). *„Das da draußen ist ein Zoo, und wir sind die Dompteure". Polizisten im Konflikt mit ethnischen Minderheiten und sozialen Randgruppen*. Wiesbaden: Springer.

Stolle, P. (2018). Zielkonflikte, „Kontrollverluste", Verselbstständigungen. Einige Anmerkungen zum Polizeieinsatz beim G20-Gipfel in Hamburg. *Kriminologisches Journal*, 50(1), 54–65.

Todak, N., & James, L. (2018). A Systematic Social Observation Study of Police De-Escalation Tactics. *Police Quarterly*, 21(4), 509–543.

Tränkle, S. (2014). „Gerechtigkeit auf dem kleinen Dienstweg" – Polizeiliche Strategien der Juridifizierung von Widerstands-Delikten. In M.A. Niggli & L. Marty (Hrsg.), *Risiken der Sicherheitsgesellschaft. Sicherheit, Risiko, Kriminalpolitik* (S. 464–476). Mönchengladbach: Forum Verlag.

Tyler, T.R. (2003). Procedural Justice, Legitimacy, and the Effective Rule of Law. *Crime and Justice*, 30, 283–357.

vom Hau, S. (2017). *Autorität reloaded. Eine Neukonzeption gegen Gewalteskalationen im Polizeidienst*. Wiesbaden: Springer.

Wegner, M., & Hunold, D. (2017). Die Transformation der Sicherheitsarchitektur – die Gefährdergesetze im Lichte des Vorsorge-Paradigmas. *Kriminalpolitische Zeitschrift*, 2(6), 367–375.

Zöller, M. (2017). Schutz von Vollstreckungsbeamten und Rettungskräften durch das Strafrecht? – Überlegungen zum 52. Gesetz zur Änderung des Strafgesetzbuchs. *Kriminalpolitische Zeitschrift*, 2(3), 143–150.

**Thomas Naplava** Prof. Dr., Inhaber einer Professur für Soziologie und Politikwissenschaft an der Hochschule für Polizei und öffentliche Verwaltung Nordrhein-Westfalen thomas.naplava@hspv.nrw.de.

# (Polizei-)Gewalt verstehen – Überlegungen zu einer Ethnographie polizeilichen Überwältigungshandelns

Rafael Behr

> *Alles Böse wurzelt in einem Guten und*
> *alles Falsche in einem Wahren*
> Thomas von Aquin

Vor einigen Jahren hielt ich an der Deutschen Hochschule der Polizei einen Vortrag vor Führungskräften der Polizei zum polizeilichen Heroismus und zur Debatte um die zunehmende Gewalt von und an der Polizei. Unmittelbar nach meinem Statement wies mich ein Teilnehmer darauf hin, dass er den von mir verwendeten Begriff „Gewalt" im Zusammenhang mit Polizeihandeln deplatziert finde, es handele sich vielmehr um „unmittelbaren Zwang", den Polizeibeamte ausübten. Mir ist bis heute nicht ganz klar, was den Teilnehmer zu dieser besonderen Einrede veranlasst hat. Jedoch hat dieser Einwand meine Vermutung bestätigt, dass sich das Führungspersonal der Polizei sprachlich von der Faktizität

---

Vorläufergedanken zu diesem Aufsatz finden sich schon in dem Beitrag „,Gewalt' und ,Zwang' – Überlegungen zum Diskurs über Polizei", in: Schmidt-Semisch, Henning/ Henner Hess (Hrsg.) (2014): Die Sinnprovinz der Kriminalität. Zur Dynamik eines sozialen Feldes (Festschrift für Sebastian Scheerer), Wiesbaden, S. 203–218. Inspiriert hat mich auch der Zwischenbericht des DFG-Projekts „Körperverletzung im Amt durch Polizeibeamte" (KViAPol) der Universität Bochum, der am 17.09.2019 veröffentlicht wurde (einzusehen unter https://kviapol.rub.de/images/pdf/KViAPol_Zwischenbericht.pdf, zugegriffen am 19.09.2019)

R. Behr (✉)
Akademie der Polizei Hamburg, Hamburg, Deutschland
E-Mail: rafael.behr@polizei-studium.org

der Gewaltausübung ihrer Mitarbeiter dadurch distanziert, dass es sie juristisch verklausuliert. Das Verwenden einer klinischen Sprache befreit sozusagen das komplexe Geschehen von seinen unangenehmen oder auch verstörenden Begleiterscheinungen: der *unmittelbare Zwang* ist semantisch frei von *Schmerz, Schweiß und Verletzung* und auch frei von jedweder Aggressivität, Angst, Wut, schlechtem Gewissen und anderen Emotionen – unmittelbarer Zwang ist im Übrigen immer rechtens, die Gewalt im Allgemeinen kann schon mal Unrecht sein. Ob eine Interaktion als „unmittelbarer Zwang", als „Polizeigewalt" oder als „Körperverletzung im Amt" gesehen wird, ist offenbar nicht nur juristisch zu definieren, sondern abhängig vom subjektiven Standpunkt der Wahrnehmung und von der normativen Deutung des Geschehens. Immerhin hat der Einwand des Teilnehmers mich darin bestärkt, das Thema Gewalt und Polizei zu vertiefen. Was auffällt, und hier gibt es eine deutliche Parallele zwischen der offiziellen Polizei(management)kultur und der deutschsprachigen Gewaltsoziologie, ist Folgendes: Je konkreter die Gewalt in unser Wahrnehmungsfeld tritt, d. h., je näher man an den Gegenstand (und die Entäußerungsformen) von Gewalt herankommt, desto schwieriger wird es, darüber zu sprechen, und desto schwammiger werden die Bezeichnungen und desto weniger präzise werden die Beschreibungen[1]. Jan Philipp Reemtsma vermutet (für die Gewaltforschung), es liege womöglich „… eine Hemmung vor, das Selbstbild der Moderne bei aller kritischen Befragung einfach als Illusion hinter sich zu lassen…" (Reemtsma 2008, S. 49). Ich vermute Ähnliches auch für die Polizei: Ihre Sprachlosigkeit hinsichtlich der eigenen Gewalt und das Insistieren auf binäre Positionen rührt aus der paradoxen Aufgabenstellung her, einerseits (abstrakt) Friedensinstanz zu sein, andererseits aber diesen Frieden mit (konkreter) Überwältigungsgewalt zu sichern. Nun wird auch in diesem Aufsatz keine ausgereifte *Phänomenologie des polizeilichen Überwältigungshandelns* geleistet werden können, obwohl eine genaue Beschreibung der Abläufe, der Prozesse und der Wirkung bei den Teilnehmenden eine wichtige Aufgabe wäre, mindestens ebenso wichtig, wie die juristischen Klassifizierungen und die Darstellung der (psychologischen, sozialen, strukturellen, kulturellen) Umstände, in denen Gewaltakte vorkommen. Aber immerhin will ich versuchen, auf dem Feld der Polizei das zu tun, was Thomas Hoebel und Wolfgang Knöbel (2019) für die gesamte Gewaltsoziologie anregen, nämlich konkrete Gewalt als solche zu beschreiben und den gesamten Prozess zu erklären. In dieser Perspektive gibt es nicht nur Täter und Opfer (schon gar nicht in dieser statischen Form),

---

[1] Darauf verweist u. a. Nedelmann 1997, S. 62–72, mit ihrer Unterscheidung in „Mainstreamgewaltforschung und neuerer Gewaltforschung. Die Arbeiten von Wolfgang Sofsky (1996) und Jan Philipp Reemtsma (1998, 2006, 2008) bilden hier besonders prominente Ausnahmen.

sondern innerhalb eines Interaktionszusammenhangs wechseln Täter- und Opferpositionen oder beide sind beides gleichzeitig, und es gibt Zuschauer bzw. Kolleg*innen, eine kulturelle Umgebung und ein zeitliches Vorher und Nachher.

Gewalt ist kein Naturereignis und geschieht auch nicht voraussetzungslos. Vielmehr ist es erkenntnisfördernder, Gewalt als soziales Handeln i. S. Max Webers aufzufassen, nämlich als ein Handeln, das seinem „… gemeinten Sinn nach auf das Verhalten anderer bezogen wird und daran in seinem Ablauf orientiert ist" (Weber 1985, S. 1). Ich werde darüber hinaus versuchen, Gewalt als Interaktion und Prozess zu beschreiben und ihre normativen Implikationen zumindest offen zu legen bzw. zu benennen. Diese Perspektive kommt der von Randall Collins' (2011) situativem Ansatz nahe, nur dass dieser sich sehr viel stärker auf die mikrosoziologische Analyse der Gewalt bezieht, während ich stärker den (organisations-)kulturellen Kontext mindestens mitdenke, ohne den ein Ereignis nicht ausreichend verstanden werden kann. Ein Blick in die Debatte um eine soziologische Gewaltforschung zeigt, dass die *verstehende* soziologische Perspektive zunehmend an Bedeutung gewinnt und Erklärungen „sich eben nicht schon automatisch aus der Feststellung von statistischen Zusammenhängen (ergeben, R.B.)" (Hoebel/Knöbl 2019, S. 21). Ich habe mich zur Beschreibung von Gewaltkontexten für den Begriff *Überwältigungshandeln* statt *Gewalthandeln* oder *Polizeigewalt* entschieden, weil damit zwei Aspekte polizeilicher Gewaltanwendung deutlich werden: Zum einen die Körperlichkeit (bzw. die den Körper verletzende Gewalt) und zum anderen deren Intention bzw. das Ziel, nämlich die Überwindung eines Gegners und seine Unterordnung unter die eigene Dominanz. Ziel des *Überwältigungshandelns* ist die Sicherstellung (in der Regel auch: Demonstration) der eigenen Überlegenheit und die faktische Möglichkeit des „Bezwingens" eines anderen Menschen, wobei offen bleibt, ob dies rechtlich geboten oder von krimineller Energie gespeist ist (den damit korrespondierende Männlichkeitstypus könnte man als „Bezwingermännlichkeit" bezeichnen, vgl. Behr 2017, S. 543). Der Ausdruck *Überwältigungshandeln* dient als übergeordneter Klammerbegriff für eine Vielzahl von Gewaltanwendungen, die juristisch sowohl „potestas" als auch „violentia" sein können (dazu unten mehr).

## 1  Polizei als Lebenswelt

Eine der neueren bzw. wiederbelebten sozialwissenschaftlichen Perspektiven auf die Polizei und das *Polizieren* ist der unter anderem von Alfred Schütz (1974) soziologisch fruchtbar gemachte *Lebensweltansatz*. Er bewegt sich im Paradigma einer verstehenden Soziologie. Mit dieser Haltung können die alltäglichen kulturellen Praxen (Routinen, Traditionen, Konventionen) beschrieben und analysiert werden, um sie später in Abhängigkeit von übergeordneten Strukturen zu verorten. In der Organisation wird ja tatsächlich gelebt, geliebt und gehasst, einige Menschen steigen in ihr beruflich auf, andere nicht oder weniger rasch, Menschen reifen in ihr und werden in ihr alt, sie sammeln Erfahrungen, die sie mit anderen teilen, sie weitergeben etc. Man erlebt die Polizei nicht als Planstelle, sondern als Mann und Frau, in jüngster Vergangenheit auch als Transgenderperson, als hetero- oder homosexuell, als junger oder älterer Mensch, als in Deutschland Geborener oder als nach Deutschland Eingewanderter oder als etwas in der Mitte, wenn man etwa als Beamter/Beamtin „mit Migrationshintergrund" benannt wird. Manche jungen Menschen erleben in der Polizei Konfliktkonstellationen und -intensitäten, die sie vorher noch gar nicht kannten. Und einige erleben erstmals physische Gewalt. Andere werden mit urbanen Lebensformen konfrontiert, die auf sie manchmal abstoßend und beängstigend wirken, manchmal auch exotisch und sie neugierig werden lassen. Man erfährt von den Kollegen, wie man am besten mit Vorgesetzten umgeht, wie man das Recht nutzt oder es im Einzelfall erfolgreich suspendiert. Man erfährt auch, wo es die besten und günstigsten Produkte des alltäglichen Bedarfs gibt und viele andere nützlichen Dinge mehr. Nicht alle sind rein beruflicher Natur, man lernt in der Polizei in erster Linie, sich beruflich und privat in eine *sichere Position* zu bringen, sowohl individuell als auch im Sinne einer Sinnzuschreibung in Bezug auf die eigene Berufsrolle. Dazu braucht es vor allem ein Wissen der offiziellen und informellen Organisationsregeln und Kommunikationskompetenz. So entstehen nicht nur innerhalb der Kriminalität, sondern auch innerhalb der mit ihr korrespondierenden *Institution Recht und Ordnung* milieuspezifische, von Schütz (s. o.) so genannte „Lebenswelten". Ein gemeinsames Element dieser skizzierten Erfahrungen, und gleichzeitig ein organisationsspezifisches Merkmal der Polizei, ist, dass die organisationale Lebenswelt „ordnungs- bzw. normdurchdrungen" ist.

## 2 Staatliche und personale Gewalt

Die Herausbildung des demokratisch legitimierten staatlichen Gewaltmonopols beinhaltet zwei komplementäre Aspekte: 1) Der Staat darf Gewalt ausüben und stellt dafür eigens berufenes Personal zur Verfügung. 2) Dieses Personal hat neben der aktiven Gewaltausübung auch die Aufgabe, „jede andere Gewalt" auf sich zu ziehen. Nur deshalb gibt es in der Bundesrepublik Deutschland den § 113

Strafgesetzbuch (Widerstand gegen Vollstreckungsbeamte). Mit ihm sollen die Amtshandlungen der Hoheitsträger geschützt werden und damit mittelbar sie selbst, aber eben nur dann, wenn sie hoheitlich tätig werden, z. B. wenn eine Person festgenommen werden soll. Diese Regelung wurde im Jahr 2017 durch den neuen § 114 Strafgesetzbuch (Tätlicher Angriff auf Vollstreckungsbeamte) ergänzt, der nunmehr explizit die Personen in Gänze schützt, nicht deren Amtshandlung. Dieser Schutz geht aber deutlich über den Schutz von „jedermann" hinaus, denn wenn ich mit einer Flasche beworfen werde, die mich aber verfehlt, dann ist das maximal eine versuchte Körperverletzung nach § 223 StGB (Strafandrohung: Freiheitsstrafe bis zu fünf Jahren oder Geldstrafe), wenn aber an meiner Stelle ein*e Polizeibeamter/Polizeibeamtin gestanden hätte, wäre das ein (vollendeter) Angriff auf eine*n Vollstreckungsbeamt*in, der mit einer Strafandrohung von 3 Monaten bis 5 Jahren Freiheitsentzug bewehrt ist (ohne Geldstrafe und nicht unter drei Monaten).

Die Ausübung der Staatsgewalt genießt also einen stärkeren strafrechtlichen Schutz als die private Gewaltsamkeit. Staatsgewalt (potestas) ist im Grundsatz legitim. Das Gewaltmonopol wird aber durch Akteure in konkrete Handlung übersetzt. So fügt die Staatsgewalt auf der Handlungsebene auch Schmerzen zu, weil sie eben nicht abstrakt und körperlos bleibt, sondern personalisiert stattfindet. Und es gibt dort sowohl gesetzlich gerechtfertigten als auch ungesetzlich zugefügten Schmerz, und schließlich werden auch den Gewaltmonopolisten (vulgo: Polizistinnen und Polizisten) solche zugefügt und zugemutet. Private Gewalt ist in unserer Gesellschaft hingegen weitgehend pönalisiert oder pönalisierbar, sie äußerst sich, wenn, dann ganz überwiegend als zerstörende oder mindestens unbotmäßige physische Verletzung eines anderen Körpers (violentia). Bei Heinrich Popitz findet sich ein sehr einleuchtendes und heute, wie ich finde, immer noch gültiges Gewaltverständnis, das nämlich von der „Verletzungsoffenheit" eines Menschen ausgeht, dem eine „Verletzungsmächtigkeit" eines anderen Menschen gegenübersteht (Popitz 1992, zit. nach v. Trotha 1997, S. 61). D. h. zum Gewaltbegriff gehört zwingend die Schmerzempfindlichkeit auf der einen und die Schmerzzufügung auf der anderen Seite (darum ist der Begriff „Gewalt gegen Sachen" ebenso irreführend wie den Begriff der „verbalen Gewalt"). Deshalb steht auch völlig zu Recht der Aspekt der körperlichen Verletzung, vor allem das (Er-)Leiden, im Zentrum der modernen Gewaltforschung (Nedelmann 1997, S. 63).

## 2.1 Die Gewalt des Staates muss erlernt und eingehegt werden

Um erfolgreich arbeiten zu können, müssen Polizeibeamte und – beamtinnen in ihrer Ausbildung gewalt*fähig* gemacht werden, ohne dabei in Gewalt*affinität zu entgleiten*. Aufgabe der Organisation ist es, genau diesen *Gewaltlegitimitätskorridor* herzustellen, der daran orientiert ist, so wenig Gewalt wie möglich und so viel wie nötig einzusetzen. Dieses Erfordernis besteht völlig unabhängig von individuellen Dispositionen, von einem Wesen des Menschen oder des Mannes, von der Annahme einer genetischen Veranlagung oder der einer autoritären Persönlichkeit, die besonders oft in machtvollen Organisationen zu finden sei. Wie wir heute wissen, führen Einstellungen (Haltungen) nicht automatisch zu gleichlautenden Handlungen, sodass selbst beim Nachweis einer autoritativen Grundhaltung noch keine Schlüsse auf polizeiliches Handeln zu ziehen wären.[2] Polizist*innen müssen hingegen mit dem „crimen" unmittelbar (oft auch physisch) in Kontakt kommen, im Idealfall, ohne sich von ihm infizieren zu lassen. Es liegt in der Verantwortung der Personalführung der Polizei, dafür zu sorgen, dass die Bediensteten Teil der Lösung von Gewalt und nicht Teil des Problems von Gewalt werden. Polizist*innen lernen in der Ausbildung, dass ihren Anweisungen und Maßnahmen Folge geleistet werden muss und dass „*das polizeiliche Gegenüber*" (wie die Adressat*innen polizeilicher Aktivität häufig bezeichnet werden), im täglichen Umgang eben kein „Kunde", sondern in erster Linie „Herrschaftsunterworfener" ist. Und dass sie im Zweifel ihre Maßnahmen auch gegen Widerstand mit Gewalt durchsetzen können.

Das Bewusstsein für die Komplexität von Situationen des Überwältigungshandelns und die daraus folgende Ausgeglichenheit zwischen Bewusstsein und der konkreten Handlung wird jedoch erst durch die unmittelbare Erfahrung im Umgang mit Gewaltphänomenen erreicht und ist dementsprechend bei vielen jungen Polizisten noch nicht habitualisiert. Sie bedürfen der praktischen Begleitung durch Vorgesetzte oder durch erfahrene Kollegen.

Schematisch sieht der Unterschied zwischen „potestas" und „violentia" eigentlich ganz einfach aus. In der Unterscheidung von Staatsgewalt und privater Gewalt findet sich folgende grafische Konstellation:

---

[2]Vgl. Waddington 1999 passim.

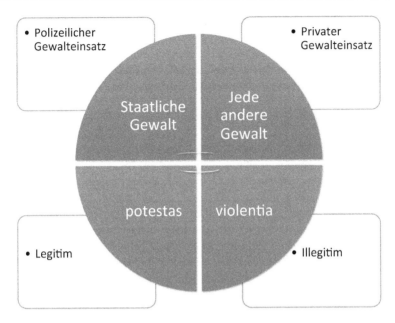

Nun ist es aber so, dass selbst in der Sphäre von „Staatsgewalt" legitime und illegitime Gewalt vorkommt. Dies sieht dann schematisch folgendermaßen aus:

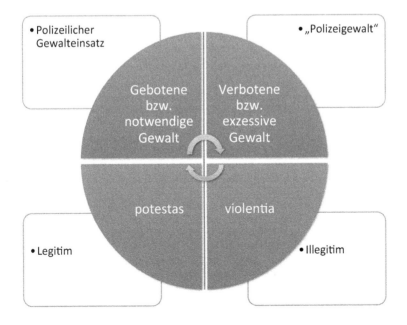

Das in der zweiten Grafik skizzierte Phänomen ist nur in der Theorie so klar abzugrenzen, wie es das Bild zeigt. Die Wirklichkeit sieht sehr viel diffuser aus, denn in *einem* Handlungsablauf, ausgeführt von *einer* Person, können sich sowohl „potestas" als auch „violentia" finden[3]. Die vertikale (rote) Linie ist also real nicht klar abgegrenzt, sondern unscharf. Dies aus zwei Gründen:

1. In einem Handlungskontext können sich legitime und illegitime Sequenzen abwechseln (das sollen die zwei Kreispfeile verdeutlichen). Würde man also eine Gewaltinteraktion mit einer Kamera aufzeichnen und diesen Film dann in der „slow motion"-Einstellung ansehen, könnte man wahrscheinlich Sequenzen identifizieren, die *gebotenen* Gewalteinsatz zeigen und solche, die *verbotene* Gewalt beinhalten (z. B. durch „zu viel" Gewalt, „Nachtreten" etc.).
2. Diese Linie ist ein „Definitionskorridor", der – ähnlich dem „Gewaltlegitimitätskorridor" (s. o. und Behr 2019a) – nicht entlang „objektiver" oder naturgesetzlicher Tatsachen verläuft, sondern als „Überlappungsraum" zu denken ist, in dem die Frage der Gültigkeit der normativen Bewertung abhängig ist von der jeweiligen Definitionsmacht. Ob man also eine polizeiliche Handlung als legitim ansieht oder nicht, ist letztlich Sache der defintionsmächtigsten Partei (z. B. die Staatsanwaltschaft, die gegenüber der Öffentlichkeit oder einem Polizeiforscher eine höhere Definitionsmacht hat[4]). Das Recht bildet hier lediglich einen normativen Strukturrahmen. Seine Auslegung erfolgt wiederum durch Akteure, im Regelfall durch ermittelnde Polizeibeamte, Staatsanwaltschaften und Gerichte.

---

[3]Für diesen wichtigen Gedanken bin ich Werner Schiewek dankbar, der das, meiner Erinnerung nach, während eines Vortrags („Gibt es ‚gute' Gewalt? – Das staatliche Gewaltmonopol in der moralischen Zwickmühle") am 11.06.2015 in etwas so umschrieben hat: In der Ausführung der legitimen Gewalt (potestas) „lauert" potentiell auch die Gefahr einer illegitimen Gewalt.

[4]Auf diesen Aspekt bin ich nach der Ansicht zahlreicher Bilder im Anschluss an der G20-Gipfel 2017 in Hamburg gekommen, auf denen offensichtlich und für den fachlich nicht ganz unbedarften Beobachter (eine) polizeiliche Gewaltanwendung(en) zu sehen war(en) – nicht aber für die Hamburger Staatanwaltschaft, die keine einzige dieser Handlungen zur Anklage brachte. Erst als ein Polizist von einem Kollegen angegriffen wurden, landete dieser Fall in einer gerichtlichen Hauptverhandlung (vgl. den Artikel „Sondereinsatz mit Folgen" von Annabel Trautwein unter https://www.zeit.de/hamburg/2019-11/g20-gipfel-hamburg-prozess-polizeigewalt-polizisten-reizgas (04.11.2019).

Theoretisch wird Staatsgewalt ohne Emotionen, ohne Aggressivität ausgeübt. Deshalb spricht man in der offiziellen Nomenklatur von „Zwang" oder von „unmittelbarem Zwang", um auf den Unterschied zwischen „potestas" und „violentia" hinzuweisen. Und um so zu tun, als ob beide nichts miteinander zu tun hätten. Doch auf der Handlungsebene kommt auch der unmittelbare Zwang nicht ohne Aggressivität aus. Diese ist sogar die Voraussetzung, um Staatsgewalt in konkrete Handlungen zu übersetzen. Aggressivität bereitet aber Schwierigkeiten, wenn sie den Kontext verlässt, in dem sie funktional erforderlich oder mindestens noch erlaubt ist. Wird die Gewaltausübung habitualisiert und zu einem Teil der eigenen Identitätskonstruktion, dann werden Polizisten in einem Konflikt Teil des Problems und sind nicht mehr Teil der Lösung. Wenn aus dem Sollen ein Wollen wird, dann unterscheidet diese Polizist*innen nichts mehr von ihren aggressiven Klient*innen und „potestas" wird zu „violentia", also zur illegitimen, Verletzung und/oder Zerstörung intendierenden Gewalt.

## 2.2 Gewalt vermeiden: Polizeikultur

Dem gesellschaftlichen Auftrag der umfassenden Existenzsicherung widerspricht es also nicht, dass die Schädigung anderer Menschen ebenso Bestandteil des polizeilichen Auftrags ist wie die Bewahrung vor Verletzung, denn auf der Handlungsebene ist der Schutz des einen Menschenrechts oft verbunden mit dem Eingriff in ein anderes (z. B. bei der Festnahme eines gewalttätigen Ehemannes im Beziehungskonflikt). Der Menschenrechtsschutz wird besonders durch das polizeiliche Management betont. Auch die Berufsvertretungen verweisen immer wieder auf die Rolle der Polizei als Menschenrechtsschutzorganisation. Dagegen wird die Verletzung von Menschen(rechten) öffentlich nicht so umfassend erwähnt, sie wird aber dafür in der internen Berufsvorbereitung besonders intensiv unter dem rechtlichen Gesichtspunkt behandelt. Die offizielle Polizeikultur ist eine Kultur der Rechtsgebundenheit, insbesondere der rechtlichen Prozeduralität (Verfahrensförmigkeit). In der Polizeikultur spielt Gewalt nur eine marginale Rolle, und wenn, dann z. B. als „unmittelbarer Zwang". Gewaltanwendung wird in den offiziellen Darstellungen von Polizei stets als *ultima ratio* gesehen und in der Regel als Reaktion auf die ihr entgegengebrachte Gewalt.

## 2.3 Gewalt (er-)leben: Polizistenkultur (Cop Culture)

Die alltagsorientierte Polizistenkultur *(Cop Culture[5])* ist eine Kultur der sog. *handarbeitenden* Polizist*innen, das heißt derjenigen, die noch tatsächlich Hand an den Menschen legen. Zu den prägenden Erfahrungen von Polizist*innen gehört es, die unmittelbare Auseinandersetzung, das Agieren, die Gefühlsarbeit, die Situationsdefinition und die moralische Legitimation des eigenen Handelns als different hinsichtlich des Handelns der Gegner zu beschreiben. So lässt sich die Alltagshermeneutik der Polizisten verstehen, ebenso wie ihre hohe Empfindsamkeit gegenüber der ihnen entgegengebrachten Gewalt. Die Empörung und vielleicht auch das Erschrecken lassen sich einordnen, wenn man als gegeben annimmt, dass nicht die Gewalt schlimmer, sondern die *Gewaltperzeption sensibler* geworden ist. Viele Polizisten, gerade die jüngeren und diejenigen in geschlossenen Einheiten der Bereitschaftspolizei, gehen offensiv mit dem Thema *Gewalt* um, d. h. auch mit einer gewissen Antizipationsleistung. Oft mündet das in einem wechselseitigen Beschädigen der *Ehre* oder der *Autorität*.[6]

Die Spirale der Aufrüstung gegen einen skrupellosen Gegner führt innerpolizeilich zu einem Klima der binären *Freund – Feind*-Figuration. In ihm hat die sog. *Krieger-Männlichkeit* ihren angestammten Platz (dazu unten mehr). Ihre Dominanz besteht darin, dass sie – obwohl gar nicht von den meisten Angehörigen der Polizei praktiziert – die Polizei jederzeit prägen kann. Wie man beim G20-Gipfel in Hamburg im Juli 2017 beobachten konnte, ist es durchaus situationsabhängig, ob die Organisation ihre kriegerische oder die bürgerfreundliche Seite zeigt. Die kriegerische Mentalität durchdringt die Diskurse um Polizei und die mit ihrem Handeln verbundenen Bilder, die in den zahlreichen Geschichten und Polizeimythen auftauchen. Sie kann jederzeit als wirkungsmächtig aktiviert und legitimiert werden, und zwar besonders bei polizeilichen Großereignissen. Dass dieser Wechsel so schnell funktionieren kann, hat auch damit zu tun, dass sich bundesweit Männer (und wenige Frauen) für diese Einsätze bereithalten. Diese gelingt nur in einer Organisationskultur, in der das kriegerische Männlichkeitsideal jederzeit aktivierbar ist, auch wenn es sich nicht täglich zeigt. Dass nunmehr die Polizei zunehmend mit militärischen Waffen und Geräten ausgerüstet werden, um gegen den IS-Terrorismus und andere Gefahren

---

[5]Vgl. zum Konzept Polizeikultur ausführlich Behr 2006, 2008.
[6]So der Tenor der so genannten „Authority Maintenance Theory" von Alpert/Dunham 2004.

zu kämpfen, führt direkt in eine quasi militärische Strukturlogik der Polizei. In ihr gewinnt die kriegerische Mentalität zunehmend an Bedeutung und vor allem an Wertschätzung, gerade in Zeiten, in denen das gesellschaftliche Angstpotential steigt.

Die Frage, ob aggressive Männlichkeit in der Polizei selbst erst erzeugt oder lediglich kultiviert oder ausgenützt wird, ist nicht eindeutig zu beantworten. Bei der zu beobachtenden Vielfalt der Persönlichkeiten ist jedoch nicht davon auszugehen, dass der Polizeiberuf attraktiv für auffällig aggressive oder autoritative Menschen ist. Die psychologischen Eignungsauswahlverfahren der Polizei sind geradezu darauf ausgerichtet, Menschen mit einer erhöhten aggressiven Neigung und offen gezeigter Gewaltlust auszuschließen. Doch auch das haben die Ereignisse rund um den G20-Gipfel in Hamburg gezeigt: Aus einer sich selbst gern als Bürgerpolizei attribuierenden Organisation kann jederzeit eine die staatlichen Interessen verteidigende Streitmacht werden. Es braucht nur wenige Zutaten (z. B. Anschläge auf Polizeifahrzeuge, Erkundigungen des Staatsschutzes, Einschätzungen der Polizeiführung, mediale Dramatisierungen), um aus einer anscheinend (bzw. im Alltag auch tatsächlich) domestizierten Organisation ein geradezu militärisch auftretendes Korps zu schmieden. Aktionsbereite Krieger lassen sich leichter zu Helden stilisieren, insofern sich Krieger im Kampf opfern (die Bilder von erschöpften Polizist*innen, die vor Müdigkeit auf einem Steinboden einschlafen oder dehydriert zusammenbrechen, lösten ein kollektives Mitgefühl aus, das deutlich über die Schmähgesänge zu Beginn – „ganz Hamburg hasst die Polizei" – hinausgingen). Sympathieadressaten waren allerdings tatsächlich nur die Polizist*innen, die auf der Straße verschlissen wurden, nicht die Einsatzleitung. Das gesellschaftliche Verlangen nach Helden ist immer ein Zeichen von der Sehnsucht nach Stärke, Überlegenheit und Dominanz gewesen. Komplementär dazu ist auch in der Polizei zunehmend ein Klima zu verspüren, das Helden erzeugt und sich gegen Kritik und Reflexion immunisiert, zum Beispiel nach dem G20-Gipfel, als der erste Bürgermeister, Olaf Scholz, gesagt hat, die Polizei habe „heldenhafte Arbeit geleistet"[7].

---

[7]Vgl. Karsten Polke-Majewski, Wenn die Verrohung zum Zeitgeist wird, 09.07.2017, www.zeit.de/politik/deutschland/2017-07/g20-gipfel-polizei-olaf-scholz-hartmut-dudde-linksextremismus, (15.04.19).

## 2.4 Vom „unmittelbaren Zwang" zur „Körperverletzung im Amt" – situativ bedingte Übergriffsdispositionen

Die Themen *Übergriffe, Fehlverhalten, Diskriminierung, Polizeigewalt, Rassismus* stellen für die Polizei und ihre Kultur eine große, vielleicht die schmerzhafteste Konfrontation dar. Dies nicht zu thematisieren hat ebenso Tradition wie die Weigerung, Forschung über die Gewalt der Polizei zu fördern bzw. zuzulassen. Zutreffend stellen Feltes u. a. bereits 2007 fest, dass es an einer breiten Forschung über polizeiliches Überwältigungshandeln in Deutschland fehlt[8]. Eine Polizeikultur, die den Anspruch erhebt, auch das Handeln in schwierigen Kontexten anzuleiten, wird dies gleichzeitig als die größte Herausforderung annehmen müssen. Das wird aber nicht immer getan. Vielmehr erlebt man in der öffentlichen Debatte ein mittlerweile nahezu tradiertes Ping-Pong-Spiel von Angriff und Verteidigung. Geradezu brüsk und kategorisch weisen z. B. die Berufsvertretungen stets alle Vorwürfe zurück, die den guten Ruf der Polizei beschädigen könnten. Dabei kommen immer wieder vier Argumentationsmuster zum Einsatz[9]:

1. Der Kritiker hat keine Ahnung, ist unseriös (wenn er Wissenschaftler ist) oder hat insgesamt ein „Weltbild, das von der bösen Polizei geprägt zu sein scheint" (Fiedler 2019: 4).
2. Beim Fehlgebrauch der Gewalt handelt es sich um Einzelfälle, der Rest der Polizei arbeitet ordnungsgemäß.
3. Grund für Fehlleistungen sind Arbeitsüberlastung, Personalmangel und eine immer gewalttätiger werdende Gesellschaft.
4. Sind doch einmal Bilder im Umlauf, die unabweisbar Gewaltszenen zeigen, dann werden rhetorische Fragen gestellt, die sich auf den Kontext beziehen (man weiß nicht, was vorher und nachher war, Bilder zeigen nur Ausschnitte, man kann den Zusammenhang nicht bewerten).

Die polizeiinternen Reaktionen auf Übergriffe, Diskriminierungshandlungen und oder andere Missstände fallen nach meiner Erfahrung hoch ambivalent aus. Strafanzeigen von Kollegen gegen Kollegen sind nach wie vor die Ausnahme

---

[8]Vgl. Feltes u. a. 2007. Dieser Aufsatz gehört gleichzeitig zu den wenigen substanziellen Arbeiten zu einer gleichermaßen empirischen und theoretischen Verortung polizeilichen Überwältigungshandelns.

[9]Exemplarisch dafür vgl. Fiedler (2019: 4–5).

(und haben für den/die anzeigende/n Kollegen/Kollegin meist unangenehme Folgen). Davon gibt es Ausnahmen, wenn der soziale Abstand genügend groß ist (z. B., wenn Vorgesetzte davon Kenntnis erhalten, u. U. vermittels Bildmaterials oder auch durch Dienststellen, die für Beamtendelikte zuständig sind). Beharrlich bemüht die politische Führung der Polizei jedoch nach wie vor das Argument der *einzelnen schwarzen Schafe:* für sie sind es weiterhin wenige Beamte, die den Ruf der Organisation ruinieren. Diese Sicht immunisiert sich gegenüber einer Kontextualisierung. Sie ist im Übrigen hoch anfällig für gegenteilige Einschätzungen, denn sie beruht auf der „Einzelfall-Logik", die genauso schwer zu belegen ist wie die Logik der „Spitze des Eisbergs". Man fragt sich aber unwillkürlich, ab welcher Größenordnung die politische Führung der Polizei bereit wäre, die Einzelfälle auf strukturelle Probleme zurückzuführen oder, wie ich es bevorzugen würde, ab wann Einzelfälle auf ein basales organisationskulturelles Thema hinweisen. Mit der bisherigen Haltung werden Täter und Taten eher exkulpiert und die Dimensionen kleingeredet als das Bewusstsein und die Sensibilität geschärft. Andererseits ist die Gegenmeinung, die bekannt gewordenen Fälle seien lediglich die Spitze des Eisbergs, und es handle sich in jedem Fall um einen Akt struktureller Gewalt, um strukturellen Rassismus etc. empirisch ebenso wenig haltbar. Hier ist nicht zu entscheiden, ob die Gewaltausübung, ebenso wie rechtsextreme Haltungen durch Polizeibeamte tatsächlich qualitativ und quantitativ zugenommen haben oder ob es sich lediglich um eine stärkere mediale Aufbereitung, bzw. eine leichtere Artikulationsform handelt. Zunächst wäre zu vermuten, dass es ein gutes Zeichen für das Binnenklima der Polizei ist, wenn Beamte nicht mehr bereit sind, sich wider besseren Wissens zu entlastenden Zeugenaussagen hinreißen zu lassen oder Straftaten ihrer Kollegen zu decken. Dieser optimistische Eindruck relativiert sich jedoch, wenn man bedenkt, welchen internen Anfeindungen wiederum diese Beamten ausgesetzt sind, wenn sie Straftaten ihrer Kollegen nicht decken. Die Arbeitsbedingungen der Polizei alleine können als Ursache für Überreaktionen nicht herangezogen werden. Auch psychologisierende Perspektiven, etwa die individuelle Disposition zur Rigidität, Autoritarismus und Gewalttätigkeit oder individuelle Lernprozesse, die es sicher geben mag, können nicht ganz befriedigen. Wenn weder Strukturen noch individuelle Pathologie polizeiliche Übergriffe erklären können, so sind es doch die Traditionen der *Cop Culture* und vor allem situative Faktoren, die erklären können, wie aus einer „polizeilichen Maßnahme" eine Straftat wird.

Ich verorte polizeiliches Fehlverhalten weder auf der Individual- noch auf der Strukturebene, sondern dort, wo sich im Berufsalltag Handlungsregeln entwickeln. Ich messe deshalb den kulturellen Regeln von Polizist*innen besondere

Bedeutung zu[10]: für diejenigen Beamt\*innen, die Straftaten ihrer Kolleg\*innen eigentlich nicht decken wollen, die auf der „richtigen Seite" stehen wollen, sind diese Regeln der Polizistenkultur der Grund des Zauderns und der Zweifel (weil z. B. als ehernes Gesetz gilt, keine Kolleg\*innen anzuschwärzen), für die Täter bergen sie eine hohe Wahrscheinlichkeit, dass ihre Tat nicht aufgedeckt wird. Auf der Organisationsebene zeigt sich, dass die Handlungsmuster die entscheidende Bedingung dafür ist, dass die Zuschreibung von Verantwortung und die Werturteile indifferent bleiben: Diejenigen Polizist\*innen, die nach einem konkreten Vorfall von den Medien und der Polizeiführung als die *schwarzen Schafe* etikettiert werden, sind nach den subkulturellen Werten der betreffenden Organisationseinheiten noch lange keine. Und umgekehrt: diejenigen, die als leuchtende Vorbilder dargestellt werden, weil sie das Ideal vom Selbstreinigungsmechanismus der Polizei bedienen, werden von statusnahem Kolleg\*innen eher ausgegrenzt als wertgeschätzt. Sie werden zum Verräter, zum sog. „Kameradenschwein". Solche Metaphern sind ebenfalls Bestandteil von *Cop-Culture*. Und nach wie vor wird in ihr der Verrat stärker sanktioniert als das verratene Fehlverhalten.

Eine vollständige Analyse polizeilichen Überwältigungshandelns müsste nach meinem Dafürhalten mindestens vier Ebenen berücksichtigen: die psychische (individuelle), die soziale (interaktionelle), die kulturelle (bzw. strukturelle) sowie die sequenzielle, auf den Verlauf der Gewalt (Anbahnung, Austragung und Beendigung) gerichtete Dimension. Auch dafür haben Thomas Hoebel und Wolfgang Knöbl (2019) wertvolle Anregungen gegeben. Das kann in diesem Aufsatz nicht vollständig geleistet werden. Trotzdem soll hier wenigstens skizziert werden, dass nicht alles, was als Verfehlung erkennbar ist, auch Bestandteil einer kollektiv (oder gar strukturell) verfestigten Diskriminierungspraxis ist. Gleichzeitig dient die folgende Systematisierung dazu, nicht nur die Vorkommnisse zu *beschreiben,* sondern sie auch zu klassifizieren, d. h. auch deren Sinn und Wirkung zu erfassen (Tab. 1):

Ich konzentriere mich im Folgenden auf zwei Übergriffskonstellationen, die *aus subkulturellen Gerechtigkeitsvorstellungen heraus entstehen (Ehre, Reziprozität, Schuld und Sühne),* die von der Gesamtorganisation nicht immer bzw. nicht vollständig geteilt werden, die aber gleichwohl für das Funktionieren des staatlichen Gewaltmonopols wichtig sind (in der Tabelle Nr. 5 und 6).

---

[10]Eine Aufzählung der konkreten Muster für die polizeiliche Praxis findet sich in Behr 2000, S. 219.

**Tab. 1** Übergriffs-Dispositionen (eigene Zusammenstellung)

| Konstellation | Beispiel/Verdeutlichung/Reaktion der Umgebung |
|---|---|
| 1. Individuelle delinquente Handlungen als „Privatperson" u. U. begünstigt durch dienstliche Stellung | Beispiel: Diebstahl, Raub mit Dienstwaffe, Mord/Totschlag der Ehefrau/des Ehemannes, Trunkenheitsfahrt, Erschleichen von Leistungen, Beziehungsgewalt etc. Reaktion: Ablehnung durch Kollegen und Vorgesetzte sehr wahrscheinlich. Im Einzelfall Verständnis, aber keine Billigung. Verlassen des Ehrenkodex der Organisation, individuelle Zurechnung der Verantwortung |
| 2. Individuelle deviante/delinquente Ausgestaltung einer dienstlichen Handlung aufgrund einer Kopplung von individuellen und situativen Faktoren | Beispiel: Körperverletzung im Amt, Beleidigung, Abnehmen oder Belassen v. Drogen ohne Vorgang, vorl. Festnahme nach eigener Provokation, Provozieren eines körperlichen Angriffs oder Widerstands (Jähzorn, psychische Belastung/Stress), „black out" Reaktion: In der Regel Verständnis für situative Umstände im Einzelfall, keine generelle, oft aber partielle Entschuldigung durch Kollegen bei Kenntnis der Umstände |
| 3. Quasi-erzieherische Handlungen, oft verbunden mit einer Attitüde der Gerechtigkeits-wahrung/-wiederherstellung (Selbstjustiz) | Beispiel: Bestrafung an Ort und Stelle („Was er von uns hat, das nimmt ihm keiner mehr"), Züchtigung (Ohrfeige) „an Vaters statt", d. h. Sanktionen mit unmittelbarer erzieherischer Intention, die dem Opfer eine Lehre sein sollen. Anwendung häufig bei Jugendlichen Reaktion: Uneinheitliche Haltung im Kollegenkreis, je nach persönlicher Haltung |

(Fortsetzung)

**Tab. 1** (Fortsetzung)

| Konstellation | Beispiel/Verdeutlichung/Reaktion der Umgebung |
|---|---|
| 4. Deviante/delinquente Werte in subkulturellen Gruppen (Maskulinität, Ehre, Macht, Chauvinismus, Rassismus) | Beispiel: Demütigungsrituale gegenüber festgenommen Personen, Alkoholexzesse, aggressive/demütigende Initiationsrituale, rassistische/sexistische Witze, gewalttätige Siegergeschichten besonders in hierarchiestärkeren Gruppen ohne regelmäßigen Publikumskontakt (z. B. der Bereitschaftspolizei, eine Beweissicherungs- und Festnahmeeinheit oder einem Spezial-Einsatzkommando und in anderen „geschlossenen" Gruppen) Reaktion: Normen werden außerhalb des eigenen Nahraums nicht gebilligt. Oft ist nicht die Übereinstimmung/Zustimmung der Kolleg*innen das devianzstützende Element, sondern deren Angst vor Ausgrenzung und ihre Abhängigkeit vom Solidaritätsversprechen der Gruppe. U.U. verlassen Mitglieder die Gruppe |
| 5. „Dirty-Harry-Syndrom": das Richtige wollen, aber es mit falschen Mitteln durchsetzen. Kompensation eines als zu schwach empfundenen Rechts durch eigene Sanktionen | Beispiel: Misshandlung, verbotene Vernehmungsmittel (Erpressung, psychischer Druck oder Körperverletzung), Gewaltexzess (über das legale Maß hinausgehende Intensität der zunächst legitimen Gewaltanwendung Reaktion: Anerkennung im sozialen Nahraum möglich – Ablehnung von milieufremden Kollegen und von Vorgesetzten aber Verständnis für die Umstände |
| 6. Restitutive und symbolische Machtdemonstration (individuelle oder kollektive Überlegenheitsdemonstration ohne Meta-Ebene wie bei 5.) | Beispiel: Transport v. Obdachlosen an Stadtrand; Durchsuchung eines Drogenraums ohne Notwendigkeit/Zurschaustellung einer festgenommenen Person (demonstrative Leibesvisitation) Reaktion: Ambivalent. Einige Kollegen genießen das Machtspiel und schließen sich ihm an, andere (insbesondere Frauen) identifizieren es schnell als „Männerritual" und bleiben distanziert |

(Fortsetzung)

**Tab. 1** (Fortsetzung)

| Konstellation | Beispiel/Verdeutlichung/Reaktion der Umgebung |
|---|---|
| 7. Konfrontationen zwischen geschlossenen Polizeieinheiten und einer Menschenansammlung über einen längeren Zeitraum hinweg | Beispiel: Der mehrtägige, nahezu ununterbrochene Einsatz der Polizei beim G-20-Gipfel in Hamburg im Jahr 2017. Ähnlich wie beim G8-Gipfel in Heiligendamm entwickelte sich in vielen Einheiten eine „Feldlagerdynamik", bei der mangelnder Schlaf, mangelnde Hygiene, permanente Anspannung und Erschöpfung zu einer „kriegsähnlichen" Stimmung führte, die insgesamt zu einem weit rigoroserem Handeln führte als unter alltäglichen Bedingungen<br>Reaktion: Verständnis für den persönlichen Einsatz, vereinzelt oder fallweise Kritik an Einsatzleitung und/oder Polizeiführung |

### 2.4.1 Dominanz- und Normendemonstration

Recht anwenden bzw. durchsetzen ist in bestimmten Situationen etwas anderes als Gerechtigkeit walten zu lassen. Die Gerechtigkeitsvorstellungen der Polizisten stimmen zwar oft mit den Legalitätsvorgaben überein, manchmal aber auch nicht, dann gelten eigene Gerechtigkeitsvorstellungen: der „second code" der eigenen Handlungsmuster überstrahlt dann den „first code" der Rechtsbindung. Zwischen „first" und „second code" besteht ein Arbeitsbündnis bzw. ein Ausnutzungsverhältnis (McNaughton-Smith 1975: 197–212). Es gibt zahlreiche Situationen, in denen die Rolle der Polizei rechtlich klar geregelt ist, die aber unter Gerechtigkeitsgesichtspunkten immens strittig sein kann. Insbesondere die vielen Handlungsbeschränkungen, die sich aus der Strafprozessordnung ergeben, stehen Polizisten manchmal im Weg, wenn sie einen Fall vollständig durchermitteln oder erfolgreich bewältigen wollen. Wenn es dann keine zusätzlichen Schranken gibt (Vorgesetzte, Widerspruch von Kollegen, Öffentlichkeit), können sich vom recht abweichende subkulturelle Gerechtigkeitsvorstellungen durchsetzen, und es kommt dann fast zwangsläufig zu einem Fehlverhalten, das als solches von den Beamten nicht benannt wird.

Fast in allen bekannt gewordenen Diskriminierungs- bzw. Übergriffshandlungen mit Gewaltanwendung findet man ein Beziehungsarrangement, in dem die von der polizeilichen Handlung Betroffenen den Polizisten (manchmal nur vermeintlich) sozial unterlegen waren[11]. Das zeigt, dass es bei der illegalen polizeilichen Gewaltanwendung auch um Anerkennung des eigenen sozialen Status und um Aberkennung der sozialen Wertschätzung geht. Oft geht es um eine Demonstration der Macht und die Sicherung der eigenen Überlegenheit, weil diese als gefährdet erachtet wurde (das ist eine Kernaussage aus der Untersuchung von Alpert/Dunham 2004). Wenn ein Polizist, der durch einen Festgenommenen angespuckt wird, dies nicht nur als Beleidigung, sondern auch als Gewalt empfindet, dann kann es vorkommen, dass er ihm spontan eine Ohrfeige gibt, damit der Festgenommene lernt, dass man nicht ungestraft einen Polizisten anspuckt. In Hamburg wird dieses Vorgehen als „Ordnungsschelle" bezeichnet. „Street cops" wissen, dass sie in der Organisation wenig Sozialprestige und wenig Anerkennung bzw. Wertschätzung erfahren (auch wenn ihnen das oft genug suggeriert wird). Sie fordern deshalb Respekt bei ihren Klienten ein, und zwar ohne selbst respektvoll mit ihnen umgehen zu müssen, sondern kategorisch. Das Durchsetzungsmittel ist Gewaltperformanz.

Das Problem dabei ist, dass diejenigen Beamten, die am wenigsten auf die institutionellen Bildungsangebote zugreifen (können oder wollen) und damit am wenigsten an der Organisationsmacht teilhaben, oftmals an den am meisten gewaltanfälligen Stellen der Organisation arbeiten, nämlich „ganz unten" auf der Straße. Die erfolgreichste Strategie, keine Menschenrechtsverletzungen im Dienst zu begehen, ist die, schnell aufzusteigen. Denn im Höheren Dienst und in anderen Führungsfunktionen kommt man seltener in die Verlegenheit, mit einer Klientel in Berührung zu kommen, für die völlig andere Interaktionsregeln bestehen, als die eigenen.

Ich möchte nun auf einige strukturelle Bedingungen in der Polizei hinweisen, die die Entstehung eins Arbeitsklimas fördern, innerhalb dessen auch die Gewaltanwendungswahrscheinlichkeit steigt. Ob diese Gewaltanwendung legitim oder gar geboten oder aber übergriffig ist, hängt nicht nur von individuellen Faktoren ab, sondern auch von der strukturellen bzw. kulturellen Rahmung der Situation. Man kann diese zu beschreiben versuchen, wohl wissend, dass dies nur ein vorläufiger Versuch ist, die Gewaltanwendung zu verstehen und erst dann normativ

---

[11]Davon gibt es „berühmte" Ausnahmen wie der Fall eines israelischen Professors, der in Bonn im Jahr 2019 rassistisch bzw. antisemitisch angegriffen worden war und den die Polizei zunächst für den Täter, nicht für das Opfer hielt, vgl. https://www.general-anzeiger-bonn.de/bonn/stadt-bonn/mann-wegen-angriffs-auf-juedischen-professor-angeklagt_aid-44063667 (12.10.19).

zu qualifizieren. Die nun folgende Auflistung ist auch nicht „prospektiv" zu nutzen, im Sinne einer Vorhersage. Aber in fast allen bekannt gewordenen Fällen von polizeilicher Übergriffigkeit finden sich die unten aufgeführten Konstellationen, manchmal einzeln, oft in Kombination.

### 2.4.2 Übergriffsfördernde Strukturdimensionen der Organisation

Folgende organisatorisch zu beeinflussende Faktoren können nach meinem Dafürhalten gewaltförmiges Fehlverhalten hervorrufen oder fördern bzw. dessen Unterbindung verhindern[12].

- Relative Abgeschlossenheit gegenüber der eigenen Organisation und gegenüber der Öffentlichkeit – die Abgeschlossenheit fördert die Entwicklung deviante(r) Subkultur(en)
- Dominanz statusniedriger (meistens junger) Männer – niedriger Sozialstatus und Spätadoleszenz verstärken das Potenzial zur Durchsetzung aggressiver Männlichkeitsphantasien
- Heroisierung der Polizei bzw. der eigenen Tätigkeit – zu hohe Bewunderungs-Wertschätzungserwartung macht empfindlich gegenüber Kritik und Zurückhaltung
- Feststehende geschlossene Einheiten bzw. Einsatzteams – sie führen zur Entwicklung von Traditionen und einer informellen Binnenhierarchie, in deren Rahmen auch informellen Machtbeziehungen und Abhängigkeiten ausgeprägter sind als in wechselnden Gruppenkonstellationen
- Ein Arbeitszusammenhang, der hinsichtlich der dort geltenden normativen Bedingungen hoch ambivalent zum offiziellen polizeilichen Selbstverständnis ist – wenn man es *nur* mit Gegnern, *nur* mit Drogennutzer*innen, *nur* mit Bandendiebstahl, *nur* im Großstadtmilieu etc. zu tun hat
- Disparität zwischen Legalität (Verfahrensförmigkeit) und Legitimität (Gerechtigkeit) – wenn z. B. der juristische Verhältnismäßigkeitsgrundsatz mit der Überzeugung der Strafbarkeit eines Verhaltens kollidiert

---

[12]Diese Aufzählung soll nicht darüber hinweg täuschen, dass es natürlich auch individuelle, also psychologische Haltungen/Faktoren gibt, die zu Übergriffen etc. führen. Ich beschränke mich hier aber auf die organisatorische Rahmung, die beobachtbar und veränderbar ist.

- Kenntnis und/oder Verständnis von der polizeilichen Klientel ist gering – dies fördert missverständliche Deutungen von Verhaltensweisen und führt zu einer Überforderung der kulturellen Toleranz
- Situation und/oder Verhalten des Betroffenen bestätigt das Vorwissen der Beamten – das führt zur self-fullfilling prophecy bzw. zu einer selbstreferentiellen Verdachtsschöpfung
- Die vermutete Beschwerdemacht ist gering – geringes Sozialprestige, mangelnde Sprachkompetenz, wenig oder fehlende Mobilisierung von Unterstützung durch Rechtsanwalt/Öffentlichkeit/Medien etc. lassen negative Konsequenzen/Sanktionen für den/die Beamt*in unwahrscheinlich erscheinen
- Faktoren, die beim Adressaten der Polizei liegen: Wenn er nicht zum Ausdruck bringen kann oder will, dass er kooperativ, diszipliniert, einsichtsfähig, weisungsbefolgungsbereit etc. ist, und vor allem, wenn er seine Aggressionen nicht im Zaum hält.

### 2.4.3 Übergriffsvermeidende Strukturdimensionen der Organisation

Umgekehrt sind auch Organisationsmerkmale zu beschreiben, die Fehlverhalten und Übergriffe im Gewaltkontext weniger wahrscheinlich machen:

- Gemischte Status- und Funktionsgruppen – Schutz- und Kriminalpolizei, mittlerer, gehobener, höherer Dienst arbeiten zusammen in unmittelbarem Kontakt
- Dichte Kommunikation zwischen Leitung und Mitarbeitern – Interesse an den und Informiertheit über die aktuellen Tätigkeiten der Beamt*innen durch Führungskräfte
- Abwechslungsreiche Tätigkeit – verschiedene Einsatzfelder, -orte, auch solche, die positive Resonanz in der Öffentlichkeit erzeugen
- Anerkennung und Wertschätzung der Arbeit durch Führungskräfte und statusnahe Kolleg*innen
- Selbstbewusstsein, das Humanität explizit mit einschließt – z. B. mit handhabbaren Orientierungssätzen („Wir sind Profis für Grenzfälle", „Uns kann niemand wirklich beleidigen", „Wer gefesselt/fixiert ist, bei dem ist Gewaltanwendung tabu" etc.)
- Transparenz und Vielfalt der Sozialbeziehungen innerhalb der Gruppe – Rotation in den Teams (jede/r arbeitet mit jedem/jeder statt festgefügter Gruppen)

- Hohe Identifikation mit der Gemeinde, in der man arbeitet (z. B. durch Einbindung in Kulturveranstaltung – gilt in der Regel nur für die Schutzpolizist*innen als Kontaktbereichsbeamt*innen)
- Geringe informelle Binnenkohäsion der Dienstgruppe (exklusive Freundschaften), keine Paarbildung und Abgeschiedenheit einzelner Kleingruppen
- Heterogenität der Gruppe – besonders hinsichtlich Alter, Geschlecht, Ethnie, sexuellen Präferenzen etc.
- Supervision – Möglichkeit der regelmäßigen Erörterungen von Konfliktsituationen für die einzelnen Mitarbeiter/innen und innerhalb der Gruppe unter externer fachlicher Anleitung, nicht nur aus „gegebenem Anlass".

## 3 Ambivalente Reaktion auf polizeiliches Überwältigungshandeln

Die Polizei genießt gegenwärtig immer noch sehr hohe Zustimmung vom überwiegenden Teil der Bevölkerung. Das zunehmend robustere bzw. martialische Auftreten scheint dem kein Abbruch zu tun, vielleicht sind viele Menschen sogar ganz froh darüber, dass sich der Staat hier wieder stärker als *Durchsetzungsagentur* zeigt und nicht als bloße *Dienstleistungsagentur*. In diesem Klima keimt allerdings auch Sorge auf: Die bezieht sich zum einen auf rechtsradikale bzw. rechtsextreme Tendenzen, die über bloße Einzelfälle schon weit hinausgehen, zum anderen bezieht sie sich auf das zunehmend selbstverständliche Gewalthandeln bzw. das Dunkelfeld polizeilicher Gewaltanwendung. Für alle sichtbar wurde diese Stimmung beim G20-Gipfel im Jahr 2017 in Hamburg. Dass von den fast 30.000 eingesetzten Beamten über mehrere Tage mit einem hohen wechselseitigen Gewaltpotenzial kein/e einzige/r Polizist*in ein Fehlverhalten gezeigt haben soll, das in einem Hauptverfahren vor Gericht mündete, ist nicht nachvollziehbar. Und doch soll es so gewesen sein, sagt die Hamburger Staatsanwaltschaft. Eine solche Erfahrung verändert das Organisationsklima in der Polizei. Es entsteht dort zunehmend eine Aura der Unangreifbarkeit. Die mit der politischen und öffentlichen Heroisierungsbereitschaft einhergehende Immunisierung gegen Kritik erkennt man gut an der Reaktion der polizeilichen Berufsvertretungen und an den Kommentaren in vielen Zeitungen nach der Veröffentlichung des Zwischenberichts der Studie „Körperverletzung im Amt durch Polizeibeamte" (KViAPol) der Universität Bochum (vgl. Fußnote 1). Die Studie erregt auch deshalb so großes Aufsehen, weil in ihr sozusagen die komplementäre Seite des Überwältigungshandelns zum Vorschein kam. Es wird nun immer mehr bekannt, wie viele Menschen aus welchen Gründen polizeiliche Zwangsmaßnahmen gegen sie gar nicht den Ermittlungsbehörden zur Kenntnis bringen. Besonders die Vermutungen über das sog. Dunkelfeld sind es, die das Vertrauen in eine „saubere" Gewaltanwendung der Polizei doch sehr erschüttern. Und wieder sind es hier die Berufsvertretungen als die Gralshüter einer „guten Polizei", die sich sofort berufen sahen, die Studie vollständig zu diskreditieren und zu delegitimieren.[13] Man kann die Studie sicher kritisieren, z. B. das methodische Vorgehen. Diese Kritik hätte aber erstens auch an die Untersuchungen zur Gewalt gegen die Polizei gerichtet werden müssen[14] und sie kann zweitens die Erkenntnisse, die daraus abzuleiten sind, nicht gegenstandslos machen. Kluge Gewerkschaftsfunktionäre und kluge Führungskräfte würden die Zwischenergebnisse der Studie als besondere Form der „Kundenbefragung" auffassen. Sie hätten dann ein alternatives Informationstableau, bei dem nicht die entscheidende Frage ist, ob es sich juristisch um Körperverletzung im Amt handelt oder nicht, sondern in wie weit sich Menschen durch die Intervention der Polizei ungerecht behandelt fühlen, sie spüren, etwas stimmt bei der polizeilichen Behandlung nicht. Dass sie dabei vielleicht nicht ganz unbeteiligt waren, und dass sie sich in der Schilderung der Verhältnisse vielleicht in ein besseres Licht stellen als sie es tatsächlich waren, das trifft sowohl auf die Respondenten der Bochumer Studie zu, es trifft aber auch auf die Polizeibeamt*innen, die bei der KFN-Studie aus 2010 zur Gewalt gegen Polizeibeamte mitgemacht haben, zu. Es ist bei solchen Verfahren naheliegend und kann nur bei orthodoxer Verfolgung einer binären Logik als Ausschlusskriterium für die Erkenntnisgewinnung einer solchen Untersuchung dienen. Insofern weist die harsche Reaktion der Gewerkschaften eher auf ein vorliegendes Problem hin als auf eine Irrelevanz.

Der Hildesheimer Bischof Heiner Wilmer hat mit dem Satz „… der Missbrauch von Macht steckt in der DNA der Kirche"[15] viel Wirbel und Kontroversen im kirchlichen Raum erzeugt. Er sagte das im Zusammenhang mit sexueller Gewalt in der katholischen Kirche. Wilmer sprach auch von einer „Struktur des

---

[13]Vgl. https://www.gdp.de/gdp/gdp.nsf/id/DE_Malchow-Kaum-zu-glauben-was-Polizisten-alles-ueber-sich-ergehen-lassen?open&ccm=000 (12.10.2019).

[14]Vgl. Ziegler, Jean-Pierre: Schlechter Umgang, in: https://www.spiegel.de/panorama/justiz/polizeigewalt-kommentar-zur-bochumer-studie-schlechter-stil-a-1286495-amp.html (29.10.19).

[15]Vgl. https://www.katholisch.de/aktuelles/aktuelle-artikel/wilmer-machtmissbrauch-steckt-in-dna-der-kirche, vom 14.12.2018, zugegriffen am 15.08.2019.

Bösen" in der Institution. Diese Einsicht eröffnet eine neue Perspektive auch auf die ethische Grundproblematik der Polizei: Kirche und Polizei sind beide hochmoralische Organisationen, die das Gute wollen und dafür einstehen, es zu erzeugen bzw. zu verteidigen. Kirche und Polizei haben aber mit der Durchsetzung des Anspruchs ebenso zu kämpfen wie mit der Verhinderung des Gegenteils, und sie haben dies lange Zeit tabuisiert. Beide Organisationen nenne ich „hochmoralisch", weil ihre Aufgabe nicht nur darin besteht, das Böse zu unterlassen, sondern auch darin, direkt an der Grenze zwischen gut und böse zu arbeiten und dafür zu sorgen, dass diese Grenze nicht überschritten wird. Für die Polizei ist das die Grenze zwischen Macht und Machtmissbrauch beim Überwältigungshandeln. Hochmoralisch nenne ich sie auch deshalb, weil es ein umfangreiches ethisches Gerüst braucht, Dinge zu tun, die – im Fall der Polizei – wie destruktive Gewalt aussehen, die aber juristisch oder auch vom gemeinten Sinn her im Dienst der allgemeinen Friedenssicherung stehen. Die Polizei soll als die „Staatsgewalt" die Gewaltlosigkeit der Gesellschaft sichern, die „gute" Staatsgewalt ist aber auf der Ausführungsebene von allen Affekten begleitet, wie die „böse", nämlich bloße zerstörerische, Gewalt auch.

Denkt man in den Kategorien, die Bischof Wilmer aufgezeigt hat, dann ist der Machtmissbrauch eben nicht oder nicht *nur* der delinquente oder pathologische Fehler einzelner Verwirrter und/oder Krimineller, sondern es ist als Disposition sozusagen eingebettet in die polizeiliche Handlungslogik, Gewalt zu missbrauchen (z. B. als Gewaltexzess, als provozierte Gewalt). Der reflexartige Verweis auf „Einzelfälle" dürfte dazu dienen, die Komplexität der Gewaltfrage nicht zur Kenntnis nehmen zu müssen und immer noch so zu tun, als gäbe es eine überwiegende Mehrheit an unbescholtenen Beamt*innen (denen missbräuchlicher Gewalteinsatz *nie* unterläuft) und eine (kleine) Minderheit an „schwarzen Schafen" in der Polizei. Diese Unfähigkeit, das binäre Muster aufzugeben, scheint mir die eigentliche Problematik des polizeilichen Umgangs mit dem Gewaltthema zu sein. Die institutionelle Verweigerung einer inhaltlichen Auseinandersetzung mit dem Thema „Gewaltmissbrauch" erzeugt größere Probleme als die konkrete missbräuchliche Gewaltanwendung. Denn sie untergräbt den Glauben in die moralische Integrität, weil so getan wird, es bestehe kein Problem, wo andere sehr viele Probleme sehen (auch das ist durch die KViAPol-Studie zum Vorschein gekommen).

Weder die eingangs erwähnte Führungskraft noch die Berufsvertretungen der Polizei können „potestas" und „violentia" gemeinsam denken (d. h. es als zusammengehörig offiziell anerkennen). Deshalb müssen sie gegenüber der Öffentlichkeit leugnen, dass „die böse Gewalt" ebenso zur DNA der Polizei gehört wie die „gute Gewalt". Doch erst wenn man erkennt, dass beide Ausprägungen von Gewalt wesentliche Bestandteile des polizeilichen Überwältigungsrepertoires sind, kann man wirklich daran gehen, die Dimension der Gefährdung der Integrität vieler Polizist*innen reflexiv zu bearbeiten und muss nicht mehr reflexartig das Problem als irrelevant abwehren. Ich plädiere und werbe dafür, diese anthropologische Sichtweise aufzugeben und durch eine situativ-prozesshafte Perspektive zu ersetzen. In ihr erschienen die Menschen nicht mehr als „weiße" oder „schwarze Schafe", sondern es stünden soziale Interaktionen im Vordergrund, die in ihrem Ablauf genau untersucht werden können und deren Sinn sich aus der Prozessanalyse ergibt, nicht aus dem individuellen Motiv.

## Literatur

Alpert, Geoffrey P./ Dunham, Roger G. (2004): Understanding Police Use Of Force. Officers, Suspects, and Reciprocity. Cambridge: University Press.
Behr Rafael (2000): Paradoxien gegenwärtiger Polizeiarbeit: Zwischen „Smooth-Policing" und „Knüppel-aus-dem-Sack", in: Lange Hans-Jürgen (Hg.), Staat, Demokratie und Innere Sicherheit in Deutschland, Opladen, 221–234.
Behr, Rafael (2008). Cop Culture – Der Alltag des Gewaltmonopols. Männlichkeit, Handlungsmuster und Kultur in der Polizei, 2. Auflage, Wiesbaden (VS-Verlag).
Behr, Rafael (2006). Polizeikultur. Routinen –Rituale – Reflexionen. Bausteine zu einer Theorie der Praxis der Polizei, Wiesbaden (VS-Verlag).
Behr, Rafael (2017): Maskulinität in der Polizei. Was Cop Culture mit Männlichkeit zu tun hat. Ein Essay, in: juridikum nr. 4/2017: Männer im Un/Recht – Kriminalität, Kriminalisierung & Männlichkeiten, S. 541–551.
Behr, Rafael (2018a): „Die Polizei muss ... an Robustheit deutlich zulegen": Zur Renaissance aggressiver Maskulinität in der Polizei, in: Loick, Daniel (Hrsg.) (2018): Kritik der Polizei, Frankfurt (Campus), S. 165–178.
Behr, Rafael (2018b): Zur Legitimation polizeilicher Kontrolle: „Racial-, „Social-" und „Criminal-Profiling" im Diskurs, in: Mensching, Anja/Astrid Jacobsen (Hrsg.): Polizei im Spannungsfeld von Autorität, Legitimität und Kompetenz (Reihe Empirische Polizeiforschung XXI), Frankfurt am Main (Verlag Wissenschaft & Polizei) S. 105–119.
Behr, Rafael (2019a): Gewalt und Polizei. Ambivalenzen des innerstaatlichen Gewaltmonopols, in: http://www.bpb.de/apuz/291185/gewalt-und-polizei?p=all (17.5.2019).
Behr, Rafael (2019b): Implikationen und Folgen des Gewaltdiskurses für die Polizei und die Gesellschaft in Deutschland, in: Klukkert, Astrid/Jo Reichertz/Thomas Feltes (Hrsg.): Torn between Two Targets. Polizeiforschung zwischen Theorie und Praxis – zum Gedenken an Thomas Ohlemacher, Frankfurt am Main (Verlag für Polizeiwissenschaft), S. 155–168.
Behrendes Udo/Stenner Manfred (2008): Bürger kontrollieren die Polizei, in: Leß-mann-Faust, Peter (Hrsg.): Polizei und politische Bildung, Wiesbaden 2008, S. 45–88.

Collins, Randall (2011). Dynamik der Gewalt. Eine mikrosoziologische Theorie, Hamburg, Hamburger Edition HIS Verlagsgesellschaft.
Feltes, Thomas / Klukkert, Astrid / Ohlemacher, Thomas (2007):"…dann habe ich ihm auch schon eine geschmiert." Autoritätserhalt und Eskalationsangst als Ursache polizeilicher Gewaltausübung, in: Monatsschrift für Kriminologie und Strafrechtsreform 90 (4), S. 285–303.
Fiedler, Sebastian (2019): Das Sommerloch 2019 – Framing „Polizeigewalt", in: der kriminalist 9/2019, S. 4–5.
Hoebel, Thomas/ Wolfgang Knöbl (2019). Gewalt erklären! Plädoyer für eine entdeckende Prozesssoziologie, Hamburg, Hamburger Edition HIS Verlagsgesellschaft.
McNaughton-Smith, Peter (1975): Der zweite Code. Auf dem Wege zu einer (oder hinweg von einer) empirisch begründeten Theorie über Verbrechen und Kriminalität, in: Klaus Lüderssen/Fritz Sack, (Hrsg.): Seminar: Abweichendes Verhalten II. Die gesellschaftliche Reaktion auf Kriminalität, Frankfurt a. M., S. 197–212.
Nedelmann, Brigitta (1997). Gewaltsoziologie am Scheideweg. Die Auseinandersetzung in der gegenwärtigen und Wege der künftigen Gewaltforschung, in: Trotha, Trutz von (Hrsg.). Soziologie der Gewalt, Kölner Zeitschrift für Soziologie und Sozialpsychologie, Sonderheft 37/1997, Opladen/Wiesbaden, Westdeutscher Verlag. S. 59–85.
Neidhardt Friedhelm (1997b): Gewalt, Gewaltdiskussionen, Gewaltforschung, in: Universität Bielefeld (Hg.) Gesellschaftliche Entwicklung, wissenschaftliche Verantwortung und Gewalt. Symposium zur Gründung des Instituts für interdisziplinäre Konflikt- und Gewaltforschung der Universität Bielefeld am 16. April 1997 (Bielefelder Universitätsgespräche und Vorträge 7). Bielefeld (Universitätsverlag).
Reemtsma, Jan Philipp (2008). Die Natur der Gewalt als Problem der Soziologie. In K.-S. Rehberg (Hrsg.), Die Natur der Gesellschaft: Verhandlungen des 33. Kongresses der Deutschen Gesellschaft für Soziologie in Kassel 2006. Teilband 1 u. 2 (S. 42–64). Frankfurt am Main: Campus Verlag https://nbn-resolving.org/urn:nbn:de:0168-ssoar-153542 (24.10.2019).
Reemtsma, Jan Philipp (2006): Die Natur der Gewalt als Problem der Soziologie, in: Mittelweg 36, 15/2006, S. 2–25.
Reemtsma, Jan Philipp (1998): Im Keller, Reinbek bei Hamburg (Rowohlt).
Schütz, Alfred (1974): Der sinnhafte Aufbau der sozialen Welt. Eine Einleitung in die verstehende Soziologie, Frankfurt am Main.
Sofsky, Wolfgang (1996): Traktat über die Gewalt, 2. Auflage, Frankfurt am Main (Fischer).
Trotha, Trutz von (Hrsg.) (1997). Soziologie der Gewalt, Kölner Zeitschrift für Soziologie und Sozialpsychologie, Sonderheft 37/1997, Opladen/Wiesbaden, Westdeutscher Verlag.
Waddington, Peter (1999): Police (Canteen) Sub-Culture, in: British Journal of Criminology 39 (2), S. 287–309.
Weber, Max (1985): Wirtschaft und Gesellschaft, 5. Auflage (Studienausgabe), Tübingen.

**Rafael Behr** Prof. Dr. phil., Professor für Polizeiwissenschaften mit den Schwerpunkten Kriminologie und Soziologie am Fachhochschulbereich der Akademie der Polizei Hamburg. Leiter der Forschungsstelle Kultur und Sicherheit (FoKuS), rafael.behr@polizeistudium.org.

# Praktiken polizeilichen Handelns

# Selektive Polizeiarbeit – Raumordnung und deren Einfluss auf das polizeiliche Handeln

Tamara Dangelmaier und Eva Brauer

> *„Die Polizei setzt nicht nur Recht und Gesetz um, sie gestaltet Räume und Gesellschaft nach eigenen Vorstellungen"* (Belina 2018, S. 130).

## 1 Einleitung

Das aktuelle Leitbild der ‚unternehmerischen Stadt' (Harvey 1989), bei dem der städtische Raum ein vermarktungsfähiges Produkt darstellt, hat sich zu Beginn des 21. Jahrhunderts durchgesetzt (vgl. Oehler et al. 2016, S. 12). Stadtpolitisch besteht nunmehr die Aufgabe darin, infrastrukturelle und institutionelle Bedingungen für eine erfolgreiche Stadt- und Wirtschaftsentwicklung zu gewährleisten. Damit soll vor allem die konsumfähige Mittelschicht angesprochen werden (vgl. Lauen 2011, S. 445). Die neue Prioritätensetzung der Stadtpolitik zeigt sich immer häufiger im Gewand eines Diskurses rund um Ordnung, Sicherheit und Sauberkeit als bedeutende Standortfaktoren, welche die Polizei als staatliche Regulierungsinstanz sicherzustellen hat. Das Handeln der Polizei stellt hierbei einen Teil der politischen Auseinandersetzung um die Gestaltung und Nutzung des städtischen Raumes dar. Im Kontext zunehmend verräumlichter

T. Dangelmaier (✉)
Deutsche Hochschule der Polizei, Münster, Deutschland
E-Mail: tamara.dangelmaier@dhpol.de

E. Brauer
Hochschule Fulda, Fulda, Deutschland
E-Mail: eva.brauer@mailbox.org

Lösungsstrategien städtischer Ordnungs- und Sozialpolitiken (vgl. Dirks et al. 2016, S. 31) stellt sich die Frage, auf welcher Grundlage die Polizei handelt, um die ihr auferlegten Ziele zu realisieren. Diese Frage verweist auf die handlungsleitenden Wissenssysteme der Polizei über den städtischen Raum.

Die Fragestellung wurde innerhalb des Forschungsprojekts KORSIT[1] behandelt, welches sich mit der Konstruktion von Wissen über städtische Räume beschäftigt. Ziel des Projekts ist es, soziale Prozesse zu analysieren, die zur institutionellen Produktion und Verwertung von sicherheitsrelevantem Wissen über städtische Gebiete führen. Dabei wird der Frage nachgegangen, welche raumbezogenen Wissenspraktiken sich identifizieren lassen und welche Informationen diese transportieren. Dieser Beitrag stellt Forschungsergebnisse der ethnografisch angelegten Studie vor und soll aufzeigen, wie die Polizei auf der Grundlage räumlicher Zuordnungen ihr Handeln ausrichtet und hierüber Raumordnungen (re-)produziert. Dabei wird innerhalb der proaktiven Polizeiarbeit der differenziert genutzte Ermessensspielraum als Zugriffsmöglichkeit sozialräumlicher ‚Platzierung' identifiziert, über den Raumordnungen aufrechterhalten werden. Zunächst wird im Folgenden der Raum als Schaltfläche sozialer Platzierung thematisiert.

## 2 Raum als Schaltfläche sozialer Platzierungen

„Die urbane Kontrolle öffentlicher Räume", schreibt Beste (1997 in Lauen 2011), sei „in erster Linie als Reaktion auf die wachsende soziale Spaltung sowie soziale Polarisierung in der Stadt zu deuten" (ebd., S. 190). Die institutionalisierte Herstellung von Sicherheit und Ordnung steht damit im Zusammenhang mit der Gewährleistung einer gewissen sozialen, ökonomischen und politischen Stabilität in der Gesellschaft. Lauen (2011) verdeutlicht, dass Ordnung und die Verwaltung einer solchen dabei nicht Ergebnis eines natürlichen Prozesses sind, der gleichermaßen allen sozialen Schichten zugutekommt, sondern sich analog zu einer kriminologischen Perspektive einer etablierten bürgerlichen Schicht formiert, um deren Privilegien zu sichern. Die Entstehung der ersten modernen städtischen Polizei fällt in die Epoche der Verstädterung in der frühen Industrialisierung. Der Zuzug einer verarmten Bevölkerung vom Land

---

[1] KORSIT (Die Konstruktion von Räumen im Kontext von Sicherheit. Raumwissen bei der Polizei) ist ein DFG-gefördertes Forschungsprojekt, welches an der Deutschen Polizeihochschule angesiedelt ist (https://www.dhpol.de/korsit).

in die Stadt führte zum Verlust informeller Kontrolle und der Befürchtung eines erhöhten Kriminalitätspotentials. Durch die ungleiche Verteilung von Ressourcen (Wohnraum, Arbeit usw.) kam es zu Konflikten, die von der etablierten Bevölkerung als Bedrohung wahrgenommen wurde (vgl. ebd., S. 138 f.). Im Zuge dieser Transformationen wurde eine Polizei installiert, die die städtische Sicherheit und Ordnung gemäß einer bürgerlichen Perspektive auf gesetzlicher Grundlagen verteidigen sollte. Die städtische Ordnung ist damit eine bürgerliche Ordnung. Lauen begreift den Diskurs um Sicherheit und Sauberkeit als eine Auseinandersetzung um die ‚richtige' Problembenennung – als die ‚richtige' Deutung urbaner Realität – und konstatiert in Anschluss an diese Perspektive, dass die Benennung eines Problems mit Macht verbunden ist. Mit der Macht, aus einer bestimmten Perspektive Probleme benennen zu können, wird nicht nur die eigene Position gesichert, sondern darüber hinaus auch gesellschaftliche Ausgrenzung und sozialer Ausschluss hergestellt. Damit ist auch das Wissen als Form der Herrschaft zu betrachten, mit der eine implizite moralische Wertung einhergeht, jedoch die „Rhetorik der Ausgrenzung" (Sack 1986 in Lauen 2011, S. 146) unter dem Deckmantel der Objektivität verschleiert. Es wird angenommen, dass der kriminologische Diskurs sich weniger an den Parametern legal/illegal, sondern vor allem an dem binären Schema von Sicherheit und Risiko orientiert und sich auf die Bedürfnisse der definitionsmächtigen Bevölkerungsschicht bezieht (vgl. ebd., S. 145–149). Die einzelne Person oder ein krimineller Tatbestand stehen dabei nicht im Fokus kriminalpräventiver Bestrebungen. Es geht „weniger um die Kontrolle abweichenden Verhaltens, es geht um die Kontrolle abweichender Verhältnisse im Sinne eines Sicherheitsmanagements des urbanen Raumes" (ebd., S. 149). In ähnlicher Weise beschreibt Foucault (1994), dass der Delinquente am Rand der bürgerlichen Gesellschaft konstituiert wird und weniger die Tat, sondern sein Leben für die Bezeichnung eines solchen verantwortlich ist (vgl. ebd., S. 323). In diesem Zusammenhang beschreibt er den „Mythos der barbarischen, unmoralischen und gesetzlosen Klasse" (ebd.). Belina (2000) konstatiert, dass staatliche Kontrollpolitiken mit der entsprechenden Entwicklung der Ideologieproduktion einhergehen (vgl. ebd., S. 130). Die Polizei entwickelt „zur Gewinnung eines akzeptablen und zur Sicherung ihres sozialen Status innerhalb der breiten Öffentlichkeit" (Brusten 1971, S. 50) einen strengen Verhaltenskodex, der sich vornehmlich an den Werten und Normen der Mittelschicht orientiert. Hierbei spielt der räumliche Bezug eine entscheidende Rolle. Das polizeiliche Handlungs- und Erfahrungswissen ist in unmittelbarer Weise mit einem polizeilichen Raumwissen verknüpft und die polizeiliche Problemdefinition bezieht sich nicht selten auf räumliche Ausschnitte (vgl. Hunold 2015). Der Raum fungiert dabei als Schaltfläche sozialer Platzierungen, die durch die differenzierenden Handlungspraktiken der Polizei vorgenommen werden. Dieser „Raumfetischismus" (Belina 2000, S. 137) – die Übertragung sozialer Probleme auf den Raum – führt dazu, dass soziale Probleme als räumliche Probleme deklariert werden und die Kriminalisierung von Personen zu einer Kriminalisierung von Raumausschnitten führt. Die proaktive Polizeiarbeit, bei der vom Ermessensspielraum Gebrauch gemacht wird, nimmt in diesem Fall eine besonders wirksame Funktion ein, die eine Ungleichbehandlung von Personengruppen durch räumliche Differenzierung zur Folge haben kann.

## 3 Proaktive und reaktive Polizeiarbeit

Die städtebaulichen Erneuerungen der späten 1950er und 1960er-Jahre veränderten nicht nur das Aussehen der Städte und deren Gesellschaftsstrukturen, sondern lösten auch den Fußstreifendienst durch den Streifenwagen ab. Das Konzept der ‚reaktiven Polizeiarbeit' etablierte sich, bei dem der sog. ‚110-Prozess' bedient, genauer gesagt auf Not- und Hilferufe reagiert wird. KritikerInnen betonen, dass die Polizei dadurch ihr ‚kommunales Gesamtkonzept' verloren und sich von der Bevölkerung entfremdet hat (vgl. Posiege und Steinschulte-Leidig 1999, S. 3). Greene (1990) formuliert dazu, dass das Vermächtnis der Verwaltungsreformen, das in die Dreißigerjahre zurückreicht, die Polizei unter anderem verbürokratisiert, ihren KlientInnen gegenüber gleichgültig geschaltet und zu einer passiven und reaktiven Einsatzbereitschaft umorganisiert hat (vgl. ebd., S. 107). Um dem entgegenzusteuern, diskutierte man innerhalb der Polizei ab den 1980er-Jahren das Thema der ‚Bürgernähe'. In den 1990er-Jahren erhielt der Ansatz der proaktiven Polizeiarbeit durch die regionalen Polizeikonzeptionen in den USA unter dem Sammelbegriff ‚Community Policing' einen Aufschwung (vgl. Behrendes und Pollich 2017, S. 61; Feltes 2014, S. 241).

Den Gegenpol zur reaktiven Polizeiarbeit bildet die proaktive Polizeiarbeit im öffentlichen Raum. Diese uniformierte polizeiliche Präsenz ist Nebenprodukt des polizeilichen Streifendienstes und findet statt, wenn keine Einsätze wahrgenommen werden müssen. Sie ist als „eine anlassunabhängige Anwesenheit von Polizeikräften" (Christe-Zeyse, 2017, S. 28) definiert, die in der Regel von zwei PolizistInnen ausgeführt wird, mit dem Auftrag, „polizeirelevante Aspekte des öffentlichen Raumes zu beobachten und gegebenenfalls einzuschreiten. Die Polizei differenziert also zwischen Streife und Einsatz" (ebd., S. 29). Durch Erkenntnisgewinnung sollen demnach Einsatzanlässe hergestellt werden, indem die PolizistInnen die Umgebung nach Verhalten oder Umständen ‚scannen', die eine Handlung erfordern. Faktisch werden dadurch vor allem Ordnungswidrigkeiten festgestellt. Ziel der proaktiven Polizeiarbeit ist es also, durch uniformierte Präsenz StraftäterInnen ‚auf frischer Tat' ertappen zu können und darüber hinaus das subjektive Sicherheitsgefühl der BürgerInnen zu stärken (vgl. ebd.).[2] Die polizeiliche Präsenz dient ferner auch der Möglichkeit, „sich ein stets aktuelles Bild von Aggregatzuständen der Gemeinschaft zu machen" (ebd., S. 30) und so die polizeilichen Lagebilder in Bezug auf Ordnungsstörungen, kriminogene Orte, Angsträume sowie Stimmungen und Empfindlichkeiten in den jeweiligen Revieren zu ergänzen (vgl. ebd.). Dabei dient der prüfende Blick der PolizistInnen, ob alles in Ordnung ist, sowie die Möglichkeit, BürgerInnen auf gefährliches oder widerrechtliches Verhalten hinzuweisen, dazu, Bürgernähe herzustellen. Mit welcher Grundhaltung proaktive Polizeiarbeit im öffentlichen Raum betrieben wird, ist abhängig von unterschiedlichen Einflussfaktoren: die spezifische Sicherheitslage im jeweiligen Raumabschnitt und Leitlinien auf der politischen, aber auch auf der Ebene der Polizeiführung legen gewisse Haltungen und Aspekte des polizeilichen Auftretens und Einschreitens fest. Ebenso üben kommunale Verwaltungen, Anforderungen der Geschäftswelt und der Sozialarbeit wie auch bürgerschaftliche Interessenvertreter Einfluss auf die Gestaltung der proaktiven Polizeiarbeit aus. Bundesweit und auch abhängig von der jeweiligen Dienststelle gibt es daher ein heterogenes Bild bezüglich proaktiver Polizeiarbeit und was diese zu leisten hat (vgl. ebd., S. 60 f.; Hunold, 2015, S. 204 ff.; Feltes 2014, S. 241 f.).

Im Weiteren wird nun auf die Definitionsmacht der Polizei eingegangen, die sich vor allem während der proaktiven Streifentätigkeit ergibt. Die Möglichkeit, eine Situation definieren zu können, eröffnet einen Ermessensspielraum, der, wie im Folgenden gezeigt werden soll, je nach Raumausschnitt differenzierte Handlungspraxen hervorbringt.

---

[2] In den letzten Jahren wurde vielfach über die Frage diskutiert, inwieweit und in welchem Umfang polizeiliche Präsenz sinnvoll und erforderlich ist. Christe-Zeyse (2017) betont in diesem Zusammenhang, dass es bisher keine fundierten empirischen Belege dafür gibt, dass proaktive Polizeiarbeit die Anzahl der Straftaten verringern kann (vgl. ebd., S. 28). Des Weiteren herrscht Uneinigkeit darüber, wie viel polizeiliche Präsenz das Sicherheitsgefühl der Bevölkerung positiv beeinflusst und ab wann jene dazu überschlägt, das Gegenteil zu bewirken.

## 3.1 Die Definitionsmacht der Polizei

Um der Kriminalprävention und den Anforderungen einer staatlichen Regulierungsinstanz gerecht zu werden, ist das Wissen der Polizei „über die Bevölkerung, um Personen-(gruppen), Zeiten und Orte identifizieren zu können" (Belina 2018, S. 121) unabdingbar. Durch Feest und Blankenburg (1972) wurde in diesem Zusammenhang der Begriff der ‚Definitionsmacht' geprägt. Damit knüpfen die Autoren an die Vorstellung an, dass „es sich bei der Identifikation eines Straftäters um einen Definitionsprozeß handelt" (ebd., S. 19) und verstehen darunter „die sozial vorstrukturierte Chance, eine Situation für andere verbindlich zu definieren" (ebd.). Dabei kann diese Macht auf explizite Anordnung vom Gesetzgeber und dem Vorgesetzten beruhen oder aber ohne jegliche Orientierung an rechtlichen Grundsätzen angewandt werden. Die Polizei bestimmt über die Definitionsmacht aktiv „was als normal gilt und was als kriminell (und in der Kriminalstatistik auftaucht)" (Belina 2018, S. 123) und beeinflusst somit laut Brusten (1971) entscheidend auch die jeweiligen Kriminalisierungsprozesse (vgl. ebd., S. 31 f.). So erfolgen Definition oder Zuschreibung eines bestimmten Verhaltens als kriminell, widerrechtlich oder zulässig unter anderem in Abhängigkeit von zeitlichen Dimensionen als auch regionalen Parametern des polizeilichen Einsatzes (vgl. ebd.).

In Bezug auf die regionalen Parameter zeigt sich, dass Gegenden, in denen ein niedrigeres Einkommen und ein geringerer Bildungsstand vorherrschen – gemäß der polizeilichen Kriminalitätsstatistik (PKS) – höhere Kriminalitätsraten aufweisen, also mit einer größeren Anzahl als kriminell oder widerrechtlich definierten Verhaltensweisen oder Umständen belegt sind. Dabei ist zu berücksichtigen, dass die Polizei selbst Produzentin der PKS-Daten ist. Dieser Umstand wurde schon in den 1970er-Jahren von Brusten thematisiert.[3]

In den als Gefahrengebiet ausgewiesenen Orten, die aufgrund der Daten der Polizei als ‚kriminalitätsbelastet' gelten, besitzt die Polizei weitreichende Kompetenzen „in Bezug auf verdachtsunabhängige Kontrollen und mitunter

---

[3] „Die gegenwärtigen Daten der Kriminalstatistik und damit sowohl die Kriminalitätsraten als auch die Zusammensetzung der kriminellen Population [sind] weitgehend das Produkt einer selektiven Sanktionierung seitens derjenigen Instanzen […], die diesen Daten als Basismaterial ihres Handelns verwenden und insofern also ihre Handlungslegitimation selbst produzieren. Dabei wird zwar die Unvollkommenheit dieser Statistik jederzeit freimütig zugestanden, ihre Adäquanz als Grundlagenmaterial und Entscheidungshilfe jedoch nicht in Frage gestellt" (Brusten 1971, S. 31).

auch Durchsuchungen" (Belina 2018, S. 125). Das Definieren eines Ortes als kriminogen führt neben der Erweiterung der polizeilichen Handlungsmöglichkeiten zu einer bestimmten Konnotation aufgrund des Attributs ‚gefährlich' oder ‚kriminogen'. PolizistInnen, die noch nicht von einem persönlichen, polizeilichen Erfahrungswissen profitieren, werden forciert, den Ort als ‚gefährlich' anzunehmen.

### 3.2 Das polizeiliche Ermessen

PolizeibeamtInnen haben – so Belina (2018) – im Vergleich zu Angestellten in anderen staatlichen Behörden „umso mehr Ermessensspielraum (…), je tiefer in der Hierarchie sie angesiedelt sind" (ebd., S. 122). StreifenpolizistInnen besitzen daher den größten Ermessensspielraum (vgl. ebd.). Dies hat den Grund, dass diese außerhalb der Kontrolle vom Vorgesetzten agieren, wenn sie proaktiv dem Streifendienst nachgehen und mitunter „große Willkür walten lassen" (ebd.) können. Bei der Polizei gilt im Gegensatz zum Strafverfahren das Opportunitätsgesetz. Dieses begründet per se keine Verpflichtung zum polizeilichen Handeln, sondern „stellt dieses in das pflichtgemäße Ermessen (§ 3 PolG)[4]" (Trurnit 2017, Rn. 23).

> „Im Polizeirecht kommt das Opportunitätsprinzip in den Formulierungen der polizeirechtlichen Rechtsgrundlagen zum Ausdruck, nach denen die Polizei beim Vorliegen der Tatbestandsvoraussetzungen handeln kann. Dies heißt nicht, dass sie handeln muss oder soll" (ebd.).

Das Opportunitätsprinzip berechtigt zum Ermessen, ob eingeschritten (Entschließungsermessen) sowie welches Einschreiten gewählt wird (Auswahlermessen). Das polizeiliche Entschließungsermessen ist eingeschränkt, wenn Grundrechte verletzt oder gefährdet sind oder es sonstige wichtige Rechtsgüter tangiert (vgl. ebd.). Die Ermessenspraktiken der Streifenpolizei finden – aufgrund fehlender Kontrolle vom Vorgesetzten und fehlender Transparenz – „leider häufig (ohne) die Einsicht in die sozialen Prozesse" (Brusten 1971, S. 33) statt. Im Grunde gestaltet sich der proaktive Streifendienst entlang subjektiver Präferenzen. Üblicherweise muss auf wahrgenommene Verstöße im Straßenverkehr reagiert

---

[4] § 3 PolG, Polizeiliche Maßnahmen. https://dejure.org/gesetze/PolG/3.html. Zugegriffen: 10. Oktober 2019.

werden, darüber hinaus ergeben sich allgemeine Verkehrskontrollen und die Durchführung verdachtsunabhängiger Kontrollen in Gefahrenzonen. Der polizeiliche Ermessensspielraum kann dabei dazu dienen, ein Vertrauensverhältnis zu den BürgerInnen herzustellen oder „bei kleineren Verfehlungen zu mahnen oder zu schlichten, anstatt anzuzeigen" (Belina 2018, S. 122). Dies hat jedoch den Nachteil, dass „polizeiliches Handeln in der Praxis weit ab [sic!] vom Recht mit seinen Grundsätzen von Gleichbehandlung, Verfahrenssicherheit etc. stattfindet" (ebd.). Die Polizei – so beschreiben es auch Feest und Blankenburg – besitzt Handlungsspielräume, „die teilweise weit über das ihnen vom Gesetzgeber zugestandene Ermessen hinausgehen" (ebd. 1972, S. 19).

Im Anschluss wird anhand empirischer Daten dargestellt, wie sich die Anforderungen des neuen stadtpolitischen Paradigmas im polizeilichen Wissen von Raum und Handeln im Raum darstellen und auswirken.

## 4 Raumordnungen bei der Polizei

Innerhalb des Forschungsprojekts wurden teilnehmende Beobachtungen im Wach- und Wechseldienst zweier großstädtischer Polizeiorganisationen sowie ergänzend Interviews mit den Beobachteten durchgeführt. In den zwei Städten wurde hauptsächlich in zwei Reviergebieten geforscht, die sich in Bezug auf sozioökonomische Parameter unterscheiden.[5] Der Beitrag konzentriert sich dabei zum einen auf die Analyse von Interviewausschnitten, da im konkreten Sprechen über den Raum subjektive Wirklichkeitsdeutungen expliziert werden. Die Aussagen der Interviewten stehen stellvertretend für die institutionell verankerten Vorstellungen über Räume innerhalb der Polizei, welche erst in der besonderen interaktiven Forschungssituation des Interviews zum Ausdruck kommen und als Wirklichkeit der Organisation betrachtet werden (vgl. Breidenstein et al. 2015, S. 80 ff.; Christmann 2016, S. 98). Zum anderen werden zwei Ausschnitte aus Beobachtungsprotokollen ausgewertet. Beobachtungsprotokolle dienen nicht nur dazu, das Erlebte und Gedachte festzuhalten, vielmehr gewährleistet eine

---

[5]Im Folgenden wird zwischen ‚Stadt 1' und ‚Stadt 2' und den dortigen ‚besser gestellten' ‚Reviergebieten A' und den ‚schlechter gestellten' ‚Reviergebieten C' unterschieden. Die Einordnung ‚besser gestellt' bezieht sich in diesem Fall auf die Attribute Einkommen, Bildungsstand und Arbeitslosenquote die für den räumlichen Ausschnitt gelten. Die ‚Reviergebiete B' stehen dabei im mittleren Bereich.

Niederschrift die Fixierung der Flüchtigkeit des Moments (vgl. Thomas 2019, S. 97). Dabei handelt es sich nicht um eine objektive Wiedergabe oder bloße Abbildung von Realität, sondern es werden performative Praktiken abgebildet, „über die wissenschaftliche Repräsentationen der Anderen geschaffen werden" (ebd., S. 142). Dabei ist die Konzentration auf den konkreten Gegenstand und das Erleben dieses Gegenstands bedeutsam, da dabei das Denken in den Gegenstand eindringt und so die verborgenen Erkenntnisschätze, „die unter der Oberfläche des intuitiven Verstehens des Beobachters liegen" (ebd., S. 95), erschlossen werden können.

Im Folgenden soll zunächst empirisch erörtert werden, wie PolizeibeamtInnen die beforschten Stadtteile im Interview auf die Frage nach der Beschreibung des Gebietes darstellen. Es soll herausgearbeitet werden, welche Narrative und Wissensbestände über die Stadtteile innerhalb der Polizei bestehen und welchen Einfluss dieses Wissen auf das Handeln im und die Bearbeitung des Stadtteils hat. Daran anschließend wird anhand zweier Feldausschnitte dargestellt, wie sich ein bestimmter Wissensbestand auf die jeweiligen Reviergebiete im praktischen Handeln auswirkt.

## 4.1 Die Ordnung des Raumes

Die Stadt wird durch die Polizei in Revierbereiche eingeteilt. Diese Unterteilung strukturiert die personale Zuordnung in Form von örtlichen Polizeiwachen und Dienstgruppen, die ausschließlich für ein Reviergebiet zuständig sind und dieses bearbeiten oder aber es werden pro Schicht Einsatzkräfte einem bestimmten Reviergebiet zugeordnet. Die PolizistInnen haben ein bestimmtes Wissen darüber, was sie in den jeweiligen Reviergebieten erwartet, welche räumlichen Gegebenheiten vorherrschen und welche Personen dort ansässig sind. Es hat sich hierbei gezeigt, dass die PolizeibeamtInnen die jeweiligen Bereiche unterschiedlich beschreiben und darüber hinaus persönliche Präferenzen zu Tätigkeitsbereichen herausbilden. Die Zuordnung variiert hierbei auf der Achse sozioökonomischer

Kategorien (Bildung, Beruf und Einkommen und soziale Herkunft), wie in den folgenden Ausschnitten sichtbar:

> Interviewerin: Wie würden Sie die Reviergebiete beschreiben?
>
> Polizistin 1: Tja. Wie würde ich das beschreiben? Ist ja schon relativ großflächig. Ich glaube, wir decken ja von der [Reviergruppe A][6] ungefähr die Hälfte der Gesamtfläche von [Stadt 1] ab. Da wir es hier teilweise immer noch ein bisschen grüner haben mit Wäldern und Feldern, ist das halt bei uns ein bisschen weiter dann zum Fahren. Aber man merkt natürlich genauso einen Unterschied so zum [Reviergebiet A] als zum [Reviergebiet B] oder zum [Reviergebiet C]. Vom Klientel sicherlich, von den Bürgern, die hier wohnen, mit denen wir arbeiten.
>
> Interviewerin: Was sind das für Bürger, wenn ich mal nachfragen darf?
>
> Polizistin 1: Also man merkt schon, dass man hier in [Reviergebiet C] mit den Leuten vielleicht anders spricht oder die einen anders verstehen, anders wahrnehmen als jetzt Leute vielleicht im [Reviergebiet A] und was alles so mehr Richtung [Reviergebiet B] oder Richtung [Reviergebiet C] geht – nicht abwertend gemeint – aber man merkt da einfach so ein bisschen, sage ich mal, so die verschiedenen Stadtteile, die wir haben, dass das, dass es da halt Unterschiede gibt. Ja. Aber jetzt nicht unbedingt, was das Einsatzaufkommen angeht, aber schon die Leute, die da so wohnen, wie die sich verhalten oder was wir dann da für Einsätze fahren.

Der Ausschnitt zeigt, dass die Polizistin ein dezidiertes Wissen über die einzelnen Reviergebiete besitzt. Die Aussage der hier interviewten Person stellt ein typisches Muster der räumlichen Differenzierung der Stadtgebiete dar, dass sich dadurch auszeichnet, dass sozioökonomisch besser gestellte Bereiche eher durch die Beschreibung der Gestaltung und Bebauung charakterisiert werden, während Raumausschnitte, welche durch einen niedrigen sozioökonomischen Status gekennzeichnet sind, vielmehr mit dem Verweis auf die „Klientel" mit dem die Polizei arbeitet, beschrieben werden. Einsätze variieren, so die Aussage der Interviewten, nicht hinsichtlich der Einsatzzahlen, sondern aufgrund der Qualität der Einsätze, die in Zusammenhang mit dem Verhalten der BewohnerInnen eines so charakterisierten Raumausschnittes gebracht werden. Die Interviewte beschreibt, dass in dieser Folge auch der polizeiliche Umgang mit dem Gegenüber je nach räumlicher Zuordnung variiert. Da „die einen anders verstehen, anders wahrnehmen" wird im Hinblick auf das polizeiliche Verhalten in den jeweiligen

---

[6]Die Folgenden Revierbeschreibungen beziehen sich ausschließlich auf ‚Stadt 1'.

Raumabschnitten ein ‚anderer' Sprachstil angesprochen, der sich auch im nachfolgenden Interviewausschnitt darstellen lässt.

> Polizistin 2: Erst mal redet man ganz anders mit den Leuten hier [Reviergebiet C]. Teilweise auch mit den, man duzt die Leute hier, und wenn man mal nicht gehört wird, dann wird auch mal, ne, und das hast du halt im [Reviergebiet A] gar nicht. Weil dann vielleicht echt dann sofort einer kommt und dir ein Verfahren reindrückt. Aber hier ist halt noch alte Schule. Also hier kann man auch mit den Leuten so reden. Im [Reviergebiet A] kann man das Ganze nicht, ne? Ja, und duzen kann man die im [Reviergebiet A] auch nicht, und ja, das ist was ganz anderes.

In diesem Abschnitt wird deutlich, dass sich das polizeiliche Verhalten klar nach der dem jeweiligen räumlichen Abschnitt zugeordneten antizipierten Personengruppe ausrichtet. Durch die Aussage der hier interviewten Person wird jedoch die Perspektive räumlich differenzierten Verhaltens der Polizei gegenüber den BewohnerInnen der jeweiligen Stadtteile ergänzt und erhält eine Kehrtwende. Die Charakterisierung der Personen im Reviergebiet C, die nicht ‚anders verstehen', stellt nicht das Erfordernis eines ‚anderen' Verhaltens dar, das sich im Duzen oder einer etwas raueren Form der Ansprache darstellt, sondern stellt die Ausgangslage dar, Polizeiarbeit nach „alter Schule" zu betreiben. Dagegen erhält das Reviergebiet A die Auflage angemessener Umgangsformen, da, so die Argumentationsfolge der hier interviewten Person, im Fall eines (kommunikativen) ‚Ausrutschers' sofort ein Verfahren gegenüber der zuwiderhandelnden Polizistin droht. Die räumliche Zuordnung eines sozioökonomisch besser gestellten Milieus – einer etablierten bürgerlichen Schicht, die sich zu wehren weiß – setzt einen polizeilichen Revierhabitus fest, der sich nach den durch die Polizei antizipierten Bedürfnissen der dort zugeordneten BewohnerInnen richtet. Dem gegenüber wird das Reviergebiet C als Zone deklariert, in der die Polizei nicht bloß einen erhöhten Handlungsspielraum besitzt, sondern sich selber die Definitionsmacht über die angemessene Umgangsweise mit dem polizeilichen Gegenüber einräumt. Es lassen sich räumliche Unterschiede in der Definitionsmacht der PolizistInnen feststellen, die Auswirkungen auf das Handeln der Polizei haben und auf der Grundlage antizipierter Personenzuordnungen festgelegt werden.

## 4.2 Die Auswirkung der Raumordnung auf die Definitionsmacht

Nachfolgend soll empirisch erörtert werden, wie PolizeibeamtInnen in den beforschten Stadtteilen proaktiv, also präventiv agieren. Die zugrunde liegenden Sachverhalte sind ähnlich, jedoch ereignet sich ‚Szenario 1' im ‚besser gestellten'

Stadtrand im ‚Reviergebiet A' in ‚Stadt 2' und ‚Szenario 2' demgegenüber in einem ‚schlechter gestellten' Stadtteil im ‚Reviergebiet C' in ‚Stadt 1'. Es handelt sich jeweils um eine Verkehrsordnungswidrigkeit[7] aufgrund der Benutzung eines Mobiltelefons während der Teilnahme am Straßenverkehr. Für die Verfolgung von Ordnungswidrigkeiten gilt das Opportunitätsprinzip[8], welches zum Ermessen berechtigt (vgl. 2.2). Ob und wie die Polizei einschreitet ist abhängig von der individuellen Entscheidung der einzelnen PolizistInnen und bezieht individuelle außerrechtliche Werte und Normen mit ein, die sowohl die Allgemeinbeurteilung des konkreten Falls betreffen, „als auch bereits (…) die Definition der einzelnen von der Polizei registrierten Tatbestandsmerkmale selbst" (Brusten 1971, S. 34). Dabei stellt sich die Frage, welche sozialen Faktoren das Abwägen zwischen verschiedenen Rechtsfolgen und „die Ermittlung der ‚einen allein zulässigen Rechtsfolge'" (ebd.) bestimmen, sowie welche sozialen Faktoren das Einschreiten der Polizei „unabhängig von der jeweiligen Perzeption des konkreten Falls" (ebd.) determinieren.[9] Feest und Blankenburg stellen diesbezüglich fest, dass PolizistInnen „ein legalistisches Einschreiten gegen einen offensichtlichen Normverstoß" (ebd. 1972, S. 59) oft als nicht legitim ansehen, insbesondere bei Delikten, die „jeder einmal begeht", sogenannte „Kavaliersdelikte" (Helfer in Feest und Blankenburg 1972, S. 59).[10] Der rechtliche Verstoß führt in der Regel keine soziale Abwertung oder Stigmatisierung mit sich (vgl. ebd.). Insbesondere kämen laut der Autoren „‚Verkehrssünder' (…) in weiten und unterschiedlichen Kreisen der Bevölkerung vor, weshalb auch die Bagatellisierungserwartung in der Bevölkerung ziemlich weit verbreitet ist" (ebd., S. 61). Obwohl die Strafen für Verkehrsordnungswidrigkeiten gerade im Zusammenhang mit der Nutzung eines Mobiltelefons während der Teilnahme am Straßenverkehr aufgrund zahlreicher Unfälle und Todesopfer stetig erhöht wurde, erscheint die Bagatellisierung dieser

---

[7]Gemäß § 23 Abs. 1a StVO, Sonstige Pflichten von Fahrzeugführenden. https://dejure.org/gesetze/StVO/23.html. Zugegriffen: 12. Oktober 2019.

[8]Gemäß § 53 OWiG, Aufgaben der Polizei. https://dejure.org/gesetze/OWiG/53.html. Zugegriffen: 10. Oktober 2019.

[9]„Auch im Rahmen der soziologischen Analyse polizeilichen Sanktionshandelns wird der Begriff ‚Ermessen' also nicht im Sinne eines ‚willkürlichen Verhaltens' Verstanden, sondern etwa im Sinne von ‚Einschätzung', ‚Beurteilung', ‚Situationsdefinition' und ‚Abwägung'" (Brusten 1971, S. 34).

[10]Anzumerken ist, dass die Studie von Blankenburg und Feest aus den 1970er Jahren stammt und es zu prüfen ist, ob sich diese Thematik betreffend in den letzten fast 50 Jahren Veränderungen vollzogen haben.

Ordnungswidrigkeit zum Teil immer noch eine gängige Praxis zu sein, wie die folgenden Feldausschnitte zeigen.

### Szenario 1 – ‚besser gestellter' Stadtrand im Reviergebiet A in ‚Stadt 2'

Wir fahren am ‚Hobbit-Haus' vorbei, welches mir auch schon von Dirk[11] und Fenja gezeigt wurde. Die beiden hatten dort einen Einbruchsdiebstahl und da die große Villa so „urig" aussah, haben sie diese das ‚Hobbit-Haus' getauft. „Bomben Lage hier", kommentiert Bernd. Wenn überhaupt, dann gäbe es hier Einbruchdiebstähle, erklären die beiden. Kein Haus würde unter 700.000 EUR kosten. Karl glaubt nicht, dass das reicht. Mir wird noch ein Haus gezeigt und erzählt, dass das große, was man zuerst sieht, nur das Gästehaus ist. Die Straße ist extrem holprig und nicht betoniert, sie ähnelt eher einem Waldweg. Die hätten hier aber ja eh alle einen SUV. Ein SUV kommt uns auch entgegen, nachdem wir umdrehen und zurückfahren. Es gäbe hier aber keine gute Straßenbahnanbindung. Dafür hat man einen Blick auf ein weitläufiges Wald- und Wiesengebiet. Wir fahren über die XY Straße – „Hier ist es auch noch teuer" –, weiter auf die XX Straße und entlang eines großflächigen Naturschutzgebiets. Wir fahren weiter auf einer Straße, die für PKWs nicht zugelassen ist. Wir sehen Rehe, Radfahrer und Jogger und grüßen.

Wir kommen wieder in ein Gebiet, in dem es Häuser gibt und sehen eine Person in einem Auto sitzen und langsam fahren. Als wir näherkommen, bleibt das Auto stehen. Wir sehen, dass der Mann hinter dem Steuer ein Handy am Ohr hat. Bernd fährt neben dem silbernen Kombi, lässt das Fenster runter und belehrt den Fahrer („Fahren mit Handy am Steuer ist gefährlich. Das nächste Mal wird das sehr teuer für Sie!"). Der Mann entschuldigt sich. Wir fahren weiter. ◄

### Szenario 2 – ‚schlechter gestellter' Stadtteil im Reviergebiet B in ‚Stadt 1'

Achim erzählt nochmals von den kriminogenen Orten hier. Früher hätten man da richtig viele Probleme gehabt. Da hätten die vor der Polizei offen gedealt und hatten keine Angst, dass irgendwas passiert. Seit zweieinhalb Jahren seien Teile des Reviers nun kriminogene Orte. Es sei mittlerweile besser geworden, da sich die Menschen dort angepasst haben. Wir fahren weiter und verlassen die kriminogene Zone. Wir passieren viele Autowerkstätten und Reifenhändler. Parallel zu der Straße, auf der wir fahren, verläuft eine Stadtautobahn.

---

[11]Die in den folgenden beiden Ausschnitten genannten Vornamen sind anonymisiert.

Es wirkt nicht unbedingt einladend. Wir fahren vorbei an einem Discounter, einer Trinkhalle, einem Kiosk, leer stehenden Schaufenstern und einem Döner-Imbiss.
Achim sieht an einer Kreuzung links ein Auto stehen, der Fahrer hält nach Achims Aussage ein Handy in der Hand. Das Auto ist das einzige, das im Moment weit und breit zu sehen ist. Die rote Farbe des kleinen alten Autos blättert ab und es ist leicht verbeult. Wir halten mitten auf der Kreuzung und Achim will, dass der Fahrer vor uns auf die Straße einbiegt. Achim wirkt gehetzt und impulsiv. Mekki muss hupen, bis der Fahrer versteht, dass wir ihn („reinlassen wollen" – hinter oder uns entgegenkommen keine weiteren Fahrzeuge. Der Fahrer biegt vor uns ab und hebt zum Dank die Hand. Als er vor uns fährt, schaltet Achim die Leuchtbrücke an. Das Fahrzeug kommt wenige Meter weiter, direkt vor einer Brücke, zum Stehen. Wir halten hinter ihm und steigen aus. Mittig auf der Straße verlaufen Straßenbahnschienen. Während der ganzen Aktion staut sich hinter uns der Verkehr, da die Autos wegen der entgegenkommenden Straßenbahn nicht überholen können. Der junge Fahrer ist ein Pizzabote. Er scheint nicht wirklich zu verstehen, worum es geht, beteuert nur, dass er nicht telefoniert habe. Achim wird sehr dominant. „Wir haben gesehen, dass Du telefoniert hast, ein Punkt, 100 Euro!". Sehr viel mehr erklärt er nicht und verlangt die Papiere. Der Fahrer wirkt sehr überrumpelt und irritiert, wehrt sich aber nicht großartig, lässt die Maßnahme in einer Mischung aus Fatalismus und Verärgerung über sich ergehen. Er wirkt gedemütigt und resigniert. Wieder im Auto kommentiert Achim, dass er in den Bericht schreibt, dass er gesehen hätte, dass der Fahrer das Handy erst in der Hand hielt und dann Richtung Ohr führte und dass dann eindeutige Lippenbewegungen auszumachen waren, Mekki stimmt der beschriebenen Begründung der Tätigkeit zu. ◄

Die beiden Ausschnitte wurden ausgewählt, da diese zwar den gleichen Tatbestand aufweisen, sich aber dennoch im Hinblick auf die Parameter Raum und polizeilicher Handlungspraktik unterscheiden. Die anschließende Analyse versucht aufzuschlüsseln, welche transformativen Prozesse und welche individuellen außerrechtlichen Werte und Normen erkennbar sind, die als mögliche Erklärung für die unterschiedlichen Handlungsausgänge dienen.

### 4.2.1 Polizeiliches Wissen
Durch die informelle Raumbeschreibung in Form des Spitznamens für das Haus wird deutlich, dass die PolizistInnen über ein überindividuelles exklusives Wissen verfügen, da in der Gegend schon Einsätze, in diesem Fall Einbruchdiebstähle,

vorgekommen sind. Zudem sind infrastrukturelle Gegebenheiten des Stadtteils bekannt. Es wird auch deutlich, dass die Polizei nur anlässlich eines Einsatzes, wie bspw. einem Einbruch, in dieser Gegend aktiv wird, nicht per se wegen der dort lebenden Bevölkerung.

Die Beschreibung der zweiten Szenerie weist in Bezug auf die Art und Weise der Erzählung der PolizistInnen Parallelen mit dem ersten Szenario auf und auch hier kann ein überindividueller exklusiver Wissensbestand ausgemacht werden: vor der Deklarierung der Raumausschnitte als kriminogen und die sich dadurch erweiterten Handlungsspielräume der Polizei gab es eine offene Drogenszene, die viele Probleme mit sich brachte und daher die Präsenz der Polizei ebenso wie präventives Einschreiten rechtfertigte. Hier ist die Polizei als Garant für Sicherheit und Ordnung gefordert, tätig zu werden. Die PolizistInnen erklären, dass es besser geworden ist, unklar bleibt, worauf sich das „besser geworden" bezieht. Wäre der Raumabschnitt nicht mehr von Kriminalität betroffen, wäre die Festlegung des Bereichs als kriminogen obsolet. Es zeigt sich, dass die Polizei in der Vorstellung der PolizeibeamtInnen in diesem Reviergebiet tätig werden muss, um Straftaten, wie bspw. Drogenhandel, aktiv zu verhindern.

### 4.2.2 Atmosphäre

Die Atmosphäre, die in der ersten Szenerie vermittelt wird, wirkt entspannt. Hier möchte man verweilen, um dem Stadtleben zu entkommen. Menschen nutzen die beschriebene Gegend, um Freizeitaktivitäten nachzugehen. Autos sind auf den Straßen im Naturschutzgebiet nicht gestattet, der Streifenwagen scheint das Idyll zu stören. Die PolizistInnen reagieren hierauf, indem Unbekannte gegrüßt werden und vermitteln das Bild einer bürgernahen Polizei, die auch hier Präsenz zeigt, ohne unangenehm auffallen zu wollen.

Im zweiten Szenario hingegen wirkt die Atmosphäre rauer, angespannt und „es wirkt nicht unbedingt einladend". Die Polizeibeamten nehmen es hier auch in Kauf, Aufsehen zu erregen, in dem sie den Verkehrsfluss durch Anhalten des Fahrers auf der Fahrbahnmitte blockieren.

### 4.2.3 Erwartungshaltung

In Bezug auf das erste Szenario kann auf den Interviewausschnitt im vorangegangenen Kapitel verwiesen werden. In solch einer Gegend kann die Polizei nicht Dienst nach ‚alter Schule' machen. Die Bevölkerung ist aufgeklärt, weiß um ihre Rechte und die Pflichten der Polizei.

Im zweiten Szenario deutet vor allem der erste Satz auf eine unterschwellige Anspannung in Bezug auf den Bezirk hin. Achim erzählt „nochmals" von den kriminogenen Orten. Über die kriminogenen Orte wird der Stadtteil definiert, diese machen den Stadtteil aus, dies gilt es für die PolizistInnen im Hinterkopf zu behalten, wenn sie in diesem Stadtteil Einsätze bearbeiten. Zudem eröffnen sich erweiterte Handlungsbefugnisse, welche in ‚Szenario 1' nicht zur Verfügung stehen. Es kann daher in den beiden Szenarien von einer sich differenzierenden generellen Erwartungshaltung ausgegangen werden.

### 4.2.4 Polizeiliches Verhalten

Ein Unterschied des polizeilichen Verhaltens kann in Bezug auf die Kommunikation und das unter Abschn. 4.1. behandelte ‚Sprechens' ausgemacht werden. Der Ton, den die Polizeibeamten im zweiten Szenario anschlagen, ist forsch, direkt und lässt auch keinen Raum für Widerrede, zudem wird geduzt. Auf die Unschuldsbeteuerung des vermeintlichen Verkehrssünders wird gar nicht erst eingegangen. Auffallend ist auch, dass der Akteur im zweiten Szenario direkt eine defensive Haltung annimmt, dann aber schnell resigniert, während der Akteur im ersten Szenario sich gänzlich passiv verhält. Im ersten Szenario wird zudem gesiezt, belehrt und auf die Gefährlichkeit des Verhaltens hingewiesen.

## 4.3 Die Praxis der Definitionsmacht

In beiden geschilderten Szenarien wird deutlich, dass die (über-)individuellen polizeilichen Kenntnisse, die Erwartungshaltung sowie persönliche außerrechtliche Werte und Normen der PolizistInnen, die durch die Atmosphäre beeinflusst werden können, den Ablauf und Ausgang der jeweiligen Situationen lenken zu scheinen. Im ersten Szenario entspricht die Polizei dem Leitbild des ‚Freunds und Helfers', im zweiten Szenario stellt sich die Polizei als Garant von Sicherheit und Ordnung, die durch Repression erzielt werden müssen, dar.

Beschränkt man die Perspektive auf die Ordnungswidrigkeit während der Teilnahme am Straßenverkehr aufgrund der Benutzung eines Mobiltelefons, so ergab sich in ‚Szenario 1' die Gewährung von Ermessen, es wurde lediglich eine Belehrung und eine Verwarnung ausgesprochen und in ‚Szenario 2' eine Sanktionierung trotz widersprüchlicher Ansicht des Beschuldigten.

In diesem Fall profitiert der Mann im ersten Szenario von der milden Nachsicht, die ihm die Polizisten entgegenbringen und die sich in einer einfachen Ermahnung ausdrückt, während das Gesetz umso rigoroser auf den Mann im zweiten Szenario angewandt wird. Solch eine Differenzierung wird auch von Fassin (2018) konstatiert:

„Diese Kluft hinsichtlich der Gesetzesanwendung liegt in Unterschieden der Haltung, man könnte sogar sagen des moralischen Gefühls gegenüber den beiden Bevölkerungsgruppen begründet: Sympathie in Bezug auf die eine, Groll gegenüber den anderen. Insofern die Mehrheit der Polizisten aus eher einkommensschwachen Familien stammt, lässt sich hier von einem Paradoxon spreche: Denen, die ihnen sozial gesehen am nächsten sind, bringen sie die größte Feindseligkeit entgegen. Auf der anderen Seite erfahren diejenigen, die in Bezug auf die verschiedenen Kapitalformen am weitesten entfernt sind, besondere Großzügigkeit" (Fassin, S. 142).

Die Interpretation der beiden Szenen zeigt, dass die Strafverfolgung ungleich vonstattengeht. Brusten beschreibt die selektive Sanktionierung durch die Polizei als „eine Art Rückkopplungseffekt der Erfahrungen, die die Polizei mit Richtern und Staatsanwälten macht" (ebd. 1971, S. 56). PolizeibeamtInnen würden bspw. bei Gerichtsverhandlungen lernen, „welche Fälle ‚durchgehen' und welche nicht; wann seiner (oder ihrer) Darstellung des Falles und wann der Darstellung des Angeklagten größere Glaubwürdigkeit zugebilligt wird" (ebd.).

Das Einsatz- und Sanktionshandeln von PolizistInnen im Wach- und Wechseldienst begründet sich primär auf das Erfahrungswissen. Erfahrungen werden als eine der wichtigsten Wissensquellen bei der Polizei angesehen (vgl. Grutzpalk 2016, S. 29). Überindividuelle Erfahrungen, die im KollegInnenkreis kommuniziert werden, gehen in den kollektiven Wissensbestand der Polizei ein, werden dadurch ‚verobjektiviert' und finden sich so in Form verschiedener Daten und Maßnahmen wieder, wie etwa der PKS oder der Deklarierung kriminogener Orte. „Vor allem auf Grund dieser ‚statistisch gesicherten Erfahrungen' tendiert der Selektionsprozeß, den die Polizeistreife in die Wege leitet, immer wieder dazu, sich selbst zu bestätigen" (Brusten 1971, S. 59).

## 5   Schluss und Ausblick

Das moderne Leitbild der ‚unternehmerischen Stadt' schafft einen Wettbewerb unter Städten, bei dem ‚Sicherheit und Sauberkeit' zentrale Standortvorteile darstellen, welche die Polizei zu gewährleisten hat. Der Beitrag hat diese polizeiliche Aufgabenzuordnung unter einer machtkritischen Perspektive nachgezeichnet und definiert polizeiliches Handeln als Teil der politischen Auseinandersetzung um die Gestaltung und Nutzung des städtischen Raums. Hierbei orientiert sich die Polizei nach wie vor an der Problemdefinition eines emanzipierten Bürgertums. Diese Perspektivsetzung setzt eine machtvolle Position voraus, die letztlich nicht zu einer Kontrolle abweichenden Verhaltens, sondern der Kontrolle der von dem perspektivsetzenden Milieu abweichender Verhältnisse führt. Der Raumbezug spielt dabei eine bedeutende Rolle.

Innerhalb des Forschungsprojekts wurde die differenzierende Bewertung von Reviergebieten sichtbar. Im Modus kriminalpräventiver Bemühungen gestaltet sich die proaktive Polizeiarbeit je nach Reviergebiet unterschiedlich aus. Es konnte anhand von Interviewausschnitten gezeigt werden, dass nicht die kriminellen Taten einzelner Personen zu der Etikettierung eines ‚kriminell anspruchsvolleren' Stadtteils führen, sondern die soziale Zuordnung von Personen zu einem Raumausschnitt. Dabei überschneidet sich die jeweilige Zuordnung mit der sozioökonomischen Eingruppierung der in dem Raumausschnitt zugeordneten Personen. In den Aussagen der PolizistInnen spiegelt sich noch heute das Bild einer ‚unmoralischen Klasse', die, wie anfangs erwähnt, seitens einer emanzipierten bürgerlichen städtischen Schicht angesichts eines verstärkten Zuzugs einer verarmten ländlichen Bevölkerung zur Zeit der Industrialisierung als Bedrohung wahrgenommen wurde, indirekt wider und wird dadurch bestätigt. Die Verortung von Personengruppen in städtische Bereiche führt dazu, dass soziale Probleme als räumliche Probleme; die Kriminalisierung von Personen zu einer Kriminalisierung von Raumausschnitten führt. Mit der „Kontrolle des Raums anstelle von Personen" (Legnaro 1997, S. 274) findet eine „Depersonalisierung des Verdachts" (ebd.) statt. Die soziale Zonierung, die dabei vorgenommen wird, strukturiert das Handeln der PolizistInnen. Gleichsam reproduziert das Handeln der PolizistInnen die räumliche Differenzierung entlang der Strukturkategorie Klasse. Dabei führt die Benennung solcher ‚gefährlicheren Räume' zu einer bestimmten Erwartungshaltung. Die Folge dieser Erwartungshaltung artikuliert sich zum einen dadurch, dass in so kriminalisierten Raumausschnitten häufiger proaktive Streiffahrten durchgeführt werden. Feest und Blankenburg stellten ergänzend dazu fest, dass in ‚schlechter gestellten' Gegenden Personen häufiger kontrolliert werden, da die Hoffnung besteht, Personen aufzugreifen, die zur Fahndung ausgeschrieben sind oder dass sich verdächtige Gegenstände finden lassen, die auf eine strafbare Handlung hindeuten könnten (vgl. ebd. 1972, S. 36). Zum anderen drückt sich die Erwartungshaltung innerhalb der direkten Polizei-BürgerInnen-Kommunikation aus. Hier hat sich gezeigt, dass die PolizistInnen den Ermessensspielraum je nach Raumausschnitt unterschiedlich nutzten. Es konnte unter anderem nachgewiesen werden, dass die PolizistInnen in kriminalisierten Raumausschnitten häufiger Verwarngelder ausschrieben, während in anderen, als ‚normal' definierten Bereichen der gleiche Tatbestand mit einer mündlichen Verwarnung auskam. Die Erwartungshaltung führt zu einer eher bürgernahen Polizeiarbeit in so charakterisierten ‚besseren oder normalen' Raumausschnitten, während in ‚schlechter' charakterisierten Stadtteilen die Kontrolle im Vordergrund steht.

„Erst innerhalb solcher Ermessensspielräume können Einstellungs- und Wissensstrukturen der Polizei handlungsrelevant werden und somit das polizeiliche Sanktionshandeln in der konkreten Situation beeinflussen" (Brusten 1971, S. 32). Der Ermessensspielraum, den die PolizistInnen hierbei vor allem in der proaktiven Polizeiarbeit nutzen, schafft die Grundlage für die spektrale Ausgestaltung. Hierbei fungiert der Raum als Schaltfläche sozialer Platzierungen, die durch die differenzierenden Handlungspraktiken der Polizei vorgenommen werden. Die Polizei, deren Akteure sich selbst der Mittelschicht zuordnen (‚Mitte der Gesellschaft'), operiert in privilegierten städtischen Raumausschnitten als FreundIn und HelferIn, während sie in weniger privilegierten Stadtteilen die Rolle der ErzieherIn übernimmt. Brusten schreibt hierzu: „Die in Form von Gesetzen und Vorschriften formulierten formellen Rollenerwartungen hinsichtlich des polizeilichen Sanktionshandelns sind in der Regel relativ allgemein und situationsspezifisch" (ebd. 1971, S. 40). Die polizeilichen Akteure sind in der Interpretation von Situationen relativ frei. Die PolizistInnen erfüllen bei ihrer täglichen Arbeit eine Übersetzungsleistung von legal definierten Rechts- und Ordnungswidrigkeiten in den situationellen Kontext und wieder zurück. Dadurch, dass für soziale Situationen nie eine eindeutige Formulierung möglich ist und „daher auch ‚Gerechtigkeit' nicht durch eine schematische Anwendung bestimmter Regeln und Gesetze erreicht werden kann" (Brusten 1971, S. 40), unterliegt die jeweilige situative Einordnung der durch das soziale Milieu geprägten Wahrnehmung der PolizistInnen. Die Milieuverortung strukturiert dabei auch den Blick auf die jeweiligen räumlichen Ausschnitte und liefert die Schablone zur Bewertung dieser als (nicht) kriminell.

Die stigmatisierende Wirkung, die das Handeln der Polizei auf die Personen solcher schlechter gestellten Stadtteile hat, wird durch die räumliche Bezugnahme der Polizei verdeckt. So sind es in der Argumentation polizeilicher Akteure letztlich nicht die sozioökonomisch schlechter gestellten BewohnerInnen eines bestimmten städtischen Gebiets, die als kriminell bezeichnet werden und dadurch häufigere proaktive Kontrollfahrten der Polizei legitimieren, sondern der räumliche Ausschnitt gilt als kontrollwürdig. Die unterschiedlichen Rollen, die die PolizistInnen je nach Raumausschnitt übernehmen, stabilisieren eine gesellschaftliche Ordnung durch die differenzierende Bezugnahme auf die Ressource Raum und die Zuweisung dieser. Die Definitionsmacht eines bürgerlichen Milieus kommt hierbei in der räumlich differenzierten Anwendung des Ermessensspielraums zum Ausdruck. Hierbei wird der öffentliche Raum in sozioökonomisch schlechter gestellten Stadtteilen zu einem polizeilichen

Kontrollraum, indem man als BewohnerIn jederzeit kontrolliert werden kann. Die Polizei reglementiert die Ressource Raum für dessen BewohnerInnen und artikuliert auf diese Weise einen Anspruch auf diesen. Die zugrundeliegende Erwartungshaltung der PolizistInnen, in dem schlechter gestellten Stadtgebiet mehr Kriminalität vorzufinden, legitimiert und reproduziert sich zum Teil auch durch die häufigeren Kontrollfahrten, welche die Wahrscheinlichkeit erhöhen, Rechts- und Ordnungsverstöße zu finden. Im Kontrast hierzu stehen Raumausschnitte, die dem bürgerlichen Milieu zugeordnet werden. Hier bewegt sich die Polizei als Gast, als Dienstleisterin. Die BewohnerInnen genießen hier den öffentlichen Raum als eine Ressource, über die sie durch eine uneingeschränkte Zutrittsmöglichkeit verfügen.

Mit dem Verständnis des städtischen Raums als eine Ressource, die umkämpft ist, offenbart sich die Polizei als eine Institution, die durch die räumliche Einteilung Differenzierungen vornimmt und die durch ihr Handeln aktiv an einer hierarchisierenden Raumordnung beteiligt ist. Hierbei besteht die Gefahr, dass das Wissen um schlechtere, kriminellere oder qualitativ anspruchsvollere Revierbereiche sich durch den so vorstrukturierten Blick im Handeln reproduziert. Die Einordnung der Stadt in kriminelle und sichere, unattraktive und schöne Bereiche durch die Polizei muss demzufolge im Hinblick auf eine durchsetzungsfähige, milieuspezifische Wahrnehmungsmatrix kritisch hinterfragt werden, auf dessen Grundlage über die Ressource Raum verhandelt wird.

## Literatur

Behrendes, U. & D. Pollich (2017). Erscheinungsformen und Erklärungsansätze von Alltagsgewalt im öffentlichen Raum und polizeilichen Interventionsmöglichkeiten. In H. Clages & W. Gatzke (Hrsg.), *Gewalt im öffentlichen Raum* (S. 45–80). Hilden/Rhld.: Verlag Deutsche Polizeiliteratur GmbH Buchvertrieb.

Belina, B. (2000). „Kriminalität" und „Raum". *Kriminologisches Journal, 32* (S. 129–147).

Belina, B. (2018). Wie Polizei Raum und Gesellschaft gestaltet. In D. Loick (Hrsg.), *Kritik der Polizei* (S. 119–134). Frankfurt/New York: Campus Verlag.

Breidenstein, G.; Hirschauer, S.; Kalthoff H. & Nieswand, B. (2015). *Ethnografie. Die Praxis der Feldforschung*. Konstanz/München: UVK.

Brusten, M. (1971). Determinanten selektiver Sanktionierung durch die Polizei. In J. Feest & R. Lautmann (Hrsg.), *Die Polizei. Soziologische Studien und Forschungsberichte* (S. 31–70). Westdeutscher Verlag.

Christe-Zeyse, J. (2017). Mehr Präsenz in der Fläche? Reformkonzepte einer Landespolizei auf dem Prüfstand In A. Molapisi, M. Neumann & R. Prätorius (Hrsg.), *Die Freunde der Helfer. Polizeipolitik in unseren Zeiten* (S. 19–59). Frankfurt: Verlag für Polizeiwissenschaft.

Christmann, G. (2016). Das theoretische Konzept der kommunikativen Raum(re)konstruktion. In Dies. (Hrsg.), *Zur kommunikativen Konstruktion von Räumen* (S. 89–117). Wiesbaden: Springer VS.

Fassin, D. (2018). Die Politik des Ermessensspielraums: Der „graue Scheck" und der Polizeistaat. In D. Loick (Hrsg.), *Kritik der Polizei* (S. 119–134). Frankfurt/New York: Campus Verlag.

Dirks, S., Fritsche, C., Lippelt & M. Reutlinger, C. (2016). Zur pädagogischen Herstellung städtischer Räume zwischen Ort und Klient*in. Empirische Einblicke und theoretische Rückschlüsse. *Zeitschrift für Pädagogik, 62* (S. 20–33).

Feest, J. & Blankenburg, E. (1972). *Die Definitionsmacht der Polizei*. Düsseldorf: Bertelsmann Universitätsverlag.

Feltes, T. (2014). Bürgernahe Polizeiarbeit in Deutschland. In IFSH (Hrsg.), *OSZE-Jahrbuch 2013* (S. 241–252). Nomos-Verlag: Baden-Baden.

Foucault, M. (1994). Überwachen und Strafe. Frankfurt: Suhrkamp.

Greene, J. R. (1990). Gemeindebezogene Polizeiarbeit in den USA: Überblick und Kritik über Theorie und Praxis des „Community Policing". In T. Feltes, H.-J. Kerner & E. Rebscher (Hrsg.), *Polizei und Bevölkerung* (S. 106–116). Holzkrichen/Obb.: Felix Verlag.

Grutzpalk, J. (2016) Die Erforschung des Wissensmanagements in Sicherheitsbehörden mit Hilfe der Akteurs-Netzwerk-Theorie. In: Dies. (Hrsg.): Polizeiliches Wissen: Formen, Austausch, Hierarchien. Schriftenreihe Polizei & Wissenschaft (S. 15–48). Frankfurt: Verlag für Polizeiwissenschaft.

Harvey, D. (1989). *From Managerialism to Entrepreneurialism. The Transformation in Urban Governance in Late Capitalism.* London: Routledge.

Hunold, D. (2015). *Polizei im Revier. Polizeiliche Handlungspraxis gegenüber Jugendlichen in der multi-ethnischen Stadt.* Berlin: Duncker & Humblot.

Lauen, G. (2011). *Stadt und Kontrolle.* Bielefeld: Transcript.

Legnaro, A. (1997). Konturen der Sicherheitsgesellschaft: Eine polemisch-futurologische Skizze. In: Leviathan 2, (S. 271–284).

Oehler, P.; Thomas, N. & Drilling, M. (2016). Soziale Arbeit in der unternehmerischen Stadt. Wiesbaden: Springer SV.

Posiege, P. & Steinschulte-Leidig, B. (1999). *Bürgernahe Polizeiarbeit in Deutschland.* Kriminalistisch-kriminologische Forschungsgruppe. Wiesbaden: BKA.

Thomas, S. (2019). *Ethnografie. Eine Einführung.* Wiesbaden: Springer VS.

Trurnit, C. (2017). *Eingriffsrecht. Maßnahmen der Polizei nach der Strafprozessordnung und dem Polizeigesetz Baden-Württemberg.* Stuttgart: Kohlhammer.

**Tamara Dangelmaier** M.A. (Soziologie), Wissenschaftliche Mitarbeiterin am Fachgebiet für Kriminologie und interdisziplinäre Kriminalprävention der Deutschen Hochschule für Polizei, Münster.

**Eva Brauer** M.A. (Gender Studies), Doktorandin an der Hochschule Fulda, Fachbereich Sozialwesen, eva.brauer@mailbox.org.

# Polizieren im öffentlichen Raum

Möglichkeiten und Grenzen relationaler Raumproduktion bei der Polizei

Claudia Tutino

## 1 Einleitung

Im vorliegenden Artikel wird der Fokus auf die „Konstitutionsleistung von Subjekten bei der Erschaffung (sozialer) Räume" (Dörfler 2013, S. 24) gelegt und folgt damit einem sozialkonstruktivistischen und relationalen Verständnis von Raumproduktion (vgl. Löw 2001). Grundlegend ist hierbei die Überwindung des Verständnisses eines scheinbar essenzialistischen Raumes gleichsam eines Containers, der alles Physische und Soziale zu umschließen scheint. Der öffentliche Raum ist infolge dessen relational zu verstehen und so vielfältig, wie die Menschen, die ihn beleben (vgl. Schroer 2005: 341). Dies wird u. a. an Überlegungen deutlich, was unter öffentlichen Räumen alles verstanden werden kann. „Öffentliche Räume sind Treffpunkte und Begegnungsorte", „Bühnen der Selbstdarstellung und Projektionsflächen des Präsenzmarkierens (z. B. Graffiti)" (Kemper & Reutlinger 2015, S. 16; Habermann-Niesse & Schlomka 2012). Kurzum: Öffentliche Räume sind nicht nur divers, sondern multifunktional.

Öffentlicher Raum ist allerdings auch – und das wird vor allem am Beispiel der Polizei deutlich – „privilegiertes Medium staatlicher Kontrolle" (Löw 2001, S. 110). Daher ist auch die Polizei als staatliche Kontrollinstanz nicht aus dem öffentlichen Raum wegzudenken. Denn die Polizei hat nicht nur die Aufgabe öffentlicher Räume zu kontrollieren und ein sicheres Leben im öffentlichen Raum zu gewährleisten, sondern ggf. zu intervenieren, wenn Ruhe, Sicher-

C. Tutino (✉)
Westfälische Wilhelms-Universität Münster, Münster, Deutschland
E-Mail: claudia.tutino@uni-muenster.de

heit und Ordnung gestört oder bedroht werden sollten. Die Polizei wird daher in diesem Zusammenhang als raumkonstitutiver Akteur verstanden, welcher sich an relationaler Aushandlung und somit an der Figuration Raum selbst beteiligt.[1] Gleichzeitig hat sie eine Deutungshoheit (vgl. Feest & Blankenburg 1972) über öffentliche Räume, wie kein anderer Akteur, wie sich im späteren Verlauf noch genauer zeigen wird.

Wenngleich auch die Sicherheitslandschaft seit geraumer Zeit Pluralisierungsprozesse durchläuft (z. B. durch den Einsatz gewerblicher Sicherheitsunternehmen) und im Zuge dessen das plurale Polizieren[2] in den Fokus sicherheitsbezogener Forschung im (halb-)öffentlichen Raum gerückt ist (vgl. Hirschmann & John i. d. B.), ist das polizeiliche Polizieren in der Sicherheitsforschung nach wie vor bedeutend.

Die empirische Polizeiforschung stellt die Polizei genauer in den Fokus wissenschaftlicher Analysen und Diskurse. Ihre interdisziplinäre Ausrichtung schafft es damit, juristische, kriminologische und sozialwissenschaftliche Perspektiven (vgl. Mauri 2015) in einem Forschungsfeld zu vereinen und an der daraus entstehenden Multiperspektivität zu wachsen. Auch raumorientierte Arbeiten sind Teil empirischer Polizeiforschung, welche neben (human-)geographischen Elementen auch raumsoziologischen Analysen Anknüpfungsmöglichkeiten bietet (vgl. Hunold 2016). Im Anschluss an diesen raumorientierten Ansatz polizeiwissenschaftlicher Forschung, wird im Folgenden der Frage nachgegangen, ob sich anhand der Beobachtung polizeilicher Handlungspraktiken sowie der Befragung von Polizist*innen über öffentlichen Raum Hinweise auf relationale Raumproduktionen ableiten lassen. Des Weiteren wird geklärt, inwieweit die Vormachtstellung der Polizei Einfluss auf die Wahrnehmung und das Verhalten von Zivilgesellschaft im öffentlichen Raum nimmt und somit auch zivilgesellschaftliche Raumproduktionen vorstrukturiert und beeinflusst.

---

[1]Sowohl Schubert (1999, S. 17) wie auch Löw (2001, S. 67) lehnen sich sprachlich an Norbert Elias (1997 [1939]) Duktus, welcher mittels des Begriffes der Figuration vor allem auf die *dynamische Verflechtung wechselseitiger Interdependenzbeziehungen* von Individuen verweist. So ist auch bei Löws relationalem Raumbegriff davon auszugehen, dass er sowohl dynamisch wie auch interdependent zu anderen Raumnutzer*innen verstanden werden muss.

[2]Unter dem Begriff Polizieren wird im vorliegenden Kontext die personelle Bewachung und/oder Bestreifung öffentlicher Räume verstanden (vgl. John et al. 2018); technische Überwachung, wie sie u. a. Hirschmann & John i. d. B. in den Begriff des Polizierens inkludieren, steht in der vorliegenden Arbeit nicht im Fokus. Einigkeit besteht mit den Autor*innen jedoch darüber, dass Polizieren „mit der Aufgabe der Aufrechterhaltung oder Herstellung von Sicherheit und Ordnung verbunden" [ist] (Plus-i 2019). Wenngleich bspw. auch gewerbliche Sicherheitsakteure polizierend tätig sind, wird im Folgenden unter Polizieren die polizeiliche Tätigkeit im öffentlichen Raum gemeint.

## 2 Raumsoziologische Implikationen polizeilichen Handelns

Die Auseinandersetzung mit polizeilicher Handlungspraxis im öffentlichen Raum bedarf zunächst der scheinbar trivialen Feststellung, dass polizeiliches Handeln das übergeordnete Ziel verfolgt, Gefahren in Bezug auf die innere Sicherheit und Ordnung im Rahmen des Staatsgebietes der Bundesrepublik abzuwenden. Dabei repräsentiert die Polizei in Ausübung ihrer hoheitlichen Aufgaben die Staatsgewalt. Die Aufrechterhaltung der inneren Sicherheit und Ordnung durch die Polizei betrifft zum einen den öffentlichen Raum (vgl. Kelling & Wilson 1982), zum anderen bezieht sich ihre Sicherheitsarbeit auf die Menschen, die öffentliche Räume beleben. Es ist genau dieses Gegenüberstellung von physisch-materiellem Raum und Raumnutzenden, welches innerhalb der raumsoziologischen Begriffsdebatte relevant wird, wenn es darum geht zu klären, wie Raum zu definieren ist.

Rein rechtlich ist der öffentliche Raum dadurch definiert, dass er all das umfasst, was nicht als privater Raum zu verzeichnen ist. Eine genauere und einheitliche Definition darüber, was öffentliche Räume auszeichnet, scheint jedoch auf rechtswissenschaftlicher Eben auszustehen.

> „Der schillernde, transdisziplinär mit ganz unterschiedlichen Konnotationen aufgeladene Begriff des ‚öffentlichen Raumes', dessen Klärung am Beginn jeder vertieften rechtswissenschaftlichen Beschäftigung mit dem öffentlichen Raum und seiner Nutzung stehen muss, scheint sich einer klaren begrifflichen Fixierung zu entziehen" (Siehr 2016, S. 37).

Eine Möglichkeit, aus sozialwissenschaftlicher Perspektive den Begriff des öffentlichen Raums genauer zu fassen, finden Siebel und Wehrheim (2003), indem sie vier Dimensionen vorschlagen, anhand welcher Räumen eine Öffentlichkeit zugesprochen werden kann: anhand der Funktionsweise, ihrer juristischen Einordnung, ihrer sozialen Nutzung und ihren baulichen bzw. symbolischen Attribute (vgl. ebd., S. 4). Sozialwissenschaftliche Untersuchungen, die das Zusammenspiels von öffentlichem Raum und Polizei analysieren, dürfen die rechtliche Dimension nicht ignorieren, da sie Grundlage jeglicher polizeilicher Handlungspraxis ist. Rechtliche Vorgaben, die den öffentlichen Raum damit auch zum Arbeitsplatz von vielen Polizist*innen erhebt, müssen mitgedacht werden.

Der vorliegende Beitrag wird die Dimension der sozialen Nutzung in den Fokus stellen und bedient sich maßgeblich einer sozialkonstruktivistischen Zugangsweise zu Räumen. Das bedeutet, dass „Räume […] nicht natürlich vorhanden [sind], sondern [...] aktiv durch Syntheseleistungen (re)produziert werden" (Löw 2001, S. 225) und zwar von denjenigen Menschen, die ihn gemeinsam nutzen. Der relationale Charakter räumlicher Produktionsleistung wird neben der aktiven Syntheseleistung des Weiteren mittels Spacing begründet (vgl. ebd.). Spacing bezeichnet dabei die Positionierung, oder Platzierung der eigenen Person in Relation zu anderen Personen und Objekten im Raum (vgl. ebd.). Räume – und damit auch legitime und illegitime Nutzungsweisen – werden im Spiegel sozialer Interaktionen bewertet und ausgehandelt. Somit muss „die Konstitution von Raum selbst als sozialer Prozess gefaßt [...und] das Handeln selbst als raumbildend verstanden" (Löw 2001, S. 67) werden. Dementsprechend wird in diesem Sinne auch polizeiliches Handeln als raumbildend verstanden.

Dass ein raumtheoretischer Ansatz auch im Zusammenhang empirischer Polizeiforschung sinnig ist, zeigte sich bereits in frühen soziologischen Arbeiten. Anhand der Verknüpfung von Staat, Staatsgebiet und Staatsbürger*innen wird deutlich: „Der Staat herrscht über sein Gebiet, *weil* er sämtliche Bewohner desselben beherrscht" (Simmel 1903, S. 304; Hervorheb. CT). Personen innerhalb des Staatsgebietes, ganz egal, wo sie sich genau aufhielten, seien dem Staate dabei „immer in gleicher Weise untertan", sodass Simmel zu dem Schluss kommt, dass ein bestimmtes „Untertänigkeitsverhältnis innerhalb einer Gruppe, den Raumbegriff bestimmt" (ebd., S. 305). Und auch in aktuellerer Literatur findet sich die daran anlehnende Schlussfolgerung: Raum ist „privilegiertes Medium staatlicher Kontrolle" (Löw 2001: 110). Die „Drohung mit Gewalt determiniert strukturell jede polizeiliche Kommunikation" und ist damit „keine bedingungslose Verhandlung" (Behr 2000: 91; Hervorheb. i. O.).

Raum ist damit durchdrungen von vielfältigen Beziehungen der Macht; eine Thematik, die ganz besonders für polizeiliches Handeln im öffentliche Raum Relevanz entfaltet. Das bedeutet für eine Erschließung von Räumen über die Dimension der sozialen Nutzung, dass zum einen die Personen innerhalb eines zu definierenden Raumes in den Blick und damit als konstitutiv angenommen werden und zum anderen deren Beziehungsgeflechte zueinander einbezogen werden müssen, um der Prozesshaftigkeit des Raumes gewahr zu werden (vgl. Löw 2001, S. 67): Beziehungen der Überlegenheit und Unterordnung, der Macht und Ohnmacht werden zu tragenden Elementen eines relationalen Produktes in Form des sozialen öffentlichen Raums. Übertragen auf das vorliegende Thema von Chancen und Grenzen relationaler Raumproduktion bei der Polizei bedeutet dies, polizeiliche Interaktion in ihrer Vormachtstellung zu reflektieren.

Auch Lefebvre erkannte diese raumgebundenen Machtbeziehungen an und kam zu dem Schluss: „Es gibt keine Macht ohne Komplizen und ohne Polizei" (Lefebvre 1974, S. 333). Dass Macht bis zu einem gewissen Grad komplizenhaft bzw. kollektiv getragen werden muss, ist dabei elementar. „Macht entspringt der menschlichen Fähigkeit, [...] sich mit anderen zusammenzuschließen und im Einvernehmen mit ihnen zu handeln" (Arendt 1970, S. 45). Polizeiliches Handeln muss dabei nicht nur rechtlichen, sondern auch normativen und ethischen Grundsätzen gerecht werden, um Legitimitätsansprüchen der Gesellschaft zu genügen. Das Recht auf Gleichheit vor dem Gesetz ist bspw. ethische sowie rechtliche Grundprämisse, welche bei Nichtbeachtung oder normativem Regelbruch durch die Polizei zu einem Legitimitäts- oder Vertrauensverlust seitens der Bevölkerung führen kann. Polizeiliches Arbeiten im öffentlichen Raum ist dabei auch stetiger zivilgesellschaftlicher Beobachtung und Bewertung ausgesetzt.

Zusammenfassend kann festgehalten werden: Die Rolle der Polizei im öffentlichen Raum ist aufgrund ihrer Vormachtstellung eine besondere. Als Staatsdienende und Vertreter*innen des staatlichen Gewaltmonopols wird ihren raumbezogenen Einschätzungen und daraus resultierenden Handlungen mehr Geltung zugeschrieben, als den Einschätzungen Anderer. Exemplarisch hierfür ist die Platzverweisung. Als polizeiliche Maßnahme ist sie rechtsgültig und wirkungsmächtig, während selbiges Vorgehen in Form von bürgerlichem, also nicht polizeilichem Einschreiten jedoch vergleichsweise wirkungslos bliebe. Bei all der Variabilität an Nutzungs- und Interpretationsmöglichkeiten des öffentlichen Raumes ist er also auch eines: exkludierend (vgl. Siebel 2006). So erscheint die Verknüpfung von Macht und Raum sowie die damit einhergehende Entscheidungsgewalt über die Exklusion spezifischer Gruppen immer da gewesen. Dies wird bereits am Ursprung aller öffentlichen Plätze, der Agora[3] des antiken Griechenlands deutlich. „Dort trafen sich nur erwachsene, freie und besitzende Männer" (Wildner & Berger 2018). Ausschluss aus dem öffentlichen Raum zeigt sich bis heute anhand von Gruppen, die von gesellschaftlicher Normativität abweichen wie bspw. Bettelnde, Drogensüchtige oder Wohnungslose. Polizeiliches Raumhandeln[4] mit all seiner Verfügungsgewalt kann daher in besonderem Maße als machtvoll und damit auch im Raum als hierarchisch höher gestellte Position gegenüber anderen Raumnutzenden verstanden werden.

Neben Platzverweisen spielt dabei die Ernennung von spezifischen Räumen als gefährliche, verrufene oder kriminogene Orte eine erhebliche Rolle bei der

---

[3]Die Agora war ein zentraler Platz des antiken Athens, der bereits damals multifunktional genutzt wurde. Auf ihr fanden Märkte, Versammlungen, Wahlen oder religiöse Anlässe wie Prozessionen statt und nahm eine zentrale Rolle für das öffentliche Leben ein (vgl. Camp 1986, S. 6).

[4]Polizeiliches Raumhandeln meint die Anteilnahme an relationaler räumlicher Produktion.

Betrachtung polizeilichen Raumhandelns. Hierbei wird die Vormachtstellung der Polizei und Anteilnahme an räumlichen Konstruktionen besonders deutlich. Mit der Einschätzung eines Ortes als besonders gefährlich, erhält die Polizei bspw. erweiterte Kontrollbefugnisse, welche sich in anlassunabhängige Personenkontrollen innerhalb dieses Raumes – sprich einer erweiterten Handlungsbefugnis – ausdrücken können.[5] Zu entscheiden, ob ein Raum als kriminogen, gefährlich oder verrufen zu deuten ist, obliegt dabei kriminalistischen Erkenntnisse und polizeilichen Statistiken (Belina & Wehrheim 2011; Ullrich & Tullney 2015). Aus soziologischer Sicht greift es jedoch zu kurz, die Benennung polizeilich besonders relevanter Räume als scheinbar objektive Zuschreibungsprozesse und somit als gesetzt zu verstehen. Vielmehr sind auch subjektive Interpretations- und Wahrnehmungsmuster seitens der Polizist*innen als aktive Raumnutzer*innen einzubeziehen. Denn ein polizeiliches Interventionsereignis unterliegt zusätzlich einer subjektiven polizei-räumlichen Wahrnehmung, welche auf normatives oder abweichendes Verhalten zu einem bestimmten Zeitpunkt an einem bestimmten Ort rekurriert. Verhalten im öffentlichen Raum wird also in „‚ortbestimmte' Verhaltensweisen" (Schubert 1999, S. 28) strukturiert.

Räumliche Wahrnehmung ist daher als Strukturphänomen zu verstehen, mittels welcher sich Subjekte verorteten, indem sie die Umwelt reflektieren und interpretieren (vgl. Merleau Ponty 1966, S. 326). Räumliche Wahrnehmung als Reflexion der Umwelt ermöglicht den Anschluss an intersubjektive Aushandlungsprozesse, die wiederum an relationale Produktionen von Raum Anschluss finden. Die Modalitäten der Raumwahrnehmung sind erfahrungsgebunden und damit „stets ein Ausdruck des gesamten Lebens des Subjektes" (ebd., S. 329). Damit sei zum einen auf subjektives Erfahrungswissen einzelner Personen verwiesen, zum anderen auf eine sozialisatorische Komponente, welche maßgeblichen Einfluss darauf nimmt, auf welche Art und Weise Räume wahrgenommen und interpretiert werden.[6] Neben der gesellschaftlichen sei zusätzlich auf die berufliche Sozialisation verwiesen. So ist anzunehmen, dass der tagtägliche Umgang mit Kriminalität und abweichendem Verhalten auch

---

[5]An dieser Stelle sei dabei auch auf die Rolle von (kommunaler) Politik, sowie ggf. Medien und Anwohner*innen verwiesen, welche bspw. mittels Berichterstattung und Beschwerdeverhalten Einfluss auf polizeiliche Wahrnehmungen und Einschätzungen über Räume nehmen können.

[6]An diese Überlegungen schließen auch Bourdieus (1982) Ausarbeitungen zu habitusspezifischen Deutungs- und Wahrnehmungsmuster an, die er am Beispiel von Kunst und Ästhetik eindrücklich darstellte.

Wahrnehmungs- und Deutungsmuster von Polizist*innen beeinflussen und sich in polizeilicher Handlungspraxis niederschlägt.[7] Polizeispezifische räumliche Wahrnehmungen sind dabei für das Polizieren in öffentlichen Räumen grundlegend.

Im Zuge dieser theoretischen Darstellung erscheint Raum als Figuration, welche relational ausgehandelt wird. Polizeiliche Handlungspraxis zeichnet sich – wie in vorangegangenen Beispielen gezeigt – nicht nur durch dynamische räumliche Beziehungsgeflechte der Macht aus, sondern ist im Rahmen des Gesetzes zu großem Teil bereits vorstrukturiert. Polizeiliche Arbeitsräume im Öffentlichen sind daher als vielschichtige dynamische Konstrukte zu verstehen und von statischen Raumvorstellungen abzugrenzen (vgl. Löw 2001, S. 63). Inwieweit hat nun die polizeiliche Vormachtstellung im öffentlichen Raum Einfluss auf relationale Raumproduktion und worin liegen die Möglichkeiten und wo die Grenzen? Polizeiliches Handeln, so zweckrational und zielorientiert, wie es in Bezug auf die Wahrung der öffentlichen Sicherheit und Ordnung auch sein mag, ist, wie bereits angeklungen, hochgradig situativ und an Einsatzlagen gebunden (vgl. Kleinschmidt und Rückheim 2009, S. 6 f.). Die Situationsgebundenheit polizeilichen Handelns erfordert eine versierte ad hoc Bewertung eines aktuellen Geschehens in gefährlich oder ungefährlich, in rechtens oder nicht rechtens. Situative Elemente ermöglichen, neben aller rechtlichen und organisationsgebundenen Vorstrukturiertheit polizeilicher Arbeit, dynamische Spielräume relationaler Raumgestaltung, was im Folgenden anhand empirischen Materials beispielhaft dargestellt wird.

## 3 Polizieren auf der Piazza Verdi: Beschreibung einer Feldstudie

Grundlage für die nachfolgenden Einblicke in das polizeiliche Raumhandeln ist eine ethnografisch angelegte Feldstudie, die zwischen Oktober 2012 und Februar 2013 auf der Piazza Verdi – einem öffentlichen Platz inmitten des universitären Zentrums Bolognas – durchgeführt wurde.[8] Die Feldstudie folgte den Herangehensweisen einer fokussierten Ethnographie (vgl. Knoblauch 2001) und folgte

---

[7]Auch Mensching (2008, S. 73) zieht eine Verknüpfung von einem berufsspezifischen Habitus und polizeilicher Handlungspraxis, indem sie auf den Polizeidienst als „Habitusarbeit" verweist.

[8]Die Betreuung des Projektes lief über die soziologische Fakultät der Universität Bologna.

einem explorativen Design. Qualitativen leitfadengestützten Kurzinterviews[9] wurden teilnehmende Beobachtungen[10] vorangestellt, um ein möglichst unvoreingenommenes Bild der Piazza aufnehmen zu können (vgl. Knoblauch 2001, S. 134). Ziel der Beobachtung war vor allem, sich zunächst einen Überblick über die sozialen Gruppen zu verschaffen, die die Piazza nutzten. Die Polizei war dabei zunächst nur eine von vielen Gruppen, die in ihrem Handeln beobachtet wurde.[11] Durch das Beobachten eines hohen Polizeiaufgebotes in den Abendstunden schärfte sich der Forschungsfokus, sodass die Polizei und ihre Raumhandlungen als „Besonderheit" (Kleining 1996, S. 13) in den Mittelpunkt der Untersuchung rückten.

Im Anschluss an die Beobachtungsphase wurden leitfadengestützte Expert*inneninterviews (vgl. Helfferich 2019) mit den Polizist*innen geführt, die einen Großteil ihrer Arbeitszeit auf der Piazza verbrachten. Die Interviews fanden auf Italienisch statt, um die Interviewpartner*innen aufgrund möglicher Sprachbarrieren nicht abzuschrecken, zu verunsichern oder deren Antwortverhalten zu verfälschen (vgl. Kleining 1996, S. 20). Die Interviews fanden im Oktober 2012 statt und wurden direkt mit den Polizist*innen der Piazza vor Ort während ihres Dienstes geführt. Die Interviewpartner*innen wurden zufällig ausgewählt. Die Stichprobe richtete sich nach den Polizist*innen, welche an den

---

[9]Insgesamt wurden vier Polizeibeamte und eine Polizeibeamtin befragt. Ziel der Interviews war es „die Wissens- und Erfahrungsstrukturen der Beteiligten" herauszuarbeiten, „die den Sinn ihrer Handlung konstruieren" um somit die „situative Konstruktion der Wirklichkeit in den beobachteten Handlungen nachzuzeichnen" (Knoblauch 2001, S. 135).

[10]Während der zweiwöchigen Beobachtungsphase wurden Notizen angefertigt, die im Nachgang zu Protokollen zusammengefügt wurden. Die Beobachtungen der Piazza wurden zu verschiedenen Tageszeiten und Wochentagen vorgenommen, sodass ein möglichst vielfältiges Bild des Piazzalebens entstehen konnte. Ein Beobachtungsblock dauerte zwei Stunden und wurde an drei Tagen der Woche vorgenommen. Insgesamt ergaben sich so sechs Beobachtungsblöcke á zwei Stunden Feldaufenthalt.

[11]Teilnehmende Beobachtungen erfordern ein hohes Maß an Reflexivität. Im Zuge dessen wurden die Beobachtungen mit einer Projektpartnerin durchgeführt. Die Notizen wurden voneinander unabhängig geführt, das Beobachtungsprotokoll wurde am Ende der Beobachtungsphase gemeinsam verfasst, um voneinander abweichende bzw. übereinstimmende Einschätzungen des Beobachteten zu erkennen und zu diskutieren. Dies diente einerseits zur Herstellung von intersubjektiv geteilten Wahrnehmungen, andererseits der kommunikativen Validierung (Birt et al. 2016). Es gilt dabei zu betonen, dass die Beobachtungsprotokolle Übersetzungen der Wahrnehmungen der Protokollantinnen sind und bereits einem Interpretationsprozess unterliegen und somit nicht Anspruch auf Objektivität erheben können.

Untersuchungstagen auf der Piazza arbeiteten und sich freiwillig für ein Interview bereit erklärten. Der Leitfaden fokussierte auf die räumliche Beschreibung der Piazza im Allgemeinen, der Atmosphäre sowie möglichen Veränderungen, die sie im Laufe ihrer Dienstjahre feststellen konnten. Die Interviewpartner*innen wurden des Weiteren gebeten, eine Beschreibung von den Menschen vorzunehmen, die sich auf der Piazza aufhielten. Der letzte Frageblock enthielt arbeitsbezogene Fragestellungen: wie lange die Polizist*innen bereits auf der Piazza arbeiteten, wie ihr Arbeitsalltag auf der Piazza aussieht und was für Herausforderungen das Arbeiten auf der Piazza mit sich bringt. Der Frageblock schloss mit einer Einschätzung darüber, wie sie ihre Arbeit auf der Piazza einschätzten. Die Interviews wurden aufgenommen, anonymisiert, transkribiert und ins Englische übersetzt.[12] Im Anschluss daran wurden sie inhaltsanalytisch ausgewertet. Die Auswertung erfolgte teils deduktiv auf theoretischen Annahmen basierend, teils induktiv (vgl. Gläser und Laudel 2013; vgl. Schreier 2014).

Bevor der Frage auf den Grund gegangen werden kann, inwieweit die polizeiliche Vormachtstellung im öffentlichen Raum relationale Raumproduktion beeinflusst oder gar einschränkt, werden zunächst diejenigen sozialen Gruppen beschrieben, welche der Polizei als potenzielle Aushandlungspartner auf dieser Piazza dienen könnten. Im Anschluss daran wird auf Interaktionsbeschreibungen eingegangen, hinter welchen sich relationale räumliche Produktionsmomente vermuten lassen.

## 3.1 Zur Bedeutung der sozialen Gruppen auf der Piazza

Die befragten Polizist*innen beschrieben die Piazza, *indem* sie sich auf die Menschen auf ihr bezogen.[13] Sie produzierten den Raum der Piazza demnach nicht nur anhand materieller Gegebenheiten, sondern anhand der Piazza-Nutzer*innen, d. h. relational. Die Polizist*innen teilten sie anhand von Nutzungsverhalten in verschiedene Gruppen ein. Diese Typologien von sozialen Gruppen basierten im Wesentlichen auf polizeilichen Interpretationen darüber, wer sich aus welchem Grund auf der Piazza aufzuhalten schien: Personen, die ins nahegelegene Theater gehen, die im Übrigen als „regular people" (I2)[14] galten, Personen, die sich zum Umtrunk ver-

---

[12]Die Betreuung des Projektes erfolgte über einen italienischsprachigen Dozenten der Universität Bologna, Italien und einem englischsprachigen Gastdozenten der Universität Duquesne in Pittsburgh, Amerika, weswegen eine Übersetzung ins Englische notwendig war.
[13]Frage 1: „How would you describe the Piazza in your own words?"
[14]Im Folgenden sind die Interviews mit den Codes I1-I5 (Interviewpartner*in 1-5) beschrieben, um die Datengrundlage zu verdeutlichen.

sammeln und zumeist mit „students and teenager" (I4) in Zusammenhang gebracht wurden und Personen, die auf der Piazza wohnten und von den Polizist*innen als „punkabbestia"[15] (I2, I3, I4, I5) bezeichnet wurden. Außerdem gäbe es „Drogendealer" (I3), sowie Straßenverkäufer (I2), die ihre Waren (von Zigarettenblättchen, Taschentücherbis Socken) dort illegal vertrieben. Diese Beschreibung der Menschen auf der Piazza, schließt letztlich an Löws Ausarbeitungen an, die darauf verwies, dass Raum im Handeln strukturiert wird (Löw 2001, S. 64).

Die Gruppen werden von den Polizist*innen als der Piazza zugehörig beschrieben: „they belong to this piazza" (I4). Aus polizeilicher Perspektive *konstituieren* also die genannten Gruppen den öffentlichen Raum der Piazza. Denn die Piazza gewann für die Polizist*innen scheinbar dadurch an Struktur, dass Personen mit ähnlichen Nutzungsweisen der Piazza in Gruppen subsumiert wurden. Die Bildung von raumhandlungsbasierten Typologien dient der Komplexitätsreduktion des polizeilichen Arbeitsalltages und des bunten Treibens der Piazza. So ist die Interpretation des Aufenthaltsgrundes einer Person im öffentlichen Raum polizeipraktisch notwendig, um die Wahrscheinlichkeit abweichenden oder regelkonformen Verhaltens einzuschätzen. Zeitgleich ist diese Einschätzung räumlich bedingter Ausdruck der Verwobenheit von Polizei, Raum und Macht. „[D]ie Deutungshoheit über normal[es] und entsprechend über unnormal[es]" (Mauri 2015, S. 95) Verhalten zu urteilen ist als „Zuschreibung aus der Perspektive der Herrschenden" (ebd.) über den öffentlichen Raum zu verstehen – vor allem und ganz besonders in Bezug auf die Polizei. Bedeutsam ist bei diesen Typologisierungen, dass sie von den Piazza-Polizist*innen überindividuell, d. h. zwischen den Interviewpartner*innen geteilt, als raumkonstitutiv beschrieben werden.

Durch die raumkonstitutiven, polizeilich antizipierten Piazza-Gruppen zeigt sich auch eine Form institutionalisierter Vorstrukturiertheit des Raumes (vgl. Löw 2001, S. 225), da die Gruppen von den einzelnen Nutzer*innen losgelöst losgelöst wahrgenommen werden: d. h. „[t]he actors may change, but the groups are the same" (I2). Diese räumlichen Strukturierungen verweisen auf eine gewisse Beständigkeit, scheinen aus polizeilicher Perspektive erwartbar und entziehen sich somit der Notwendigkeit, sie als Raumkonstitutive immer wieder neu auszuhandeln. Sie gelten als gesetzt und bilden gewissermaßen eine

---

[15]Das Wort wird im bolognesischen Kontext genutzt, um Menschen zu beschreiben die ‚halb Punk, halb Bestie', mit Bestien werden die Hunde gemeint, sind. Dabei wird das enge, gar symbiotische Verhältnis der Punks zu ihren Hunden ausgedrückt. Viele punkabbestia sind wohnungslos und wohnen auf der Piazza. Diese Beschreibung wird als Invivo Code beibehalten.

objektivierte Konstante des antizipierten Piazza-Lebens. Diese Vorannahmen – die Raum und soziale Nutzungsgruppen zusammenknüpfen, objektivieren und institutionalisieren (vgl. Löw 2001, S. 229) – können sich in einem bestimmten polizeilichen Wissenssystem sedimentieren, welches als berufsrelevantes polizeiliches Raumwissen beschrieben werden kann (vgl. Hunold 2016). Dieses Raumwissen kann sich wiederum habitualisieren und in handlungspraktischen Strukturen – also im Raumhandeln – manifestieren.

In anderen (an Bourdieu angelehnten) Worten bedeutet eine derartige institutionalisierte Vorstrukturiertheit des Raumes, die sich im Wissen und in der Handlungspraxis niederschlägt, die Anerkennung eines opus operatum, einer bereits strukturierten Struktur, die neben der relationalen Aushandlung, einem modus operandi, auch polizeilichem Raumhandeln inhärent ist.[16] Das würde bedeuten: So wie auch räumliche Produktionsleistungen zwischen Relationalität und Objektivierung stattfindet, so rangiert auch das Wissen über und die Handlung im Raum zwischen diesen Polen des Neuen und des Gesetztem. Dieses durch Erfahrungen erworbene und durch Zeit gewachsene Wissen über polizeirelevante Räume hat im Falle der Piazza Verdi einen milieuhaften, revierbezogenen Charakter, der sich als Form kollektiven polizeilichen Wissens beschreiben lässt. Ähnliche Befunde konnte auch Hunold (2015) in Bezug auf den Umgang von Polizei und Jugendlichen im öffentlichen Raum nachweisen und bzgl. polizeilichem Raumwissen weiter präzisieren (Hunold 2016).

Einen Einblick in relationale und dynamische Elemente polizeilicher Raumproduktion bieten die Beschreibungen der Polizist*innen über konkrete Interaktionen mit einzelnen Piazzanutzenden. Hierfür wurden Interaktionsbeschreibungen[17] ausgewählt und analysiert, die dadurch auffielen, dass sie einerseits eine Straftat oder eine Ordnungswidrigkeit beschreiben, die nach gesetzlicher Vorgabe sanktioniert werden müsste. Andererseits wurden in ebendiesen Interaktionsbeschreibungen polizeiliche Handlungsspielräume sichtbar, die wiederum auf relationale Aushandlung der Nutzung von und Handlung im öffentlichen Raum verweisen – sprich relationale Raumproduktionen, die zu neuen Anordnungsprozessen jenseits polizeilicher Institutionalisierung von Raum führten.

---

[16]Hiermit sei auf Bourdieus praxeologisches Habituskonzept verwiesen, welches auf strukturierte und strukturierende Strukturen des Habitus verweist (Bourdieu 1982).

[17]Die sprachlichen Beschreibungen der Polizist*innen drücken bestimmte Raumbilder aus, die auf ihren Raumwahrnehmungen beruhen und mittels Sprache übersetzt wurden. Sprachlicher Ausdruck wird hier als reflektiertes Deutungsmuster gehandelt (vgl. Flick 2007, S. 281). Die räumlichen Beschreibungen durchliefen bereits eine reflexive Übersetzung und sind somit Ausdruck „gedanklicher Leistung" (Schmid 2005, S. 317).

## 3.2 Einblicke in relationale Produktionsleistungen

In Bezug auf die allgemeine Rolle der Polizei im öffentlichen Raum sowie die konkreten Beschreibungen der Polizist*innen über die Piazza scheint die institutionalisierte Ordnung den dynamischen und prozessualen Neuanordnungsprozessen auf der Piazza zu überwiegen. Bei einer Frage, wie die verschiedenen Gruppen der Piazza (auch die Polizei) miteinander in Austausch stehen[18], verwiesen die Polizist*innen darauf, dass es keine Interaktionen zwischen den Gruppen gäbe und die Gruppen eher unter sich blieben: „No, there are no relationships between the groups, the only relationship they have is when they get into a fight" (I2). Polizeiliche Interaktion würde nur auf Interventionsebene stattfinden, „we intervene if something important happens. We are not regarded well by the people of the Piazza" (I3). Gespräche zwischen Polizei und Piazza-Nutzer*innen außerhalb von Konflikten oder Interventionen würden nicht stattfinden: „It's the culture of Italy, not to talk with the police" (I3).

Dass die Piazza-Polizist*innen kein gutes Ansehen auf der Piazza genießen würden, schließt an die Beschreibung eines anderen Polizisten an. Er berichtete, dass im Falle von Auseinandersetzungen zwischen Polizei und Piazzanutzenden, sich die ganze Piazza gegen die Polizei vereinen würde: „We have to separate the groups when they get into a fight. In such a case, the problem is that the whole Piazza will unite against the police. You have to face not just two or three people then but the entire piazza" (I2). Hier wird nicht nur besonders deutlich, welche Bedeutung die Gruppen der Piazza für die räumliche Wahrnehmung der Piazza-Polizist*innen haben, da sie mit der Piazza als solche *gleichgesetzt* werden, sondern auch das konfliktbasierte Interaktionsverhältnis zwischen Polizei und Piazza-Nutzer*innen. Die Konfliktbeschreibungen zwischen Polizei und Piazzanutzenden waren für die Analyse von polizeilicher Raumproduktion besonders wertvoll, da erstens, besonders in Interaktionen zwischen zwei Parteien, von welchen eine über mehr Macht verfügt (Polizist*innen), als die andere (Piazza-Nutzer*innen), räumliche Institutionalisierungen sichtbar werden, indem bestimmte (legitime)Nutzungsweisen des öffentlichen Raumes von Polizist*innen weniger verhandelt, als explizit vorgegeben werden. Die Dynamik und Prozesshaftigkeit von relationaler Raumproduktion nimmt folglich mit zunehmender räumlicher Institutionalisierung ab. Inwieweit diese räumliche Institutionalisierungen jedoch von Dauer sind, bleibt offen, denn, zweitens, zeigt die Konfliktbeschreibung „Piazza gegen Polizei" auch, dass die Polizei sich darüber bewusst ist, dass polizeiliche Institutionalisierungen

---

[18]Frage: „Are there any relationships among the groups – including the police?"

von Sicherheit und Ordnung im öffentlichen Raum besonders dann in Frage gestellt werden können, wenn die anwesenden Polizist*innen zahlenmäßig unterlegen sind, wenn sich also die ganze Piazza gegen sie vereinen würde.

Im Material konnten aber auch entscheidende Hinweise darauf gefunden werden, dass institutionalisierte räumliche Nutzungsweisen nicht nur bei zahlenmäßiger Überlegenheit zur Aushandlung stehen. Auch Emotionalität bzw. Mitleid gegenüber einer kontrollierten Person kann dazu führen, dass illegale Raumnutzungsweisen polizeilich geduldet wurden. Eine polizeiliche Beschreibung über den Umgang mit den Straßenverkäufern der Piazza zeigt dies sehr eindrücklich:

Die Straßenverkäufer Bolognas, die ihre Waren „vom Bauchladen" vertreiben, sind auch Teil der Piazza Verdi. Ihr Handel ist illegal und erfordert polizeiliche Intervention: „[T]hey have to pay a fine, because it's illegal. Furthermore we have to collect their stuff [goods] and that's an utter chaos" (1.4). Die Sanktionierung scheint zunächst nachvollziehbar, da sich die polizeiliche Handlung an rechtlichen Vorgaben orientiert. Doch dieser zunächst rechtlich nachvollziehbare Vorgang bekommt eine neue Wendung, indem weiter berichtet wurde:

> „We don't like it. They don't have anything else and we feel sorry about them, because life is better for us. Therefore, we tolerate them and if they sell something in front of us, we send them away; they just have to go around the corner. Out of sight, out of mind." (I4)

In dieser Beschreibung wird deutlich, dass die Interaktion zwischen Polizei und Straßenverkäufern zwar konflikthaft begann, abweichendes Raumnutzungsverhalten aber toleriert werden kann, solange die Polizist*innen es nicht sehen. Im „um die Ecke gehen" wurde der Raum der Piazza Verdi mitsamt seinen legitimen und illegalen Raumhandlungen neu verhandelt und erweitert, indem die Polizist*innen auf ihre Interventionsmacht verzichteten.

Besonders interessant – und im Kontrast zu den Schilderungen über den illegalen Handel der Straßenverkäufer – ist die Beschreibung über das Verhältnis zwischen Polizei und Musizierenden auf der Piazza: „We have to look at the people at the piazza, that they would keep calm. If they start to make music with their guitars and bongos, we have to intervene" (I4). Aus den Beobachtungen ging hervor, dass v.a. diejenigen Piazzanutzer*innen Musik machten, die augenscheinlich eher einem studentischen Klientel zugeordnet werden konnten. Wenngleich das ruhestörende Musizieren im Gegensatz zu illegalem Straßenhandel keiner Straftat entspricht, wird auch dieses Szenario als Anlass zur polizeilichen Intervention beschrieben. Ein Kompromiss, wie er bei den Straßenverkäufern am Beispiel des „um die Ecke gehen" ausformuliert wurde, wurde in diesem Zusammenhang nicht benannt. Daran anschließend stellt sich die Frage: Wann drücken die Piazza-Polizist*innen ein Auge zu und wann wird abweichendes Verhalten sanktioniert?[19]

Eine mögliche Interpretation des „ein Auge Zudrückens" könnten neben dem explizit geäußerten Mitleid gegenüber ökonomisch benachteiligten Gruppen wie den Straßenverkäufern oder der Punks ein Spannungsverhältnis sein, welches sich aus einer „Unterschiedlichkeit von moralischen und gesetzlichen Ordnungen" (Hunold 2015, S. 10) ergibt und in polizeilichem Raumhandeln zutage tritt. Eine weitere Interpretation könnte die zuvor zitierte Schilderung darüber sein, dass im Falle der Intervention, sich die ganze Piazza gegen die Polizei vereinen würde. Möglich ist hier also auch eine „Kosten-Nutzen-Kalkulation" der einzelnen Beamt*innen, um möglicherweise schlimmere Konfrontationsszenarien auf der Piazza zu vermeiden sowie polizeilicher Selbstschutz.

Wenngleich die Motive polizeilicher Sanktionierung vs. ‚ein Auge zudrücken' nicht abschließend geklärt werden können, scheint das gefühlte Mitleid gegenüber einer Gruppe in der vorliegenden Untersuchung ausschlaggebend dafür gewesen zu sein, ob abweichendes Verhalten geduldet, oder sanktioniert wird. Resultat dieser emotionalen und damit subjektiv geleiteten Handlungspraxis ist die Partizipation von ökonomisch benachteiligteren Gruppen im öffentlichen Raum sowie an der Raumproduktion selbst. Relational ausgehandelt entsteht somit ein öffentlicher Raum bunten Treibens mit Facetten der geduldeten Illegalität. Dass Polizist*innen anlassbezogen „vor Ort nach ihrer Fasson entscheiden" (Hunold 2015, S. 10) verwundert kaum unter Anbetracht der „Schwierigkeit, das Ideal der straffreien Gesellschaft, das sich im Strafrecht niederschlägt, in die Praxis umzusetzen" (ebd.).[20] Letztlich bleibt jedoch festzuhalten, dass

---

[19]Ein ähnliches Vorgehen konnte in den Beobachtungsphasen zu Beginn des Feldaufenthalts beobachtet werden. Die „punkabbestia" trafen sich täglich an der nord-östlichen Ecke der Piazza. Im Vorbeigehen an der Gruppe lag ein deutlicher Marihuana-Geruch in der Luft. Einige Personen drehten sich einen Joint. Interessanterweise stand das allabendliche Aufgebot an Polizist*innen nur wenige Meter von diesen entfernt – eben um die Ecke. Auch an diesem Beispiel scheint ein gewisser Handlungsspielraum der Polizist*innen attestiert werden zu können, in welchem normabweichendes Raumhandeln, hier öffentlicher Drogenkonsum, geduldet wurde.

[20]Dieses Spannungsverhältnis zwischen Rechtsanspruch und polizeilicher Handlungspraxis wird in polizeiwissenschaftlichen Diskursen bereits seit Jahrzehnten rege diskutiert und hat seither kaum an Aktualität verloren (vgl. Bittner 1967; Manning 1999: 102; Alpert et al. 2005; Hunold 2015).

die raren Momente aktiver Anteilnahme nicht polizeilicher Gruppen an räumlicher Produktion, die in Form von beobachtbaren Raumhandlungen sichtbar wurden, dem „guten Willen" bzw. Mitleid der Piazza-Polizist*innen unterlagen. D. h. die relationale, prozessuale und dynamische Produktion von Raum, wie sie Löw (2001) beschrieb, gewann nur dann an Bedeutung, wenn es seitens der Polizist*innen geduldet bzw. zugelassen wurde.

## 4 Zusammenfassung und Fazit

Betrachtet man polizeiliches Polizieren im öffentlichen Raum wird zunächst deutlich, dass der Begriff des öffentlichen Raumes keiner einheitlichen und präzisen Definition unterliegt. Es konnte jedoch festgehalten werden, dass die Dimensionierungen von öffentlichen Räumen nach Siebel und Wehrheim (2003) eine Möglichkeit bieten, begriffliche Präzisierung vorzunehmen. Die Dimension der sozialen Nutzung wurde für den vorliegenden Artikel als essenziell erachtet und in den Fokus gestellt. Auf einer theoretischen, raumsoziologischen Ebene wurde Löws Konzept des relationalen Raumbegriffes aufgegriffen (2001). Raum wird in Anschluss daran als interpretatives Produkt zwischen all denjenigen Akteur*innen verstanden, die ihn beleben (vgl. Dörfler 2013). Dabei können Polizist*innen als soziale Akteur*innen unter vielen gefasst werden, welche Einfluss auf die Nutzung, Gestaltung und Wahrnehmung öffentlicher Räume nehmen.

Um sich der Thematik relationaler Raumproduktion anzunehmen, wurde zunächst auf drei Ebenen verwiesen, welche für (polizeiliche) Raumproduktion relevant sind: das zugrunde liegende Raumwissen über einen Ort, die Raumhandlung als reflektierte Anpassungsleistung und als Ausdruck „‚ortsbestimmte[r]' Verhaltensweisen" (Schubert 1999, S. 28) sowie relational ausgehandelte Elemente räumlicher Produktion. In diesem Sinne wurde Raum als soziales Konstrukt anerkannt.

Anhand aktueller polizeiwissenschaftlicher Literatur wurde angemerkt, dass polizeiliche Kommunikation und Interaktion im öffentlichen Raum von einem Machtungleichgewicht zwischen Polizei und polizeilichem Gegenüber geprägt ist. Es stellte sich also die Frage nach den Einflüssen von nicht polizeilichen Gruppen auf die räumlichen Produktionsleistungen der Polizei. Dieses Machtungleichgewicht wurde zum einen durch das immerwährende Potenzial der Androhung von Gewalt (vgl. Behr 2000, S. 91) sowie der Deutungshoheit über Sicherheit und Ordnung des öffentlichen Raumes am Beispiel kriminogener Orte dargestellt. Da diese Bedingungen als eine relativ gefestigte ungleiche Machtbalance zugunsten der Polizei im öffentlichen Raum beschrieben werden kann, stellte sich die Frage, wie sich die „Dualität des Raumes" (vgl. Löw 2001, S. 226) zwischen institutionalisierter Ordnung und dynamischer (Neu-)Anordnung für die polizeiliche Produktion von Raum ausgestaltet.

Um diese Fragen in den Fokus zu nehmen, wurde empirisches Material aus einer explorativ angelegten Feldstudie herangezogen. Diese fand in den Jahren 2012/2013 in Bologna, Italien statt und beinhaltete neben Beobachtungsphasen auf einer öffentlichen Piazza auch Kurzinterviews mit den dort arbeitenden Polizist*innen.

Die Konstruktion von Raum basiert im Wesentlichen auf subjektiver, räumlicher Syntheseleistungen, d. h. die Fähigkeit „über Vorstellungs-, Wahrnehmungs- und Erinnerungsprozesse soziale Güter und Lebewesen zu Räumen" zusammenzufassen, sowie Spacingprozessen, d. h. das „Bauen, Errichten, [...] Platzieren" von sozialen Gütern (materiell oder symbolisch), Menschen und Informationen (Löw 2001, S. 225). D. h. Räume sind Arrangements, die wir wahrnehmen sowie aktiv mitgestalten können. Eine Institutionalisierung und Objektivierung von Räumen könne hingegen dann eintreten, wenn räumliche „An(Ordnungen) über das individuelle Handeln hinaus wirksam bleiben und erneut genormte Syntheseleistungen und Spacings nach sich ziehen. Das heißt Räume werden als historisch vorfindliche Gebilde erlebt, die im Handlungsverlauf routiniert reproduziert werden" (Löw 2001, S. 229). Im Falle der Piazza Verdi in Bologna sind diese räumlichen Institutionalisierungen hinsichtlich des polizeilichen Antizipierens von bestimmten sozialen Gruppen und entsprechenden Verhaltensweisen deutlich erkennbar. Aushandlungsprozesse dessen, wie der öffentliche Raum der Piazza abweichend von polizeilichen Vorstellungen wahrgenommen und genutzt werden kann, sind in der vorliegenden Untersuchung anhängig von polizeilicher Duldung (Beispiel des Mitleids der Beamt*innen gegenüber den Straßenverkäufer). Dies verweist auf eine notwendige Anpassung des Verständnisses polizeilicher Arbeit: zum einen als rationale, gesetzesgeleitete Arbeitspraxis zum anderen auch als emotionale. „Verstärkte Emotionsarbeit im öffentlichen Bereich findet parallel zu Rationalisierung und Professionalisierung" (Ernst 2015, S. 209; vgl. Ernst 2019) statt, wie es Ernst u. a. am Beispiel der Pflege bereits deutlich machte.

Die Vormachtstellung der Polizei ist grundlegend für die institutionalisierte Ordnungsstruktur der Piazza sowie des öffentlichen Raumes im Allgemeinen. Letztlich strukturiert die Anwesenheit von Polizei im öffentlichen Raum die situativen Syntheseleistungen von raumnutzenden Subjekten sowie deren Spacingprozesse vor. Wenngleich Polizei auch daran anschließende Raumhandlungen vorstrukturiert, so ergeben sich trotz dieser Vormachtstellung räumliche Dynamiken im Sinne einer Neuordnung von Raum, indem bspw.

Straßenverkäufer künftig „um die Ecke gehen", um dort den polizeilich geduldeten illegalen Handel weiter zu betreiben – außerhalb des polizeilichen Sichtfeldes. Raumnutzungen, die polizeilicher Raumvorstellungen widersprechen, bleiben aufgrund der polizeilichen Deutungshoheit über öffentlichen Raum jedoch unterlegen. Ihre Duldung oder gar Etablierung sind damit in stetigem Abhängigkeitsverhältnis zu hisigen Polizist*innenkultur (Behr 2000) und der daran anschließenden polizeichen Handlungspraxis.

So kann auf Grundlage des zur Verfügung stehenden Materials nur eine bedingte Anschlussfähigkeit zu Löws relationalem Raumbegriff im Sinne eines dynamischen Prozesses und aktiver Syntheseleistung räumlicher Wahrnehmung attestiert werden. Polizeiliches Handeln im öffentlichen Raum nimmt großen Einfluss auf die räumliche Produktionsleistung Anderer. Auch der Hinweis darauf, dass sich die Piazza im Falle einer Intervention gegen die Polizei vereinen würde, kann als eine dynamische ‚Rückerkämpfung von Raum' und Einforderung von Pluralität von Nutzungsweisen erkannt werden die polizeilichen Institutionalisierungen von Raum gegenübergestellt werden.

Weitere Forschungsprojekte, die das Zusammenspiel polizeilicher und zivilgesellschaftlicher Raumproduktion im öffentlichen Raum fokussieren, können neue Erkenntnisse zur weiteren Vertiefung des Verständnisses von revierbezogenem, polizeilichem Raumwissen und routiniertem sowie emotionalem Raumhandeln liefern. Darüber hinaus wäre es interessant in weiteren Projekten zu prüfen, inwieweit sich polizeiliches Raumwissen und Raumhandeln in einem Rahmen informeller polizeilicher Handlungspraxis verorten lässt und somit an das Cop Culture Konzept Behrs (2000) anschlussfähig sein könnte.

## Literatur

Alpert, G.P. et al. (2005): Police Suspicion and Discretionary Decision Making During Citizen Stops. In: *Criminology* 43 (2), S. 407–434.
Arendt, H. (1970). Macht und Gewalt. München: Piper.
Behr, R. (2000): *Cop Culture. Der Alltag des Gewaltmonopols. Männlichkeit, Handlungsmuster und Kultur in der Polizei.* Opladen: Leske+Budrich.
Belina, B. & Wehrheim, J. (2011). „Gefahrengebiete". Durch die Abstraktion vom Sozialen zur Reproduktion gesellschaftlicher Strukturen. Soziale Probleme 23: 207–230.
Birt, L., Scott, S., Cavers, D., Campbell, C., & Walter, F. (2016). Member checking: a tool to enhance trustworthiness or merely a nod to validation?. *Qualitative health research*, 26(13), 1802–1811.
Bourdieu, P. (1982). Die Feinen Unterschiede. Frankfurt a. M.: Suhrkamp.
Bittner, E. (1967). The Police of Skid-Row. A Study of Peace Keeping. In: American Sociological Review 32(5), S. 699–715.

Camp, J. M. (1986). The Athenian Agora. Excavations in the heart of classical Athens. Mainz am Rhein: Verlag Philipp von Zabern.

Dörfler, T. (2013). Milieu und Raum–Zur relationalen Konzeptionalisierung eines sozioräumlichen Zusammenhangs. In *Raumbezogene qualitative Sozialforschung*. Springer VS: Wiesbaden. S. 33–59.

Elias, N. (1997 [1939]). Wandlungen der Gesellschaft. Entwurf zu einer Theorie der Zivilisation. Über den Prozess der Zivilisation. Soziogenetische und psychogenetische Untersuchungen, Bd.2. Frankfurt a.M.: Suhrkamp (Erstveröffentlichung 1939).

Ernst, S. (2015). Zur Etablierung prozesstheoretischen Denkens. In Soziologie - Forum der Deutschen Gesellschaft für Soziologie 44 (2), S. 162–185.

Ernst, S. (2019). Fit for Life–Fit for Work?. In: Ernst, S. und Becke, G. (Hrsg.): Transformationen der Arbeitsgesellschaft. Wiesbaden: Springer VS. S. 51–77.

Feest, J. & Blankenburg, E. (1972). Die Definitionsmacht der Polizei. Düsseldorf: Bertelsmann Universitätsverlag.

Flick, U. (2007): Qualitative Sozialforschung. Eine Einführung. Reinbek bei Hamburg: Rowohlt Taschenbuch Verlag.

Gläser, J. & Laudel, G. (2013): Life With and Without Coding: Two Methods for Early-Stage Data Analysis in Qualitative Research Aiming at Causal Explanations. In: Forum Qualitative Sozialforschung / Forum: Qualitative Social Research 14 (2). DOI: https://doi.org/10.17169/fqs-14.2.1886.

Habermann-Niesse, K. & Schlomka, B. (2012). Jugend, Stadt und Raum. RaumPlanung, 161(1), 9–13.

Helfferich, Cornelia (2019): Leitfaden- und Experteninterviews. In: Nina Baur und Jörg Blasius (Hg.): Handbuch Methoden der empirischen Sozialforschung. 2. Aufl. 2019. Wiesbaden: Springer Fachmedien Wiesbaden, S. 669–686.

Hunold, D. (2015). Polizei im Revier. Polizeiliche Handlungspraxis gegenüber Jugendlichen in der multiethnischen Stadt. Berlin: Duncker & Humblot.

Hunold, D. (2016). Raumwissen: Die Produktion von Raum bei der Polizei. In: Grutzpalk, J. (Hrsg.): Polizeiliches Wissen. Frankfurt a. M.: Verlag für Polizeiwissenschaften. S. 50–71.

Kelling, G. L., & Wilson, J. Q. (1982). Broken windows. *Atlantic monthly*, 249 (3), 29–38.

Kleining, J. (1996). *The ethics of policing*. Cambridge: Cambridge University Press.

Kleinschmidt, H., & Rückheim, S. (2009). Der polizeiliche Planungs-und Entscheidungsprozess im Vergleich. Beiträge aus dem Fachbereich Polizei und Sicherheitsmanagement, 181(6). Berlin: Hochschule für Wirtschaft und Recht.

Knoblauch, H. (2001). Fokussierte Ethnographie: Soziologie, Ethnologie und die neue Welle der Ethnographie. In: Sozialer Sinn, 2 (1), S. 123–141.

John, T., Goldig, D. & N. Hirschmann 2018: Plurales Polizieren in deutschen Großstädten. Plus-i Workingpaper Serie: Nr. 2/2018. Münster: Westfälische Wilhelms-Universität.

Kemper, R., & Reutlinger, C. (Eds.). (2015). Umkämpfter öffentlicher Raum. Springer-Verlag.

Lefebvre, (1974). Die Produktion des Raumes. In Dünne, J. & Günzel, S. (Hrsg.) (2006): Raumtheorie. Grundlagentexte aus Philosophie und Kulturwissenschaften. Frankfurt a. M.: Suhrkamp. S. 330–342.

Löw, M. (2001). Raumsoziologie. Frankfurt a. M.: Suhrkamp.
Manning, P. K. (1999). Police: Mandate, Strategies and Appearances. In: Kappeler, V. (Hrsg.): Police and Society: Touchstones Readings. New York: Waveland Press. S. 94–122.
Mauri (2015). Einführung in die Soziologie der Polizei. In: Frevel, B. (Hrsg.): Polizei in Staat und Gesellschaft. Hilden: Verlag Deutsche Polizeiliteratur. S. 90–111.
Mensching, Anja (2008): Gelebte Hierarchien. Mikropolitische Arrangements und organisationskulturelle Praktiken am Beispiel der Polizei. Wiesbaden: VS Verlag für Sozialwissenschaften / GWV Fachverlage GmbH.
Merleau-Ponty, M. (1966). Phänomenologie der Wahrnehmung. Berlin: de Gruyter.
Plus-i 2019: Projektflyer. Online: https://download.plus-i.de/index.php/s/MFyrQQgM8z3B27D/download.
Schroer, M. (2005): Stadt als Prozess. Zur Diskussion städtischer Leitbilder. In: Berking H. & Löw, M. (Hrsg.): Die Wirklichkeit der Städte. Baden-Baden: Nomos. S.327-346.
Schreier, M. (2014): Varianten qualitativer Inhaltsanalyse: ein Wegweiser im Dickicht der Begrifflichkeiten. In: Forum Qualitative Sozialforschung / Forum: Qualitative Social Research 15 (1), S. 1–27.
Schubert, H. (1999). Urbaner öffentlicher Raum und Verhaltensregulierung. DISP 136/137. Online. https://www.th-koeln.de/mam/downloads/deutsch/hochschule/fakultaeten/f01/urbaner_oeffentlicher_raum.pdf [Abruf: 30.10.2019].
Schmid, C. (2005). Stadt, Raum und Gesellschaft. Henry Lefebvre und die Theorie der Produktion des Raumes. Stuttgart: Franz Steiner Verlag.
Siebel, W. & Walter, J. (2006). Vom Wandel des öffentlichen Raumes. In: Wehrheim, Jan (Hrsg.): *Shopping Malls. Interdisziplinäre Betrachtungen eines neuen Raumtyps*. Berlin: S. 77–94.
Siebel, W. & Wehrheim, J. (2003). Öffentlichkeit und Privatheit in der überwachten Stadt. In: DISP 153, S. 4–12.
Siehr, A. (2016). Das Recht am öffentlichen Raum. Tübingen: Mohr Siebeck.
Simmel, G. (1903). Über räumliche Projektionen sozialer Formen. In Dünne, J. & Günzel, S. (Hrsg.) (2006): *Raumtheorie. Grundlagentexte aus Philosophie und Kulturwissenschaf- ten*. Frankfurt a. M.: Suhrkamp. S. 304–316.
Ullrich, P., & Tullney, M. (2015). Die Konstruktion ‚gefährlicher Orte'. Eine Problematisierung mit Beispielen aus Berlin und Leipzig. Technische Universität Berlin.
Wildner, K. & Berger, H. M. (2018): Das Prinzip des öffentlichen Raums | bpb. In: Bundeszentrale für politische Bildung, 07.09.2018. Online verfügbar unter https://www.bpb.de/politik/innenpolitik/stadt-und-gesellschaft/216873/prinzip-des-oeffentlichen-raums#:~:text=%C3%96ffentlicher%20Raum%20und%20Ausschlussmechanismen,erwachsene%2C%20freie%20und%20besitzende%20M%C3%A4nner.&text=Es%20habe%20noch%20nie%20und,f%C3%BCr%20jedermann%20zug%C3%A4nglichen%20Raum%20gegeben., zuletzt geprüft am 31.08.2020.

**Claudia Tutino** M.A. (Soziologie), Stipendiatin der Hans-Böckler-Stiftung: Nachwuchsforschungsgruppe NFG 020 RexDel (Rechtsextreme Gewaltdelinquenz und Praxis der Strafverfolgung), Promotionsstudium im Rahmen der Graduate School of Sociology (GRASS), Westfälische Wilhelms Universität Münster, claudia.tutino@uni-muenster.de.

# Polizeiliches Handeln im Kontext pluralen Polizierens – Erkenntnisse aus dem Forschungsprojekt PluS-i

Tobias John und Nathalie Hirschmann

## 1 Einleitung

Die Gewährleistung von Innerer Sicherheit und Ordnung gelten als eine zentrale Funktion und Aufgabe des Staates (Benz 2008, S. 124; Bogumil & Jann 2005, S. 52; Link u. a. 1990, S. 52; siehe hierzu auch John 2012, S. 9–11). In Deutschland wird diese Aufgabe originär staatlichen Behörden, insbesondere den Landespolizeien und der Bundespolizei als Trägerinnen des staatlichen Gewaltmonopols zugeschrieben. Allerdings haben Veränderungen in Politik und Staatsverständnis, insbesondere der Wandel von Government zu Governance (Mayntz 2009, S. 22; Benz 2008, S. 271), sowie vom Interventionsstaat zum aktivierenden bzw. kooperativen Staat (Bogumil & Jann 2005, S. 46 ff.) zu Abwandlungen bei der Aufgabenzuschreibung im Bereich Innere Sicherheit und Ordnung geführt; wenngleich langsamer als in anderen Politikfeldern (Stienen 2011, S. 87). Sicherheit wird im Kontext des ideologisch vom Neoliberalismus geprägten Verständnisses eines aktivierenden und kooperativen Staates als eine gesamtgesellschaftliche Aufgabe angesehen (Schierz 2004, S. 120) und obliegt heute nicht mehr ausschließlich staatlichen Akteuren. Ausdruck findet dieser Wandel in diversen Entwicklungen wie beispielsweise der kommunalen Kriminalprävention (Frevel 2007 und 2012; Schreiber 2007), einer sich herausbildenden „safety and security governance" (Frevel & Schulze 2010, Schulze 2013), Entwicklungen

T. John (✉) · N. Hirschmann (✉)
Westfälische Wilhelms-Universität Münster, Münster, Deutschland
E-Mail: tobias.john@uni-muenster.de

N. Hirschmann
E-Mail: nathalie.hirschmann@uni-muenster.de

© Springer Fachmedien Wiesbaden GmbH, ein Teil von Springer Nature 2020
D. Hunold und A. Ruch (Hrsg.), *Polizeiarbeit zwischen Praxishandeln und Rechtsordnung,* Edition Forschung und Entwicklung in der Strafrechtspflege,
https://doi.org/10.1007/978-3-658-30727-1_12

der Privatisierung und Entstaatlichung der Sicherheitsproduktion (Stienen 2011) oder einer „Verpolizeilichung" der Kommunen (Söllner 2011). Gemeinsam ist diesen Entwicklungen die Auflösung des polizeilichen Quasi-Monopols bzw. eine neben polizeilichen Aktivitäten entstehende Etablierung weiterer Akteure in der Sicherheitsproduktion (Hirschmann 2016). Dies kann zusammengefasst auch als Pluralisierung der Sicherheitsproduktion bezeichnet werden (John 2013).

Besonders wahrnehmbar bzw. für die Bevölkerung sichtbar werden diese Entwicklungen im Kontext des „Polizierens" (Hirschmann & John 2018, S. 4). Gemeint sind hier alle Tätigkeiten der personellen Bewachung und/oder Bestreifung und/oder der sichtbaren technischen Überwachung öffentlich zugänglicher Räume sowie unmittelbar daraus resultierender Maßnahmen. Das damit verbundene Ziel liegt in der Aufrechterhaltung oder Herstellung von Sicherheit und Ordnung unabhängig vom Akteur. Neben den Polizeien von Ländern und Bund sind heute auch kommunale Verwaltungen und gewerbliche Akteure aber auch Bürgerinnen und Bürger an (Streifen-)Tätigkeiten und (Präsenz-)Maßnahmen in sich überschneidenden oder angrenzenden Räumen beteiligt. In diesem Kontext lässt sich analog zur gesamten Entwicklung der Pluralisierung auch von einem „pluralen Polizieren" (Hirschmann & John 2018, S. 4) sprechen. Dabei ist das plurale Polizieren von kommunaler Heterogenität geprägt. Akteure, Zuständigkeiten und Maßnahmen unterscheiden sich von Bundesland zu Bundesland und von Stadt zu Stadt (John, Goldig & Hirschmann 2018).

Die Thematik der Pluralisierung bzw. des pluralen Polizierens wird im Folgenden aus zwei unterschiedlichen Perspektiven hinsichtlich etwaiger Auswirkungen auf das polizeiliche Polizieren betrachtet. Hierzu wird im Abschn. 2 zunächst die Fragestellung, der Forschungskontext und die Datengrundlage des Beitrags erörtert. Anschließend erfolgt eine Beschreibung der im Rahmen des Forschungsprojektes PluS-i identifizierten Modelle des pluralen Polizierens. Diese dienen als Rahmenbedingungen polizeilichen Polizierens im Kontext der Pluralisierung. Im vierten Abschnitt wird das institutionelle polizeiliche Handeln in den untersuchten Fällen betrachtet und verglichen. Ferner werden die Erkenntnisse zu diesen Aspekten mit den unterschiedlichen Ansätzen des pluralen Polizierens in Beziehung gesetzt und diskutiert. Als zweite Perspektive wird im Anschluss die Praxis des polizeilichen Handelns in den untersuchten Fällen in den Blick genommen. Abschließend werden die als wesentlich erachteten Ergebnisse in Abschn. 6 zusammengefasst.

## 2 Datengrundlage und Fragestellung

Der Beitrag basiert auf ersten Zwischenerkenntnissen, die im Rahmen des Nachwuchsforschungsprojektes „Pluralisierung lokaler urbaner Sicherheitsproduktion – interdisziplinäre Analysen für ein kontextadäquates, legitimes, effizientes und effektives plurales Polizieren" (PluS-i; 2017–2022) gewonnen wurden. PluS-i wird durch das Bundesministerium für Bildung und Forschung im Zuge der Bekanntmachung des „Zivile Sicherheit – Nachwuchsförderung durch interdisziplinären Kompetenzaufbau" gefördert und setzt sich mit dem Aspekt des pluralen Polizierens aus einer multidisziplinären Perspektive auseinander. Im Zentrum steht hierbei die Identifikation unterschiedlicher Modelle des heterogenen Phänomens und eine vergleichende Analyse hinsichtlich der Aspekte Kontextadäquanz, Legitimität, Effizienz und Effektivität (Hirschmann & John 2019). Anhand von fünf Fallstudien wird das plurale Polizieren unter diesen verschiedenen Aspekten untersucht.

Für den vorliegenden Beitrag stellt sich im Kontext der aufgezeigten Entwicklungen die übergeordnete Frage, welche Auswirkungen die Pluralisierung gerade auf den originären Akteur Polizei hat. Dabei wird beleuchtet, inwiefern mit der Existenz des Polizierens durch weitere Akteure ein Rückzug bzw. eine Entlastung der Polizeien verbunden ist und ob es in diesem Kontext zu einer Abänderung polizeilicher Maßnahmengestaltung und etwaigen zusätzlichen Aufwänden kommt. Die Heterogenität der Ausgestaltung des pluralen Polizierens in den untersuchten Fällen erlaubt einen vergleichenden Blick auf das polizeiliche Handeln, sodass explorativ empirisch basierte Rückschlüsse auf die Wirkung der einzelner Entwicklungen der Pluralisierung auf polizeiliches Handeln (im Bereich des Polizierens) gezogen werden können. Hierbei gilt es zwei unterschiedliche Perspektiven in die Betrachtung einzubeziehen, einerseits die institutionelle Perspektive und andererseits die der polizeilichen Praxis auf operativer Ebene. Der vorläufige Stand des Projektes und die explorative Ausrichtung des Gesamtprojektes erlauben hier ausschließlich die Entwicklung von Hypothesen bzgl. der Wirkung unterschiedlicher Ansätze des pluralen Polizierens auf das polizeiliche Handeln.

Die für diesen Beitrag grundlegende Datenerhebung erfolgte im Rahmen der laufenden Untersuchungen des pluralen Polizierens in fünf Untersuchungsstädten. Die untersuchten Städte wurden hierbei explizit hinsichtlich einer möglichst unterschiedlichen Gestaltung des pluralen Polizierens ausgewählt.[1] Im Fokus der

---

[1] Um die Anonymität der Gesprächspartnerinnen und Gesprächspartner zu gewährleisten, wird auf die Benennung der Untersuchungsstädte verzichtet.

Fallauswahl standen dabei die vorhandenen Konstellationen polizierend tätiger Akteure bzw. vorhandener Formen des Polizierens (vgl. John, Goldig & Hirschmann 2018). Unter Formen des Polizierens sind die polizierenden Tätigkeiten durch unterschiedliche Akteure und in Teilen mit unterschiedlichen Kompetenzen, Ausstattungen und Zuständigkeitsräumen gemeint. So wird in PluS-i zwischen landes- und bundespolizeilichem, subpolizeilichem, kommunalem, gewerblichem und ehrenamtlichem Polizieren unterschieden. Subpolizeiliches Polizieren meint das Polizieren durch eine Angestelltenpolizei wie beispielsweise die Wachpolizei, bei der es sich um eine Organisationseinheit innerhalb der jeweiligen Landespolizei handelt. Unter das Konzept des ehrenamtlichen Polizierens fallen Formate wie Freiwillige Polizeidienste, Sicherheitswachten oder Sicherheitspartner. Dabei handelt es sich um Bürgerinnen und Bürger, die sich für polizeiliche Sicherheitsarbeit ehrenamtlich engagieren (vgl. Reichl 2018). Ferner erfolgt eine Differenzierung hinsichtlich des kommunalen und gewerblichen Polizierens, da beide über je eine ‚plus'-Variante verfügen, die sich beim kommunalen Polizieren durch besonders weitreichende Kompetenzen und/oder Ausstattungen ausdrückt. Die Differenzierung des gewerblichen Polizierens bezieht sich auf den Aspekt der Tätigkeit außerhalb erkennbarer privater Räume. Diese Fallauswahl ermöglicht einen differenzierteren Blick auf den allgemeinen Trend der Pluralisierung der Inneren Sicherheitsproduktion für das abgegrenzte Handlungsfeld des Polizierens im urbanen Raum (Innenstadtbereiche von Großstädten). Das plurale Polizieren in den fünf Untersuchungsstädten wird in PluS-i in insgesamt vier Erhebungsphasen untersucht, wobei ein breites Spektrum an qualitativen und quantitativen Methoden zur Anwendung kommt (Hirschmann & John 2019). Die für diesen Beitrag relevanten Daten bezüglich des pluralen Polizierens und des polizeilichen Handelns in den Untersuchungsstädten wurden maßgeblich mittels qualitativer leitfadengestützter Interviews mit Sicherheitsakteuren erhoben. Hierbei wurden Interviews sowohl auf der Leitungseben (je Stadt 2–3 Interviews) als auch der operativen Ebene (je Stadt 3 Interviews) der zuständigen Behörden der Landespolizeien und ergänzend je nach Untersuchungsstadt mit Vertreterinnen und Vertreter weiterer kommunaler und gewerblicher Sicherheitsakteure geführt. Die so gewonnen Daten wurden einer (theoriegeleiteten) qualitativen Inhaltsanalyse unterzogen, um das plurale und das akteursspezifische Polizieren aus einer institutionellen bzw. organisationsbezogenen Perspektive in den Untersuchungsstädten zu erfassen. Ergänzend wurden auch lokalpolitische Dokumente inhaltsanalytisch ausgewertet.

## 3 Plurales Polizieren – Vier Modelle der sichtbaren Sicherheitsproduktion

In der ersten Erhebungsphase konnte neben den vorhandenen unterschiedlichen Konstellationen polizierend tätiger Akteure bzw. Formen des Polizierens weitere Erkenntnisse zur jeweiligen Gestaltung des pluralen Polizierens in den untersuchten Städten herausgearbeitet werden. So ließ sich einerseits neben der Existenz andererseits auch die Relevanz der unterschiedlichen Akteure für das plurale Polizieren in den jeweiligen Untersuchungsstädten ergründen. Dieses hatte insbesondere für das gewerbliche und das ehrenamtliche Polizieren Folgen: In der Fallauswahl konnte für alle Untersuchungsstädte gewerbliches Polizieren identifiziert werden, in einer Stadt mit einer besonderen Ausprägung der Subordination unter den Kompetenzbereich kommunaler Akteur. Im Rahmen der Interviews wurden in diesen zwei Städten eine besondere Relevanz für die öffentliche Sicherheit und Ordnung erkennbar. In den verbleibenden drei Städten wird das gewerbliche Polizieren mit Blick auf den öffentlich zugänglichen Raum hingegen als wenig relevant wahrgenommen. Des Weiteren ließen sich grundlegende Unterschiede hinsichtlich der Einbindung des als relevant wahrgenommenen gewerblichen Polizierens feststellen. Auch im Kontext des ehrenamtlichen Polizierens, welches in drei Untersuchungsstädten vertreten ist, konnte in einem Fall auf eine geringe Relevanz desselben für das plurale Polizieren geschlossen werden. Dies liegt daran, dass der reale Einsatz der Ehrenamtlichen maßgeblich Tätigkeiten umfasst, die nur ein geringes Maß an Überschneidungen mit dem hier verwendeten Begriff des Polizierens aufweist. Und auch bzgl. der Involviertheit der Kommunalpolitik in die Gestaltung des pluralen Polizierens ist zwischen den Städten zu differenzieren: Während bei der Auswertung der kommunalpolitischen Dokumente in vier Städten die Kommunalpolitik den Gestaltungsprozess durch Entscheidungen mitprägte, erschien in einer Stadt ein geringeres Maß an Beteiligung vorzuliegen.

Ausgehend von diesen Erkenntnissen wurden anhand charakteristischer Eigenschaften vier unterschiedliche Modelle des pluralen Polizierens identifiziert.

### 3.1 Hybrides Modell (Stadt A)

Das plurale Polizieren im hybriden Modell zeichnet sich durch die Relevanz von Polizei und Kommune für das Polizieren im öffentlichen bzw. als öffentlich wahrgenommenen Raum aus. Charakteristisch ist hierbei, dass sich Zuständigkeitsbereiche bzw. -räume überlappen, dass das gewerbliche Polizieren neben den öffentlichen und kommunalen Akteuren koexistiert und mit abgrenzbaren Zuständigkeiten auftritt. Behörden und Kommunalpolitik gelten als zentrale Entscheidungsträger bei der Ausgestaltung des Polizierens.

Explizit ist dem in diesem Modell zugrundeliegenden Fall A, dass gewerbliche Sicherheit für die Bestreifung eines abgegrenzten hybriden Raums im Innenstadtbereich zuständig ist. Dieser als hybrid bezeichnete Raum weist aufgrund seiner baulichen Anlage und der Funktion als stark frequentierte Einkaufspromenade einen öffentlichen Charakter auf, obwohl der Betrieb und Besitz in privater Hand liegen. Derselbe Raum wird auch von öffentlichen Akteuren, z. B. dem Streifendienst der Kommune, bestreift. Folglich lässt sich nicht nur von einem hybriden Raum, sondern auch von einem hybriden pluralen Polizieren sprechen. So erfolgt neben der Koexistenz der Akteure auch eine Zusammenarbeit zwischen Sicherheitsgewerbe und Kommune durch zum Teil gemeinschaftliche bzw. parallele Streifengänge. Ferner ist das uniformierte Personal des gewerblichen Akteurs auch in weiteren Bereichen des innerstädtischen öffentlichen Raums sichtbar, wenngleich kein Auftrag bzw. keine Zuständigkeiten gegeben sind. In Kombination mit individuell und kooperativ polizierenden Tätigkeiten von Polizei und Kommune ergibt sich ein plurales Polizieren das öffentliche und gewerbliche Elemente verbindet. Für die Entscheidungsfindung zum Polizieren ist aber festzustellen, dass hier die öffentlichen Akteure, Behörden und kommunalpolitischen Gremien, zentral in der Ausgestaltung des Polizierens sind.

## 3.2 Integratives Modell (Stadt B)

Das integrative Modell des pluralen Polizierens zeichnet sich ganz ähnlich dem hybriden Modell durch eine als relevant wahrgenommene Kombination aus polizeilichem, kommunalem und gewerblichem Polizieren aus. In Abgrenzung zum hybriden Modell erfolgt die Einbindung des gewerblichen Akteurs auf eine alternative Weise: Anstelle der Koexistenz mit Schnittstellen und punktueller Kooperation mit öffentlichen Akteuren findet sich mitunter eine Subordination des gewerblichen Polizierens in das Polizieren der öffentlichen Akteure. Für die Entscheidungsfindung bei der Gestaltung des Polizierens sind hier Behörden und kommunale politische Gremien prägend.

Im konkreten Fall B wird der Streifendienst der Kommune durch Mitarbeiter eines Sicherheitsunternehmens bedarfsorientiert verstärkt. Konkret handelt es sich bei diesem Unternehmen um ein städtisches Unternehmen, welches einen ausgewählten Pool an Mitarbeiterinnen und Mitarbeitern zur Verstärkung des kommunalen Streifendienstes bereithält und auf Anfrage durch die zuständige Verwaltungseinheit der Kommune bereitstellt. Für Bürgerinnen und Bürgern ist dieses Personal im Rahmen der Bestreifung des öffentlichen Raumes nicht direkt als solche erkennbar, da eine einheitliche Uniformierung und Ausstattung des kommunalen und gewerblichen Personals erfolgt. Dabei wird ein entsprechendes Ausbildungsniveau der so eingesetzten Mitarbeiterinnen und Mitarbeiter des Unternehmens angestrebt. Entsprechend lässt sich hier von einem, Kommune und Gewerbe integrierenden Vorgehen bei der Bestreifung sprechen. Ferner ist das Polizieren durch gemeinschaftliches Handeln von Polizei und Kommune und einer Vielzahl an polizeilicher und kommunaler Kooperationsformen gekennzeichnet. Ausdruck findet dies beispielsweise in der gemeinschaftlichen Bestreifung öffentlicher Räume und sichtbarer gemeinschaftlicher Maßnahmen zur Durchsetzung des Ordnungsrechts und zur Kriminalitätsbekämpfung. In den Entscheidungsprozessen unterscheidet sich der Fall B nicht gravierend von Fall A.

## 3.3 Öffentliches Modell (Stadt C und E)

Das öffentliche Modell des pluralen Polizierens ist durch die zentrale Rolle öffentlicher Akteure und eine geringe wahrgenommene Relevanz gewerblicher Akteure für das plurale Polizieren gekennzeichnet. Neben dem Polizieren durch Kommune und Polizei sind hier auch ehrenamtliches und subpolizeiliches Polizieren unter der Kontrolle der öffentlichen Akteure Bestandteil des Modells. Nicht nur bei der Implementation, sondern auch hinsichtlich der Entscheidungsprozesse zur Ausgestaltung des Polizierens sind Polizei und Kommune von Bedeutung. Wobei auch kommunalpolitische Gremien, als Körperschaften des öffentlichen Rechtes, entsprechende Entscheidungen prägen. Bei Entscheidungsprozesse sind in diesem Modell somit, wie in den vorherigen Modellen, die öffentlichen Akteure führend.

Dieses Modell liegt in zwei untersuchten Fällen vor, Stadt C und Stadt E. In beiden Fällen erfolgt das als relevant wahrgenommene Polizieren maßgeblich durch öffentliche Akteure und wird durch öffentlich organisierte Akteure unterstützt. So sind einerseits in der Zuständigkeit der Landespolizeien drei Formen des Polizierens organisiert: landespolizeiliches, subpolizeiliches und ehrenamtliches Polizieren. Das subpolizeiliche und das ehrenamtliche Polizieren können als an die Landespolizei angegliederte ergänzende Formen des Polizierens beschrieben werden. Andererseits erfolgt kommunales Polizieren durch den Streifendienst der beiden Kommunen. Im Fall C ist zusätzlich auch die Bundespolizei außerhalb der Liegenschaften der

Deutschen Bahn in einem kleinen Teil der Innenstadt polizierend tätig, was auf die geographische Lage und die damit verbundene Zuständigkeit als Grenzpolizei zurückzuführen ist.[2] Hinsichtlich der Entscheidungsfindung ist ähnlich den bisher angesprochenen Modellen eine behördlich-kommunalpolitische Prägung feststellbar. Insgesamt lässt sich aufgrund der geringen Relevanz gewerblicher Akteure in beiden Städten auf eine Prägung des pluralen Polizierens durch öffentliche Akteure schließen.

### 3.4 Behördliches Modell (Stadt D)

Das behördliche Modell des pluralen Polizierens ist durch die exklusive Relevanz behördlicher Akteure für die Gestaltung des Polizierens – sowohl bei der Implementation bzw. dem damit verbundenen vorausgehenden Prozess, als auch der Politikformulierung – charakterisiert. Nicht-behördliche Akteure spielen hier für das Polizieren im öffentlichen bzw. in dem als öffentlich wahrnehmbaren Raum keine relevante Rolle. Auch ist die Kommunalpolitik als öffentliche Körperschaft nur zu einem geringen Maße in die Gestaltung des Polizierens involviert. Das behördliche Modell ist damit das mit am wenigsten durch Pluralität gekennzeichnete Modell. Mit der Mehrzahl an behördlichen Akteuren entspricht es aber dennoch der Definition eines pluralen Polizierens.

Die Praxis des pluralen Polizierens in Stadt D drückt sich in einer ausschließlichen Relevanz behördlicher Sicherheitsakteure wie Landespolizei und Ordnungsdienst der Kommune aus. Das gewerbliche Polizieren beschränkt sich auf den privaten Raum und auch andere Formen des Polizierens sind nicht von Bedeutung. Die Implementation des pluralen Polizierens liegt damit bei den beiden angesprochenen Behörden. Die besonders starke Rolle der Behörden setzt sich auch in den politischen Entscheidungen zum Polizieren fort. So konnte eine im Vergleich zu anderen Fällen geringe Einbindung und Bedeutung der Kommunalpolitik festgestellt werden. Entsprechende Themen sind nur in geringem Umfang enthalten bzw. etwaige Entscheidungen den untersuchten

---

[2]Auf eine Betrachtung der Bundespolizei wurde infolge des speziellen Status als Sonderpolizei und der Abhängigkeit der Zuständigkeiten mit Blick auf die geographische Lage verzichtet. Die Bundespolizei hat mit ihrer räumlich begrenzten Zuständigkeit im urbanen Raum, meist begrenzt auf Bahnanlagen, nur einen kleinen Anteil am pluralen Polizieren. Es ist aber festzuhalten, dass in Abhängigkeit der geographischen Lage, z. B. Grenznähe, die Bundespolizei eine sehr unterschiedliche Sichtbarkeit aufweisen kann. Dieser Umstand zeichnet sich auch in den Ergebnissen in PluS-i ab.

kommunalpolitischen Unterlagen nicht zu entnehmen. Hier erfolgt scheinbar maßgeblich eine Unterrichtung, aber keine aktive Gestaltung des Polizieren durch Gremien der Lokalpolitik. Landespolizei und Kommune sind auf Grundlage der vorliegenden Daten maßgebliche Akteure für das Polizieren; damit liegt eine stark behördliche Prägung des pluralen Polizierens vor.

## 3.5 Zusammenfassung zu den Modellen

In den vier identifizierten Modellen spiegeln sich in einem gewissen Rahmen die wissenschaftlichen Diskussionen zu den unterschiedlichen Aspekten der Pluralisierung der deutschen Sicherheitslandschaft wider. Das hybride und das integrative Modell knüpfen einerseits an die Debatte zu den Entwicklungen der Privatisierung und Entstaatlichung der Sicherheitsproduktion (vgl. Stienen 2011) an. In beiden Fällen, wenn auch auf unterschiedliche Weise, sind gewerbliche Sicherheitsakteure über das vermeintlich übliche Maß hinaus eingebunden und scheinen sich so zunehmend im Rahmen der Sicherheitsproduktion zu etablieren (vgl. Hirschmann 2016). Mit der in beiden Modellen anzutreffenden Rolle des kommunalen Polizierens wird ferner auch der Diskurs zur Verpolizeilichung der Kommunen (vgl. Söllner 2011) bzw. Rekommunalisierung von Polizeiarbeit (vgl. Behr 2002, S. 95–96) in Form des kommunalen Engagements für Sicherheit und Ordnung durch den Einsatz kommunaler Streifendienste abgebildet. Das öffentliche Modell zeugt hingegen von einer Pluralisierung, in der die Privatisierung eine geringe Relevanz aufweist. Hier liegt der Fokus vor allem auf einer Pluralisierung innerhalb der nach wie vor hierarchisch strukturierten öffentlichen Sicherheitsakteurslandschaft durch Kommunalisierung. Ergänzend lässt sich hier aber auch die Entwicklung einer Laisierung und Deprofessionalisierung (vgl. Behr 2002, S. 93–95; Hirschmann & Groß 2012; Reichl 2018) wiedererkennen, die sich in einem ehrenamtlichen Polizieren und damit dem Einsatz von Laien, sowie dem subpolizeilichen Polizieren abbildet und damit der Verwendung von im Vergleich zu Polizeibeamtinnen und -beamten geringer qualifiziertem Personal bei der Polizei. Das behördliche Modell, in dem die Pluralität des Polizierens maßgeblich durch die Dualität aus polizeilichen und kommunalen Tätigkeiten des Polizierens entsteht, ist nur zum Diskurs zur Verpolizeilichung der Kommunen (vgl. Söllner 2011) anschlussfähig.

Die im Projekt PluS-i identifizierten Modelle des pluralen Polizierens verdeutlichen eine Heterogenität der Pluralisierung auf lokaler Ebene. In diesen zeigt sich, dass die im wissenschaftlichen Kontext diskutierten Entwicklungen nicht überall gleichermaßen in der lokalen Sicherheitsproduktion im urbanen

Raum anzutreffen sind. Die Pluralisierung im Bereich des Polizierens ist somit uneinheitlich und setzt sich je nach Fall bzw. Stadt aus unterschiedlichen Entwicklungen zusammen.

## 4 Institutionelles polizeiliches Handeln und plurales Polizieren

Unabhängig von den Differenzen zwischen den unterschiedlichen Modellen handelt es sich beim Polizieren durch die Landespolizeien um eine in allen Modellen zentrale Kernkomponente des pluralen Polizierens. Für die Frage nach den Auswirkungen der Pluralisierung auf das polizeiliche Handeln im Handlungsfeld des Polizierens gilt es aus der Perspektive der Institution bzw. Organisation Polizei zu prüfen, ob und inwieweit sich die Maßnahmen des polizeilichen Polizierens im Kontext der unterschiedlichen Modelle des pluralen Polizierens unterscheiden. Etwaige Unterschiede sollen hier, unter Beachtung möglicher weiterer Randbedingungen und Gegebenheiten, als Indikatoren für die Auswirkungen der Pluralisierung auf das polizeiliche Handeln gedeutet, weitergehend geprüft und diskutiert werden. Ein Fehlen von Differenzen im polizeilichen Polizieren könnte darauf hindeuten, dass die Auswirkungen der unterschiedlichen Formen der Pluralisierung keine bzw. geringe Auswirkungen auf das institutionelle polizeiliche Handeln haben.

### 4.1 Maßnahmen des polizeilichen Polizierens

Die Analyse des polizeilichen Handelns, auf Basis von 11 qualitativen Interviews mit Vertreterinnen und Vertretern der Leitungsebene, lässt unterschiedliche Maßnahmen der Landespolizeien erkennen.

#### 4.1.1 Streifendienst
Als eine der grundständigen von der Bevölkerung direkt sichtbaren Tätigkeiten wird der Streifendienst beschrieben. Dessen zentrale Funktion wird bei der Einsatzbewältigung – der Abarbeitung von Aufträgen bzw. Notrufen – gesehen.

> „Der Streifendienst […] ist dafür zuständig, das abzuarbeiten, was reinkommt."
> (C-LP1)

Zudem wird in diesem Kontext auch eine Sichtbarkeit der Polizei bei den Bürgerinnen und Bürgern und eine entsprechende Präsenzwirkung im Sinne des

Polizierens als Effekt des Streifendienstes angesprochen. Diese Wirkung erfolgt einerseits bei der Einsatzbewältigung selbst, durch Sichtbarkeit auf den Wegen zum Einsatzort und am Einsatzort selbst, wenn dieser öffentlich einsehbar ist. Andererseits werden einsatzfreie Zeiten für Präsenzstreifen genutzt.

> „Und beim Streifendienst [...] beginnt die Präsenz schon, wenn er mit dem Auto von Ort zu Ort fährt." (C-LP1)

> „[...] die Reviere [...], die [...] in ihrer normalen Streifentätigkeit [...] bei der Abarbeitung von Aufträgen natürlich eine gewisse [...] Präventivstreife vornehmen, aber auch die anfallenden Aufträge [...] wahrnehmen [...] in einem Zeitraum, wo die [...] keine Aufträge haben, [...] auch Präsenzstreife fahren oder gehen." (E-LP4)

> „Es gibt aber auch Tage [...] da gibt es auch einsatzfreie Zeiten. Das nutzen die Beamten dann, um zum Beispiel Präsenzstreifen zu machen." (B-LP1)

Der Streifendienst ist in allen untersuchten Fällen zentrales Element des polizeilichen Handelns und weist in den Schilderungen kaum Unterschiedlichkeiten auf. In einem Gespräch wird die zentrale Bedeutung des Streifendienstes auch als „Grundrauschen" bezeichnet, welches den Bürgerinnen und Bürgern Verlässlichkeit mit Blick auf die polizeiliche Präsenz bietet *(A-LP2)*.

### 4.1.2 Kontaktorientierte Polizeiarbeit

Eine weitere, in allen Untersuchungsstädten anzutreffende Praxis ist der Einsatz von hauptamtlichen Polizeipersonal. Je nach Bundesland werden die entsprechenden Beamtinnen und Beamten unterschiedlich bezeichnet (z. B. Kontaktbereichsbeamtinnen bzw. -beamten, Bürgerpolizistinnen bzw. -polizisten, Schutzmann bzw. Schutzfrau vor Ort usw.). Zentrale Aufgabe der kontaktorientierten Polizeiarbeit ist hierbei die Kontaktpflege zu Anwohnerinnen und Anwohnern, welche durch eine räumlich festgelegte dauerhafte Zuständigkeit Präsenz in einem abgesteckten Raum gefördert werden soll.

> „[...] [die BeamtInnen der kontaktorientierten Polizeiarbeit] sind wirklich darauf ausgerichtet, gesehen zu werden, anzusprechen, Kontakt aufzunehmen, auch sich auszutauschen und auch diese Querverbindungen, wie sagt man immer – Netzwerke zu schaffen." (C-LP1)

> „Der darf den Kaffeeklatsch halten und der soll der sein, der zuhört, der mit denen redet oder die auch mal berät" (C-LP1)

> „Mädchen für Alles" (E-LP5)

Kontaktorientierte Polizeiarbeit wird in allen fünf untersuchten Fällen durchgeführt und als ein zentrales grundständiges Element des polizeilichen Polizierens angesehen.

### 4.1.3 Ergänzende Präsenz, Projekte und Schwerpunkteinsätze

Als Ergänzung zu den beiden grundständigen Arten des Polizierens im Rahmen des Streifendienstes und der kontaktorientierten Polizeiarbeit, finden sich in den untersuchten Fällen zusätzliche Maßnahmen, die zur Steigerung der Polizeipräsenz führen. Diese Maßnahmen sind hierbei unterschiedlich organisiert, erfolgen aber begleitend zu den zuvor benannten Maßnahmen. So verfügen Polizeidienststellen über zusätzliches, nicht im Streifendienst und alltäglichem Geschäft eingeplantes Personal oder zusätzliches Personal z. B. aus der Bereitschaftspolizei, welches unter anderem für weitere Präsenzmaßnahmen eingesetzt wird. Die Koordination und Steuerung dieser Maßnahmen finden hierbei durch die Reviere bzw. Dienststellen statt.

„Darüber hinaus haben wir [zusätzliche Dienste] […] und die haben schlicht Präsenzdienst zu erbringen." (A-LP1)

„Nichtsdestotrotz gibt's noch nen [zusätzlichen Dienst] […], die also jeden Tag eine andere Schicht dann auch 'ner gewissen Anzahl von Leuten zur Verfügung stellt, um den Streifendienst zu verstärken oder eben auch Präsenzmaßnahmen zu machen." (C-LP1)

Ferner wird zusätzliche Präsenz im Rahmen von Projekten und Konzepten ermöglicht. Hierbei handelt es sich um den Einsatz von Polizeibeamtinnen und -beamten aus den örtlichen Revieren bzw. Dienststellen und externer Kräfte z. B. aus der Bereitschaftspolizei, die zentral gesteuert und geplant im urbanen Raum zur Präsenzsteigerung und damit zur Steigerung subjektiver und objektiver Sicherheit eingesetzt werden.

„Da liegt der Unterschied. Streife, eigenverantwortlich die Erfahrung des Reviers, der Streifenkräfte.[…] [Projektbezeichnung] auf Basis eines Datenmaterials der Kriminalitätslage, die auch tatsächlich vorliegt." (D-LP5)

„Und da ist es eben so, dass diese Präsenz- und Streifentätigkeit nochmal intensiviert wird. Auch mit Unterstützung der Bereitschaftspolizei, […] die uns da sehr, sehr intensiv mit Kräften, also mit Einsatzkräften, unterstützen. Das passiert hauptsächlich im [...] [Projektbezeichnung] an den Wochenenden. Sprich hauptsächlich Freitag, Samstag. Aber auch vor Feiertagen, weil natürlich dann viel mehr in der Stadt unterwegs sind." (E-LP4)

Neben der regelmäßigen ergänzenden Steigerung polizeilicher Präsenz durch dauerhaft und regelmäßig angelegte Maßnahmen und Projekte existieren Schwerpunkteinsätze, die sich punktuell auf bestimmte Kriminalitätsphänomene und Örtlichkeiten richten. Diese erzeugen ebenfalls eine gesteigerte Präsenzwirkung.

„Es gibt aber auch, und es gab auch einige Einsätze, die wir, ja, wenn wir das Gefühl haben gerade in den Sommermonaten, dass es in der Innenstadt sehr viel Partypublikum gibt, dass sich dann auch untereinander streitet, wo es dann immer wieder zu Auseinandersetzungen kommt, da machen wir gelegentlich so genannte Schwerpunkteinsätze, wo wir eine größere Anzahl auch mit Bereitschaftspolizei unterstützt." (A-LP1)

„[...] wir haben darüber hinaus nicht täglich, sondern zu bestimmten geplanten Tagen Einsätze geplant und durchgeführt mit Unterstützung der Bereitschaftspolizei und der Einsatzzüge unserer [...] [Behördenbezeichnung]. Das gestaltete sich so, dass wir, ja das muss man schon fast als Razzien bezeichnen, auch wenn es jetzt im klassischen polizeilichen Sinn keine Razzia war, also wir haben verstärkt Personenkontrollen, Identitätskontrollen durchgeführt. Durchsuchungen durchgeführt mit Personen mit dem Ziel Rauschgift zu finden und auch Rauschgifthandel zu beobachten und zu verfolgen." (C-LP5)

Die von Regelmäßigkeit gekennzeichneten zusätzlichen polizeilichen Präsenzmaßnahmen finden sich in allen Untersuchungsstädten, wobei diese in den Fällen A, B und C in Form der ergänzenden Präsenz auf Dienststellenebene organisiert ist und in den Fällen D und E im Rahmen von Projektkonzeptionen und deren zentralen Koordination. Schwerpunkteinsätze wurden insbesondere in den Fällen A, B und C genannt.

### 4.1.4 Stationäre Präsenz und Videoüberwachung

Neben den vor allem durch Personaleinsatz gekennzeichneten Maßnahmen werden in den Untersuchungsstädten zum Teil auch weitere Maßnahmen des Polizierens ergriffen, z. B. zusätzliche stationäre Anlaufstellen für die Bevölkerung und Videoschutzanlagen als technisches Mittel des Polizierens. Ersteres konnte mit Ausnahme von Fall C in allen Untersuchungsstädten angetroffen werden. Ein polizeilicher Betrieb von Videoschutzanlagen im öffentlichen Raum findet sich nur in Fall A und B.

## 4.2 Pluralisierung und strukturelle Aspekte polizeilichen Handelns

Wie in Kap. 3 gezeigt, weisen die identifizierten vier Modelle des pluralen Polizierens Unterschiede hinsichtlich der Konstellationen der relevanten polizierenden Akteure, der Ausgestaltung der Beziehungen und der politischen Entscheidungsprozesse auf. Das polizeiliche Polizieren in den untersuchten Fällen scheint sich in vielerlei Hinsicht stark zu ähneln. So wurde ersichtlich, dass sich ein hohes Maß an Gemeinsamkeiten, insbesondere bzgl. der Kerntätigkeiten, feststellen lässt. Bei Streifendienst und kommunikationsorientierter Polizeiarbeit scheinen sich das polizeiliche Handeln im Kontext der unterschiedlichen Modelle zu gleichen. Daher lassen sich in diesem Kontext keine Rückschlüsse auf direkte Auswirkungen der unterschiedlichen Modelle pluralen Polizierens ziehen. Während in allen Fällen regelmäßig oder dauerhaft zusätzliche Präsenzmaßnahmen ergriffen werden, unterscheidet sich hierbei deren maßgebliche Organisation. Unterschiede bei den polizeilichen Maßnahmen und Tätigkeiten bestehen vor allem hinsichtlich der Schwerpunkteinsätze, die zu zusätzlicher Präsenz führen, stationärer Präsenzmaßnahmen sowie Videoschutzanlagen. Tab. 1 gewährt einen Überblick über die landespolizeilichen Maßnahmen im Kontext der Modelle des pluralen Polizierens.

Die Gemeinsamkeiten weiter Bereiche des institutionellen polizeilichen Handelns im Kontext der unterschiedlichen Modelle und den mit diesen

**Tab. 1** Polizeiliches Handeln und Modelle des pluralen Polizierens

|  | Hybrides Modell (Stadt A) | Integratives Modell (Stadt B) | Öffentliches Modell (Stadt C/E) | Behördliches Modell (Stadt D) |
|---|---|---|---|---|
| Streifendienst | Ja | Ja | Ja | Ja |
| Kontaktorientierte Polizeiarbeit | Ja | Ja | Ja | Ja |
| Ergänzende Präsenz/ Projekte | Ja | Ja | Ja | Ja |
| Schwerpunkteinsätze | Ja | Ja | Nein/Ja | Nein |
| Stationäre Präsenz | Ja | Ja | Nein/Ja | Ja |
| Video/Technik | Ja | Ja | Nein | Nein |

Quelle: Daten PluS-i; eigene Darstellung

verknüpften unterschiedlichen Entwicklungen der Pluralisierung der Sicherheitsproduktion lassen vermuten, dass die zentralen polizeilichen Maßnahmen des Polizierens nur in einem begrenzten Maße und nicht grundlegend von den Entwicklungen der Pluralisierung beeinflusst werden. Im Kontext des vorgenommenen Vergleichs lässt sich dieses vor allem für die im hybriden und integrativen Modell abgebildete Entwicklung der Privatisierung und die im öffentlichen Modell enthaltene Laisierung und Deprofessionalisierung folgern. Dies begründet sich darin, da zwischen den Modellen mit bzw. ohne eine Relevanz dieser Entwicklungen kaum Unterschiede in den polizeilichen Maßnahmen zu erkennen sind. Auf Auswirkung der Kommunalisierung lässt sich im Kontext des hier vorgenommenen Vergleichs nur bedingt schließen, da diese Entwicklung in allen Modellen vorliegt.

Inwiefern die Unterschiede hinsichtlich der Organisation einer zusätzlichen polizeilichen Präsenz durch ergänzende Maßnahmen im Zuständigkeitsbereich der Dienststellen oder im Kontext von Projekten auf die einzelnen Modelle des pluralen Polizierens zurückzuführen sind, lässt sich hier nicht schlüssig beantworten. Zwar findet sich die in Projekten organisierte zusätzliche Präsenz nur in den nicht maßgeblich von Privatisierung betroffenen Modellen, inwieweit eine solche Organisationsform in den anderen Fällen durch die stärkere Einbindung gewerblicher Akteure weniger wahrscheinlich ist, bleibt aber fraglich; auch vor dem Hintergrund, dass innerhalb des öffentlichen Modells in einem der zwei Fälle ein solches Projekt nicht existiert. Ähnliches lässt sich für die punktuellen Schwerpunkteinsätze festhalten. Auffällig ist jedoch, dass bei den Städten mit expliziten Projekten keine Schwerpunkteinsätze in den Interviews hervorgehoben wurden, während in den Städten ohne Projekte diese benannt wurden. Es liegt die Vermutung nahe, dass in den jeweiligen Projekten diese Schwerpunkteinsätze implizit enthalten sind und daher keine explizite Erwähnung stattfand. Diese Vermutung lässt die Parallelen im Bereich zusätzlicher polizierender Maßnahmen noch ausgeprägter erscheinen, da die Unterschiede weniger im Handeln bzw. den Maßnahmen selbst als in deren Organisation liegen. Die Varianz hinsichtlich des Einsatzes stationärer Präsenz und Videoschutzanlagen durch die Polizei sind ebenso wenig stringent mit den Modellen in Zusammenhang zu bringen. Ersteres ist in fast allen Fällen vertreten und der Unterschied liegt innerhalb desselben Modells. Im letztgenannten erfolgt der polizeiliche Einsatz von Videoschutzanlagen im Rahmen strenger rechtlicher Rahmenbedingungen und ist stark abhängig von der lokalen Kriminalitätslage. Eine unmittelbare Verbindung mit den Modellen des pluralen Polizierens lässt sich so nicht einwandfrei herstellen.

Unabhängig von den Modellen wird in allen Fällen die Relevanz von Zusammenarbeit und Kooperation mit den als relevant bezeichneten anderen Sicherheitsakteuren betont. Diese ermöglicht es aus Sicht der Gesprächspartner

Ordnungs- und Sicherheitsprobleme umfassender zu bearbeiten. So finden sich über alle Modelle hinweg der Austausch zur objektiven und subjektiven Sicherheit, Ordnungs- und Sicherheitsprobleme sowie gemeinsame Strategien und Kooperationsformen. Die operative Zusammenarbeit umfasst hierbei gemeinsamen Streifen von Polizei und anderen Sicherheitsakteuren, die eine direkte Bearbeitung unterschiedlicher Situationen ermöglichen, z. B. ordnungsrechtliche Vergehen durch die Kommune und strafrechtliche Verstöße durch die Polizei, die ansonsten je nach Zuständigkeit des feststellenden Akteurs einer Übergabe an die jeweils anderen Akteure bedürfen würde. Das trifft insbesondere für das polizeiliche und kommunale Polizieren zu. Ebenso ist der Austausch auf der strategischen bzw. Leitungsebene in allen Modellen anzutreffen. Der Schwerpunkt liegt hierbei vor allem auf dem Austausch zwischen den öffentlichen Akteuren. Im hybriden Modell erfolgt dies sogar in einem begrenzten Maße mit gewerblichen Akteuren. Koordination und Kooperation können aus institutioneller Perspektive als zentrale Auswirkungen der Pluralisierung – insbesondere hinsichtlich der Kommunalisierung – angesehen werden.

## 5 Polizeiliche Praxis und plurales Polizieren

Für die Frage nach den Auswirkungen der Pluralisierung auf das polizeiliche Handeln im Handlungsfeld des Polizierens gilt es nachfolgend eine Praxisperspektive einzunehmen. Der Frage nach den Auswirkungen durch Pluralisierung auf den Akteur Polizei wird zunächst die Frage nach dem Wissen um andere Akteure in den Untersuchungsstädten vorangestellt. Dies erfolgt um zu erfahren, inwiefern Pluralität und damit auch die Handlungsweisen anderer Akteure durch den originären Akteur Polizei überhaupt wahrgenommen wird.

Die Basis bilden 15 qualitative leitfadengestützte Interviews mit Vertreterinnen und Vertretern der operativen Polizeiebene (je drei Interviews pro Untersuchungsstadt), die in 2018 zwischen Februar und August geführt wurden.

### 5.1 Wissen um andere Akteure

Wie in Abschn. 3 bereits vermerkt, spiegelt sich die Heterogenität des pluralen Polizierens auch in den für PluS-i ausgewählten urbanen Räumen wider. Tab. 2 verdeutlicht neben den Modellen diese Heterogenität in den fünf Untersuchungsstädten (vgl. ausführlich zur Fallauswahl John, Goldig & Hirschmann 2018). Anhand der Interviewdaten wird ersichtlich, dass den polizeilichen Akteuren die

**Tab. 2** Akteure des pluralen Polizierens in den PluS-i Untersuchungsstädten/Modellen

| Fälle/Großstädte Polizierende Akteure | Hybrides Modell (Stadt A) | Integratives Modell (Stadt B) | Öffentliches Modell (Stadt C) | Öffentliches Modell (Stadt E) | Behördliches Modell (Stadt D) |
|---|---|---|---|---|---|
| **Polizeiliches Polizieren** Bundespolizei, Landespolizei | x ✓✓[1] | x ✓✓✓ | x ✓✓✓ | x ✓✓[1] | x ✓✓✓ |
| **Subpolizeiliches Polizieren** Angestelltenpolizei: Wachpolizei | | | x ✓✓ | x ✓✓✓ | |
| **Kommunales Polizieren** Streifendienste kommunaler Ordnungsbehörden | x ✓✓✓ | X ✓✓✓ | x(K+) ✓✓✓ | x(K+) ✓✓✓ | x(K+) ✓✓ |
| **Gewerbliches Polizieren →** **besondere Relevanz** Akteure der privatwirtschaftlichen Sicherheitsbranche | x(G) ✓✓✓ | x(G+) ✓✓✓ | | | |
| **Ehrenamtliches Polizieren** Freiwilliger Polizeidienst, Sicherheitswacht, Sicherheitspartner | | | X ✓✓✓ | x ✓✓✓ | x ✓✓✓ |
| **Interviews (Anzahl)** | 3 | 3 | 3 | 3 | 3 |

Quelle: Daten PluS-i; abgeändert übernommen aus John, Goldig & Hirschmann 2018, 11, 14

Anmerkungen: K+: Streifendienste der kommunalen Ordnungsbehörden (z. B. auch Stadtpolizei, Vollzugsdienst) mit Bewaffnung oder besonders weitgehenden Kompetenzen; G: Akteure der privatwirtschaftlichen Sicherheitsbranche, die im halb-öffentlichen Raum tätig sind; G+: Akteure der privatwirtschaftlichen Sicherheitsbranche, die im öffentlichen Raum tätig sind. x gibt an, ob der Akteur in der Stadt/dem Modell existiert. Die Anzahl der ✓ gibt die Nennung des jeweiligen Akteurs wieder. ✓[1] betrifft bundespolizeiliches Polizieren; allerdings ist davon auszugehen, dass der Landespolizeien die Existenz der Bundespolizeien in der jeweiligen Untersuchungsstadt bekannt sein dürfte im Rahmen von PluS-i identifizierten nicht-polizeilichen Akteuren[3] grundsätzlich bekannt sind. Damit decken sich die Ergebnisse zur Akteurslandschaft (siehe John, Goldig & Hirschmann 2018) mit den in den Interviews deutlich werdenden Wahrnehmungen der operativen Ebene der Polizeien.

Demgegenüber fehlen unter Umständen aber genaue Hintergrundinformationen, welche Kompetenzen (u. a. Qualifizierung) bei den nicht-polizeilichen Akteuren vorzufinden sind.

Es stellt sich in diesem Zusammenhang die Frage, inwiefern das Wissen über die jeweiligen Kompetenzen bzw. das dahinter liegenden Qualifikationsniveau im Rahmen des Polizierens unter allen polizierenden Akteuren eine Notwendigkeit darstellt, insbesondere, wenn es zu einer Zusammenarbeit zwischen den Akteuren kommt.

„Ja, eigentlich ist das den Leuten schon bekannt, aber manchmal... Also ich sag das jetzt einfach mal so, das wird ja auch anonymisiert. Manchmal denken sie halt sie sind die besseren Polizisten. Also bei uns ist diese Rollenverteilung natürlich klar, aber ich glaube bei diesen Sicherheitsdiensten ist das nicht immer klar, also wo die Kompetenzen anfangen und aufhören so. Da wollen, also natürlich haben die Hausrecht, das können die ja auch durchsetzen, ..., aber da sollten zum Beispiel mal Platzverweise ausgesprochen werden, aus, also völliger Nonsens, das war überhaupt nicht gerechtfertigt und da... Gut, ich könnt das denen nicht verbieten so, aber dann sag ich, hab ich dann schon mit denen gesprochen und sage, dass geht gar nicht. Ja, ich glaube manche wissen nicht wo's anfängt und aufhört, aber wenn man sich diese Mitarbeiter teilweise auch mal anguckt, dann, ja..." (A-LP3)

Problematisch dürfte das Nicht-Wissen um den Kompetenzbereich von nicht-polizeilichen Akteuren sein, wenn diesen selbst nicht klar ist, was gemacht werden darf und was nicht und es in der Praxis zu ständigen ‚Grenzüberschreitungen' der nicht-polizeilichen Akteure kommt, was wiederum Auswirkungen auf das polizeiliche Handeln haben dürfte (vgl. Abschn. 5.2).

## 5.2 Auswirkungen der Pluralisierung auf polizeiliches Handeln

Die Vielfalt des Polizierens in den Untersuchungsstädten und damit das Aufeinandertreffen der Akteure und eine mögliche Zusammenarbeit gestaltet sich unterschiedlich, wie bereits in Abschn. 4.2 berichtet wurde. Auf die direkte Frage, inwieweit sich die Existenz der anderen polizierenden Akteure auf die polizeiliche Arbeitsweise auswirkt, zeigt sich zwar keine eindeutige Richtung (siehe Tab. 3).

---

[3]Die entsprechend der Definition zum Polizieren bzw. pluralen Polizieren tätig werden.

**Tab. 3** Auswirkung plurales Polizieren auf polizeiliches Polizieren

| Aussage | Befragte | Modell |
|---|---|---|
| Keine Auswirkung/Kenne es nicht anders | 4 Nennungen | 2× Hybrides<br>1× Integratives<br>1× Öffentliches |
| Mühsam/Mehrarbeit/mehr Komplexität | 2 Nennungen | 1× Hybrides<br>1× Behördliches |
| Ambivalent (Mehrarbeit – Unterstützung) | 3 Nennungen | 1× Integratives<br>1× Öffentliches<br>1× Behördliches |
| Erleichterung/Reduktion Arbeitsbelastung | 2 Nennungen | 1× Öffentliches<br>1× Behördliches |
| Man lernt durch die anderen Akteure/Wissen erweiternd | 2 Nennungen | 1× Öffentliches<br>1× Integratives |
| Hilfreich, da mehr Personal auf der Straße | 1 Nennung | Öffentliches |
| Arbeit abgeben können | 1 Nennung | Öffentliches |

Quelle: Daten PluS-i; eigene Zusammenstellung. Datengrundlage Interviews mit operativer Ebene

Dennoch lassen sich mit Blick auf das Datenmaterial drei zentrale Momente identifizieren: entlastende, unterstützende und belastende Aspekte für die Polizei(arbeit). Unterstützung wird dabei beschrieben als Unterstützung bei der Arbeit oder auch in Form einer ‚Zusätzlichkeit' durch den anderen Akteur im Sinne von Ergänzung.

„Die gehen zusammen rum und kontrollieren dann die Läden, die Personen und Fahrzeuge und nutzen kompetenzübergreifend die Möglichkeiten aus." (B-LP3)

„Aber insgesamt denke ich, dass das schon wichtig ist, dass es solche Unternehmen gibt, auch zur Unter-stützung und für die Sicherheit, weil erstens ist es politisch gefordert, zweitens ist es notwendig, weil die Polizei nicht alles machen kann und es gibt auch Arbeitsstellen dann." (D-LP2)

Entlastung wird auf vielfältige Weise beschrieben: Einerseits, als eine tatsächliche Entlastung bei Arbeitsschritten wie beispielsweise dem Ausfüllen eines ‚Ladendiebstahls-Protokolls' durch Ladendetektive, sodass den Polizeien bestenfalls das ‚Anrücken' erspart bleibt. Voraussetzung hierfür dürfte wiederum das notwendige Know-how und die Schreibfertigkeit des Ladenpersonals sein, damit der Vorgang am Ende nicht doch zu einer Belastung im Sinne von Mehrarbeit wird.

„Prinzipiell so einfach Sachen wie, sagen wir mal, der Ladendiebstahl an sich ist die Straftat, die ist da klar erkennbar. Viele Firmen können da bereits ein eigenes Diebstahlsprotokoll ausfüllen und machen das auch, sodass die Polizei da nicht hinzugerufen wird. Die stellen die Identität fest anhand des Ausweises und stellen selbstständig eine Strafanzeige. Sobald die aber minderjährig sind oder keinen Ausweis dabeihaben, kommt wieder die Polizei ins Spiel. Das ist ja an sich schon, was die Ladendetektive ja schon selbstständig machen, ohne, dass wir dabei sind, schaffen die es ja, diese Anzeige zu fertigen. Und, oder zumindest den groben Anzeigentext und schicken das ans Kommissariat. Die machen da eine Anzeige draus und es geht seinen Weg. Also in dem Fall Ladendetektive schaffen das auch." (B-LP5)

„Aber genauso andersherum ist es ja auch eine Erleichterung, wenn dann der Sachverhalt da schon steht und das ist gut geschrieben, dann kann man ja darauf verweisen." (A-LP3)

Andererseits kann als ein weiterer Entlastungs-Moment die Abgabe nichtoriginärer Polizeiaufgaben wie beispielsweise die der Ruhestörung herausgestellt werden, deren Bearbeitung im Zuständigkeitsbereich der Stadt und damit des Ordnungsamtes gesehen wird.

„Ja, Ruhestörungen sind ja eigentlich gar nicht unsere Aufgabe, sondern sind halt Aufgabe der Stadt. zumindest bei uns das große Problem, die ist zu den Uhrzeiten, zu der Ruhestörungen am akutesten sind, selber nicht im Dienst und nicht erreichbar. Dadurch fällt es halt doch wieder zu uns zurück. Es ist, wie gesagt, eigentlich keine polizeiliche Aufgabe, wird aber durch uns wahrgenommen. Wenn man halt da regeln könnte, dass die Stadt dann auch Dienst macht… wäre das auch schonmal eine riesige Erleichterung für uns." (B-LP4)

Auf die Frage, welche polizeilichen Aufgaben an andere polizierende Akteure abgegeben werden könnten, fielen Bereiche wie Verkehrsmaßnahmen, die beispielsweise durch gewerblich oder kommunal Polizierende leistbar wären, Verkehrsunfälle mit geringem Sachschaden beispielsweise durch subpolizeilich Polizierende, Präsenz- oder Objektschutzmaßnahmen beispielsweise durch ehrenamtlich Polizierende.

„Ja, das ist die Frage, was sind unsere polizeilichen Aufgaben? Was wir alles machen müssen. Damit haben sich schon so viele (…) beschäftigt bei uns oder irgendwelche Kommissionen, was hätte sogenannt in neudeutsch „outsourced" werden können von Gedanken von kleinen Bagatellverkehrsunfällen bis was auch immer." (C-LP3)

Die belastenden Momente der Praxis, die dem Datenmaterial zu entnehmen sind, sind insgesamt vielschichtiger:

- Belastung durch Mehrarbeit für Polizistinnen und Polizisten, durch Übernahme sekundärer Aufgaben, durch das Handeln/nicht adäquate Handeln nicht-polizeilicher Akteure, durch unnötiges Hinzurufen der Polizeien.

„Wir übernehmen das komplette Aufgabenfeld von denen, wir müssen uns um die Verkehrsbehinderung kümmern, die Ruhestörung kümmern, die eigentlich Aufgabe des Ordnungsamtes sind, und es ist schon ein großer Anteil an Ordnungseinsätzen, die wir dann übernehmen, die die Polizei dann sehr belastet." (B-LP3)

„Ja, also manchmal habe ich das Gefühl sie machen uns eher mehr Arbeit anstatt sie uns helfen, so. Weil es ganz oft so Einsätze, wie für uns, wo (…) Konflikte da zu erwarten ist und wir dann quasi da handeln und einschreiten müssen." (A-LP3)

„Da muss erst die Polizei kommen, so als Schiedsrichter, das ist natürlich was, wo für mich dann ein bisschen unbegreiflich ist, dass man das nicht anders regeln konnte." (DLP1-2018, 205)

- Belastung durch fehlende Unterscheidbarkeit der Akteure.

„Aber dadurch, dass die Uniformen Teile von […] [Bezeichnung subpolizeiliches Polizieren], der Landespolizei und auch von […] [Bezeichnung kommunales Polizieren] sich in Form und Ausführung sehr ähnlich beziehungsweise […] [Bezeichnung subpolizeiliches Polizieren] und wir haben exakt die gleiche Uniform, nur wir haben Polizei draufstehen und bei denen steht dann […] [Bezeichnung subpolizeiliches Polizieren] drauf. Das ist dann natürlich so, wenn die irgendwo stehen auf einer Entfernung von fünf, sechs Metern, sehen die Leute eh nur Uniform. Das verbessert mit Sicherheit das subjektive Sicherheitsempfinden des Bürgers, weil er gefühlt mehr Polizei auf der Straße sieht. Es bringt aber teilweise auch ein bisschen Unsicherheit bei dem Bürger rein, weil wir oft dann auch angesprochen worden sind, ‚ja was dürfen die jetzt und was dürfen die nicht' oder ‚ich habe da jetzt schon mit einem Polizeibeamten gesprochen' und dann versuchen wir zu eruieren mit wem man gesprochen hat, also in Einsatzprotokollen, welche Streife war eingebunden und so weiter und so fort. Dann stellen wir fest, bei uns gab es überhaupt keinen Einsatz, dann müssen wir dann loslegen und bei […] [Bezeichnung kommunales Polizieren] anrufen: ‚habt ihr vielleicht mit einem Bürger gesprochen gehabt?', weil man dem Bürger dann auch weiterhelfen will aus was weiß ich was für Gründen. Die Gründe gibt es schon, weil wir ihm weiterhelfen wollen, aber je nachdem was er für eine Fragestellung an uns richtet. Ja und da wird es halt ein bisschen kompliziert, weil die alle gleich aussehen und für die Leute sowohl […] [Bezeichnung subpolizeiliches Polizieren] als auch […] [Bezeichnung kommunales Polizieren] oftmals einfach global unter dem Begriff Polizei dann gesehen wird. Und es ist schon differenzierter zu betrachten, weil die Aufgabenfelder unterschiedlich sind und die rechtlichen Möglichkeiten auch stark variieren." (E-LP1)

Anhand des vorliegenden Datenmaterials sind die beobachtbaren Auswirkungen der Pluralisierung unabhängig der unterschiedlichen Modelle zu betrachten. Denn in allen Modellen finden sich Momente der Unterstützung, der tatsächlichen und wünschenswerten Entlastung und insbesondere der Belastung durch Mehrarbeit. Ein zentrales Spannungsfeld, das hier nur in Ansätzen erwähnt wurde, bezieht sich auf den Umstand der fehlenden Unterscheidbarkeit infolge polizeigleicher Uniformierung bzw. polizeiähnlichen Auftretens der nicht-polizeilichen Akteure. Dieser Umstand wird im Weiteren noch näher zu beleuchten sein. Zudem ist der Blick auf die anderen Akteure zu erweitern, um hier ein möglicherweise vollständigeres Bild zu erhalten.

## 6　Zusammenfassung und Ausblick

Anhand des hier vorgenommenen Vergleichs polizeilicher Maßnahmengestaltung aus institutioneller Perspektive und der Betrachtung von Wahrnehmungen auf der operativen Ebene hinsichtlich den Auswirkungen eines pluralen Polizierens auf die polizeiliche Praxis lässt sich schließen, dass unterschiedliche Modelle der Pluralisierung scheinbar kaum unterscheidbare Auswirkungen auf das polizeiliche Handeln haben. Trotz der unterschiedlichen Modelle des pluralen Polizierens ist eine weitgehende Parallelität hinsichtlich der polizeilichen Maßnahmen feststellbar. Denn gleichwohl ein Modell des pluralen Polizierens durch Kommunalisierung und Privatisierung, Kommunalisierung und Laisierung bzw. Deprofessionalisierung charakterisiert wird, lassen sich bzgl. polizeilicher Maßnahmen kaum Unterschiede erkennen.

Im Kontext des Maßnahmenvergleichs sind Rückschlüsse bzgl. der Auswirkungen nur im Hinblick auf einzelne Pluralisierungsentwicklungen zu ziehen, nicht aber in Bezug auf Pluralisierung als Ganzes, da in allen fünf Fällen eine Pluralisierung vorliegt. Hinsichtlich der Auswirkungen der Kommunalisierung auf das polizeiliche Polizieren lässt sich in den untersuchten Fällen keine konkrete Schlussfolgerung bzw. Annahme ableiten. Mit Bezug auf die Privatisierung unterstützt der Vergleich der polizeilichen Maßnahmengestaltung zwischen den Modellen mit einer relevanten Rolle gewerblicher Akteure und den öffentlich bzw. behördlich geprägten Modellen aber die Schlussfolgerung Bestes (2009, S. 183), dass „[…] eine konstatierte ‚Privatisierung Innerer Sicherheit' eher in die falsche Richtung [führt], da suggeriert wird, dass die staatlichen Kontrollorgane sich zu Gunsten privatkapitalistischer Sicherheitsanbieter aus dem Feld allgemeiner gesellschaftlicher Ordnungsstiftung zurückzögen." Eher lässt sich schließen, dass die Privatisierung vor allem ein erweitertes Spielfeld der Sicherheitsproduktion (John 2013) bedient. Auch die im öffentlichen Modell vorhandene Entwicklung der Laisierung und Deprofessionalisierung durch subpolizeiliches und ehrenamtliches Polizieren scheint sich, trotz der Perzeption als Unterstützung polizeilicher Arbeit, nicht spezifisch auf die polizeiliche Maßnahmengestaltung auszuwirken.

Auch die Praxisperspektive auf die Auswirkungen der Pluralisierung, wenn auch heterogen und vielfältig, ist wenig modellspezifisch. So werden sowohl in den von Kommunalisierung und Privatisierung als auch den von Kommunalisierung und Laisierung bzw. Deprofessionalisierung gekennzeichneten Modellen Entlastung, Unterstützung und Belastung auf operativer Ebene zugleich wahrgenommen. Es wird aber auch deutlich, dass auf der operativen Ebenen Veränderungen des polizeilichen Handelns durch plurales Polizieren wahrnehmbar sind. Die Existenz anderer Sicherheitsakteure hat also durchaus Folgen für das polizeiliche Handeln, diese lassen sich aber nicht den spezifischen Formen der Pluralisierung zuordnen.

Abschließend lässt sich die These formulieren, dass die unterschiedlichen Formen der Pluralisierung bisher keine spezifischen Folgen für das polizeiliche Handeln haben, die Existenz anderer polizierender Akteure, gleichwohl welcher, aber mit der Notwendigkeit der Koordination und Kooperation verbunden sind, die bei der Polizei zu Entlastung, Unterstützung und Belastung führen können.

## Literatur

Behr, R. (2002). Rekommunalisierung von Polizeiarbeit: Rückzug oder Dislokation des Gewaltmonopols) Skizzen zur reflexiven Praxisflucht der Polizei. In R. Prätorius (Hrsg.), *Wachsam und kooperativ? Der lokale Staat als Sicherheitsproduzent* (S. 90–107). Baden-Baden: Nomos.

Benz, A. (2008). *Der moderne Staat. Grundlagen der politologischen Analyse*. München: Oldenbourg.

Beste, H. (2009). Zur Privatisierung verloren geglaubter Sicherheit in der Kontrollgesellschaft. In H-J. Lange, H. P. Ohly & J. Reichertz (Hrsg.), *Auf der Suche nach neuer Sicherheit* (S. 183–202). Wiesbaden: VS Verlag.

Bogumil, J. & Jann, W. (2005). *Verwaltung und Verwaltungswissenschaft in Deutschland. Einführung in die Verwaltungswissenschaften*. Wiesbaden: VS Verlag.

Frevel, B. (Hrsg.). (2007). *Kooperative Sicherheitspolitik in Mittelstädten: Studien zu Ordnungspartnerschaften und Kriminalpräventiven Räten*. Frankfurt a. M.: Verlag für Polizeiwissenschaft.

Frevel, B. (Hrsg.). (2012). *Handlungsfelder lokaler Sicherheitspolitik: Netzwerke, Politikgestaltung und Perspektiven. Kooperative Sicherheitspolitik in der Stadt*. Frankfurt a. M.: Verlag für Polizeiwissenschaft.

Frevel, B., & Schulze, V. (2010). *Public Safety and Security Governance*. Münster.

Hirschmann, N. (2016). Sicherheit als professionelle Dienstleistung und Mythos. Eine soziologische Analyse der gewerblichen Sicherheit (Dissertation). Wiesbaden: Springer VS.

Hirschmann, N., & Groß, H. (2012). Polizierende Präsenz. In B. Frevel (Hrsg.): *Handlungsfelder lokaler Sicherheitspolitik – Netzwerke, Politikgestaltung und Perspektiven* (S. 146–189). Frankfurt a. M.: Verlag für Polizeiwissenschaft.

Hirschmann, N., & John, T. (2018). Nachwuchsforschungsprojekt PluS-i: Interdisziplinäre Analysen für ein kontextadäquates, legitimes, effizientes und effektives plurales Polizieren im urbanen Raum. In A. Mensching & A. Jacobsen (Hrsg.), *Empirische Polizeiforschung XXI: Polizei im Spannungsfeld von Autorität, Legitimität und Kompetenz* (S. 71–84). Frankfurt a. M.: Verlag für Polizeiwissenschaft.

Hirschmann, N., & John, T. (2019). *Projekt PluS-i: Forschungsgegenstand, Forschungsziele und Forschungskonzeption*. PluS-i Working Paper Nr. 1. Münster.

John, T. (2012). *Interagency Policing*. Münster.

John, T. (2013). Pluralisierte Sicherheitsproduktion. *Polizei und Wissenschaft*, 2013(3), 18–26.

John, T., Goldig, D., & Hirschmann, N. (2018). *Plurales Polizieren in deutschen Großstädten Überblick und Fallauswahl für das Projekt PluS-i*. PluS-i Working Paper Nr. 2. Münster.

Link, H.-C., Ress, G., Ipsen, J., Murswiek, D., & Schlink, B. (1990). *Staatszwecke im Verfassungsstaat nach 40 Jahren Grundgesetz*. Berlin; New York: W. de Gruyter.

Mayntz, R. (2009). Der moderne Staat. Idee und Wirklichkeit. In O. Schober (Hrsg.), *Der moderne Staat. Idee und Wirklichkeit* (S. 19–30). Münster: Aschendorf.

Reichl, F. (2018). *Ehrenamtliches Polizieren in Deutschland*. PluS-i Working Paper Nr. 3. Münster.

Schierz, S. (2004). Ordnungspartnerschaften in Nordrhein-Westfalen. Sicherheit und Ordnung wird erlebbar. In G. Elsbergen (Hrsg.), *Wachen, kontrollieren, patrouillieren. Kustodialisierung der Inneren Sicherheit* (S. 119–131). Wiesbaden: VS Verlag für Sozialwissenschaften.

Schreiber, V. (2007). *Fraktale Sicherheiten. Eine Kritik der kommunalen Kriminalprävention*. Bielefeld: transcript Verlag.

Schulze, V. (2013). *Safety and Security Governance*. Frankfurt a. M.: Verlag für Polizeiwissenschaft.

Söllner, S. (2011). *Die Verpolizeilichung. Grenzen, Chancen und Risiken einer neuen Sicherheitsarchitektur*. Köln: Carl Heymann Verlag.

Stienen, L. (2011). *Privatisierung und Entstaatlichung der inneren Sicherheit – Erscheinungsformen, Prozesse und Entwicklungstendenzen. Eine empirische Untersuchung zur Transformation von Staatlichkeit am Beispiel der inneren Sicherheit in der Bundesrepublik Deutschland*. Frankfurt a. M.: Verlag für Polizeiwissenschaft.

**Tobias John** M.A., Stellvertretender Nachwuchsgruppen- und Projektleiter im Projekt PluS-i der Westfälischen Wilhelms-Universität Münster tobias.john@uni-muenster.de.

**Nathalie Hirschmann** Dr., Nachwuchsgruppen- und Projektleiterin im Projekt PluS-i der Westfälischen Wilhelms-Universität Münster nathalie.hirschmann@uni-muenster.de.

# Polizeilicher Umgang mit psychisch gestörten Personen

Thomas Feltes und Michael Alex

## 1  Einführung

Nach Angaben der Weltgesundheitsorganisation (WHO) ist jeder vierte Mensch im Verlauf seines Lebens von psychischen oder neurologischen Beeinträchtigungen betroffen (WHO 2001), wobei es Hinweise darauf gibt, dass dieser Anteil bei Straftätern noch höher ist. In den vergangenen Jahren sind auch in Deutschland Polizeibeamte[1] bei polizeilichen Einsätzen zunehmend mit Situationen konfrontiert worden, in denen psychisch gestörte/kranke Personen eine Rolle spielten, wie beispielsweise bei dem Vorfall am „Neptunbrunnen" in Berlin, als eine nackte Person mit einem Messer von einem Polizeibeamten erschossen wurde (Diederichs 2015 mit weiteren Beispielen).

Einsätze in Verbindung mit psychisch gestörten Personen sind dabei – ganz gleich wann und wo sie sich ereignen – in vielfacher Hinsicht für Polizeibeamte besonders, weil sie von den üblichen Situationen abweichen und häufig mit dem Einsatz von unmittelbarem Zwang oder sogar mit Schusswaffengebrauch

---

[1] Aus Gründen der besseren Lesbarkeit des Textes wird im Folgenden die männliche Form verwendet.

---

T. Feltes (✉) · M. Alex
Ruhr-Universität Bochum, Bochum, Deutschland
E-Mail: thomas.feltes@rub.de

M. Alex
E-Mail: michel.alex@rub.de

© Springer Fachmedien Wiesbaden GmbH, ein Teil von Springer Nature 2020
D. Hunold und A. Ruch (Hrsg.), *Polizeiarbeit zwischen Praxishandeln und Rechtsordnung,* Edition Forschung und Entwicklung in der Strafrechtspflege,
https://doi.org/10.1007/978-3-658-30727-1_13

einhergehen. Gleichzeitig sind die Auswirkungen polizeilichen Handelns für die Betroffenen erheblich (Wood et al. 2017).

2017 haben Polizeibeamte in Deutschland in insgesamt 75 Fällen von der Schusswaffe gegen Personen Gebrauch gemacht, davon in sechs Fällen zur Verhinderung von Verbrechen, in neun Fällen zur Verhinderung einer Flucht – aber in 60 Fällen in Notwehr/Nothilfe-Situationen und/oder wegen Leibes- und Lebensgefahr. 2018 waren es 56 Fälle, in denen geschossen wurde, mit 11 getöteten und 34 verletzten Personen.

Von den von der Polizei im Einsatz getöteten Personen ist ein großer Teil psychisch gestört oder verwirrt gewesen oder befand sich in der konkreten Einsatzsituation bedingt durch Alkohol- oder Drogenkonsum nicht in einem Zustand, in dem er polizeiliche Anweisungen angemessen wahrnehmen oder darauf reagieren konnte. Schätzungen gehen von mehr als der Hälfte der getöteten Personen aus (Rückert 2012, Peter & Bednarczyk o. J., Feltes 2017). Dabei kommen viele Polizeibeamte nie in die Situation, von der Schusswaffe Gebrauch machen zu müssen. Gerade weil diese Situationen so selten sind, ist es für Polizeibeamte schwierig, sich dabei angemessen zu verhalten.

Umso wichtiger ist es, dass Polizeibeamte, wenn sie mit solchen Personen konfrontiert werden, wissen, wie sie psychische Störungen erkennen und sich angemessen verhalten können, um Gefahren für Leib und Leben aller Beteiligten zu minimieren. Dabei geht es nicht um das Stellen einer Diagnose, denn selbst Psychologen und Psychiatern gelingt es nicht immer, unstrittige psychologische Gutachten über Menschen zu erstellen. Vielmehr müssen wir davon ausgehen, dass bis zu 50 % oder mehr der Gutachten fehlerhaft sind (vgl. Heinz 1998, Sponsel o. J., Alex & Feltes 2011).

Es geht aber darum, dass Menschen mit psychischen Problemen oftmals stigmatisiert oder diskriminiert werden, und zwar meist aufgrund von Unsicherheit und Unwissenheit. Unser Umgang mit Behinderungen generell, und mit psychischen Behinderungen und Störungen im Besonderen ist oftmals weder der Problematik, noch dem betroffenen Individuum gegenüber angemessen. Hinzu kommt, dass die Problematik oftmals falsch eingeschätzt wird und eine von der Person ausgehende Gefahr angenommen wird, wo möglicherweise lediglich eine Unsicherheit oder Verunsicherung besteht.

Handreichungen für Polizeibeamte zu diesem Thema gibt es zwar durchaus, sie beschränken sich aber entweder auf die rechtlichen Aspekte (Schönstedt 2016) oder können aus anderen Gründen die Problematik nicht angemessen vertiefen (Füllgrabe 2019, Krauthan 2013, Porsch & Werdes 2016). In jedem Fall sind auch die ebenfalls häufig dargestellten kommunikativen Fähigkeiten von Polizeibeamten und deren Schulung wichtig (Hücker 2016).

Fest steht, dass der Umgang mit psychisch Gestörten zumeist unter anderem durch selbstbewusste Kommunikation gewaltfrei gestaltet werden kann, worauf Füllgrabe (2019, S. 61 m. w. N.) deutlich hinweist, wenn er schreibt: „Denn nur scheinbar kann es beim Umgang mit psychisch Gestörten zu unprovozierten Angriffen kommen. Angriffe dieser Personengruppe sind nämlich nicht zufällig. Die Angriffe ergeben sich zumeist aus vorherigen Interaktionen, die Frustrationen auslösten".

Einig ist man sich darüber, dass man die spezifischen Probleme von psychisch Gestörten beachten muss. So weist Füllgrabe darauf hin, dass schizophrene Menschen oft sensibler auf ihre Umwelt reagieren und z. B. eine Reizüberflutung erleben, wenn mehrere Personen auf sie einreden. Sie wünschen darum auch eine größere persönliche Distanz als andere Menschen, und deshalb reagieren sie negativ oder aggressiv, wenn man ihnen zu nahe kommt. Psychisch Gestörte sehen die Dinge oft anders als andere Menschen, weil sie sich eher bedroht oder verfolgt fühlen. Deshalb ist es wichtig, dass man ihnen verbal und nonverbal signalisiert, dass sie keine Angst zu haben brauchen, dass man ihnen helfen wird, ihr Problem zu lösen.

Füllgrabe zeigt auch auf, dass das Beherrschen von Kampfsport allein nicht immer gegen Angreifer hilft, und dass der Ruf nach mehr Repression durch Politik und Gewerkschaften eher wohlfeil ist. Psychologische Faktoren spielen bei Konflikten im Polizeialltag eine wichtige, vielleicht sogar die entscheidende Rolle, wie ein Projektbericht gezeigt hat (Luff et al. 2018). Hier konnten besondere Merkmale der Konfliktinteraktion ebenso herausgearbeitet werden, wie Eskalationsverläufe bei Körperverletzungen im Amt analysiert und (de-)eskalierende Faktoren festgehalten wurden. Die Ergebnisse der Auswertung deuten darauf hin, dass es bei gestörten Interaktionsverläufen häufig schon frühe Warnzeichen gibt. Werden diese erkannt, kann rechtzeitig gegengesteuert werden. Die Autoren der Studie schreiben u. a.: „Verbale Kommunikation ist ein einflussreiches Mittel im Vorfeld gewalttätiger Auseinandersetzungen zwischen Polizeibeamten und Bürgern. Sofern es die Situation erlaubt, sollten Maßnahmen wiederholt und ausführlich erläutert und unmittelbarer Zwang nicht „voreilig" angekündigt werden. Dies kann zu einer Beruhigung der Lage beitragen, selbst dann noch, wenn das polizeiliche Gegenüber bereits fixiert wurde. Ein verfrühtes Einsetzen von Gewalt kann die körperliche Auseinandersetzung im weiteren Verlauf jedoch sogar verschärfen".

Polizeibeamte müssen dann, wenn sie auf psychisch gestörte Menschen treffen, eine andere Einsatztaktik anwenden und anders kommunizieren. Das von Schönstedt (2016, S. 18) beschriebene ruhige und zielorientierte Verhalten genügt nicht, und es reicht auch nicht, die rechtlichen Vorschriften des Polizei- und

Gefahrenabwehrrechts und etwaiger PsychKGs zu kennen, denn diese beziehen sich im Wesentlichen auf Zwangsmaßnahmen wie die Gewahrsamnahme oder die Zuführung.

Vielmehr sind die vorliegenden Hinweise zum Umgang mit und zum Erkennen von psychischen Störungen (z. B. von Hermanutz & Hamann 2012) wichtig und müssen in der Aus- und Fortbildung von Polizeibeamten berücksichtigt werden, denn psychische Gesundheit zu schützen und psychische Probleme zu erkennen sind zwei der größten Herausforderungen für alle, die mit psychisch gestörten Personen befasst sind – und damit auch und besonders für Polizeibeamte.

Es gibt unter Straf- und Untersuchungsgefangenen einen sehr hohen Anteil von Menschen mit psychischen Störungen und Krankheiten (Schätzungen zufolge rund 30 %). Ursache dafür sind nicht selten Hirnverletzungen, die im Zusammenhang mit häuslicher Gewalt entstanden sind. Studien in England haben nachgewiesen, dass bei bis zu 65 % der inhaftierten Frauen und auch bei 60 % der Männer solche Verletzungen vorliegen. Bei den Frauen sind sie zu über 60 % auf häusliche Gewalt zurückzuführen (The Disabilities Trust 2019). Die Forscher nennen das eine „stille Epidemie" und weisen auch darauf hin, dass solche Hirnverletzungen (traumatic brain injury) die Wahrscheinlichkeit von gewaltbereitem Handeln, psychischen Problemen und Selbstmordversuchen deutlich erhöhen. In den USA haben Strafvollzugsanstalten dieses Problem erkannt und spezielle Abteilungen für solche Gefangenen eingerichtet, die zwar strafmündig, aber dennoch psychisch gestört oder krank sind. Wenn wir diese Annahme auf die deutsche Situation übertragen, dann wird deutlich, dass es auch wahrscheinlich ist, dass bei der Mehrzahl der von der Polizei wegen einer Straftat verhafteten Personen eine psychische Störung vorliegt.

Wissen ist aber nicht gleich Handeln. Sehr oft müssen Polizeibeamte in kritischen Situationen sehr schnell reagieren und wichtige Entscheidungen treffen, die ggf. auch Auswirkungen auf Leib und Leben Beteiligter und Unbeteiligter haben. An anderer Stelle hat sich einer der Autoren mit „schnellem und langsamen Denken" im Polizeiberuf beschäftigt und die Risiken und Nebenwirkungen dargestellt (Feltes & Jordan 2017).

Psychisch gesunde Menschen sind, von Ausnahmesituationen wie schwerem Drogen- oder Alkoholmissbrauch abgesehen, in der Lage, auf eine Art und Weise zu denken, fühlen und handeln, die es ihnen möglich macht, das Leben zu meistern. Menschen mit psychischen Störungen haben jedoch oft Schwierigkeiten, mit anderen Menschen konstruktiv zu interagieren. Psychische Probleme können dazu beitragen, den Einsatz für prosoziale Aktivitäten zu verringern, wodurch die Gefahr delinquenten Verhaltens wächst. Vor allem aber kommunizieren sie oftmals anders als psychisch gesunde Menschen, d. h. sie nehmen verbale und nonverbale Botschaften und Signale anders, manchmal sogar total entgegengesetzt wahr als psychisch gesunde Menschen. Daher sind die üblichen (und aus der Erfahrung heraus gewonnenen) polizeilichen Hinweise und Maßnahmen oftmals für die Betroffenen unverständlich und werden im Extremfall als konkrete Bedrohung empfunden.

Psychisch gestörte Personen nehmen verbale und vor allem auch nonverbale Signale anders und häufig als Bedrohung wahr. Dies haben die Situation am Neptunbrunnen in Berlin im Jahr 2013 sowie der Messerangriff im Jahr 2017 in Berlin (Hohenschönhausen) gezeigt.

„Polizisten haben am Dienstagabend einen Mann in Hohenschönhausen erschossen. Der Mann habe die Polizisten bei einem Einsatz mit einem Messer angegriffen, …. Zunächst habe der 25-Jährige selbst die Feuerwehr gerufen und mit Suizid gedroht. Die Einsatzkräfte seien daraufhin zu dessen Wohnung … nahe der S-Bahnstation Wartenberg gefahren. Dort habe der offenbar Geistig-Verwirrte durch die geschlossene Wohnungstür nicht nur mit Selbstmord gedroht, sondern auch damit, auf die Feuerwehrleute zu schießen, …. Gegen 16.30 Uhr riefen die Feuerwehrleute daher die Polizei um Hilfe. Die Beamten hätten zunächst versucht, mit dem Mann durch die geschlossene Wohnungstür zu sprechen.… Deswegen entschlossen sich die Polizisten zum gewaltsamen Öffnen der Wohnungstür. Nachdem die Tür offenstand, ging der Mann laut Sprecher mit einem Messer auf die Einsatzkräfte los. Daraufhin fielen die Schüsse" (Berliner Zeitung 2017).

## 2 Symptome

Es gibt viele verschiedene Typen von psychischen Gesundheitsstörungen mit einer weiten Spanne von Symptomen. Manche Menschen leiden unter mehr als einem einzigen psychischen Problem und einige Symptome sind auf mehr als eine Ursache zurückzuführen. Die Anzeichen für psychische Störungen können auch Reaktionen auf die aktuelle Lebenssituation sein, etwa im Gefängnis oder im Polizeigewahrsam. Fallen derartige Anzeichen während der Inhaftierung oder im Gewahrsam auf, dann bedeutet das nicht unbedingt, dass ein spezifisches psychisches Problem vorliegt oder medizinische oder klinische Hilfe oder Behandlung erforderlich wären. Dennoch sollten solche Symptome genau beobachtet werden, d. h. Personen, die beispielsweise im Polizeigewahrsam sind und eines oder mehrere der unten genannten Symptome zeigen, sollten genauer beobachtet werden. Denn auch geringfügige Anzeichen psychischer Störungen können ein Hinweis auf Suizidgefährdung sein oder sich zu ernsthafteren, längerfristigen Störungen entwickeln. Daher sollten entsprechende Beobachtungen auch in das Haftprotokoll oder ggf. die Strafanzeige aufgenommen werden.

Es ist häufig nicht einfach, psychische Störungen sofort zu erkennen. Einerseits handelt es sich oft um mehr oder weniger ausgeprägte Spielarten von Verhaltensweisen, die in geringerer Ausprägung im Alltag nicht selten sind und eher als „Marotten" des Einzelnen wahrgenommen werden, andererseits gibt es situative Verstimmungen, die keinen Rückschluss auf eine psychische Störung zulassen, so etwa Traurigkeit nach dem Tod eines Angehörigen. Auch finden wir bei bestimmten Menschen häufig ein erheblich übersteigertes Selbstwertgefühl, manipulatives Verhalten, Impulsivität oder auffällige Extravertiertheit, wodurch der berufliche Erfolg gerade erst gefördert wird. Insofern sind die folgenden Symptome nur ein Indiz dafür, dass eine psychische Störung vorliegen könnte. Zu nennen sind hier folgende Stichworte: Suizidversuch, Selbstverletzung, wirres Denken und Sprechen, extreme Stimmungsschwankungen, plötzlicher Stimmungs- oder Verhaltenswandel, irritierendes, wechselhaftes, impulsives oder aggressives Verhalten, Apathie, (objektiv unbegründete) Furcht und Ängste (artikuliert oder nicht-artikuliert).

## 3 Gefahren

Insbesondere bei *sozialen Ängsten* kann es zu plötzlichen Aggressionshandlungen kommen, wenn das Gefühl der Bedrohung durch andere sehr intensiv wird und die Vermeidungsstrategien nicht für erfolgversprechend gehalten werden, um der vermeintlichen Bedrohung noch ausweichen zu können. Auch im Rahmen solcher Störungen auftretende Panikreaktionen und entsprechende Handlungen sind zu beachten. Das zeigt folgendes Beispiel:

> „Am Dienstag starb nun ein Patient in einer Psychiatrie in Hamburg Harburg.... Wie die Polizei mitteilte und ein Sprecher des Klinikkonzerns Asklepios bestätigte, war der 57-Jährige am Sonntag in die Psychiatrie eingeliefert worden. Am Montag sollte er einem Richter vorgeführt werden, der entscheiden sollte, ob der psychisch auffällige Mann weiter in der Klinik bleiben müsse. Dagegen wehrte sich der Betroffene. Er verbarrikadierte sich in einem Zimmer der Psychiatrie, wo er randalierte und Fußleisten abriss. ... Die Mitarbeiter*innen der Klinik riefen die Polizei, die sich Zutritt zu dem Zimmer verschaffte und den Mann unter Einsatz von Pfefferspray zu Boden brachte. Die Krankenhausmitarbeiter*innen spritzten ihm ein Beruhigungsmittel, das aber nicht sofort wirkte. Der Patient wehrte sich weiter, die Beamt*innen fixierten ihn auf dem Boden. Daraufhin verlor er das Bewusstsein und starb." (Quelle: taz 2018).

Eine *posttraumatische Belastungsstörung* (schwerwiegende Störung nach einem traumatischen Ereignis) kann Monate oder Jahre später auftreten, oft ausgelöst durch lebhafte Flashbacks und Albträume. Die Betroffenen werden immer ängstlicher, können nicht mehr denken, werden aggressiv oder ziehen sich komplett zurück. Es besteht die Gefahr von „flashbacks" und damit einhergehender Verkennung der realen Situation. Spezifische Reize (z. B. Knallkörper, Flugzeuggeräusche bei Kriegstraumatisierten) können Auslöser und Verstärker für unerwartete Verhaltensweisen sein. Personen, die im Alltag „normal" funktionieren, können ohne erkennbaren Anlass übermäßige Schreckhaftigkeit, Reizbarkeit und Wutausbrüche entwickeln (Meltzer 2015, S. 7, Latscha 2005).

Das Risiko, eine Gewalttat zu begehen, ist bei *Schizophrenie*-Betroffenen ebenso hoch wie das Risiko, sich selbst zu töten. Das Risiko soll in den letzten Jahren sogar angestiegen sein (Fazel et al. 2014). Die Krankheit kann mit Wahnvorstellungen einhergehen, die Betroffenen fühlen sich dann von anderen bedroht und greifen an, um sich selbst zu schützen. Aber es ist wahrscheinlicher, dass sie selbst zum Opfer von Gewalttaten werden. Und: Es ist immer noch so, dass die meisten Menschen mit einer Schizophrenie – trotz des erhöhten Risikos – nie gewalttätig werden. Wenn zehn Prozent aller schizophrenen Männer gewalttätig werden, dann heißt das auch: 90 % werden es nicht. Die generelle Aussage, dass psychisch gestörte oder erkrankte Menschen ein erhöhtes Risiko für Kriminalität und besonders aggressives Verhalten aufweisen (Schönstedt 2016, S. 17), trifft neueren Erkenntnissen zufolge nicht zu (Meltzer 2015). Hermanutz & Hamann (2012, S. 237 f.) weisen zudem darauf hin, dass es sich bei Taten von psychisch Kranken vorwiegend um Kleinkriminalität handelt und dass an Schizophrenie Erkrankte gut behandelt werden können und diese Behandlung wirksamen Schutz gegen Gewalttätigkeit bietet. Zudem spielen eine Vielzahl anderer Variablen (Verfügbarkeit von Waffen, Substanzmissbrauch, aggressives Umfeld) eine wichtig(er)e Rolle.

Patienten mit einer *Borderline-Störung* betonen oft, dass sie vor nichts und niemandem Angst haben. Und trotzdem ist hinter der scheinbar unverletzlichen Fassade, die so abweisend wirken kann, fast immer sehr viel Angst zu spüren: eine sehr bedrohliche Form der Angst, die gerade vor anderen nicht zugegeben wird, weil der Patient sich dadurch als verletzlich zeigen, als angreifbar erleben würde (Dulz & Schneider 1999, S. 11 f.). Dies kann zu erhöhter Suizidgefahr beitragen, aber auch zu antisozialem Verhalten und heftigen Impulsdurchbrüchen bei Widerstand gegen die eigenen Vorstellungen oder Beziehungsabbrüchen. Während manischer oder hypomanischer Episoden besteht die Gefahr von unerwarteten Handlungen oder Aggression.

Der Konsum von Tabletten, Alkohol oder anderen Drogen kann – je nach Konstellation – von euphorischen Gefühlen über Wahnvorstellungen bis hin zu massiver Aggressivität ein breites Spektrum von Reaktionen zur Folge haben. Bei *Drogenabhängigkeit* kommen unter Umständen Entzugserscheinungen mit schwer vorhersehbaren Verhaltensweisen hinzu. Zu beachten ist auch die Möglichkeit einer substanzinduzierten Psychose und dem damit einhergehenden Verlust des Bezugs zur Realität. Bei unangemessenem Umgang mit den Auffälligkeiten besteht die Gefahr, dass Angst oder Wut gesteigert werden bis hin zum gänzlichen Kontrollverlust und entsprechenden Risiken für Selbst- oder Fremdverletzung. Wird darauf mit Gewalt reagiert, kann dies zum Tode des Betroffenen führen.

## 4 Ursachen psychischer Störungen und Handlungshinweise

Schlechte psychische Gesundheit geht oft einher mit Armut, Arbeitslosigkeit, Gewalterfahrung, Diskriminierung, Stress, Einsamkeit, Substanzabhängigkeit und schlechter körperlicher Verfassung. Widrige Lebensumstände tragen sowohl zu Delinquenz als auch zu psychischen Störungen bei. Im Allgemeinen kann davon ausgegangen werden, dass Menschen mit psychischen Störungen vor der Konfrontation mit der Polizei entweder keine Behandlung erfahren haben, die Behandlung abgebrochen haben oder eine Behandlung lange zurückliegt. So haben beispielsweise bis zu 85 % der Menschen mit psychischen Störungen in Ländern mit niedrigem oder mittlerem Einkommen und bis zu 50 % in Ländern mit hohem Einkommen in ihrer Gemeinde keine Behandlung erfahren (WHO 2013). In Fällen, in denen die Personen im Kontakt mit der Polizei oder beispielsweise im Polizeigewahrsam darauf hinweisen, dass sie in psychologischer oder psychiatrischer Behandlung sind, sind diese Hinweise immer ernst zu nehmen. Es sollte sofort Kontakt mit Psychologen oder Ärzten aufgenommen werden.

Straftäter mit psychischen Störungen werden häufiger inhaftiert. Einige von ihnen begehen Straftaten infolge ihrer Störung. Sie werden häufiger festgenommen und zu Gefängnisstrafen verurteilt, weil Vorurteile im Justizsystem überwiegen. Solche Personen sind genauso fair und gerecht zu behandeln wie andere Personen – auch, wenn sie ggf. verbal oder nonverbal attackieren oder der Umgang mit diesen Personen anspruchsvoller ist als sonst. Diese Menschen sind krank und brauchen Hilfe. In Fällen, in denen die Person auf Aufforderungen mit Wutausbrüchen oder Aggressivität reagiert, ist davon auszugehen, dass der Betroffene den Polizeieinsatz als lebensbedrohliche Situation erlebt und deshalb sollte umgehend psychologische oder psychiatrische Unterstützung angefordert werden.

Psychische Störungen können ausgelöst werden durch plötzliche oder bedeutsame Veränderungen der Lebensumstände. Das können Verhaftungen, Verurteilungen, das Ergebnis von Gerichtsverhandlungen, das Auseinanderbrechen der Familie oder der Tod eines Familienmitglieds sein, aber bspw. auch ein schwerer Verkehrsunfall. Es ist wichtig, in solchen Situationen immer genau hinzusehen und bei auffälligem Verhalten entweder sofort selbst tätig zu werden oder professionelle Hilfe hinzuziehen.

Vielfältige häusliche Gewalt und sexueller Missbrauch sind Erfahrungen, die viele Frauen gemacht haben, wie weltweit in Studien dokumentiert ist. Entsprechend haben Frauen einen größeren Bedarf an Maßnahmen zur Förderung der psychischen Gesundheit als Männer, weil sie häufig häusliche Gewalt sowie körperliche und sexuelle Misshandlung ertragen mussten und – wie oben dargestellt – davon (auch unerkannte) Hirnverletzungen herrühren können, die wiederum die Wahrscheinlichkeit von aggressivem Verhalten (und damit auch unerwarteten Widerstandshandlungen ebenso wie von Selbstmordversuchen) deutlich erhöhen. Außerdem kann die Situation für Frauen, die in Gewahrsam oder Haft genommen werden, auch deshalb besonders bedrohlich sein, weil die Trennung von ihren Kindern sowie dem Rest der Familie schwerwiegende negative Folgen für ihr psychisches Wohlbefinden haben kann (UNODC 2014).

Die Wahrscheinlichkeit von HIV-Infektionen ist bei Gefangenen fünfmal so hoch wie in der Gesamtbevölkerung, und Studien haben aufgezeigt, dass der Anteil von psychischen Störungen bei dieser Gruppe besonders hoch ist. Es gibt bei ihnen auch höhere Raten von Drogenkonsum, Ängstlichkeit und posttraumatischen Belastungsstörungen. Die Kombination von *Drogenkonsum* und psychischen Störungen verstärkt die Auffälligkeit und oftmals auch den Widerstand gegenüber polizeilichen Handlungen und Anweisungen und ist im Einsatzalltag eine besondere Herausforderung für Polizeibeamte. Bei Einsätzen in Verbindung mit Drogenabhängigen sollte neben der besonderen Achtsamkeit in Bezug auf eine Infektion auch darauf geachtet werden, ob die Person über typische, drogenbedingte Auffälligkeiten hinaus weitere psychische Auffälligkeiten zeigt. In diesen Fällen sollte dann der psychologisch-psychiatrische Dienst eingeschaltet werden, wenn eine Inhaftierung notwendig erscheint. Beispiel: Während eines Einsatzes gegen mutmaßliche Drogenhändler schießt eine Beamtin auf einen in einem Pkw sitzenden Mann. Das Opfer, ein verdeckter Ermittler, stirbt im Krankenhaus (taz o. J.). Personen, die offensichtlich Drogen konsumiert haben, kommen Anweisungen nicht nach oder nehmen sie anders wahr, als man es gewohnt ist. Hier geht es darum, die Selbst- und

Fremdgefährdung durch solche Personen zu verhindern und diese Personen nicht unnötig zu bedrängen. Hilfe z. B. durch besondere Einsatzkräfte, Informieren der Leitstelle und unerfahrene Kollegen davon abhalten, eine „schnelle Lösung" (z. B. durch Verhaftung oder Fixierung) herbeizuführen, sind weitere Maßnahmen. Die Situation kann sonst leicht eskalieren. Pfefferspray und Reizgas wirken bei diesen Personen nicht oder anders. Sie können dadurch besonders aggressiv werden und unvorhergesehene Handlungen vornehmen.

**Probleme beim Umgang mit psychisch gestörten Personen**
Einige Situationen, in denen Polizisten mit psychischen Störungen konfrontiert werden können, werden im Folgenden beschrieben. Damit soll deutlich gemacht werden, wie wichtig ein der Situation angepasstes Verhalten dabei ist. Derartige Beispiele eignen sich gut für einsatznachbereitende Fallbesprechungen und helfen dabei, Beamte für derartige Situationen besonders zu sensibilisieren und so sowohl die Zielperson als auch unbeteiligte Dritte und vor allem auch sich selbst vor körperlichen und seelischen Schäden zu bewahren.

Bei *Verhaftungen* entstehen besonders häufig Probleme. Beispiel: Streifenbeamte bemerken eine Person, bei der der Verdacht besteht, dass sie eine Straftat (z. B. einen Diebstahl) oder eine Ordnungswidrigkeit begangen hat. Gleichzeitig stellen sie fest, dass die Person ungewöhnliches Verhalten zeigt (Verwirrtheit, Desorientierung, verwaschene Sprache, merkwürdiges Fluchtverhalten). Folgender Fall ereignete sich 2015 in Memmingen (Peter & Bednarczyk o. J.): Sechs Polizisten wollen einen mit Haftbefehl gesuchten Mann auf offener Straße festnehmen und setzen Pfefferspray ein. Dieser zieht daraufhin ein Messer und wird erschossen. In solchen Fällen muss damit gerechnet werden, dass die Person entsprechende Aufforderungen (z. B. stehen zu bleiben) entweder nicht oder falsch wahrnimmt. Auch eine überstürzte, unreflektierte Flucht (z. B. über eine befahrene Straße) ist möglich. Im Zweifel sollten hier uniformierte Kräfte zurückgezogen werden, um die Situation vorübergehend zu deeskalieren und gleichzeitig Zivilkräfte heranzuführen, die den weiteren Ablauf beobachten, und ggf. sichernd begleiten. Ganz besonders ist in diesen Situationen der Grundsatz der Verhältnismäßigkeit zu beachten. Dies gilt beispielsweise auch für Verfolgungsfahrten im innerstädtischen Bereich (Feltes 2011) sowie für die Schussabgabe auf Fahrzeuge oder wenn unbeteiligte Personen in der Nähe sind.

Psychisch auffällige Menschen leiden oft unter einer Realitätsverschiebung und psychotischer Angst. „Deshalb meinen sie, sich bewaffnen zu müssen, um wehrhaft zu sein … Sie greifen vorrangig zu Messern, aber auch Äxten, Schusswaffen" (Meltzer 2015, S. 7). Polizeibeamte erleben solche Menschen als besondere Bedrohung, weil sie ihr Verhalten nicht einschätzen können. Hinzu kommt, dass Selbstkontrollmechanismen bei psychisch Gestörten schnell überfordert sind, wenn zum Stress weitere Faktoren (wie enge Räume) hinzukommen. Polizeibeamte werden dann als akute Gefahr wahrgenommen. Die Reizüberflutung kann die Person dann nicht mehr rational beherrschen.

Die betreffende Person „kann" oft die Waffe gar nicht fallen lassen (auch wenn sie dazu aufgefordert wird), weil sie sich unbewusst und intuitiv daran festhält und die Muskulatur stark verkrampft ist. Die wichtigste Regel (auch) zur Eigensicherung lautet: „Distanz, Distanz und nochmals Distanz" (Meltzer 2015). Psychisch auffällige Personen sind zudem oft schmerzunempfindlich, sodass Pfefferspray nicht wirkt. Hinzu kommt die Gefahr des lagebedingten Erstickungstodes (Preus-Wössner 2009) aufgrund der hochgradigen Erregung der Personen. Beispiel: Ein Mann ruft die Polizei, da sein unter Verfolgungswahn leidender Bruder sich töten will. Der psychisch Kranke sticht auf seinen Bruder ein und greift die Polizisten an. Der Einsatz von Pfefferspray bleibt erfolglos. Eine junge Beamtin, die von den erfahrenen Kollegen vorgeschickt wird, gibt zwei Schüsse ab. Beide Kugeln durchschlagen den Körper des Mannes; ein Geschoss trifft den hinter ihm stehenden Bruder im Kopf und tötet ihn. Das Verhalten der Polizei im folgenden Fall kann als beispielhaft gelten: „Alarmierte Polizisten sperrten zunächst den Bereich rund um die A.straße ab. Verhandler versuchten vergeblich, Kontakt mit dem 66-Jährigen aufzunehmen. Als sie weitere Schüsse aus der Wohnung des Mannes hörten, drangen Spezialeinsatzkräfte des Landeskriminalamtes sofort in die Wohnung ein" (Polizei Berlin 2018). In Fällen, in denen es vorab Hinweise auf psychische Störungen gibt und auch bei „normalen" Verhaftungen sollte die Polizei – vor allem, wenn es in den Verfahrensakten Hinweise auf vorliegende psychische Störungen gibt – angemessen vorgehen, d. h. auch hier nicht die Wohnung stürmen.

Ebenso kann es bei *Zwangseinweisungen oder Vorführungen* zu Problemen kommen. Beispiel: Die 53-jährige Andrea H. lebte in einer Einrichtung für betreutes Wohnen in Reinickendorf, sie galt als geistig verwirrt. Am 24. August 2011 sollte sie bei Gericht wegen einer möglichen Zwangseinweisung vorgeführt werden. Andrea H. griff zwei Polizisten mit einem Messer an, schloss sich ein, sechs Bereitschaftsbeamte rammten die Tür ein. Ein Psychologe wurde nicht gerufen. Die Frau ging auf die Polizisten los – und wurde erschossen (Diederichs 2015, S. 13). Immer, wenn es im Vorfeld eines Einsatzes Hinweise darauf gibt, dass dort psychisch gestörte Personen angetroffen werden könnten, sind zum einen besondere Vorsichtsmaßnahmen (Selbstschutz) zu ergreifen. Vor allem aber sollte möglichst fachkundige Unterstützung durch den sozialpsychologischen

Dienst angefordert werden. Generell sollten in solchen Fällen nur erfahrene Beamte den Einsatz übernehmen.

Einsätze in Verbindung mit *häuslicher Gewalt* sind in vielfacher Hinsicht problematisch. Beispiel: Polizeibeamte werden von Nachbarn gerufen, weil diese einen lauten Familienstreit und Schmerzensschreie einer Frau mitbekommen. Die Beamten verschaffen sich Zutritt zu der Wohnung. Offensichtlich sind die streitenden Partner schwer alkoholisiert (oder stehen unter Drogeneinfluss). Aufgrund der unübersichtlichen Situation kommt es zu einem Handgemenge, in dessen Verlauf einer der Streitenden nach einem Küchenmesser greift. Generell ist bei Einsätzen in Verbindung mit häuslicher Gewalt große Vorsicht geboten. In den USA ist es beispielsweise in vielen Städten Vorschrift, dass hier immer mindestens vier Polizeibeamte einschreiten.

*Einsätze in Kriminalitätsschwerpunkten* werden meist nicht in Verbindung mit Personen, die unter psychischen Störungen leiden, gebracht. Aktuelle Forschungen legen jedoch nahe, dass psychische Störungen häufiger an Kriminalitätsschwerpunkten, sog. „hot spots" vorkommen. Es gibt aber nicht nur einen Zusammenhang zwischen Raum und Kriminalität, sondern auch zwischen Raum und psychischen Störungen. Weisburd et al. (2018) haben festgestellt, dass in Schwerpunktgebieten für Gewaltkriminalität der Mittelwert für die Symptomatik Depression um 61 % und für PTBS um 85 % höher ist als in „cold spots". Insgesamt sei anzunehmen, dass 14,8 % der Bewohner von Schwerpunktbereichen für Gewaltkriminalität an der Schwelle zu einer minderschweren Depression oder der Diagnose einer PTBS liegen. Für Bewohner von „cold spots" gelte dies vergleichsweise lediglich für 6,5 %. Die Wahrscheinlichkeit, dass die Bewohner von Schwerpunkten für Gewaltkriminalität von psychischen Problemen betroffen sind, ist demnach signifikant höher. Die Autoren der Studie betonen deshalb, dass „das ermittelte hohe Niveau von psychischen Problemen in Kriminalitätsschwerpunkten darauf hindeutet, wie wichtig das Zusammenwirken von Polizei und Fachleuten für psychische Probleme in von Gewaltdelinquenz betroffenen Gebieten ist. … Das zeigt die Notwendigkeit auf, Schwerpunktbereiche für Gewaltkriminalität zum Ziel psychosozialer Intervention zu machen" (Weisburd et al. 2018, S. 292 f.).

## 5  Zwischenergebnis

Generell sollten Polizeibeamte in Einsatzsituationen immer an die Möglichkeit denken, dass sie einer psychisch gestörten Person gegenüberstehen. Es gibt bestimmte Zeiten oder Situationen, in denen Menschen mit psychischen Störungen die Erfahrung machen können, dass sich ihr Zustand verschlechtert bis hin zur Möglichkeit der Selbstverletzung oder eines Suizids. Solche Situationen sollten im Auge behalten und notwendige Vorbeugungsmaßnahmen getroffen werden. Faktoren, die zu einer Verschlechterung der psychischen Bedingungen führen können, sind: Krankheit oder Tod von Familienmitgliedern/ Freunden, Scheidungen und andere familiäre Zusammenbrüche, Drogenentzug und Beendigung von Hilfsprogrammen, Haft und Gerichtsverhandlungen, Zwangsmaßnahmen oder Gewalterfahrung. Auch wenn das Risiko für psychische Störungen insgesamt recht hoch ist, muss die Polizei bei Einsätzen ihr Augenmerk auf bestimmte Gruppen oder Personen richten, die möglicherweise (aber nicht notwendigerweise) ein höheres Risiko tragen. Dazu gehören Frauen, Kinder und Jugendliche, Migranten, Lesben, Schwule, Bisexuelle, Transgender und Intersexuelle (LGBT-Personen), ältere Personen, Menschen mit Behinderungen, Obdachlose.

Die Polizei kann eine wesentliche Rolle beim Umgang mit psychischen Störungen spielen und das psychische Wohlbefinden im Rahmen der Begegnung fördern – oder eben verschlechtern. Durch die Art der Interaktion können der Ausbruch psychischer Störungen vermieden, verursacht oder verstärkt werden. Ist die Anzahl der Polizeieinsätze für den einzelnen Beamten auch nicht kontrollierbar, so kann die Polizei bei der Durchführung von Einsätzen doch viele Maßnahmen ergreifen, die der Verstärkung einer psychischen Störung und der Verschlechterung des psychischen Zustandes entgegenwirken, ohne dass zusätzliche Ressourcen erforderlich wären.

Von Polizeibeamten kann nicht erwartet werden, dass sie die diagnostischen Fähigkeiten oder die Herangehensweise von psychiatrisch/psychologisch ausgebildeten Fachkräften beherrschen, aber ihre zeitnahen und angemessenen Reaktionen sind entscheidend. Frühzeitige Wahrnehmung und Intervention können dafür sorgen, dass geringfügige Ursachen sich nicht zu großen Ereignissen entwickeln, sodass Suizid oder Selbstverletzung vermieden werden können.

Die Polizei sollte dafür gewappnet sein, Anzeichen für schwerwiegende psychische Störungen, die sofortige Aufmerksamkeit fordern, zu erkennen. Solche Signale sind: Suizid- oder Selbstverletzungsversuche, aktive Suizidvorbereitung, wirres Denken und Sprechen, extreme Hochgefühle und Niedergeschlagenheit, plötzliche Stimmungs- und/oder Verhaltensänderung, irritierendes Verhalten.

Wenn Polizeibeamte vor Ort annehmen, ihr Gegenüber leide unter einer schwerwiegenden psychischen Störung, die dringend Aufmerksamkeit erfordere, sollte sofort professionelle Hilfe angefordert werden, indem man sich mit dem vor Ort vorhandenen (sozial)-psychologischen Dienst, einer vor Ort vorhandenen psychiatrischen Ambulanz oder einer Tagesklinik in Verbindung setzt. Hilfreich ist, wenn auf der Leitstelle, dem Revier oder der Wache entsprechende Ansprechpartner und ihre Erreichbarkeiten bekannt sind – und diese Informationen allen Beamten zur Verfügung stehen.

Natürlich muss die Polizei immer schützend eingreifen, falls Gefahr für die betreffende Person oder andere besteht. Noch mehr als in anderen Fällen, in denen man es mit nicht gestörten Personen zu tun hat, sollte aber hier genau überlegt werden, welche Maßnahmen tatsächlich notwendig und geeignet sind. Vor allem muss das Strafverfolgungsinteresse immer dann, wenn es Hinweise darauf gibt, dass der Störer oder Tatverdächtige psychisch gestört ist, im Interesse der Gesundheit der Betroffenen, aber auch unbeteiligter Dritter, zurückstehen. Es ist nützlich und unabdingbar, eine offene und empathische Ansprache mit dem betreffenden Menschen zu suchen, um die Beweggründe besser verstehen zu können. Allerdings sind hier Uniform und vor allem Waffen meist wenig hilfreich. Wenn also ein Beamter in Zivil verfügbar ist, dann sollte er das Gespräch suchen. Insgesamt gilt: Ruhe bewahren: langsam und deutlich sprechen, wichtige Dinge wiederholen, nicht provozieren lassen; Angst beim Gegenüber reduzieren: Drohungen vermeiden, Hilfe anbieten (auch das Angebot, den Betreffenden in eine Klinik zu bringen), hohe Anforderungen vermeiden; Wertschätzen des Gegenübers: Interesse und Verständnis zeigen, überhebliche, abwertende oder bagatellisierende Äußerungen vermeiden; Wünsche und Ängste erfragen: Was kann ich für Sie tun? Was möchten Sie auf gar keinen Fall? Lösungen aushandeln und Sicherheit schaffen. Keinesfalls sollte Zwang ausgeübt werden, es sei denn, dieser ist unbedingt erforderlich, um Verletzungen bei dem Betroffenen oder anderen zu verhindern. Bei einer möglichen Schädigung von Eigentum ist im Zweifel diese Schädigung hinzunehmen – um Gefahren für Leib und Leben zu verhindern.

Die Anwendung von Gewalt muss auf Fälle der Selbstverteidigung, bei versuchter Flucht oder körperlichem Widerstand gegen Anordnungen reduziert werden, wobei die angewendete Gewalt gesetzliche Grenzen nicht überschreiten darf und immer vor dem Hintergrund des Verhältnismäßigkeitsgrundsatzes gesehen werden muss. Eine polizeiliche Maßnahme (nur) deshalb durchzusetzen, weil man ansonsten glaubt, die eigene Autorität oder die Autorität der Polizei insgesamt werde infrage gestellt, ist unzulässig. Dazu folgende Fallschilderung aus einem Interview, das wir vor einigen Jahren mit Polizeibeamten durchgeführt haben: „Also, soweit müssen wir ehrlich sein. (…) Wenn jemand ‚Scheißbulle' oder so was sagt, sind das für mich Beleidigungen, die den ganzen Berufszweig, also die Institution Polizei betreffen, nur ‚Kinderficker' lasse ich mir vom Bürger nicht sagen, also da kriegt er postwendend eine geschmiert. Also, da wollen wir jetzt mal faktisch (ehrlich sein), was in Ehrverletzung reingeht, nehme ich so ohne weiteres auch nicht hin. Also, das muss ich ganz ehrlich sagen. Klar, wo sich Gewalt vermeiden lässt, aber wenn einer am Ohrfeigenbaum schüttelt…". „Und der Kollege geht dann eher auf unser Gegenüber los als ich." „Und der wird dann ganz schnell an den Wagen gedrückt." „Du lässt meine Kollegin jetzt in Ruhe!" „Was hast du zu meiner Kollegin gerade gesagt? Hast du meine Kollegin gerade beleidigt?" „Also (…) der Beschützerinstinkt." „Wenn die Kollegin auf irgendeine Art und Weise verbal angegriffen wird, dass der kleine Hengst, der dann danebensteht (…) das auch nicht nett findet und dementsprechend anders agieren wird, also die da drin zur Räson rufen wird und somit ist schon die erste Schwelle da, dass der weitere Verlauf sich wahrscheinlich ein wenig schwierig gestaltet" (Ohlemacher et al. 2008, S. 20 ff., Feltes et al. 2007).

Pfefferspray muss extrem vorsichtig und zurückhaltend eingesetzt werden, wenn überhaupt. Pfefferspray kann zum Tod führen, wie viele Beispiele aus dem Ausland, und Vorfälle 2018 in Hamburg zeigten: „Es ist der zweite Tote nach einem Polizeieinsatz mit Pfefferspray innerhalb von drei Tagen. Bereits am Sonntag war bei Hannover ein Mann nach einem Pfeffersprayeinsatz an Herzversagen gestorben. Am Dienstag starb nun ein Patient in einer Psychiatrie in Hamburg-Harburg, nachdem er von Polizist*innen und Klinikmitarbeiter*innen überwältigt worden war. Der Grund ist mutmaßlich ebenfalls Herzversagen. … Dass Pfefferspray in Wechselwirkung mit Drogen oder Psychopharmaka tödlich sein kann, ist schon lange bekannt. Ein Gutachten des wissenschaftlichen Dienstes des Bundestags weist darauf hin, dass „indirekte gesundheitliche Gefahren beim Einsatz von Pfefferspray bestehen, insbesondere für solche Personen, die unter Drogeneinfluss stehen oder Psychopharmaka eingenommen haben", und nennt auch einige Todesfälle. Experten … warnen außerdem schon seit Jahren davor, dass Pfefferspray auch in psychischen Ausnahmesituationen tödlich sein kann. Wenn der Körper unter Stress steht, wie beispielsweise bei Panikattacken, Psychosen, unter Drogen oder einem Allergieschock, kann das Reizgas den Kreislauf zum Erliegen bringen" (taz 2018).

## 6 Fazit: Management und Polizeiführung sind gefordert

Einsamkeit und Mangel an geistiger Anregung oder Kommunikation mit anderen sind häufige Faktoren, die zu psychischen Erkrankungen beitragen. Positive Grundhaltung und Interaktionen sind deshalb wichtig zur Entspannung der Situation. Positive Kommunikation hilft auch, Warnsignale und potenzielle Auslöser für psychischen Verfall zu erkennen. So können durch gelungene

Kommunikation Probleme aufgedeckt werden, mit denen Personen konfrontiert sind. Die Möglichkeit, über eine Belastung zu sprechen, reicht häufig aus, um Stress abzubauen und Lösungsmöglichkeiten anzunehmen. Hier sind Beziehungsaufbau durch positive Körper- und Ansprache, Einbinden in sinnvolle Kommunikation und Anhören der Probleme und Sorgen des sog. „Gegenüber", die Beachtung von Warnsignalen für psychische Erkrankungen, so etwa plötzlicher Stimmungs- oder Verhaltenswandel und Information der übrigen Kolleginnen und Kollegen in der Aus- und Fortbildung nicht nur zu „unterrichten", sondern anhand von konkreten Einsatzsituationen auch einzuüben (Verhaltenstraining). Ähnlich wie der Einsatz bei einer Fahrzeugkontrolle konkret eingeübt wird, so muss auch das Verhalten beim Verdacht auf eine psychische Störung eingeübt werden. Voraussetzung dafür ist aber, dass die Polizeibeamten gelernt haben, solche Störungen zu erkennen. Bestimmte, in diesem Beitrag näher beschriebene Verhaltensweisen bei dem sog. polizeilichen Gegenüber müssen dann sofort Warnmechanismen auslösen. Überkommene und gewohnte Handlungsabläufe sind dann sofort und unmittelbar zu hinterfragen und ggf. zu stoppen.

Wenn Polizeibeamte die Ursachen und Auswirkungen psychischer Störungen erkennen, sind sie besser in der Lage, deren Bedeutung für den anderen zu verstehen. Sorgfältige Beurteilung von Bedürfnissen und Risiken, individualisierte Kommunikation, angemessene Risikoeinschätzung und gute Dokumentation helfen, die spezifischen Risiken und Auslöser zu verstehen und auf sie einzugehen. So sind Gespräche mit dem Gesundheitsdienst und Fachleuten für psychische Probleme über psychische Störungen ebenso sinnvoll wie die Beschäftigung mit Fachliteratur zu psychischer Gesundheit. Mit Menschen mit psychischen Störungen muss klar und verständlich gesprochen werden, um zu verstehen, wie die Situation auf sie wirkt und was zur Verbesserung der Situation getan werden kann. Die Einstellung, dass Polizeibeamte nach dem Motto „Ein Indianer kennt keinen Schmerz" mit ihren Problemen allein gelassen werden, ist (zum Glück) nur noch selten verbreitet. Inzwischen hat man erkannt, dass die (auch psychische) Gesundheit von Polizeibeamten ein entscheidendes Kriterium für gute Polizeiarbeit und die Einhaltung der Menschenrechte ist (Feltes & Punch 2005). Es werden entsprechende Hilfsangebote bereitgestellt, wenn auch nicht immer und überall in ausreichendem Umfang und in geeigneter Weise (z. B. auch als „Coaching") (Behr 2013).

Leider wird oftmals erst im Nachhinein erkannt, dass eine der von einer polizeilichen Maßnahme betroffene Person psychisch gestört oder krank ist.

Hier sollten Polizeiführer darauf hinwirken, dass solche Einsätze ganz besonders intensiv aufgearbeitet werden – ohne individuelle Schuldzuweisungen, aber auch ohne den Versuch, etwa vorhandenes Fehlverhalten zu vertuschen. Leider ist letzteres oftmals ein generelles Problem in Polizeibehörden, wobei hier der Strafverfolgungszwang noch eine besondere Rolle spielt: Polizeibeamte, die nachträglich ein Fehlverhalten von Kollegen anzeigen, können ggf. wegen Strafvereitelung im Amt belangt werden (Feltes 2014). In England wurden nach mehreren Jahren fünf Polizeibeamte dafür belangt, dass sie eine psychische Erkrankung nicht erkannt hatten und anschließend versucht hatten, dies zu vertuschen (Dood 2019).

Um sicherzustellen, dass die Polizei wirksam auf psychische Störungen eingehen kann, muss ein stabiles und konstruktives Arbeitsumfeld gewährleistet sein. Polizeiführung und Politik müssen vor allem dafür sorgen, dass klare Strategien, Verfahren und Verantwortungsebenen für den Umgang mit psychischen Störungen vorhanden sind. Es muss eine Behördenstruktur bestehen, in der die unterschiedlichen Vorstellungen und Bewertungen bezüglich der Menschen, mit denen Polizeibeamte konfrontiert sind, sowie die Erfahrungen mit psychischen Störungen gebündelt werden können und die geeignet ist, die Angehörigen des Polizeidienstes im Umgang mit psychischen Störungen zu leiten. Deshalb ist es unverzichtbar, dass jeder Polizeibeamte dazu beiträgt, eine Behördenhaltung zu fördern, die dazu befähigt, individuelle Unterschiede wahrzunehmen, auf psychische Störungen angemessen zu reagieren und Missbrauch von Macht oder Diskriminierung zu verhindern. Das mag eine Herausforderung für fest verankerte Überzeugungen und langfristige Haltungen gegenüber psychischen Erkrankungen mit sich bringen, wird aber zu einer positiveren Dienstausübung beitragen und mehr Sicherheit im Umgang mit der Problematik geben.

Die Beamten selbst können körperliche und psychische Probleme bekommen, die durch die Polizeiarbeit verursacht oder gesteigert werden. Gründe, die die psychische Gesundheit beeinträchtigen können, sind etwa Arbeitsstress, Mangel an Familienkontakten, lange Arbeitszeiten, Isolation, gefährliche Arbeitsbedingungen, Belästigungen und Einschüchterung sowie die Konfrontation mit traumatischen Ereignissen wie Suizidversuchen oder Todesfällen im Rahmen eines Polizeieinsatzes. Eine Gefahr für die psychische Gesundheit der Beamten stellen auch überfüllte Diensträume, unterbesetzte und schlecht ausgestattete Behörden dar sowie das Gefühl, von den Kolleginnen und Kollegen nicht wertgeschätzt oder unterstützt zu werden. Auf der Management-Ebene muss die wichtige Rolle der Polizeibeamten vor Ort anerkannt werden, und es müssen

Strategien vorhanden sein, die Gesundheit der Bediensteten zu erhalten und zu fördern. Maßnahmen, die die Polizeiführung ergreifen kann, sind Beratungen der Teams und Förderung von Eigeninitiative, Aktivitäten gegen „Mobbing", gute Führungsqualität und Supervision, gute Arbeitseinteilung und Arbeitsbedingungen sowie Aufstiegs- und Beförderungschancen.

Fortbildung der Polizeibeamten zum Umgang mit psychischen Problemen durch Fachleute sollte ständig angeboten werden und sollte alle Dienstposten einschließlich der Leitungsebene einbeziehen. Die Fortbildung sollte die verschiedenen Formen psychischer Störungen, ihre Ursachen und Symptome sowie die frühzeitige Wahrnehmung und Interventionsmöglichkeiten umfassen. Die Beamten sollten außerdem im Hinblick auf die psychosozialen Bedürfnisse der betroffenen Personen und zu Kommunikationsformen fortgebildet werden. Ein Fokus sollte dabei auf die Ermutigung zur Förderung der psychischen Gesundheit und das Durchbrechen von Stigmata und Diskriminierung im Zusammenhang mit psychischen Störungen gelegt werden. Ansätze und Versuche aus dem In- und Ausland (vgl. Dawson & Hobson 2019, Hobson et al. 2015) sollten ausgewertet und ggf. übertragen werden; ebenso vorhandene Forschungsergebnisse (Wood et al. 2017). In Berlin können seit 2015 Beamte freiwillig an einem Situationstraining oder Verhaltenstraining teilnehmen. Es soll Routine und Sicherheit im Umgang mit psychisch kranken oder labilen Menschen geben und dazu dienen, die Eigensicherung bei solchen Einsätzen zu stärken. Die Teilnehmer analysieren ihre Handlungen und die Folgen mit Hilfe von Experten.

Ansätze zum Umgang mit psychischen Störungen sollten gut koordiniert werden zwischen verschiedenen Behörden und Einzelpersonen unter Einbeziehung gemeinnütziger Einrichtungen. Außerdem sollte eine gute Zusammenarbeit mit Gemeindeeinrichtungen, die auf psychische Störungen spezialisiert sind, angestrebt werden.

Bei etwa 10 % aller Notrufe in den USA geht es um psychische Probleme, die eigentlich von entsprechenden Ärzten oder Psychologen und nicht von der Polizei behandelt werden müssten. Da ein hoher Anteil psychisch Kranker nicht in Behandlung ist (in den USA geht man von 50 % aus) ist die Polizei entsprechend häufig mit Problemen in diesem Kontext befasst, wobei Einsätze in Verbindung mit psychisch Kranken etwa doppelt so viel Zeit in Anspruch nehmen wie andere Einsätze. Zudem beanspruchen sie 21 % der Zeit von Polizeibeamten (Treatment Advocacy Center 2019). Für Deutschland fehlen entsprechende Studien. Es wird höchste Zeit, dass sie durchgeführt werden.

## Literatur

Alex, M., & Feltes, T. (2011). Ich sehe was, was Du nicht siehst – und das ist krank! Thesen zur psychiatrisierenden Prognosebegutachtung von Straftätern. *Monatsschrift für Kriminologie und Strafrechtsreform, 94,* (S. 280–284).

Behr, R. (2013). Coaching und Supervision als Professionalisierungsinstrument für Führungskräfte der Polizei. In C. Barthel (Hrsg.), *Personalentwicklung als Führungsaufgabe in der Polizei* (S. 194–220). Stuttgart u. a.: Boorberg.

Berliner Zeitung (2017). Berlin-Hohenschönhausen. Polizei erschießt psychisch kranken Mann. https://www.berliner-zeitung.de/berlin/polizei/berlin-hohenschoenhausen-polizei-erschiesst-psychisch-kranken-mann-25655648. Zugegriffen: 13.09.2019.

Dawson, P. & Hobson, Z. (2019). A Return to Mental Health and the Police. New Learning from Innovation. *Policing: A Journal of Policy and Practice.* https://doi.org/10.1093/police/paz024. Zugegriffen: 13.09.2019.

Diederichs, O. (2015). Der Mythos vom gefährlichen Irren. *Deutsche Polizei* (S. 10–11).

The Disabilities Trust (2019). Making the Link. Female Offending and Brain Injury. https://www.thedtgroup.org/media/163444/making-the-link-female-offending-and-brain-injury.pdf. Zugegriffen: 13.09.2019.

Dood, V. (2019). Sean Rigg death: police lied as part of cover-up, tribunal hears. *The Guardian vom 04.02.2019.* https://www.theguardian.com/uk-news/2019/feb/04/sean-rigg-death-police-lied-as-part-of-cover-up-tribunal-hears. Zugegriffen: 13.09.2019.

Dulz, B., & Schneider, A. (1999). Borderline-Störungen u. a.: Schattauer.

Fazel, S., Wolf, A., Palm, C., & Lichtenstein, P. (2014). Violent crime, suicide, and premature mortality in patients with schizophrenia and related disorders: a 38-year total population study in Sweden. *The Lancet.* https://www.thelancet.com/journals/lanpsy/article/PIIS2215-0366%2814%2970223-8/fulltext. Zugegriffen: 13.09.2019.

Feltes, T. (2011). Polizeiliche Verfolgungsfahrten und der Jagdinstinkt. Kriminologisch-polizeiwissenschaftliche Anmerkungen zu einem wenig beachteten Phänomen. *Polizei & Wissenschaft,* (S. 11–23).

Feltes, T. (2014). Die diskursive Rechtfertigung von Gewaltanwendung durch Polizeibeamte. *Akzeptanz des Rechtsstaates in der Justiz. Texte und Ergebnisse des 37. Strafverteidigertages Freiburg 2013,* Berlin: Strafverteidigervereinigungen (S. 121–136).

Feltes, T. (2017). „Fast alle Fälle sind vermeidbar". *taz vom 17.05.2017,* https://taz.de/Psychologe-ueber-toedliche-Polizeischuesse/!5408530. Zugegriffen: 13.09.2019.

Feltes, T. & Punch, Maurice (2005). Good People, Dirty Work? Wie die Polizei die Wissenschaft und Wissenschaftler die Polizei erleben und sich Polizeiwissenschaft entwickelt. *Monatsschrift für Kriminologie und Strafrechtsreform, 88,* (S. 26–45).

Feltes, T., Klukkert, A., & Ohlemacher, T. (2007). „… dann habe ich ihm auch schon eine geschmiert." Autoritätserhalt und Eskalationsangst als Ursachen polizeilicher Gewaltausübung. *Monatsschrift für Kriminologie und Strafrechtsreform, 90,* (S. 285–303).

Feltes, T., & Jordan, L. (2017). Schnelles und langsames Denken im Polizeiberuf. Ein Beitrag zu Risiken und Nebenwirkungen polizeilicher Sozialisation. In J. Stierle, D. Wehe & H. Stiller (Hrsg.), *Handbuch Polizeimanagement* (S. 255–276). Wiesbaden: Springer.

Füllgrabe, U. (2019). *Psychologie der Eigensicherung.* Stuttgart: Boorberg.

Heinz, Gunter (1998). Fehler in der psychiatrischen Begutachtung. *Ärzteblatt 95,* (S. 60–62).

Hermanutz, M. & Hamann, S. (2012). Psychische Störungen. In H. Schmalzl, L. Bodamer & M. Hermanutz (Hrsg.), *Moderne Polizeipsychologie in Schlüsselbegriffen* (S. 77–95) Stuttgart u. a.: Boorberg.

Hobson, Z., Grossmith, L., & Dawson, P. (2015). *MOPAC Evidence and Insight Research into the London Mental Health Street Triage Pilot*. https://www.london.gov.uk/sites/default/files/mopac_research_into_the_london_mental_health_street_triage_pilot_dec_2015.pdf. Zugegriffen: 13.09.2019.

Hücker, F. (2016). Rhetorische Deeskalation: Deeskalatives Einsatzmanagement Stress- und Konfliktmanagement im Polizeieinsatz. Stuttgart u. a.: Boorberg.

Krauthan, G. (2013). *Psychologisches Grundwissen für die Polizei: Ein Lehrbuch*. Weinheim: Beltz.

Latscha, K. (2005). *Belastungen von Polizeivollzugsbeamten. Empirische Untersuchung zur Posttraumatischen Belastungsstörung bei bayerischen Polizeivollzugsbeamten/-innen*. https://edoc.ub.uni-muenchen.de/3250/1/Latscha_Knut.pdf. Zugegriffen: 13.09.2019.

Luff, J., Schuster, V., & Röhm, C. (2018). *Konflikte im Polizeialltag. Eine Analyse von Beschwerden gegen Polizeibeamte und Körperverletzungen im Amt in Bayern*. München: Kriminologische Forschungsgruppe der Bayerischen Polizei. https://www.polizei.bayern.de/content/4/3/7/konflikte_im_polizeialltag.pdf. Zugegriffen: 13.09.2019.

Meltzer, S. (2015). Die Gefahr aus dem „Nichts". Der Umgang mit „auffälligen" oder „instabilen" Personen im polizeilichen Einsatz. *Deutsche Polizei*, (S. 4–10).

Ohlemacher, T., Feltes, T., & Klukkert, A. (2008). Die diskursive Rechtfertigung von Gewaltanwendung durch Polizeibeamtinnen und -beamte. Methoden und Ergebnisse eines empirischen Forschungsprojektes. *Polizei & Wissenschaft*, (S. 20–29).

Peter, E., & Bednarczyk, S. (o. J.): Tödliche Polizeischüsse. Alle fünfeinhalb Wochen wird in Deutschland ein Mensch von Polizisten erschossen. Ein Dossier. https://taz.atavist.com/polizeitote#chapter-1957584. Zugegriffen: 13.09.2019.

Polizei B. (2018). Mann durch Schussabgabe schwer verletzt, Polizeimeldung vom 25.07.2018, Nr. 1564. https://www.berlin.de/polizei/polizeimeldungen/pressemitteilung.724616.php. Zugegriffen: 10.02.2020.

Porsch, T., & Werdes, B. (Hrsg.) (2016): *Polizeipsychologie: Ein Lehrbuch für das Bachelorstudium Polizei*. Göttingen: Hogrefe.

Preus-Wössner, J. (2009). Lagebedingter Erstickungstod. Positionale Asphyxie bei Polizeilichen Maßnahmen. *Kriminalistik 63*, (S. 161–167).

Rückert, S. (2012). Strafsache Polizei. *ZEIT ONLINE*, https://www.zeit.de/2012/40/DOS-Polizeigewalt-Deutschland. Zugegriffen: 13.09.2019.

Schönstedt, O. (2016). *Umgang mit psychisch kranken Menschen aus der Perspektive der Gefahrenabwehrbehörden unter besonderer Berücksichtigung des Psychisch-Kranken-Hilfe-Gesetzes und des Polizeigesetzes*. Stuttgart u. a.: Boorberg.

Sponsel, R. (o. J.). Potentielle Fehler in forensisch psychopathologischen Gutachten, Beschlüssen und Urteilen der Maßregeljustiz. http://www.sgipt.org/forpsy/NFPMRG/PFFPGMRJ.htm. Zugegriffen: 13.09.2019.

taz (2018). Erneuter Todesfall nach Pfefferspray. Ein psychisch kranker Mensch kollabierte und starb bei einem Polizeieinsatz in Hamburg – die Beamt*innen hatten Pfefferspray eingesetzt. https://taz.de/Nach-Reizgas-Einsatz-der-Polizei/!5527533. Zugegriffen: 13.09.2019.

taz (o. J.). Tödliche Polizeischüsse. https://taz.atavist.com/polizeitote#chapter-1957447. Zugegriffen: 13.09.2019.

Treatment Advocacy Center (2019). *Road Runners. The Role and Impact of Law Enforcement in Transporting Individuals with Severe Mental Illness. A National Survey.* https://www.treatmentadvocacycenter.org/storage/documents/Road-Runners.pdf. Zugegriffen: 13.09.2019.

United Nations Office on Drugs and Crime (UNODC) (2014). *Handbook on Women and Imprisonment.* http://www.tijbangkokrules.org/uploads/publications/sAizglDKxX0df2Z ZChWmwSI3e4Hi73RotqXcLFqV.pdf. Zugegriffen: 13.09.2019.

Wood, J., D., Watson, A., & Fulambarker, A. (2017). The „Gray Zone" of Police Work During Mental Health Encounters: Findings From an Observational Study in Chicago, *Police Quarterly, 20,* (S. 81–105).

Weisburd, D., Cave, C., Nelson, M., White, C., Haviland, A., Ready, J., Lawton, L., & Sikkema, K. (2018), Mean Streets and Mental Health: Depression and Post-Traumatic Stress Disorder at Crime Hot Spots. In *American Journal of Community Psychology, 61,* (S. 285–295).

World Health Organization (WHO) (2013). *The 66th World Health Assembly, Comprehensive Mental Health Action Plan 2013-2020, Agenda item 13.3, 27 May 2013, Annex.* https://www.who.int/mental_health/action_plan_2013/en. Zugegriffen: 13.09.2019.

World Health Organisation (WHO) (2001). *The World Health Report 2001, Mental Health: New Understanding. New Hope.* https://www.who.int/whr/2001/en. Zugegriffen: 13.09.2019.

**Thomas Feltes** Prof. Dr. iur., von 2002 bis 2019 Inhaber des Lehrstuhls für Kriminologie, Kriminalpolitik und Polizeiwissenschaft an der Ruhr-Universität Bochum; Deutscher Vertreter beim Europäischen Komitee zur Verhütung von Folter und unmenschlicher oder erniedrigender Behandlung oder Strafe (CPT) des Europarates thomas.feltes@rub.de.

**Michael Alex** Dr. iur., Dipl.-Psych., Kriminologe, ehemaliger Wissenschaftlicher Mitarbeiter am Lehrstuhl für Kriminologie, Kriminalpolitik und Polizeiwissenschaft an der Ruhr-Universität Bochum, michel.alex@rub.de.

# Die polizeiliche Registrierung von Straftaten im Kontext von Flucht und Migration

Ingke Goeckenjan, Christian Roy-Pogodzik und Lara Schartau

## 1 Einleitung

Die Delinquenz von zugewanderten Personen bestimmt seit langem die Debatten in den herkömmlichen und neuen Medien, in der Politik sowie an analogen und virtuellen Stammtischen in Deutschland. Seit dem außergewöhnlich hohen Zuzug von Schutzsuchenden in den Jahren 2015 und 2016 steht vor allem die Kriminalität von Geflüchteten im Zentrum des öffentlichen Interesses. Straftaten von Geflüchteten werden in den Medien thematisiert, häufig auch skandalisiert und von verschiedenen Seiten politisch instrumentalisiert.

Für Aussagen zur Kriminalitätslage wird in Deutschland hauptsächlich die Polizeiliche Kriminalstatistik (PKS) des Bundeskriminalamts (BKA) heran-

---

Dieser Beitrag ist im Rahmen des Forschungsprojektes „Flucht als Sicherheitsproblem" entstanden. Das Projekt analysiert registrierte Kriminalität durch und gegen Geflüchtete für den Zeitraum von 2014 bis 2016 in 16 Städten und Gemeinden in Nordrhein-Westfalen anhand von polizeilichen Datensätzen (vgl. Goeckenjan et al. 2019). Den Projektmitarbeiterinnen Frau *Bettina Voußen* und Frau *Farina Kronsbein* gebührt herzlicher Dank für Ihre Mitarbeit an diesem Beitrag.

---

I. Goeckenjan (✉) · C. Roy-Pogodzik · L. Schartau
Ruhr-Universität Bochum, Bochum, Deutschland
E-Mail: ingke.goeckenjan@rub.de

C. Roy-Pogodzik
E-Mail: christian.roy-pogodzik@rub.de

L. Schartau
E-Mail: lara.schartau@rub.de

© Springer Fachmedien Wiesbaden GmbH, ein Teil von Springer Nature 2020
D. Hunold und A. Ruch (Hrsg.), *Polizeiarbeit zwischen Praxishandeln und Rechtsordnung*, Edition Forschung und Entwicklung in der Strafrechtspflege,
https://doi.org/10.1007/978-3-658-30727-1_14

gezogen. Mit Fokus auf die Kriminalität von Geflüchteten veröffentlicht das BKA seit 2015 zusätzlich das Bundeslagebild „Kriminalität im Kontext von Zuwanderung". Auch diese Darstellung basiert im Wesentlichen auf den Daten der PKS. Entgegen dem in den Medien und der Politik häufig erweckten Anschein bildet die PKS aber nicht die Kriminalitätslage als solche ab. Als sog. Hellfeldstatistik gibt sie lediglich einen – erheblichen Verzerrungen unterliegenden – Ausschnitt der in Deutschland begangenen mutmaßlichen Straftaten wieder (weitere Erläuterungen zum Hell- und Dunkelfeld bei Kunz und Singelnstein 2016, S. 197 ff.). Neben den allgemeinen Einschränkungen hinsichtlich der Aussagekraft polizeilicher Daten müssen Besonderheiten bei den Erfassungsmodalitäten von mutmaßlichen Straftaten Geflüchteter und solchen gegen Geflüchtete berücksichtigt werden. Nicht zuletzt müssen bei der Bewertung von Befunden die spezifische soziodemografische Zusammensetzung der betrachteten Bevölkerungsgruppe und eine möglicherweise erhöhte soziale Sichtbarkeit bestimmter Formen von Delinquenz beachtet werden.

Ziel dieses Beitrages ist es daher, die verfügbaren polizeilichen Daten zu Kriminalität im Kontext von Flucht und Migration unter besonderer Berücksichtigung der PKS darzustellen. Dabei werden die jeweiligen Erfassungsmodalitäten und ihre Aussagekraft reflektiert, um somit das Kontextwissen zur Interpretation dieser Daten zu vermitteln. Dazu werden zunächst die im Fokus stehenden heterogenen Personengruppen, die in der Debatte oft genug nicht klar differenziert werden, anhand ihres rechtlichen Status definiert (2). Dafür wird kurz auf das Asylverfahren, die Rolle von sog. „sicheren Herkunftsstaaten", die verschiedenen Aufenthaltstitel sowie damit verbundene Möglichkeiten und Hindernisse für das Leben in Deutschland eingegangen.[1] Das erlaubt eine differenziertere Betrachtung der Gruppe der Schutzsuchenden und eine genauere Interpretation der Daten und Erkenntnisse der PKS. Anschließend (3) werden die polizeilichen IT-Programme vorgestellt, die Informationen zur Phänomenbeschreibung von Kriminalität speziell im Kontext von Flucht und Migration liefern können. Indem die relevanten Erfassungsmodalitäten und Datenstrukturen dargestellt werden, kann die Aussagekraft der polizeilichen Daten umfassender eingeschätzt werden. Insbesondere wird der bei der polizeilichen Registrierung verwendete Begriff „Zuwanderer" kritisch erörtert. Weiterhin werden einzelne

---

[1] Es wird auf weitere Differenzierungen, etwa im Hinblick auf kulturelle Herkunft oder Religion der Geflüchteten verzichtet, da diese Merkmale keine Relevanz für die Erfassung in der PKS haben. Ausführlich zu kulturellen Faktoren, die im Kontext von abweichendem Verhalten diskutiert werden Walburg 2018.

Verzerrungsfaktoren auf die Hellfeldstatistik erläutert sowie die Aussagekraft möglicher Darstellungsformen von Hellfeldergebnissen diskutiert. Im Anschluss werden einige Ergebnisse aus der PKS skizziert, um einen Eindruck von polizeilich registrierter Kriminalität von Geflüchteten in Deutschland zu erhalten. Sodann werden mögliche Herangehensweisen dargelegt, wie die Aussagekraft von polizeilichen Datensätzen erhöht werden könnte (4). Den Abschluss bildet ein kurzes Fazit, in dem auch Anregungen zum Umgang mit polizeilichen Datensätzen formuliert werden (5).

## 2 Begriffliche Erfassung unterschiedlicher Personengruppen

### 2.1 Der Begriff der „Nichtdeutschen"

In der PKS werden die registrierten Tatverdächtigen im Hinblick darauf unterschieden, ob es sich um deutsche oder nichtdeutsche Personen handelt. Ein Differenzierungskriterium ist somit die Staatsangehörigkeit. Zur Beschreibung der Kriminalität Nichtdeutscher hat sich der Begriff der „Ausländerkriminalität" etabliert, der jedoch wegen der Gefahr verallgemeinernder Zuschreibungen in der Kritik steht. Kriminalität ist keine Frage des Passes (vgl. Feltes et al. 2016).

Wenn nun aber Kriminalität im Kontext von Migration im Vordergrund steht, so gilt das wissenschaftliche Interesse nicht nur Nichtdeutschen, sondern allen Personen, die einen Migrationshintergrund aufweisen. Eine Person wird hierunter gefasst, wenn sie selbst oder mindestens ein Elternteil mit einer anderen Staatsangehörigkeit als der deutschen geboren wurde. Dies traf 2018 insgesamt auf jede vierte Person (20,8 Mio.) in Deutschland zu. Davon waren 10,9 Mio. deutsche Staatsangehörige (Statistisches Bundesamt 2019). In Bevölkerungsumfragen wie dem Mikrozensus oder Dunkelfeldbefragungen (vgl. etwa Birkel et al. 2019; Walburg 2014) wird der Migrationshintergrund für gewöhnlich abgefragt; aus der Polizeilichen Kriminalstatistik ergibt er sich hingegen in der Regel nicht.[2] Unter nichtdeutschen Personen finden sich neben nicht eingebürgerten Migrant*innen oder Nachkommen von Migrant*innen auch Menschen, die sich etwa als Tourist*innen oder Durchreisende in Deutschland aufhalten. Der jeweilige

---

[2]Eine Ausnahme bildete die Berliner PKS zum Jahr 2012. Dort wurde der Migrationshintergrund deutscher Tatverdächtiger erhoben, allerdings nur für Tatverdächtige unter 21 Jahren bei Rohheitsdelikten, Mord, Totschlag, Vergewaltigung sowie sexuelle Nötigung (LKA Berlin 2012, S. 128).

Aufenthaltsstatus der nichtdeutschen Personen ist eng mit dem Migrations- oder Aufenthaltsgrund verknüpft und hat erhebliche rechtliche, politische und gesellschaftliche Auswirkungen.

## 2.2 Fokus Geflüchtete

Als Flüchtlinge – oder sprachlich neutraler – Geflüchtete oder Schutzsuchende werden Menschen bezeichnet, die aufgrund der sozialen, wirtschaftlichen oder politischen Bedingungen bzw. aufgrund eines Krieges oder Bürgerkrieges ihr Heimatland verlassen mussten und anderenorts Schutz suchen. Im völkerrechtlichen Sinne fällt gemäß Art. 1A Nr. 2 der Genfer Flüchtlingskonvention unter den Begriff „Flüchtling" nur diejenige Person, „die [...] aus der begründeten Furcht vor Verfolgung wegen ihrer Rasse, Religion, Nationalität, Zugehörigkeit zu einer bestimmten sozialen Gruppe oder wegen ihrer politischen Überzeugung sich außerhalb des Landes befindet, dessen Staatsangehörigkeit sie besitzt, und den Schutz dieses Landes nicht in Anspruch nehmen kann oder wegen dieser Befürchtungen nicht in Anspruch nehmen will [...]". Die Gruppe derjenigen Menschen, die ihre Heimatstaaten verlassen (mussten) und in Deutschland Schutz suchen, ist schon in Anbetracht der unterschiedlichen Fluchtursachen – anders als dies in der Diskussion oft erscheint – äußerst heterogen.[3] In Abhängigkeit vom jeweiligen Aufenthaltsstatus können Lebenssituationen und -perspektiven erheblich variieren. Die jeweiligen Lebensumstände können dabei einen Einfluss auf strafbares Verhalten haben. Daher soll ein kurzer Überblick über das Asylverfahren, die Bedeutung von sog. „sicheren Herkunftsstaaten" und die unterschiedlichen Aufenthaltstitel gegeben werden. Zusätzlich wird auf Schutzsuchende mit abgelehntem Schutzstatus und ohne Aufenthaltsberechtigung eingegangen, da auch diese Gruppe immer wieder im Fokus der Debatte über Kriminalität steht sowie unter die polizeiliche Kategorie „Zuwanderer" fällt (s. u. Abschn. 3.3).

---

[3]Die Gruppe der Geflüchteten variiert außer im Hinblick auf Fluchtursachen auch hinsichtlich Kultur, Sprache, Religion, Bildung, Beruf oder des sozialen Status. All diese Eigenschaften werden in der kriminologischen Forschung als Einflussgrößen auf deviantes Verhalten untersucht.

## 2.2.1 Schutzsuchende mit offenem Schutzstatus

Im Asylverfahren wird entschieden, ob Asylbewerber*innen Asyl im Sinne des Art. 16a GG bzw. internationaler Schutz nach den EU-rechtlichen Vorgaben gewährt oder ihnen eine andere Schutzform zuerkannt wird. Auf Grundlage der in der Anhörung zum Asylentscheid geschilderten Erlebnisse und Umstände im Heimatland entscheidet das Bundesamt für Migration und Flüchtlinge (BAMF), ob und ggf. welcher Aufenthaltstitel erteilt wird. Nach der offiziellen Registrierung und vor der Entscheidung über den Asylantrag sind Schutzsuchende mit einem offenen Schutzstatus Asylbewerber*innen.

Erhebliche Unterschiede ergeben sich daraus, ob Asylbewerber*innen aus sog. „sicheren Herkunftsstaaten" oder anderen Staaten kommen. Asylbewerber*innen aus „sicheren Herkunftsstaaten" haben generell schlechtere Aussichten auf einen Aufenthaltstitel. Als „sichere Herkunftsstaaten" können durch Gesetz Staaten eingestuft werden, bei denen gewährleistet erscheint, dass dort weder politische Verfolgung noch unmenschliche oder erniedrigende Bestrafung oder Behandlung stattfindet.[4] Anträge von Asylbewerber*innen aus diesen Herkunftsländern werden als offensichtlich unbegründet abgelehnt, es sei denn, es wird eine politische Verfolgung im Einzelfall nachgewiesen (§ 29a AsylG). Zudem gelten für Asylbewerber*innen aus diesen Staaten Sonderregeln im Asylverfahren. So unterliegen sie etwa einem Arbeitsverbot sowie einer Wohnverpflichtung in einer besonderen Aufnahmeeinrichtung und haben keinen Zugang zu Sprach- und Integrationskursen. Die mit der Einstufung von „sicheren Herkunftsstaaten" verbundene Differenzierung von asylsuchenden Personen steht immer wieder in der Kritik (ausführlicher dazu Engelmann 2015).

## 2.2.2 Schutzsuchende mit anerkanntem Schutzstatus

Die verschiedenen Aufenthaltstitel und deren rechtliche Auswirkungen werden in Tab. 1 im Überblick dargestellt.

Die Übersicht zeigt, dass sich die rechtlichen Auswirkungen in den genannten Bereichen für Personen mit einer gewährten dreijährigen Aufenthaltsdauer nicht unterscheiden; einzig Kontingentflüchtlinge müssen kein Asylverfahren durchlaufen. Bei Personen mit einer Duldung oder einer Aufenthaltsdauer von (zunächst) einem Jahr liegen teils erhebliche Unterschiede beim Zugang zum Arbeitsmarkt und beim Familiennachzug vor. Ähnlich wie

---

[4]Art. 16a Abs. 3 GG i. V. m. Anlage II zu § 29a AsylG. Anfang 2020 gelten die Mitgliedstaaten der EU, Albanien, Bosnien und Herzegowina, Ghana, Kosovo, Mazedonien, Montenegro, Senegal und Serbien als „sichere Herkunftsstaaten".

**Tab. 1** Kurzübersicht der einzelnen Aufenthaltstitel nach dem sog. „Asylpaket II" mit den gesetzlich festgelegten Zugängen, Leistungsanspruch und Familiennachzug

| Aufenthaltstitel | Gesetzliche Grundlage | Dauer | Arbeitsmarkt | Integrationskurs | Leistungsanspruch | Familiennachzug |
|---|---|---|---|---|---|---|
| Geduldete[a] | § 60a Abs. 1 AufenthG | Von 3 auf 6 Monate möglich, dann die Möglichkeit auf Verlängerung in 3- oder 6-monatigen Abständen (Kettenduldung) | Erste 3 Monate definitives Arbeitsverbot; bis zu 6 Monate möglich, wenn Aufenthalt in Aufnahmeeinrichtung des Landes; darauf bis 48 Monate Beschäftigung möglich, allerdings nur mit Zustimmung der Bundesagentur für Arbeit | Kein Zugang solange Aufenthaltsverpflichtung in Aufnahmeeinrichtung besteht; ansonsten nur in Ausnahmefällen | Grundleistungen nach §§ 3, 4 u. 6 AsylbLG | Nein |
| Kontingentflüchtlinge | §§ 23 u. 24 AufenthG | 3 Jahre, danach die Möglichkeit auf eine unbefristete Aufenthaltserlaubnis | Direkter Zugang | Direkter Zugang | Grundleistungen nach §§ 3, 4 u. 6 AsylbLG | Ja |

(Fortsetzung)

**Tab. 1** (Fortsetzung)

| Aufenthaltstitel | Gesetzliche Grundlage | Dauer | Arbeitsmarkt | Integrationskurs | Leistungsanspruch | Familiennachzug |
|---|---|---|---|---|---|---|
| Personen mit Flüchtlingseigenschaft | § 3 AsylG | 3 Jahre, danach die Möglichkeit auf eine unbefristete Aufenthaltserlaubnis | Direkter Zugang | Direkter Zugang | „Arbeitslosengeld II" (§ 7 SGB II) | Ja |
| Asylberechtigte | § 16a Abs. 1 GG | 3 Jahre, danach die Möglichkeit auf eine unbefristete Aufenthaltserlaubnis | Direkter Zugang | Direkter Zugang | „Arbeitslosengeld II" (§ 7 SGB II) | Ja |
| International Schutzberechtigte | § 4 AsylG | 1 Jahr, mit der Möglichkeit auf 2 Jahre Verlängerung | Direkter Zugang | Direkter Zugang | „Arbeitslosengeld II" (§ 7 SGB II) | Kein privilegierter[b] |
| National Schutzberechtigte | § 60 Abs. 5 oder 7 AufenthG | 1 Jahr, mit der Möglichkeit auf 2 Jahre Verlängerung | Direkter Zugang | Kein Zugang | „Arbeitslosengeld II" (§ 7 SGB II) | Kein privilegierter[b] |

[a]Geduldete aus „sicheren Herkunftsstaaten" haben keinen Zugang zum Arbeitsmarkt, sofern der Asylantrag nach August 2015 gestellt wurde
[b]Personen ohne privilegierten Familiennachzug müssen nachweisen, dass sie über ausreichend Wohnraum und einen Krankenversicherungsschutz verfügen sowie den Lebensunterhalt für nachziehende Familienangehörige sichern können (vgl. Grote 2016, S. 6)

bei Asylbewerber*innen aus „sicheren Herkunftsstaaten" sind der Zugang zum Arbeitsmarkt und die Aufenthaltspflichten bei geduldeten Personen erschwert. Diese Personengruppen müssen aufgrund ihrer Herkunft länger unter prekären Bedingungen in einer Asylbewerberunterkunft leben. Dabei ist die Bedeutung familiärer Strukturen (vgl. Baier 2018) oder geregelter Abläufe im Alltag (vgl. Bliesener 2018) als kriminalitätshemmende Einflussfaktoren in der Kriminologie bekannt.

### 2.2.3 Schutzsuchende mit abgelehntem Schutzstatus und ohne Aufenthaltsberechtigung

Im Zusammenhang mit der Befassung mit Geflüchteten werden auch immer wieder Menschen ohne legalen Aufenthaltstitel[5] als Teilgruppe aufgeführt. Diese Personengruppe dürfte wiederum eine erhebliche Heterogenität im Hinblick auf Schicksale und Lebensumstände aufweisen. Mangels behördlicher Erfassung ist jedoch wenig über die genaue Größe und Zusammensetzung dieser Gruppe bekannt.[6] Aufenthaltsrechtlich handelt es sich um Personen, die nach § 14 Abs. 1 AufenthG illegal nach Deutschland eingereist sind und/oder sich nach § 4 Abs. 1 AufenthG illegal in Deutschland aufhalten.[7] Insgesamt reisen bis auf die sog. Kontingentflüchtlinge alle Geflüchteten in der Regel illegal nach Deutschland ein, wobei der Grenzübertritt und Aufenthalt in diesem Fall jedoch nicht strafbar ist (§ 95 Abs. 5 AufenthG und Art. 31 GFK). Nach einer Schätzung befanden

---

[5]Die Bezeichnung „Menschen ohne legalen Aufenthaltstitel" ist aus guten Gründen umstritten, genauso wie die vielen alternativen Begrifflichkeiten. Hier soll diese Begrifflichkeit dennoch verwendet werden, da sie, wie Hollstein (2017) ausführt, am prägnantesten beschreibt, „worin das entscheidende Merkmal dieses Migrationstypus besteht" (S. 29). Der Begriff fokussiert die aufenthaltsrechtliche Regelung, sich außerhalb der Rechtsgemeinschaft zu befinden, wodurch sich für die Betroffenen singuläre Kontextbedingungen im Sinne der Lebensumstände und -perspektiven ergeben (ebd.).

[6]Das Phänomen ist vergleichsweise jung: Bis in die 1960er Jahre war es üblich Menschen ohne legalen Aufenthaltstitel in Deutschland zu legalisieren und erst 1973 findet der Begriff der „illegalen Migration" in Deutschland Erwähnung (Hollstein 2017, S. 35 resp. 23).

[7]Dies betrifft Menschen, die ohne Aufenthaltserlaubnis nach Deutschland eingereist sind und (noch) keinen Asylantrag gestellt haben, deren Asylantrag abgelehnt wurde, die keine Duldung erhalten haben, deren Visum oder Aufenthaltstitel abgelaufen sind und die demnach ausreisepflichtig sind (Hollstein 2017, S. 25 f.). Personen, deren Asylantrag abgelehnt wurde, die jedoch eine Duldung erhalten haben, gelten offiziell als Personen ohne legalen Aufenthaltstitel, deren Abschiebung jedoch ausgesetzt wurde. „Das Beispiel verdeutlicht eine Grauzone, mit der Unklarheiten bei der Festlegung und Wahrnehmung illegaler Migration einhergehen können" (Hollstein 2017, S. 26).

sich im Jahr 2014 180.000 bis 520.000 Menschen ohne legalen Aufenthaltstitel in Deutschland.[8] Die Schätzungen beruhen in der Regel auf den in der PKS erfassten Tatverdächtigenzahlen der „Personen mit unerlaubtem Aufenthalt", die um diverse Annahmen u. a. zum Kriminalitätsverhalten dieser Gruppe ergänzt werden.

## 3 Modalitäten polizeilicher Datenerfassung zu Kriminalität im Kontext Flucht und Migration

### 3.1 Die Fallerfassung in IT-Programmen vor Registrierung in der PKS

In der täglichen Polizeiarbeit werden unterschiedliche Daten in verschiedenen IT-Programmen dokumentiert und ausgewertet. Für die Koordinierung von Einsätzen gibt es etwa in Nordrhein-Westfalen das erweiterte Computerunterstützte Einsatzleitungs-, Bearbeitungs- und Informationssystem (eCEBIUS) oder in Rheinland-Pfalz das Einsatzleit-, Informations- und Austauschsystem (ELIAS) (vgl. Deutscher Bundestag 2011). Mittels dieser Programme werden die Einsätze der Polizei organisiert, kategorisiert und dokumentiert. In Nordrhein-Westfalen beispielsweise werden der Grund des Einsatzes, die sog. Anlassart, der (Tat-)Ort sowie das Datum mit exakten Zeitangaben des Einsatzes dokumentiert. In einem Freitextfeld wird ein Schlussbericht verfasst, in dem besondere Vorkommnisse und weitere sonstige Angaben zum Einsatz fixiert werden können (vgl. Feltes et al. 2017). Beim (Tat-)Ort werden Adresse, Geodaten sowie eine „Ortsart" erfasst, darunter kann im hier relevanten Kontext bspw. eine Notunterbringung oder Zentrale Unterbringungseinrichtung zu verstehen sein. Vonseiten der Mitarbeiter*innen der nordrhein-westfälischen Polizei wird immer wieder darauf hingewiesen, dass sich die Daten aus dem Einsatzleitsystem aufgrund ihrer Struktur, Qualität und Erfassung nicht zur wissenschaftlichen Auswertung oder Veröffentlichung ohne kontextuelle Einordnung eignen (Roy-Pogodzik et al. 2019, S. 18.).

---

[8]Vgl. Vogel 2016. Für die Jahre nach 2014 gibt es derzeit keine Schätzungen, da insbesondere im Zeitraum 2015 bis 2016 (noch nicht registrierte) Schutzsuchende teils auch unter der polizeilichen Kategorie der Personen mit unerlaubtem Aufenthalt erfasst wurden, was zu deutlichen Verzerrungen geführt haben kann (ebd.). Es ist davon auszugehen, dass zumindest diejenigen Personen, die auf einen positiven Asylbescheid hoffen, sich kurzfristig bei den deutschen Behörden registrieren lassen, da mit der Registrierung auch der Anspruch auf sozialstaatliche Leistungen verbunden ist (Pfeiffer et al. 2018, S. 72).

Dennoch werden Informationen aus diesem IT-System medial aufgegriffen und in politischen Anfragen erhoben, veröffentlicht und kommentiert, ohne die Daten in entsprechenden Zusammenhang zu bringen (vgl. o. V. 2016).

Wurde innerhalb eines Einsatzes eine Anzeige erstattet oder ist eine Anzeige direkt bei der Polizei eingegangen, wird diese in einem Vorgangsbearbeitungssystem weiterverarbeitet. Auch hier arbeiten die Bundesländer mit unterschiedlichen IT-Systemen. Zum Beispiel nutzte das Land Nordrhein-Westfalen bis Februar 2017 vorwiegend das „InteGrationsVerfahren Polizei" (IGVP), das jetzt vom „integrierten Vorgangsbearbeitungs- und Auskunftssystem (ViVA)" abgelöst wurde (Gewerkschaft der Polizei Nordrhein-Westfalen 2019). Schleswig-Holstein und die Bundespolizei verwenden das Vorgangsbearbeitungssystem @rtus. In den Vorgangsbearbeitungssystemen werden bei einer Anzeige Informationen zum Tatort, zu Tatverdächtigen und Geschädigten und teilweise auch zu anderen beteiligten Personen aufgenommen. In Nordrhein-Westfalen können zum (Tat-)Ort kategoriale Informationen zur sog. „Tatörtlichkeit" dokumentiert werden, bspw. Tankstellen, Mehrfamilienhäuser oder Asylbewerberunterkünfte. Bei Personenangaben können neben den soziodemografischen Informationen noch weitere Informationen zur Person (insbesondere bei Tatverdächtigen) angegeben werden, bspw. der Beruf (vgl. Feltes et al. 2017; Roy-Pogodzik et al. 2019; Glaubitz und Bliesener 2018). Die Daten aus den Vorgangsbearbeitungssystemen werden teils automatisch in die PKS überführt, dabei aber von einer Sachbearbeiterin oder einem Sachbearbeiter nach den „Richtlinien für die Führung der Polizeilichen Kriminalstatistik" überprüft und für die PKS aufbereitet (vgl. Bundeskriminalamt 2019b). Auch die Qualität der Informationen, die unmittelbar aus den Vorgangsbearbeitungssystemen stammen, wird von der Polizei nicht als ausreichend hoch eingestuft, um verlässliche Aussagen daraus abzuleiten (Polizeivertreter*innen Fokusgruppeninterview, 10. September 2019).

### 3.2 Die Registrierung von Taten, Tatverdächtigen und Opfern in der PKS

Bei der PKS handelt es sich um eine Ausgangsstatistik der Polizei. In einem Berichtsjahr werden diejenigen „bekannt gewordenen Fälle" (BKA 2019a, S. 40) aufgeführt, die im entsprechenden Jahr an die Staatsanwaltschaft abgegeben wurden. Das bedeutet, dass im PKS-Bericht 2018 Fälle erfasst sind, die sich auch in den Jahren davor ereignet haben können, aber erst im Jahr 2018 an die Staatsanwaltschaft abgegeben wurden. Die Aktualität eines PKS-Berichts ist daher in bestimmten Deliktsgruppen stark gemindert, insbesondere bei Fällen mit langer Ermittlungsdauer (BKA 2019a, S. 8). Die Angaben in der PKS werden nachträglich weder überarbeitet noch korrigiert, wenn etwa das Verfahren durch die Staatsanwaltschaft oder das Gericht eingestellt wird oder in der Hauptverhandlung ein Freispruch erfolgt.[9] Das bedeutet, in der PKS werden nur Personen aufgeführt, die einer Straftat verdächtigt wurden; sie sind keine überführten oder gar verurteilten Straftäter*innen.

Die PKS dokumentiert innerhalb eines Falles mehrere Variablen zu Tat, Tatverdächtigen und Geschädigten (vgl. die Übersicht bei Heinz 1999). Als „aufgeklärte Fälle" werden diejenigen Fälle ausgewiesen, in denen mindestens ein*e Tatverdächtige*r ermittelt wurde (BKA 2019a, S. 40). Seit 2009 erfolgt eine sog. „echte" Tatverdächtigenzählung, d. h. Tatverdächtige sollen auch dann, wenn sie mehrere Straftaten in einem Jahr begehen, nur einmal pro Berichtsjahr erfasst werden. Wird ein und die*derselbe Tatverdächtige in unterschiedlichen Vorfällen mit unterschiedlichen Delikten erfasst, so wird diese Person innerhalb der verschiedenen Deliktsbereiche jeweils einmal gezählt. Bei der Übersicht aller Straftaten jedoch wird die Person nur einmal in die Statistik einbezogen. Aus diesem Grund stimmt die in der PKS ausgewiesene Summe der Tatverdächtigen pro Deliktsbereich nicht mit der tatsächlichen Gesamtanzahl der Tatverdächtigen überein (BKA 2019a, S. 43). Zudem sorgen auch nur kleine Änderungen in der Schreibweise eines Namens dafür, dass dennoch eine Mehrfacherfassung einer tatverdächtigen Person erfolgen kann (vgl. Glaubitz und Bliesener 2018, S. 90 f.). Bei Geschädigten hingegen wird jede angezeigte Opferwerdung einzeln erfasst, auch wenn Mehrfachopferwerdungen auf denselben Tatverdächtigen zurückgehen. Zur weiteren Informationserfassung pro registrierter Tat gehören auch spezielle Informationen zum Tatort. In der PKS werden Tatorte, die sich in der praktischen Polizeiarbeit als relevant herausgestellt haben, wie Schulgelände, Diskotheken etc., als Tatörtlichkeiten erfasst.

Im PKS-Datensatz werden pro „aufgeklärtem Fall" personenbezogene Daten zu Tatverdächtigen und Geschädigten gespeichert. Dazu werden u. a. Alter, Geschlecht und Staatsangehörigkeit dokumentiert. Weitere Informationen wie Wohnort und Geburtsland werden nur bei Tatverdächtigen erfasst. In der PKS werden Personen als „Nichtdeutsche" registriert, wenn sie eine andere als die deutsche bzw. eine ungeklärte Staatsangehörigkeit besitzen oder staatenlos sind.

---

[9]Das Verhältnis zwischen Tatverdächtigenzahlen und tatsächlich verurteilten Straftätern wird durch das Trichtermodell veranschaulicht (vgl. Bundesministerium des Innern und Bundesministerium der Justiz 2006, S. 14).

Personen mit deutscher Staatsangehörigkeit und Migrationshintergrund werden als Deutsche geführt; ihr Hintergrund wird nicht weiter differenziert, wie es in sozialwissenschaftlichen oder kriminologischen Statistiken bisweilen üblich ist.[10]

## 3.3 Die Besonderheiten bei der Erfassung von „Nichtdeutschen" und „Zuwanderern" in der PKS

Die Personengruppe der nichtdeutschen Tatverdächtigen wird in der PKS gesondert ausgewiesen und weiter differenziert. Dabei ist die rechtliche Stellung – der Aufenthaltsanlass der Person – das Unterscheidungsmerkmal. Der Aufenthaltsanlass gibt zunächst an, ob sich die Person erlaubt oder unerlaubt in Deutschland aufhält. Bei erlaubtem Aufenthalt können Personen als Arbeitnehmer*in, Gewerbetreibende, Student*innen/Schüler*innen, Stationierungsstreitkräfte/ deren Familienangehörige sowie Touristen/Durchreisende erfasst werden. Weiterhin werden Asylbewerber*innen, International/National Schutzberechtigte/Asylberechtigte, geduldete Personen und Kontingentflüchtlinge differenziert. Personen, bei denen keiner der beschriebenen Aufenthaltsanlässe vorliegt, die sich aber trotzdem erlaubt in Deutschland aufhalten, werden in der Kategorie „sonstiger legaler Aufenthalt" erfasst (vgl. Walburg 2016, S. 20).

Hinsichtlich des Aufenthaltsanlasses wird die Gruppe der sog. „Zuwanderer" exponiert und zusätzlich seit 2015 in dem Lagebild zu „Kriminalität im Kontext von Zuwanderung" ausgewertet. Unter „Zuwanderern" werden Personen zusammengefasst, die als Asylbewerber*in gemeldet sind, einen bestimmten legalen oder einen illegalen Aufenthaltsstatus besitzen. Der Begriff „Zuwanderer" lässt sich kritisch betrachten, da er die Gefahr birgt, potenziell alle nach Deutschland Migrierten zu stigmatisieren.[11]

Im Berichtsjahr 2015 führte das BKA den Begriff „Zuwanderer" für die Erfassung der Kriminalität von in Deutschland aufgenommenen Personen mit einem Aufenthaltsstatus ein. Seitdem hat sich die Definition des „Zuwanderer"-Begriffs mehrfach geändert. Nach der für den Lagebericht 2016 (Berichtsjahr 2015) eingeführten Definition wurden als „Zuwanderer" Angehörige eines

---

[10]Siehe Fn. 2.

[11]Walburg (2016) geht davon aus, dass der Begriff gewählt wurde, um die zu der Zeit „politisch aufgeladenen Begriffe ‚Flüchtling' oder ‚Geflüchtete'" zu vermeiden (S. 23). Auch dem Projekt „Flucht als Sicherheitsproblem" wurde dieser Grund in Gesprächen mit Polizeimitarbeiter*innen genannt.

Nicht-EU-Staates mit dem Aufenthaltsanlass „Asylbewerber*in", „Duldung", „Kontingentflüchtling/Bürgerkriegsflüchtling" und „Personen mit unerlaubtem Aufenthalt" erfasst. Personen mit einem positiv abgeschlossenen Asylverfahren, die sog. „International/National Schutzberechtigten und Asylberechtigten", wurden zunächst nicht in dieser Definition berücksichtigt. Diese Gruppe blieb für die Berichtsjahre 2015 und 2016 dem Sammelbegriff „sonstiger erlaubter Aufenthalt" zugeordnet. Im Berichtsjahr 2017 wurde der Aufenthaltsanlass „International/National Schutzberechtige und Asylberechtigte" als Unterkategorie dem Begriff der „Zuwanderer" hinzugefügt. Ein Jahr darauf wurde die Gruppe der International/National Schutz- und Asylberechtigen mit der nunmehr als Kontingentflüchtlinge bezeichneten Kategorie zu der gemeinsamen Kategorie „Schutzberechtigte und Asylberechtigte, Kontingentflüchtling" fusioniert. Der Lagebericht für das Jahr 2017 weist aus, dass die Gruppe der „International/National Schutzberechtigten und Asylberechtigten" etwa einen Anteil von 7 % an allen tatverdächtigen „Zuwanderern" für dieses Jahr betrug, sodass die durch „Zuwanderer" bedingte Kriminalitätsbelastung in den Vorjahren um etwa diesen Wert unterschätzt worden sein könnte (BKA 2018, S. 10) (Tab. 2).

Des Weiteren zeigen sich analytische Unschärfen bei der polizeilichen Begriffsdefinition, weil im „Zuwanderer"-Begriff Personenkreise zusammengefasst werden, die sich hinsichtlich ihrer Schutzbedürftigkeit und deren rechtlicher Anerkennung deutlich unterscheiden. So kann gemutmaßt[12] werden, dass unter „Asylbewerber*in" nach der polizeilichen Definition Menschen zu verstehen sind, die vonseiten des BAMF registriert wurden und auf die Entscheidung hinsichtlich ihres Asylverfahrens warten. Die Kategorie „Kontingentflüchtling/Bürgerkriegsflüchtling" war in den Jahren 2015 und 2016 begrifflich etwas unscharf, da nach allgemeinem Verständnis auch Schutzberechtigte unter den Begriff des „Bürgerkriegsflüchtlings" hätten fallen können. Die Gruppe der „International/National Schutz- und Asylberechtigten" fand sich jedoch, wie bereits dargelegt, zunächst in der Sammelkategorie „sonstiger erlaubter Aufenthalt" wieder. In diesen Begriff sollten sich anerkannte Flüchtlinge und Asylberechtigte, international subsidiär Schutzberechtigte und national subsidiär Schutzberechtigte einordnen lassen. Seit dem Berichtsjahr 2018 und der Erweiterung der Gruppe um die Kontingentflüchtlinge finden sich innerhalb

---

[12]Es wird in den BKA-Lageberichten nicht ausgeführt, ob die Einordnungen entlang der rechtlichen Regelungen erfolgen. Über eine (in Nordrhein-Westfalen gesonderte) IT-Anwendung kann die Polizei seit Februar 2016 Angaben zum Aufenthaltsstatus mit den im Ausländerzentralregister geführten Daten manuell abgleichen (vgl. § 15 Abs. 1 Nr. 4 und 5 des Gesetzes über das Ausländerzentralregister).

**Tab. 2** Entwicklung des „Zuwanderer"-Begriffs gemäß Bundeskriminalamt

|  | 2015 (BKA 2016) | 2016 (BKA 2017) | 2017 (BKA 2018) | 2018 (BKA 2019c) |
|---|---|---|---|---|
| **Definition „Zuwanderer"** | Asylbewerber*in | Asylbewerber*in | Asylbewerber*in | Asylbewerber*in |
|  | Kontingentflüchtling/ Bürgerkriegsflüchtling | Kontingentflüchtling/ Bürgerkriegsflüchtling | Kontingentflüchtling | Schutzberechtigte*r und Asylberechtigte*r, Kontingentflüchtling |
|  |  |  | International/ National Schutz- und Asylberechtigte |  |
|  | Geduldete*r | Geduldete*r | Geduldete*r | Geduldete*r |
|  | Person mit unerlaubtem Aufenthalt | Person mit unerlaubtem Aufenthalt | Person mit unerlaubtem Aufenthalt | Person mit unerlaubtem Aufenthalt |
| **Sammelkategorie „Sonstiger erlaubter Aufenthalt", u. a.:** | International/ National Schutz- und Asylberechtigte*r | International/ National Schutz- und Asylberechtigte*r |  |  |

dieser einen Kategorie demnach Personen wieder, deren Aufenthaltsgenehmigung von (zunächst) einem bis drei Jahren variiert. Der Begriff der „Geduldeten" sollte die Gruppe der Menschen mit Duldung umfassen, während die Kategorie „Personen mit unerlaubtem Aufenthalt" demnach Personen ohne legalen Aufenthaltsstatus bezeichnen sollte.

Zusätzlich kann davon ausgegangen werden, dass die Erfassung von Tatverdächtigen unter dem „Zuwanderer"-Begriff und von Aufenthaltsanlässen nicht immer fehlerfrei verläuft.[13] So dauert es nach der Einführung eines Schlagwortes in der Regel, bis der Begriff in der polizeilichen Praxis gänzlich angekommen ist und konsequent angewandt wird (vgl. Projekt „Flucht als Sicherheitsproblem"

---

[13] In der eigenen Untersuchung der Autor*innen hat sich gezeigt, dass etwa 9 % der Tatverdächtigen in den analysierten Polizeidaten die Staatsangehörigkeit eines der zehn häufigsten Fluchtherkunftsländer besitzen, aber nicht mit dem Begriff des „Zuwanderers" erfasst wurden. Etwa 15 % der registrierten Geschädigten wurden nicht mit dem Opferspezifikum „Asylbewerber/Flüchtling" gekennzeichnet, obwohl sie die Staatsangehörigkeit eines der zehn häufigsten Fluchtherkunftsländer besaßen (vgl. Fluchtpunkt 5, S. 3).

2018). Gegebenenfalls spielen somit der Faktor Zeit oder auch uneindeutige Erfassungsmodalitäten eine Rolle bei der Beobachtung (vgl. Vogel 2016), dass Personen, die noch keinen Asylantrag gestellt haben, nicht immer einheitlich, sondern teils in die Kategorie „unerlaubter Aufenthalt" und teils in die Kategorie „Asylbewerber*in" eingeordnet worden zu sein scheinen.[14] Von Vorteil ist, dass nach Angaben polizeilicher Vertreter*innen der Aufenthaltsstatus bei der Aufnahme einer mutmaßlichen Straftat erfasst wird und nicht im Laufe einer Bearbeitung an etwaige Änderungen angepasst wird, sodass davon auszugehen ist, dass es sich um den jeweiligen Aufenthaltstitel bei Begehung der mutmaßlichen Straftat handelt. Nichtsdestotrotz bleibt festzuhalten, dass zu den allgemeinen Schwierigkeiten der polizeilichen Registrierung von Kriminalität die besonderen Probleme bei der Erfassung von „Zuwanderer"-Kriminalität hinzukommen und bei der Interpretation von Ergebnissen in diesem Kontext zu berücksichtigen sind. Des Weiteren ist zu beachten, dass erst im Jahr 2016 die Erfassung der Opfereigenschaften um die Kategorie „Asylbewerber/Flüchtling" erweitert wurde. Welche Aufenthaltstitel unter dieser Kategorie subsumiert werden, wird nicht eindeutig definiert. Es ist davon auszugehen, dass diese Unschärfe zu Erfassungsfehlern führen kann.

## 3.4 Verzerrungsfaktoren der PKS bei „Nichtdeutschen" durch Anzeigeverhalten und Kontrollintensität

Das Anzeigeverhalten ist entscheidend dafür, welche Fälle in der PKS erfasst werden und welche Fälle im Dunkelfeld bleiben. Die Anzeigebereitschaft von Geschädigten variiert dabei je nach Deliktsgruppe. So ist die Anzeigebereitschaft etwa bei vollendetem Wohnungseinbruch besonders hoch, weil die Inanspruchnahme von Versicherungsleistungen in der Regel von einer Anzeige abhängt (vgl. Birkel et al. 2019, S. 40). Auch kann sich die Anzeigebereitschaft für bestimmte Delikte aufgrund gesellschaftlicher Veränderungen im Laufe der Zeit wandeln.[15] Beim Anzeigeverhalten gegenüber Nichtdeutschen kann davon ausgegangen werden, dass die Anzeigebereitschaft erhöht ist. Eine Analyse von

---

[14]Vogel (2016) bringt auch ins Spiel, dass die Personengruppe der Schutzsuchenden, die noch keinen Antrag gestellt haben, auch unter der Kategorie „sonstiger erlaubter Aufenthalt" erfasst worden sein können. Diese Variante scheint uns weniger plausibel.
[15]Z. B. durch eine Sensibilisierung bezüglich Gewalt gegen Frauen im Zuge der #MeToo-Debatte.

staatsanwaltlichen Ermittlungsakten mit nichtdeutschen Tatverdächtigen hat ergeben, dass der Tatverdacht häufig mangels Beweisen nicht bestätigt werden konnte. Vermutet wurde, dass die nichtdeutschen Tatverdächtigen nicht etwa geschickter vorgegangen sind, sondern dass sie häufiger fälschlich wegen einer Tat angezeigt wurden (vgl. Mansel 2008). Gründe, die für eine erhöhte Anzeigebereitschaft gegenüber Nichtdeutschen angeführt werden, sind sprachliche Probleme in Situationen, die ansonsten informell im Dialog mit Betroffenen hätten geklärt werden können, sowie die größere Anonymität im urbanen Raum, in dem Personen mit nichtdeutscher Staatsangehörigkeit häufiger leben (vgl. Steinwand 2010, S. 95). Was die Bereitschaft von „Nichtdeutschen", speziell von Asylbewerber*innen und Personen ohne Aufenthaltstitel, ihrerseits Anzeige zu erstatten, betrifft, so kann davon ausgegangen werden, dass sie geringer ausfällt als bei Deutschen. Gründe für die mutmaßlich größere Zurückhaltung können befürchtete negative Auswirkungen auf das Asylverfahren sein oder schlechte Erfahrungen mit staatlichen Institutionen im Herkunftsland oder auf der Flucht, die zu einem Verlust des Vertrauens in Polizei und Justiz geführt haben (Enzmann 2015, S. 512). Hellfeld-Opferstatistiken dieser Bevölkerungsgruppe geben daher wahrscheinlich wenig Auskunft über das tatsächliche Ausmaß der Viktimisierung dieser Gruppe. Der Verzerrungsfaktor der Anzeigebereitschaft kann nicht statistisch exakt angegeben werden, dennoch gilt es diesen Einfluss bei der Betrachtung der PKS-Zahlen zu berücksichtigen.

Neben dem Einfluss der Anzeigebereitschaft gibt es Hinweise, dass „Nichtdeutsche" zum einen aufgrund ihres äußeren Erscheinungsbildes verdachtsunabhängig häufiger kontrolliert werden (Stichwort Racial Profiling, vgl. Belina und Keitzel 2018; Belina 2016) und zum anderen aufgrund der erhöhten Kontrolldichte im urbanen Raum öfter von Kontrollen betroffen sind (vgl. Steinwand 2010). Zu einer erhöhten Kontrolldichte in bestimmten – meist städtischen – Räumen kommt es ebenfalls, wenn die Polizei diese zu sog. „Gefahrengebieten" oder „gefährlichen Orten" deklariert.[16] An solchen Orten werden häufiger Personen mit Migrationshintergrund oder andere benachteiligte Personengruppen kontrolliert (vgl. Belina und Wehrheim 2011, S. 216 ff.). Dieses Kontrollverhalten der Polizei kann zu einer erhöhten Registrierung in der PKS führen (vgl. Weinbender 2013).

---

[16]Nicht nur die Bezeichnungen für diese Orte variieren je nach Bundesland, sondern auch die zeitlichen und räumlichen Vorgaben für solche Gebiete (vgl. Ullrich und Tullney 2012).

## 3.5 Besonderheiten bei der Auswertung von Daten zu „nichtdeutschen" Tatverdächtigen

Bei der Interpretation der PKS-Statistiken ist in Bezug auf Nichtdeutsche zu beachten, dass ausländerrechtliche Verstöße[17] einen besonderen Deliktsbereich darstellen. Diese Straftatbestände können fast ausschließlich von Personen mit nichtdeutscher Staatsbürgerschaft begangen werden, außerdem gilt es die Besonderheiten bei der Erfassung zu berücksichtigen (s. Abschn. 2.2.3 u. 3.3). Um eine bessere Vergleichbarkeit zu erreichen, sollten daher Fall- bzw. Tatverdächtigenstatistiken ohne ausländerrechtliche Verstöße betrachtet werden (vgl. Kersting und Erdmann 2014).

Weiterhin ist zu beachten, dass ein Jahresvergleich absoluter Fallzahlen irreführend ist und keine Kriminalitätsentwicklung abbilden kann. Dafür müssten registrierte Straftaten bzw. Tatverdächtige ins Verhältnis zur jeweiligen Bevölkerungsgruppe gesetzt werden, also Häufigkeits- bzw. Tatverdächtigenbelastungszahlen (TVBZ) gebildet werden. Für Nichtdeutsche ist das jedoch nicht möglich, weil die Gesamtzahl der sich in Deutschland befindlichen Nichtdeutschen unbekannt ist (BKA 2019a, S. 41). Insbesondere bei Deliktsbereichen mit kleinen Fallzahlen sollte zudem von absoluten Fallzahldarstellungen abgesehen werden[18], da schon ein Ereignis ausreicht, die Zahlen unverhältnismäßig steigen zu lassen. Ein Vergleich der Kriminalitätsbelastung von Deutschen und Nichtdeutschen würde zudem voraussetzen, dass die unterschiedliche Alters-, Geschlechts- und Sozialstruktur der Tatverdächtigen berücksichtigt würde. Nur so wäre ein Vergleich zwischen den Tatverdächtigengruppen mit unterschiedlichen Staatsangehörigkeiten zulässig und aussagekräftig (vgl. Feltes 2016).

## 4 Empirische Befunde auf Grundlage der PKS

Die Daten der PKS sind wichtige Instrumente, um ein Bild der registrierten Kriminalität Geflüchteter zu gewinnen. Wie dargelegt, können sie jedoch nicht für sich stehen, sondern bedürfen einer sorgfältigen Interpretation unter Berücksichtigung der jeweiligen Kontexte und Erfassungsmodalitäten. Im Folgenden

---

[17]Unter ausländerrechtliche Verstöße werden die Straftatenschlüssel von 725.000 bis 725.900 (Straftaten gegen das Aufenthalts-, das Asyl- und das Freizügigkeitsgesetz/EU) subsumiert.

[18]Dieses Vorgehen wird seit langem von Heinz gefordert (vgl. Heinz 2007, 2017a, 2017b).

sollen einige Erkenntnisse aus den Lagebildern „Kriminalität im Kontext von Zuwanderung" im Überblick vorgestellt und Besonderheiten in der registrierten Kriminalität von „Zuwanderern" benannt werden. Danach werden Ansätze entwickelt, wie durch gezielte Informationsanreicherung des herkömmlichen PKS-Datensatzes substanziellere Aussagen im Kontext von Kriminalität „Nichtdeutscher" bzw. „Zuwanderern" generiert werden können.

### 4.1 Lagebild zu Kriminalität im Kontext von Zuwanderung

Im Lagebild des BKA zur „Kriminalität im Kontext von Zuwanderung" werden die polizeilich registrierten Daten zu tatverdächtigen „Zuwanderern", als Opfer erfassten „Asylbewerber*innen/Flüchtlingen", organisierter Kriminalität von „Zuwanderern" sowie politisch motivierter Kriminalität von rechts und der, die nicht zuzuordnen ist und sich gegen Asylunterkünfte richtete, zusammengestellt.[19]

Die Anzahl aller angezeigten Fälle mit Beteiligung von tatverdächtigen „Zuwanderern" erreichte in den Jahren 2015 und 2016 einen Höhepunkt, sank etwas im Jahr 2017 und blieb bis 2018 auf ähnlichem Niveau. Eine Betrachtung allein der absoluten Zahlen führt – wie dargelegt – nicht weiter. Neben anderen zu analysierenden Faktoren liegt jedenfalls ein wesentlicher Grund für die Steigerung der Anzahl von registrierten Fällen darin, dass in den Jahren 2014 bis 2016 rund 1,3 Mio. Schutzsuchende (BAMF 2017, S. 11) nach Deutschland kamen. Differenziert man die erfassten Straftaten und betrachtet sie nicht nur in ihrer Gesamtzahl, wird deutlich, dass überwiegend Taten im Bereich der Bagatellkriminalität registriert wurden. Die Deliktsgruppen, die während der Jahre 2015 bis 2018 am häufigsten erfasst wurden, wechselten zwischen (einfachem und schwerem) Diebstahl, Vermögens-/Fälschungsdelikten und sog. Rohheitsdelikten/ Straftaten gegen die persönliche Freiheit. Innerhalb dieser registrierten Deliktsgruppen überwogen jedoch immer die gleichen Einzeldelikte. Die am häufigsten angezeigte Begehungsvariante innerhalb des Diebstahls war der Ladendiebstahl. Bei den Vermögens-/Fälschungsdelikten wurden „Zuwanderer" zumeist mit Beförderungserschleichung registriert und innerhalb der sog. Rohheitsdelikte/ Straftaten gegen die persönliche Freiheit wurden die meisten „Zuwanderer" mit

---

[19]Polizeilich registrierte Fälle aus der Organisierten Kriminalität werden hier nicht weiter ausgeführt. Ausführlich dazu BKA 2019d.

einer vorsätzlichen einfachen Körperverletzung (§ 223 StGB) von der Polizei erfasst.

Seit der speziellen Opfererfassung von „Asylbewerber*innen/Flüchtlingen" im Jahr 2016 lag der Anteil der „Asylbewerber*innen/Flüchtlinge" an allen erfassten Opfern bei rund fünf Prozent, wobei die absolute Anzahl aller erfassten Opfer stetig anstieg. Bei den erfassten Tatverdächtigen dieser Opfer handelte es sich in den Jahren 2016 bis 2018 vorwiegend (2016: 71 %; 2017: 67 % und 2018: 61 %) um andere Geflüchtete bzw. polizeilich erfasste „Zuwanderer". Bei knapp 80 % aller registrierten Opfer-Fälle mit Geflüchteten handelte es sich um Körperverletzungsdelikte.

### 4.2 Zusammenführung unterschiedlicher polizeilicher Datensätze zum Tatort Asylbewerberunterkunft

In mehrheitlich qualitativen Studien wurde die Asylbewerberunterkunft als (Tat-) Ort diverser Delikte im Kontext von Flucht und Migration identifiziert. Insbesondere in Gruppenunterkünften werden u. a. Raumstrukturen und Belegungslage (vgl. Christ et al. 2017; Rabe 2015; Althoff und de Haan 2004) und/oder Machtgefälle unter Bewohner*innen und Personal (vgl. Christ et al. 2017; Knauer und Schmidt 2017) als Faktoren für die Entstehung von Konflikten und Kriminalität und als Auslöser von Postmigrationsstressoren (vgl. Carlsson und Sonne 2018) benannt. In diesem Zusammenhang spielen Asylbewerberunterkünfte für Geflüchtete eine besondere Rolle. In der Regel lebt jede Person, die ein Asylverfahren durchläuft, zunächst in einer Asylbewerberunterkunft. Für viele Geflüchteten ist die Unterkunft die erste und teilweise auch letzte Wohnstätte in Deutschland. Sie ist damit Ausgangspunkt für erste Erfahrungen in der deutschen Gesellschaft. Insbesondere die Änderungen beim Asyl- und Aufnahmeverfahren (vgl. Hänsel et al. 2020), die 2015/2016 durch das sog. Asylverfahrensbeschleunigungsgesetz (BGBl. I 2015, S. 1722) eingeführt wurden, führten zu einer stetigen Verschärfung der Aufenthaltsbedingungen. Die andauernde politische Debatte um eine Erweiterung der Liste der „sicheren Herkunftsstaaten" und die damit verbundenen Einschränkungen von Asylverfahren lässt auch zukünftig eine Entwicklung hin zu einer immer restriktiveren Asylpolitik erwarten (vgl. Hänsel et al. 2020). Daher wird die Rolle der Unterkunft auch in Zukunft von besonderer politischer und gesellschaftlicher Bedeutung sein.

Die Lagebilder zur Kriminalität im Kontext von Zuwanderung des BKA enthielten von 2015 bis 2018 keine spezifischen Angaben zum Tatort. Nur bei Fällen politisch motivierter Kriminalität[20] wurden bundesweit Straftaten gegen Asylbewerberunterkünfte erfasst.[21] Dabei erreichten registrierte Straftaten gegen Asylbewerberunterkünfte 2015 ihren bisherigen Höhepunkt und sanken zum Jahr 2018 wieder auf ein niedrigeres Niveau als 2014. In den PKS-Berichten einzelner Bundesländer wie Hessen und Bayern wurden spezifisch der Tatort Asylbewerberunterkunft aufgenommen und als ein Haupttatort von Kriminalität im Kontext von „Zuwanderern" identifiziert (vgl. Bayerisches Staatsministerium des Innern, für Bau und Verkehr 2019).[22] Diese Erkenntnis ist wenig überraschend, berücksichtigt man die Ergebnisse aus bestehenden qualitativen Interview- und Dunkelfeldstudien. Dort finden sich deutliche Hinweise darauf, dass Asylbewerberunterkünfte, insbesondere in den Jahren 2015 und 2016, (Tat) Orte von vielfältigen Konflikten waren. In Zeiten von Notunterkünften und in personeller, räumlicher und finanzieller Hinsicht überforderten Einrichtungen war das Konfliktpotenzial in den Unterkünften deutlich erhöht. Mit der geregelteren Organisation und gesunkenen Auslastungszahlen haben die registrierten Straftaten in Unterkünften generell abgenommen (vgl. Ghelli 2018).

Im Einsatzleitsystem von Nordrhein-Westfalen (eCEBIUS) und im ehemaligen Vorgangsbearbeitungssystem (IGVP, zukünftig VIVA) werden Informationen dazu, ob es sich beim Einsatz- oder mutmaßlichen Tatort um eine Asylbewerberunterkunft handelte, dokumentiert, jedoch nicht in die PKS übertragen. In einer Untersuchung der Autor*innen wurden Tatortinformationen aus den genannten drei Datensätzen aus Nordrhein-Westfalen verknüpft. Dadurch konnten im PKS-Datensatz die registrierten Fälle im Kontext einer Unterkunft identifiziert[23] und mittels anderer PKS-Daten zu Tatverdächtigen und Opfer

---

[20]Die hier erfassten Fälle werden im Vorgangsbearbeitungssystem als politisch motivierte Fälle gekennzeichnet und zu Beginn der Ermittlung im Erfassungssystem „Kriminalpolizeilicher Meldedienst in Fällen Politisch motivierter Kriminalität" bearbeitet (vgl. Habermann und Singelnstein 2018).

[21]Zur problematischen Erfassung registrierter Straftaten gegen Asylbewerberunterkünfte und deren Einstufung als rechte bzw. nicht zuzuordnende Gewalt siehe Habermann und Singelnstein 2018.

[22]Zur Bedeutung von Asylbewerberunterkünften als Tatorte diverser Straftaten vgl. auch Kreuzer 2016; Althoff und Haan 2004.

[23]Die Erfassungsrichtlinien der Datensätze IGVP und eCEBIUS erlaubten jedoch nur eine lückenhafte Erfassung der Unterkünfte der ausgesuchten 16 Städte und Gemeinde in Nordrhein-Westfalen (vgl. Feltes et al. 2017; Roy-Pogodzik et al. 2019).

umfangreicher ausgewertet werden.[24] Bisherige Ergebnisse bestätigen, dass in den Jahren 2014 bis 2016 im Kontext von Unterkünften vor allem Konflikte in Form von Straftaten gegen die körperliche Unversehrtheit (30,3 %) bzw. einfache Körperverletzungsdelikte (20,5 %) registriert wurden, ähnlich zu den registrierten Delikten in Hessen und Bayern. Weiterhin konnte festgestellt werden, dass bei knapp 41 % der identifizierten Fälle der Straftaten gegen die körperliche Unversehrtheit dieselbe Staatsangehörigkeit von Tatverdächtigen und Opfern von der Polizei dokumentiert wurde.

### 4.3 Zusammenführung anderer personenbezogener Datensätze mit der PKS

Ein anderer Ansatz, um die Aussagekraft der Hellfeldstatistik zu erhöhen, besteht darin, weitere Datensätze mit dem PKS-Datensatz zu verknüpfen.[25] So haben Glaubitz und Bliesener (2018) die Kriminalität von Nichtdeutschen in Schleswig-Holstein analysiert, indem sie Datensätze aus dem Vorgangsbearbeitungssystem @rtus, dem Zensus, dem Ausländerzentralregister und der PKS anhand personenbezogener Daten zusammengeführt haben (Glaubitz und Bliesener 2018). Auf Grundlage dieser Zusammenführung wurde eine Kennzahl der Kriminalitätsbelastung durch Nichtdeutsche – nicht durch „Zuwanderer" – in Schleswig-Holstein berechnet. Auch wenn diese Kennzahl mit einiger Vorsicht interpretiert werden muss, konnten Tendenzen der Kriminalitätsbelastung von Nichtdeutschen im Verhältnis zu ihrer Bevölkerungsgruppe gefunden werden. Es zeigte sich, dass sich unter Berücksichtigung der Alters- und Geschlechtsstruktur die Kriminalitätsbelastung von Deutschen an die von Nichtdeutschen anglich. Bei der Interpretation von verbleibenden Unterschieden in Deliktsbereichen wie den sog. Rohheits- und den Diebstahlsdelikten müssten weitere Faktoren wie der sozioökonomische Status herangezogen werden (Glaubitz und Bliesener 2018, S. 93; ausführlicher dazu Walburg 2018); diese konnten jedoch nicht mit den dem Projekt vorliegenden Datensätzen verifiziert werden. Dennoch bietet dieser Lösungsansatz durch die spezifischere Verhältniszahl eine höhere Aussagekraft zur Kriminalitätsbelastung von Nichtdeutschen.

---

[24]Bei der Zusammenführung der polizeilichen Datensätze mussten methodische und praktische Entscheidungen getroffen werden, die die Aussagekraft des Datensatzes einschränken. Weiter dazu Roy-Pogodzik et al. (2019).
[25]Dieses Vorgehen wurde bereits in beiden Periodischen Sicherheitsberichten (BMI und BMJ 2001; BMI und BMJ 2006) empfohlen.

## 5 Fazit

Es wurde gezeigt, dass die verfügbaren polizeilichen Daten, insbesondere die der Polizeilichen Kriminalstatistik, zwar wichtige Instrumente bilden, um einen Eindruck der registrierten Kriminalität im Kontext von Flucht und Migration zu gewinnen. Da die PKS aber primär ein Arbeitsnachweis der Polizei ist (vgl. Feltes 2016), erlaubt sie in erster Linie Rückschlüsse auf die polizeiliche (Registrierungs-)Tätigkeit. Darüber hinaus kann sie lediglich Hinweise auf bestimmte Phänomene geben oder die Aufmerksamkeit auf gewisse Tendenzen lenken, die aber ihrerseits einer sorgfältigen Interpretation unter Berücksichtigung der jeweiligen Kontexte und Erfassungsmodalitäten bedürfen (vgl. Wetzels et al. 2018, S. 104). Erkenntnisse über Kriminalitätsbereiche, die nicht offiziell bekannt werden, können nur über Dunkelfeldstudien gewonnen werden.[26] Der unkritische Umgang mit PKS-Zahlen kann Vorurteile über vermeintlich kriminelle „Ausländer*innen" bestärken. Auch eine einfache Kategorisierung nach Staatsangehörigkeiten innerhalb der polizeilichen Kategorie des „Zuwanderers" und der offensichtlich daraus folgenden Ableitung des kulturellen Habitus einer Person ist häufig zu kurz gegriffen. Die kriminelle Stigmatisierung hat weitreichende Folgen für die Gruppen der Nichtdeutschen und der Personen mit Migrationshintergrund, da hieraus wiederum auf politischer oder gesellschaftlicher Ebene integrationshemmende Wirkungen entstehen können (vgl. Geißler 2008). Zusätzlich kann die gesellschaftliche Stigmatisierung zur Übernahme eines kriminellen Selbstbildes führen und ihrerseits kriminalitätsfördernden Einfluss haben (vgl. Kunz und Singelnstein 2016, S. 87; 117 ff.).

Bei der Interpretation der PKS sollten alle Differenzierungsmöglichkeiten – von soziodemografischen Merkmalen der Tatverdächtigen, Örtlichkeiten, Aufenthaltstiteln bis zu einzelnen Delikten und der Zusammensetzung der Deliktkategorien – genutzt werden. Dies gilt besonders bei der vielschichtigen Gruppe der Geflüchteten, in der alle Alters- und Sozialstrukturen zusammengefasst werden und bei der häufig undifferenziert nur die Entwicklung der Gesamtzahl aller Fälle im medialen Fokus steht. Nach den Erfassungsmodalitäten der PKS sind die einzigen Gemeinsamkeiten der Personen innerhalb der polizeilichen Kategorie der „Zuwanderer", dass sie keine deutsche Staatsbürgerschaft besitzen und sich rechtlich erlaubt oder unerlaubt in Deutschland aufhalten (s. Abschn. 3.3). Eine Auswertung anhand des rechtlichen Aufenthaltstitels

---

[26]Z. B. der bundesweit durchgeführte Deutsche Viktimisierungssurvey 2017 (Birkel et al. 2019) oder der Crime Survey for England and Wales (CSEW).

anerkannter Geflüchteter ermöglicht immerhin gewisse Rückschlüsse auf die aktuelle Lebenssituation und -perspektive (s. Abschn. 2.2.2). Weiter gefasst können daraus wiederum die Zugangsmöglichkeiten oder Hindernisse für das Ankommen und Leben in Deutschland eingeschätzt werden.[27] Eine zusätzliche Differenzierungsmöglichkeit bietet die Identifikation der erfassten Fälle in oder im Kontext einer Unterkunft (s. Abschn. 4.2). Auf diese Weise können präzisere Aussagen zu Delikts-, Tatverdächtigen- und Opferstrukturen von „Zuwanderern" getroffen werden. Eine einheitliche und bundesweite Erfassung dieser Tatörtlichkeit[28] würde differenziertere Aussagen zur registrierten Kriminalität von polizeilich definierten „Zuwanderern" ermöglichen.[29] Dies gilt umso mehr, als den Asylbewerberunterkünften gegenwärtig und wohl auch zukünftig eine besondere Rolle im gesamten Asylverfahren zukommt.

## Literatur

Althoff, M., & de Haan, W. (2004). Sind Asylbewerber krimineller? *Monatsschrift für Kriminologie und Strafrechtsreform, 87*, (S. 436–450).
Baier, D. (2018). Familiale Sozialisation und Delinquenz. In D. Hermann & A. Pöge (Hrsg.), *Kriminalsoziologie. Handbuch für Wissenschaft und Praxis* (S. 201–2017). Baden-Baden: Nomos Verl.-Ges.
Bayerisches Staatsministerium des Innern, für Bau und Verkehr (2019). Polizeiliche Kriminalstatistik Bayern 2018. https://www.polizei.bayern.de/content/6/4/9/pks_pressebericht_2018.pdf. Zugegriffen: 11. Februar 2020.
Belina, B. (2016). Der Alltag der Anderen: Racial Profiling in Deutschland?. In B. Dollinger & H. Schmidt-Semisch (Hrsg.), *Sicherer Alltag? Politiken und Mechanismen der Sicherheitskonstruktion im Alltag* (S. 125–146). Wiesbaden: Springer Fachmedien.
Belina, B., & Keitzel, S. (2018). Racial Profiling. *Kriminologisches Journal, 50*, (S. 18–24).
Belina, B., & Wehrheim, J. (2011). „Gefahrengebiete". Durch die Abstraktion vom Sozialen zur Reproduktion gesellschaftlicher Strukturen. *Soziale Probleme, 22*, (S. 207–229).

---

[27]Die Relevanz einer Differenzierung nach Aufenthaltstitel konnten Glaubitz und Bliesener (2019) herausarbeiten.
[28]Anzunehmen ist, dass in der stetigen Fokussierung der Polizei auf Raum- und Präventionsarbeit, die zusätzliche Erhebung dieser Tatörtlichkeit zukünftig umgesetzt wird, nicht zuletzt durch die stetige Umsetzung der neuen Landespolizeigesetze im Jahr 2018.
[29]Hierzu gibt es einen Ansatz von Roy-Pogodzik et al. (2019).

Birkel, C., Church, D., Hummelsheim-Doss, D., Leitgöb-Guzy, N., & Oberwittler, D. (2019). Der Deutsche Viktimisierungssurvey 2017. Opfererfahrungen, kriminalitätsbezogene Einstellungen sowie die Wahrnehmung von Unsicherheit und Kriminalität in Deutschland. https://www.bka.de/SharedDocs/Downloads/DE/Publikationen/Publikationsreihen/Forschungsergebnisse/2018ersteErgebnisseDVS2017.pdf. Zugegriffen: 11. Februar 2020.

Bliesener, T. (2018). Resilienz. Schutzfaktoren für delinquentes Handeln. In D. Hermann & A. Pöge (Hrsg.), *Kriminalsoziologie. Handbuch für Wissenschaft und Praxis* (S. 263–276). Baden-Baden: Nomos Verl.-Ges.

Bundesamt für Migration und Flüchtlinge (2017). Das Bundesamt in Zahlen 2016. Asyl, Migration und Integration. https://www.bamf.de/SharedDocs/Anlagen/DE/Statistik/BundesamtinZahlen/bundesamt-in-zahlen-2017.pdf. Zugegriffen: 11. Februar 2020.

Bundeskriminalamt (2016). Kriminalität im Kontext von Zuwanderung. Bundeslagebild 2015. https://www.bka.de/SharedDocs/Downloads/DE/Publikationen/JahresberichteUnd Lagebilder/KriminalitaetImKontextVonZuwanderung/KriminalitaetImKontextVonZuwa nderung_2015.pdf. Zugegriffen: 11. Februar 2020.

Bundeskriminalamt (2017). Kriminalität im Kontext von Zuwanderung. Bundeslagebild 2016. https://www.bka.de/SharedDocs/Downloads/DE/Publikationen/JahresberichteUnd Lagebilder/KriminalitaetImKontextVonZuwanderung/KriminalitaetImKontextVonZuwa nderung_2016.pdf. Zugegriffen: 11. Februar 2020.

Bundeskriminalamt (2018). Kriminalität im Kontext von Zuwanderung. Bundeslagebild 2017. https://www.bka.de/SharedDocs/Downloads/DE/Publikationen/JahresberichteUnd Lagebilder/KriminalitaetImKontextVonZuwanderung/KriminalitaetImKontextVonZuwa nderung_2017.pdf. Zugegriffen: 11. Februar 2020.

Bundeskriminalamt (2019a). Polizeiliche Kriminalstatistik 2018. Ausgewählte Zahlen im Überblick. https://www.bka.de/SharedDocs/Downloads/DE/Publikationen/Polizeiliche Kriminalstatistik/2018/pks2018ImkBericht.pdf. Zugegriffen: 11. Februar 2020.

Bundeskriminalamt (2019b). PKS Richtlinien 2018. https://www.bka.de/SharedDocs/Downloads/DE/Publikationen/PolizeilicheKriminalstatistik/2018/pks2018Richtlinien.pdf. Zugegriffen: 11. Februar 2020.

Bundeskriminalamt (2019c). Kriminalität im Kontext von Zuwanderung. Bundeslagebild 2018. https://www.bka.de/SharedDocs/Downloads/DE/Publikationen/JahresberichteUnd Lagebilder/KriminalitaetImKontextVonZuwanderung/KriminalitaetImKontextVonZuwa nderung_2018.pdf. Zugegriffen: 11. Februar 2020.

Bundeskriminalamt (2019d). Organisierte Kriminalität. Bundeslagebild 2018. https://www.bka.de/SharedDocs/Downloads/DE/Publikationen/JahresberichteUndLagebilder/OrganisierteKriminalitaet/organisierteKriminalitaetBundeslagebild2018.pdf. Zugegriffen: 11. Februar 2020.

Bundesministerium des Innern & Bundesministerium der Justiz (2001). Erster Periodischer Sicherheitsbericht. https://www.bka.de/SharedDocs/Downloads/DE/Publikationen/JahresberichteUndLagebilder/PeriodischerSicherheitsbericht/psb01Lang.pdf. Zugegriffen: 11. Februar 2020.

Bundesministerium des Innern & Bundesministerium der Justiz (2006). Zweiter Periodischer Sicherheitsbericht. https://www.bka.de/SharedDocs/Downloads/DE/Publikationen/JahresberichteUndLagebilder/PeriodischerSicherheitsbericht/psb02Lang.pdf. Zugegriffen: 11. Februar 2020.

Carlsson, J., & Sonne, C. (2018). Mental Health, Pre-migratory Trauma and Post-migratory Stressors Among Adult Refugees. In N. Morina & A. Nickerson (Hrsg.), *Mental Health of Refugee and Conflict-Affected Populations. Theory, Research and Clinical Practice* (S. 15–35.). Cham: Springer Nature Switzerland.

Christ, S., Meininghaus, E., & Röing, T. (2017). „All Day Waiting" – Konflikte in Unterkünften für Geflüchtete in NRW. https://www.bicc.de/uploads/tx_bicctools/BICC_WP_3_2017_web_01.pdf. Zugegriffen: 11. Februar 2020.

Deutscher Bundestag (2011). Polizeiliche Datenbanken der Bundesländer. (WD 3 – 3000 – 153/11). https://www.bundestag.de/resource/blob/412402/f9747432342012e51606e42e5b726072/WD-3-153-11-pdf-data.pdf. Zugegriffen: 11. Februar 2020.

Engelmann, C. (2015). Sichere Herkunftsstaaten – sinnvoll oder nicht? *Neue Gesellschaft/ Frankfurter Hefte, 12,* (S. 29–32).

Enzmann, D. (2015). Anzeigeverhalten und polizeiliche Registrierungspraxis. In N. Guzy, C. Birkel & R. Mischkowitz (Hrsg.), *Viktimisierungsbefragungen in Deutschland. Bd 1. Ziele, Nutzen und Forschungsstand* (S. 511–542). Wiesbaden: Bundeskriminalamt.

Feltes, T. (2016). Die Darstellung der „Ausländerkriminalität" in der Polizeilichen Kriminalstatistik 2015. *Kriminalistik, 70,* (S. 694–700).

Feltes, T., Weingärtner, R., & Weigert, M. (2016). „Ausländerkriminalität". *Zeitschrift für Ausländerrecht und Ausländerpolitik, 36,* (S. 157–165).

Feltes, T., Goeckenjan, I., Hoven, E., Ruch, A., Roy-Pogodzik, C. & Schartau, L. (2017). Zur Kriminalität von Geflüchteten zwischen 2014 und 2016 in NRW. Forschungskonzeption der Analyse der registrierten Kriminalität im Rahmen des Projekts „Flucht als Sicherheitsproblem". https://flucht.rub.de/images/arbeitspapiere/arbeitspapier01_flucht_als_sicherheitsproblem.pdf. Zugegriffen: 11. Februar 2020.

Fluchtpunkt 5. Registrierte Straftaten im Kontext von Flüchtlingsunterkünften. https://flucht.rub.de/images/fluchtpunkte/Fluchtpunkt_5.pdf. Zugegriffen: 11. Februar 2020.

Gewerkschaft der Polizei Nordrhein-Westfalen (2019). ViVA soll der Polizei die Tür zur digitalen Zukunft öffnen. In *Landesjournal Nordrhein-Westfalen, Jan. 2019,* (S. 1).

Geißler, R. (2008). Schwerpunkt: „Ausländerkriminalität"? Realitäten und Vorurteile. https://www.ida-nrw.de/fileadmin/user_upload/ueberblick/Ueberblick_1_08.pdf. Zugegriffen: 11. Februar 2020.

Ghelli, F. (2018). Massenunterkünfte fördern Konflikte. https://mediendienst-integration.de/artikel/massenunterkuenfte-foerdern-konflikte.html. Zugegriffen: 11. Februar 2020.

Glaubitz, C., & Bliesener, T. (2018). Analyse der Entwicklung der Kriminalität von Zuwanderern in Schleswig-Holstein. Forschungsbericht Nr. 137. https://kfn.de/wp-content/uploads/Forschungsberichte/FB_137.pdf. Zugegriffen: 11. Februar 2020.

Glaubitz, C., & Bliesener, T. (2019). Flüchtlingskriminalität – Die Bedeutung des Aufenthaltsstatus für die kriminelle Auffälligkeit. Eine Untersuchung der Deliktbelastung von Geflüchteten in den Jahren 2013 bis 2016. In *Neue Kriminalpolitik, 31,* (S. 142–162).

Goeckenjan, I., Schartau, L., & Roy-Pogodzik, C. (2019). „Flucht als Sicherheitsproblem". Forschungsperspektiven zu Kriminalität im Kontext von Flucht. In *Neue Kriminalpolitik, 2,* (S. 123–141.). doi: https://doi.org/10.5771/0934-9200-2019-2-123.

Grote, J. (2016). Familiennachzug von Drittstattangehörigen nach Deutschland. Fokusstudie der deutschen nationalen Kontaktstelle für das Europäische Migrationsnetzwerk (EMN). (Hrsg.) v. Bundesamt für Migration und Flüchtlinge. Nürnberg (Working Paper, 73).

https://ec.europa.eu/home-affairs/sites/homeaffairs/files/11b_germany_family_reunification_de_final.pdf. Zugegriffen: 11. Februar 2020.

Habermann, J., & Singelnstein, T. (2018). Praxis und Probleme bei der Erfassung politisch rechtsmotivierter Kriminalität durch die Polizei. In *Wissenschaft schafft Demokratie, (4).* doi: https://doi.org/10.19222/201804/02.

Hänsel, V., Hess, S., & Schurade, S. (2020). Refugee Protection. Germany Country Report. https://zenodo.org/record/3600613. Zugegriffen: 11. Februar 2020.

Heinz, W. (1999). Kriminalität von Deutschen nach Alter und Geschlecht. Konstanz. https://www.uni-konstanz.de/rtf/kik/deutsch5.htm. Zugegriffen: 11. Februar 2020.

Heinz, W. (2007). Kriminalität und ihre Messung in den amtlichen Kriminalstatistiken. Ein Überblick über einige vermeidbare Fehler. *Kriminalistik,* 61, (S. 301–307).

Heinz, W. (2017a). Das kriminalistische System in Deutschland. Notwendigkeit einer Optimierung. *Kriminalistik,* 71, (S. 427–435).

Heinz, W. (2017b). Kriminalität und Kriminalitätskontrolle in Deutschland – Berichtsstand 2015 im Überblick. Version 1/2017. https://www.uni-konstanz.de/rtf/kis/Kriminalitaet_und_Kriminalitaetskontrolle_in_Deutschland_Stand_2015.pdf. Zugegriffen: 11. Februar 2020.

Hollstein, T. (2017). Illegale Migration und transnationale Lebensbewältigung. Wiesbaden: Springer Fachmedien.

Kersting, S., & Erdmann, J. (2014). Analyse von Hellfelddaten – Darstellung von Problemen, Besonderheiten und Fallstricken anhand ausgewählter Praxisbeispiele. In S. Eifler & D. Pollich (Hrsg.), *Empirische Forschung über Kriminalität. Methodologische und methodische Grundlagen* (S. 9–29). Wiesbaden: Springer Verlag.

Knauer, F., & Schmidt, J. (2017). Flüchtlinge als Opfer von Straftaten. Ergebnisse qualitativer Gruppeninterviews in Berlin. In M. Haedrich (Hrsg.), *Flucht, Asyl und Integration aus rechtlicher Perspektive* (S. 123–152). Tübingen: Mohr Siebeck.

Kreuzer, A. (2016). Flüchtlinge und Kriminalität. Ängste – Vorurteile – Fakten. *Kriminalistik,* 70, (S. 445–450).

Kunz, K.-L., & Singelnstein, T. (2016). Kriminologie. 7. Aufl. Bern: Haupt Verlag.

Landeskriminalamt Berlin (2012). Polizeiliche Kriminalstatistik Berlin 2012. Kriminalität in Berlin. https://www.berlin.de/polizei/_assets/verschiedenes/pks/pksjahrbuch2012.pdf. Zugegriffen: 11. Februar 2020.

Mansel, J. (2008). Ausländer unter Tatverdacht. Eine vergleichende Analyse von Einstellung und Anklageerhebung auf der Basis staatsanwaltlicher Ermittlungsakten. *Kölner Zeitschrift für Soziologie und Sozialpsychologie,* 60, (S. 551–578).

o.V. (2016). Vertraulicher Lagebericht 78.000 Polizeieinsätze in Zusammenhang mit Asylunterkünften in NRW in 2015. *Focus Online.* https://www.focus.de/regional/nordrhein-westfalen/vertraulicher-lagebericht-78-000-polizeieinsaetze-in-zusammenhang-mit-asylunterkuenften-in-nrw-in-2015_id_5282954.html. Zugegriffen: 11. Februar 2020.

Pfeiffer, C., Baier, D., & Kliem, S. (2018). Zur Entwicklung der Gewalt in Deutschland. Schwerpunkte: Jugendliche und Flüchtlinge als Täter und Opfer. https://www.zhaw.ch/storage/shared/sozialearbeit/News/gutachten-entwicklung-gewalt-deutschland.pdf. Zugegriffen: 11. Februar 2020.

Projekt „Flucht als Sicherheitsproblem" (2018). Symposium mit Praktiker*innen aus dem Kontext Flüchtlingsaufnahme, Flüchtlingsunterbringung, Kriminalität und Statistik am 07. Juni 2018 an der Ruhr-Universität Bochum. https://flucht.rub.de/index.php/de/symposium. Zugegriffen: 11. Februar 2020.

Rabe, H. (2015). Effektiver Schutz vor geschlechtsspezifischer Gewalt – auch in Flüchtlingsunterkünften. https://www.institut-fuer-menschenrechte.de/fileadmin/user_upload/Publikationen/Policy_Paper/Policy_Paper_32_Effektiver_Schutz_vor_geschlechtsspezifischer_Gewalt.pdf. Zugegriffen: 11. Januar 2020.

Roy-Pogodzik, C., Schartau, L., Feltes, T., Goeckenjan, I., Singelnstein, T., & Voußen, B. (2019). Die Rolle von Flüchtlingsunterkünften bei der Kriminalität im Kontext Flucht. https://flucht.rub.de/images/arbeitspapiere/Arbeitspapier_5_Flucht_als_Sicherheitsproblem.pdf. Zugegriffen: 11. Februar 2020.

Statistisches Bundesamt (21.08.2019). Jede Vierte Person in Deutschland hatte 2018 einen Migrationshintergrund. Pressemitteilung Nr. 314. https://www.destatis.de/DE/Presse/Pressemitteilungen/2019/08/PD19_314_12511.html. Zugegriffen: 11. Februar 2020.

Steinwand, M. (2010). Kriminalität von Migranten in Deutschland. Eine kritische Betrachtung der Polizeilichen Kriminalstatistik. Marburg: Tectum Verlag.

Ullrich, P., & Tullney, M. (2012). Die Konstruktion ‚gefährlicher Orte`. Eine Problematisierung mit Beispielen aus Berlin und Leipzig. https://www.sozialraum.de/die-konstruktion-gefaehrlicher-orte.php. Zugegriffen: 11. Februar 2020.

Vogel, D. (2016). Kurzdossier: Umfang und Entwicklung der Zahl der Papierlosen in Deutschland. https://www.fb12.uni-bremen.de/fileadmin/Arbeitsgebiete/interkult/Arbeitspapiere/Vogel_2016_Kurzdossier_Umfang_Papierlose_in_Deutschland_Abib-Arbeitspapier_2.pdf. Zugegriffen: 11. Februar 2020.

Walburg, C. (2014). Migration und Jugenddelinquenz. – Mythen und Zusammenhänge -. https://mediendienst-integration.de/fileadmin/Dateien/Gutachten_Walburg_Kriminalitaet_Migration.pdf. Zugegriffen: 11. Februar 2020.

Walburg, C. (2016). Migration und Kriminalität. Aktuelle kriminalstatistische Befunde. (Hrsg.) v. Mediendienst Integration (Mediendienst Integration). https://mediendienst-integration.de/fileadmin/Dateien/Gutachten_Walburg_Kriminalitaet_Migration.pdf. Zugegriffen: 11. Februar 2020.

Walburg, C. (2018). Migration und Kultur. Eine Frage der Kultur? In D. Hermann & A. Pöge (Hrsg.), *Kriminalsoziologie. Handbuch für Wissenschaft und Praxis* (S. 171–184). Baden-Baden: Nomos Verl.-Ges.

Weinbender, A. (2013). Polizeiliche Kriminalstatistik Berlin 2012. Mehr Racial Profiling, weniger aufgeklärte Fälle. *Bürgerrechte & Polizei/Cilip, 104,* (S. 44–52).

Wetzels, P., Brettfeld, K., & Farren, D. (2018). Migration und Kriminalität. Evidenzen, offene Fragen sowie künftige Herausforderungen für die Kriminologie. *Monatsschrift für Kriminologie und Strafrechtsreform, 101,* (S. 85–111).

**Ingke Goeckenjan** Prof. Dr. iur., Inhaberin des Lehrstuhls für Strafrecht und Strafprozessrecht an der Juristischen Fakultät der Ruhr-Universität Bochum ingke.goeckenjan@rub.de.

**Christian Roy-Pogodzik** M.A. (Soziologie), Wissenschaftlicher Mitarbeiter am Lehrstuhl für Strafrecht und Strafprozessrecht und am Lehrstuhl für Kriminologie an der Juristischen Fakultät der Ruhr-Universität Bochum christian.roy-pogodzik@rub.de.

**Lara Schartau** M.A. (Politikwissenschaft), M.Sc. (European Studies), Wissenschaftliche Mitarbeiterin am Lehrstuhl für Strafrecht und Strafprozessrecht und am Lehrstuhl für Kriminologie an der Juristischen Fakultät der Ruhr-Universität Bochum lara.schartau@rub.de.

# „… wollen nicht verstehen, was der Bürger als normal ansieht". Das Policing von Armut durch Alkohol- und Bettelverbote am Münchner Hauptbahnhof

Roman Thurn

Ist München die „Avantgarde der Konformität"[1]? Die Stadt versucht ihren Ruf als „wohl sicherste Millionenstadt Europas" (Welt 2012) zu verteidigen – auch wenn ihr dieser Rang mittlerweile von Frankfurt am Main abgelaufen worden ist (Spiegel 2019). Im Jahr 2018 ergriff die Stadt München eine Reihe ordnungspolitischer Maßnahmen, mithilfe derer nicht nur die öffentliche Sicherheit gestärkt, sondern eine bestimmte Ordnung in die (Innen-)Stadt Einzug halten sollte. Wie hier herausgearbeitet werden soll, ist mit Ordnung nicht eine, womöglich legal definierte, Rechts- und Erwartungssicherheit gemeint, welche den Alltag der Menschen etwas weniger beschwerlich werden ließe, sondern zugespitzt: die Abwesenheit von Armut im Stadtbild – insbesondere in und um den Hauptbahnhof (HBF).

Daher sollen im vorliegenden Artikel drei Aspekte der Versicherheitlichung Münchens näher beschrieben werden: 1. Die Einführung des Alkoholverbots am HBF München 2017 sowie dessen Ausweitung 2018, 2. die Erweiterung des Bettelverbots 2014 sowie 3. die Gründung des Kommunalen Außendienstes

---

[1]So der Titel einer Veranstaltungsreihe des Lehrstuhls für Politische Soziologie sozialer Ungleichheit der LMU München in den Jahren 2018/2019.

---

R. Thurn (✉)
Ludwig-Maximilians-Universität München, München, Deutschland
E-Mail: roman.thurn@soziologie.uni-muenchen.de

© Springer Fachmedien Wiesbaden GmbH, ein Teil von Springer Nature 2020
D. Hunold und A. Ruch (Hrsg.), *Polizeiarbeit zwischen Praxishandeln und Rechtsordnung*, Edition Forschung und Entwicklung in der Strafrechtspflege, https://doi.org/10.1007/978-3-658-30727-1_15

(KAD) 2017. Ich begreife diese als Durchsetzung wie auch Entgrenzung des Prinzips Hausordnung (Termeer 2010). Hierunter werden Phänomene gefasst, die im Kontext der ökonomischen Städtekonkurrenz eine Kommodifizierung des öffentlichen Raums einerseits und dessen Versicherheitlichung andererseits bedeuten. Sowohl die Verbote von Betteln und Alkohol als auch der KAD haben ihren Geltungs- und Wirkungsbereich im Areal des Münchner HBF. Neben dem Verkehr ist für diesen der Aufenthalt der Reisenden und die Gewährleistung entsprechender Konsummöglichkeiten wesentlich. Er und die angrenzende Bahnhofsgegend erscheinen daher infolge dieser Kommodifizierung eher als *mall* denn als öffentlicher Raum, womit abweichendes Verhalten besonders sichtbar ist – bzw. als besonders störend empfunden wird (Abschn. 1). Innerhalb dieses innenstädtischen Raumes werden anhand von Verordnungen wie der Alkoholverbotsverordnung (AVV) (Abschn. 1.1) oder Bettelverboten (Abschn. 1.2) bestimmte Personengruppen adressiert, die aus dem Stadtbild exkludiert werden sollen. Hierfür wurde eigens eine kommunale Ordnungspolizei, der KAD eingerichtet (Abschn. 1.3), sowie auf bauliche Maßnahmen zurückgegriffen (Abschn. 1.4) Diese Entwicklungen bedeuten eine Unterminierung der Rechtssicherheit für die Betroffenen durch die Einführung von Rejektionswerten in das Programm des Rechts (Abschn. 1.5). Dabei adressieren die Behörden dezidiert sog. Stammsteher*innen oder bettelnde Menschen (Abschn. 2) mittels niedrigschwelliger Maßnahmen (Abschn. 3). Diese Randgruppen erscheinen (auch kontrafaktisch) als Bedrohung der Ordnung, der nicht nur mit Repression, sondern auch sozialarbeiterischen Angeboten beigekommen werden soll. Der gemeinsame Nenner von Repression und Fürsorge liegt im Sicherheitsfetischismus (Abschn. 4).

# 1 Verkehr und Konsum: Inwertsetzung des Hauptbahnhofs

Die hier noch darzustellenden Entwicklungen müssen im Kontext der unternehmerischen Stadt (vgl. Kern 2014, S. 24 ff.) betrachtet werden. Der Münchner HBF wird nicht allein zu einem im weiteren Sinn gefährlichen Ort dadurch, dass dort (ob vermeintlich oder nicht) Straftaten und Ordnungswidrigkeiten begangen werden. Er wird es insbesondere dadurch, dass an diesem Ort abweichendes Verhalten explizit *nicht* auftreten darf und weniger toleriert ist als in anderen Teilen

Münchens. Dies ergibt sich aus seiner Rolle als dem zentralsten Verkehrsknotenpunkt der Stadt sowie seiner Funktion als *shopping mall* einerseits und als einem Prestigeobjekt andererseits: Dies hat „die rigide Trennung nach dem erwünschten und dem unerwünschten Publikum zur Folge, um Konfrontationen mit sozialer Marginalität zu vermeiden und die angestrebte Ungestörtheit eines solchen Konsums zu gewährleisten" (Legnaro 2017, S. 14).

Der HBF München ist einer der meistfrequentierten Bahnhöfe der Welt: Gut 450.000 Personen passieren den Bahnhof täglich. Durch eine Vielzahl von Einkaufsmöglichkeiten gleicht er zudem nicht nur, sondern ist faktisch eine *shopping mall* (vgl. Einkaufsbahnhof 2019). Im Anschluss an Sylke Nissen lässt sich vom HBF als einem Einkaufszentrum mit Gleisanschluss sprechen (Nissen 2008, S. 285). Im Jahr 2017 wurde von der Kommission für Stadtgestaltung ein Entwurf zum Neubau des Münchner HBF von einem privaten Architekturbüro angenommen (Stadt München o. D.a). Der HBF München sei der „erste Eindruck" (ebd.), den man von der Stadt München bekomme – dies konstatiert nicht nur die Website des HBF München, sondern wird auch vom Vorsitzenden des Kreisverwaltungsreferats (KVR) bei der Begründung der AVV in Stellung gebracht (Kreisverwaltungsausschuss 2018, S. 13; vgl. für Hamburg Marinis und Krasmann 1997, S. 167). Dabei solle man sich sicher fühlen (Deutsche Bahn o. D.b). Bettler*innen und Stammsteher*innen würden dem entgegenstehen, wie die Akteure mit hoher Beschwerdemacht[2], wie etwa Hotel- und Gaststättenverbände, Vereine der Gewerbetreibenden oder Kaufhausbetreibende häufig betonen (s. u.). Diese Beschwerden bereiten, vor dem Hintergrund einer Kommodifizierung des öffentlichen Raums in und um den HBF, die Grundlage für die daran anschließenden Diskurse über Armut und Kriminalität, den Erlass der Verordnungen und die polizeilichen oder sozialarbeiterischen Maßnahmen (vgl. Kunz/Singelnstein 2016, § 16, Rn. 12).

## 1.1 Das Alkoholverbot

Am 21. Januar 2017 trat die erste AVV um den Münchner HBF in Kraft. Damit waren zunächst der Konsum und das Beisichführen von Alkohol an und um den HBF in der Zeit zwischen 22:00 Uhr und 06:00 Uhr verboten und konnten mit

---

[2]Der Begriff der Beschwerdemacht muss hier weiter gefasst werden, nämlich nicht nur als diejenige Macht sich wirksam über die Polizei, sondern auch über etwaige andere Personen(gruppen) zu beschweren Feest und Blankenburg 1972.

einer Geldbuße belegt werden. Die Regelung betrifft den Außenbereich des HBF; der Innenbereich ist als Eigentum der Deutschen Bahn AG von dieser Regelung ausgenommen – gleichwohl gilt auf Bahnhöfen der Deutschen Bahn zumindest ein Verbot übermäßigen Alkoholkonsums (Deutsche Bahn 2015). Das Alkoholverbot wird juristisch durch den Art. 30 des Landesstraf- und Verordnungsgesetzes (LStVG) ermöglicht. Am 25.05.2018 wurde dieser Artikel im Rahmen des Gesetzes zur Neuordnung des bayerischen Polizeirechts (PAG-Neuordnungsgesetz) reformuliert: Seither steht es den Gemeinden frei, *dauerhafte* Alkoholverbote bereits aufgrund *vermehrter* Ordnungswidrigkeiten zu erlassen, während es vorher noch Ordnungswidrigkeiten von *erheblicher* Bedeutung bedurfte. Die CSU-Fraktion im Münchner Stadtrat beantragte daher, dass dieser neue rechtliche Rahmen genutzt werde, um den Geltungsbereich des bestehenden Alkoholverbots auf den ganzen Tag auszuweiten. Mit Beschluss des Stadtrats vom 19. Dezember 2018 gilt das Alkoholverbot seit dem 1. August 2019 deshalb ganztägig.

Die AVV soll es ermöglichen, noch vor Begehung einer Straftat unter Alkoholeinfluss stehende potenzielle Störer aus dem Gebiet des HBF zu entfernen. Sie richtet sich in ihrer präventiven Ausrichtung daher nicht an die Allgemeinheit, sondern eine *bestimmte* Klientel. So zitiert die Süddeutsche Zeitung den Stadtrat Helmut Schmid (SPD): „Es geht nicht darum, dass jeder verfolgt wird, der alkoholisiert durch den Hauptbahnhof geht" (SZ 2018), und die Frankfurter Allgemeine Zeitung erklärte bereits zur Einführung des Alkoholverbots: „Betroffen sein von dem Verbot soll nicht der Reisende, der sich für die Heimfahrt noch ein Bier kauft. Man wisse genau, wen man im Visier habe, heißt es bei der Polizei" (FAZ 2016). Faktisch wird also nicht das Trinken selbst, sondern die Zugehörigkeit zu einer bestimmten Gruppe geahndet.

Dabei ist die rechtliche Lage, wenn man etwa nach Baden-Württemberg blickt, alles andere als unkritisch: Die Stadt Freiburg erließ im Jahr 2007 eine ähnlich lautende Regelung, die das „Lagern oder dauerhafte Verweilen außerhalb von Freischankflächen oder Einrichtungen wie Grillstellen u. ä., ausschließlich oder überwiegend zum Zwecke des Alkoholgenusses [verbot], wenn dessen Auswirkungen geeignet sind, Dritte erheblich zu belästigen" (Thurn 2012, S. 141). Der VGH Mannheim entschied (VGH Baden-Württemberg, Urteil vom 28.07.2009 – 1 S 2340/08), dass diese Regelung gegen das Bestimmtheitsgebot verstoße: Die Kriterien, nach denen der erlaubte Konsum von Alkohol in einen solchen umschlage, nach denen er potenziell die Rechte Dritter einschränke, seien nicht hinreichend bestimmt und von den Normadressaten nicht zu erkennen[3] – und würden auch nicht durch die in der Verordnung genannten Verbotstatbestände (wie etwa das „Verrichten der Notdurft") konkretisiert, weil die Eingriffsschwelle gerade unterhalb dieser liegen würde. In einer weiteren Entscheidung am selben Tag (VGH Baden-Württemberg, Urteil vom 28.07.2009 – 1 S 2200/08) erklärte der VGH, dass ein pauschales Alkoholverbot nicht anhand der seitens der Stadt und der Polizei Freiburg vorgelegten Statistik begründet werden könne: Ein kausaler Zusammenhang zwischen dem Konsum von Alkohol und Gewalttaten könne nicht hinreichend belegt werden (ebd., Rn. 40; Hecker 2012, S. 122 f.). Der VGH ließ zwar in seiner (hier zuerst genannten) Entscheidung die Frage offen, „ob hierdurch eine vermeintlich allgemeine, aber verdeckt konkrete und allein schon deshalb unzulässige Sonderregelung zum Einschreiten gegen soziale Randgruppen" (Rn. 37) vorlag, doch lag die Antwort nahe, dass dem sehr wohl so sei (Thurn 2012, S. 146). Was jedoch im Falle Freiburgs, mehr oder weniger, implizit blieb, wird in München von den Verantwortlichen hingegen nicht nur zugegeben, sondern sogar betont, um ein (keineswegs) allgemeines Alkoholverbot zu rechtfertigen.

## 1.2 Das Bettelverbot

Die AVV ist nicht die erste und einzige Maßnahme der Stadt München, das Programm von SOS (Sicherheit, Ordnung, Sauberkeit; vgl. Eick 2011, S. 22) in der Innenstadt durchzusetzen. Die Verordnung hatte im Bettelverbot einen Vorläufer, mithilfe dessen insbesondere Osteuropäer*innen und Roma adressiert wurden, die in der Nachfolge der Osterweiterung der EU nach München kamen (oder gekommen sein sollen) und im Bereich des HBFs betteln. Die „Allgemeinverfügung gegen besondere Formen des Bettelns in München" trat am 12. August 2014 in Kraft. Während in der Fußgängerzone schlicht jedwede Form des Bettelns verboten ist, wurde im weiteren Innenstadtbereich „aggressives", „bandenmäßiges" sowie „organisiertes" (Bettelverbot 2014, S. 2) Betteln mit und durch Kinder, unter Zuhilfenahme bzw. in Begleitung von Tieren ohne

---

[3] „In welchen Grenzen dürfen junge Leute sich etwa auf dem beliebten Augustinerplatz niederlassen, um gemeinsam Alkohol zu trinken? Inwieweit werden feucht-fröhliche Abiturfeiern oder Junggesellenabschiedsfeiern auf öffentlichen Plätzen toleriert, wenn das Feiern im wesentlichen (sic) aus Alkoholtrinken besteht?", Rn. 35.

entsprechende tierseuchenrechtliche Nachweise, verkehrlich behinderndes Betteln (auf Gehwegen muss 1,60 m Durchgangsbreite freigehalten werden) und das Betteln unter Vortäuschung von körperlichen Behinderungen, persönlichen Notlagen oder künstlerischer Darbietungen „mit nicht gebrauchsfähigen Musikinstrumenten" (ebd.) untersagt. Während allgemeine Bettelverbote zwar nach herrschender Meinung rechtswidrig sind, weil die Rechte Dritter durch das Betteln nicht im Sinne des Gefahrenabwehrrechts beeinträchtigt werden (Hecker 2012, S. 130), gestaltet sich die Lage in Münchens Fußgängerzone anders, weil dort nicht ortsfeste wirtschaftliche Werbemaßnahmen und Veranstaltungen, die möglicherweise eine Beschädigung der Gebäude und Infrastruktur zur Folge haben können, nach der „Altstadt-Fußgängerbereich-Satzung" vom 21. Juli 1971 einer Sondernutzungserlaubnis bedürfen (Altstadt-Fußgängerbereich-Satzung 1971; vgl. Hecker 2012, S. 129 m. w. N.; wobei dies, anders als von Wolfgang Hecker dargestellt, nur für die Fußgängerzone in der Altstadt gilt). Doch auch besondere Bettelverbote lassen sich, zumindest juristisch, schwer legitimieren (ebd., S. 130 ff.).

### 1.3 Der Kommunale Außendienst

Seit dem 2. Juli 2018 patrouilliert der KAD in Gruppen von je drei bis vier Personen in der Münchner Innenstadt. Er untersteht dem Kreisverwaltungsreferat (KVR), also dem Münchner Ordnungsamt. Ziel sei nicht nur eine „Stärkung des Sicherheitsgefühls" (KAD Einrichtung 2017: 18) durch dessen Präsenz, sondern er soll auch kleinere Ordnungswidrigkeiten sofort ahnden, der Polizei als Hilfskraft zur Verfügung stehen sowie Ansprechpartner für Bürger*innen sein. Sein Tätigkeitsbereich umfasst daher bspw. die Ahndung von Verstößen gegen die Grünanlagensatzung, die Ladenschlussverordnung oder das Bettel- und Alkoholverbot. Zu den häufigeren Einsatzgründen gehören daneben das Überprüfen der Vitalfunktionen, unerlaubtes Nächtigen Dritter und alkoholbedingte Störungen und Verschmutzungen (KAD Bilanz 2018). Dem KAD ist deshalb erlaubt bei etwaigen Normverstößen Bußgelder zu erteilen sowie Platzverweise auszusprechen (KAD Einrichtung 2017: 19 f.; vgl. Balzer 2018: 52 ff.), und er verfügt darüber hinaus über CS-Gas, einen Mehrzweckeinsatzstock, Handschellen sowie stichfeste Westen. Allerdings wird von den Waffen nur in seltenen Fällen auch tatsächlich Gebrauch gemacht. Eine Ausstattung mit Schusswaffen wurde bereits im Vorhinein abgelehnt, um Reminiszenzen an den Zentralen Sicherheitsdienst, dessen Angehörige als die ‚schwarzen Sheriffs' in den 1970er und 1980er Jahren wegen ihres brutalen Vorgehens in München in die Schlagzeilen gerieten, zu vermeiden (KAD Einrichtung 2017: 6). Stattdessen versucht der KAD in der Regel, das Gegenüber zunächst durch eine Ansprache zu erreichen, ehe Maßnahmen ergriffen werden. Im Rahmen des Opportunitätsprinzips sieht das Personal des KAD daher bisweilen bewusst von Strafen ab, wenn eine Ihrer Ansicht nach erfolgreiche Kommunikation stattfindet und das Gegenüber einsichtig ist. Gleichwohl besteht eine der wesentlichen Aufgaben des KAD damit in der niedrigschwelligen und auch präventiven Verdrängung sozialer Randgruppen.

## 1.4 Bauliche Maßnahmen

Der soziale Raum ist nicht lediglich ein lebloses Produkt sozialer Verhältnisse. Er ist seinerseits die vorausgesetzte (aber daher nicht weniger *gesetzte*) Bedingung sozialen Handelns, indem sich in ihm eine symbolische Ordnung materialisiert, die bestimmte Handlungen wahrscheinlicher werden lässt als andere, und wiederum andere gänzlich verhindert: „Itself the outcome of past actions, social space is what permits fresh actions to occur, while suggesting others and prohibiting yet others" (Lefèbvre 1991: 73). Die sicherheitspolitischen Territorialisierungen (Belina 2017a: 88 ff.) machen daher nicht vor der materiellen, architektonischen Umgebung halt. Diese wird vielmehr aktiv in die sicherheitspolitische Raumproduktion als Grenzmaterial einbezogen.

Der Vorplatz des Münchner HBF stellte mit dem sog. „Schwammerl", einem nierenförmigen Vordach, das an einen Pilz erinnerte, eine „Tatgelegenheitsstruktur" (Stadtratshearing 2018: 7) bereit: Es schützte vor der Witterung und war ein beliebter Treffpunkt der sog. Stammsteher*innen. Daher wurden bereits im Dezember 2015 zehn Scheinwerfer an diesem Ort angebracht (sowie weitere rund um den HBF), um damit Tatgelegenheitsstrukturen zu zerschlagen (Alkoholverbotsverordnung 2016: 29). Die Idee, der Szene auch mit dauerhafter Musikbeschallung Herr zu werden, wurde aufgrund der anstehenden Bauarbeiten zurückgestellt (ebd.). Auch installierten einige der um den HBF gelegenen Geschäfte blaues Licht in ihren Toiletten, sodass etwaige Heroinkonsument*innen ihre Venen nicht finden.

Mit dem Beginn der Umbauarbeiten des HBF wurde der sanierungsbedürftige Schwammerl umzäunt, zunächst um dort ab dem Juni 2016 Fernwärmeleitungen zu verlegen. Der Bereich der Baustelle wurde schließlich im Oktober 2016 ausgedehnt. „Gründe hierfür lagen unter anderem in der bestehenden Unübersichtlichkeit, ausgehend von der am Haupteingang verweilende Szene (mitunter 80–100 Personen täglich) und der baustellenbedingten reduzierten Fläche vor der Ostseite des Bahnhofs", so das KVR (Stadtratshearing 2018: 7). Die freigebliebenen

Gänge wurden daraufhin verstärkt von Beamten der am HBF ansässigen Polizeiinspektion kontrolliert. Da ein Abriss des Schwammerls geplant war (und mittlerweile durchgeführt worden ist) blieben die Zäune weiterhin bestehen, sodass die Szene sich dort auch im Anschluss weniger aufhielt. Im Februar relativierten sich jedoch die „positiven Auswirkungen": Eine „Verdrängung der Szeneangehörigen ließ kontinuierlich nach" (ebd.: 8).

## 1.5 Die sicherheitspolitische Aushöhlung der Rechtssicherheit

Bettel- und Alkoholverbote adressieren nicht die Bevölkerung im Allgemeinen, sondern spezifische soziale Randgruppen. Mithilfe der genannten Verordnungen wird den Behörden, also der Polizei und dem KAD das Einschreiten gegen diese Gruppen ermöglicht. Der (pönalisierte) Alkoholkonsum kann mithilfe der Systemtheorie[4] als ein Rejektionswert des Rechts bestimmt werden. Systemtheoretisch gesprochen operiert das Recht normalerweise anhand der Entscheidung von Recht und Unrecht (Luhmann 2013); also des binären Codes *legal/illegal*. Bei Rejektionswerten handelt es sich um „jene im Code ausgeschlossenen dritten Werte, die über Programme[5] in das System eingeführt werden, die sich jedoch dem Code nicht unterordnen" (Opitz 2012, S. 55; vgl. Luhmann 2013, S. 180 f.). Rejektionswerte, nicht nur hinsichtlich des Alkoholkonsums, sondern auch des sozialen Status, der Hautfarbe, des Geschlechts usw., unterlaufen den rechtlichen Code im Sinn einer „lawful lawlessness" (Sarat/Hussain 2004, zit. n. Opitz 2012: 56): Die Geltung des Rechts wird im Recht

---

[4] Es gibt eine Reihe gewichtiger und richtiger Einwände gegen eine systemtheoretische Rechtssoziologie; vgl. etwa Nocke 1986; Frankenberg 2003: 250 ff.. Dennoch: Die Sprache der Systemtheorie erlaubt es nicht nur die intersubjektive Geltung (oder in diesem Falle auch: Nichtgeltung) des Rechts auf den Begriff zu bringen. In ihr drückt sich auch die Erfahrung der materialistischen Dialektik aus, dass „die bürgerliche Gesellschaft anstatt auf der konkreten Arbeit oder dem Bedürfnis auf der *Abstraktion* von der Arbeit und vom Bedürfnis beruht, auf Verhältnissen also, die sich hinter dem Rücken der handelnden Personen herausbilden" (Breuer 1993: 73).

[5] Codes sind aufgrund ihrer Binarität nicht in der Lage, einen Sachverhalt in ihrer Umwelt eindeutig der je einen oder anderen Seite zuzuordnen. Erst durch Programme, ihrerseits durch den Code konstituiert, ermöglichen die Beobachtung der systemexternen Umwelt (Luhmann 2013: 189 ff.); etwa, indem in der Neuzeit „gesellschaftliche Selbstverständlichkeiten" über den Begriff des Naturrechts in das juristische Programm überführt worden sind (ebd.: 191).

selbst aufgehoben. Der Rejektionswert instituiert damit einen Ausnahmezustand, und zwar nicht im Sinn Carl Schmitts (Schmitt 1996: 19), sondern einen – für das Gros der Bevölkerung unsichtbaren – Ausnahmezustand der Alltäglichkeit (Kretschmann und Legnaro 2017). Mithilfe einer Blankettnorm (Frankenberg 2010: 214 ff.)[6] ist der Polizei und dem KAD die Möglichkeit gegeben, je nach eigener Abwägung an bestimmten Orten gegen soziale Randgruppen einzuschreiten oder nicht. Das allgemeine Recht ist damit durch das Recht selbst lokal suspendiert (Opitz 2012: 129 ff.). Dies ist auch in Hinblick auf sog. gefährliche Orte diskutiert worden, an welchen die Polizei nach eigenem Ermessen festlegen kann, wer an einem solchen Ort kontrolliert und durchsucht wird – und wer nicht (Assall und Gericke 2016; Belina und Wehrheim 2011; Ullrich und Tullney 2012). Die Rechtmäßigkeit der Maßnahme (qua Verordnung) ist damit von ihrer unrechtmäßigen diskriminierenden Anwendung gegen lediglich eine oder mehrere bestimmte Personengruppe/n ununterscheidbar (Opitz 2012: 233 f.). In Anlehnung an die Punkband *Slime* ließe sich daher auch knapp konstatieren: Legal/Illegal? Scheißegal.

Dem entspricht die Praxis der Kontrolle des KAD: Stärker als um die Sanktionierung von Straftaten und Ordnungswidrigkeiten steht im Selbstverständnis des KAD die Aufrechterhaltung der Ordnung als solcher – die in Anlehnung an Ulrich K. Preuß als „Superlegalität" bestimmt werden kann. Preuß erklärt, dass, da die Freiheitlich-Demokratische Grundordnung (FDGO) nicht mit dem Grundgesetz (GG) identisch sei, eine „zweistufe Verfassung" (Preuß 1973: 26) existiere. Im Gegensatz zum GG sei die FDGO „eine Wertentscheidung für bestimmte Normen" (ebd.: 24), eine Substanz, die der legalen Form des GG vorgeordnet sei. Übertragen auf den hier behandelten Gegenstand bedeutet dies, dass formaliter legale Handlungen einem Vorbehalt der Sicherheitsbehörden unterliegen, nämlich hinsichtlich der Frage nach ihrer substanziellen Kompatibilität mit der herrschenden Ordnung. Diese wird als Rejektionswert vermittels

---

[6]Anne-Marlen Engler kritisiert an den Beiträgen von Kretschmann/Legnaro und Frankenberg, dass diese eine erst zu beweisende Verfallsdiagnose aussprechen würden, sowie dass die normativen Implikationen gegenüber dem Rechtsstaat, also des Regelfalls im Gegensatz zur Ausnahme ihrerseits einer kritischen Betrachtung bedürften (Engler 2019). Mir scheint insbesondere der erste Einwand einen wichtigen Punkt zu treffen. In der vorliegenden Arbeit wird daher auch nicht der Verfall der Rechtsstaatlichkeit diagnostiziert, sondern vielmehr, dass die Logik der Ausnahme kapitalistischen Verhältnissen inhärent ist und demgegenüber eher eine gesteigerte Reflexion des Rechts auf eben diesen Umstand konstatiert werden kann: Insbesondere die Politik versucht die ‚gewohnheitsmäßige' Abwertung der Subalternen in positives Recht zu überführen.

des Opportunitätsprinzips in das Programm des Rechts eingeführt: So wird der Gemeingebrauch der Straßen und Gehwege als Ort des Verzehrs von Alkohol dann eingeschränkt, wenn die Form des Konsums der herrschenden Ordnung widerspricht – etwa, wenn die Konsument*innen nicht dem, insbesondere von Akteuren mit hoher Beschwerdemacht gewünschten Stadtbild entsprechen:

„[S]ie machen sich breit, sie torkeln und sie stören dadurch die öffentliche Ordnung, weil sie dann auch anfangen die Leute anzuschnorren oder, weil's ja einfach auch 'ne Belästigung ist, wenn jetzt ähm Flaschen irgendwie kaputtgehen, das ist sicher dann auch (wie) 'ne öffentliche Belästigung, weil das einfach, die Leute Angst haben müssen, dass sie in Glasscherben gehen, dass sie den Gruppen ausweichen müssen, weil sie nicht mehr in die U-Bahn runterkommen. Es ist eher dieses Ansammeln, weil die Leute dann die Relation dazu verlieren was normal ist, ja, oder die verstehen auch nicht, oder wollen nicht verstehen, was der Bürger als normal ansieht" (OP_1_Transkript).

## 2 Wer ist normal – und wer nicht?

Das Ziel der AVV ist die Vertreibung der sogenannten Stammsteher*innen, also der lokalen Szene der Konsument*innen von Alkohol, aber auch anderer Drogen aus der Gegend um den Münchner HBF. Den Anlass hierzu gaben laut Aussage des KVR vermehrte und insbesondere alkoholbedingte Ordnungswidrigkeiten und Straftaten (KAD Einrichtung 2017). Als Ordnungswidrigkeiten werden insbesondere „immense Müllrückstände" sowie eine Belästigung der Passant*innen durch den Geruch von Urin benannt: „Passanten wurden starken Geruchsbelästigungen durch wildes Urinieren der Anwesenden ausgesetzt" (Stadtratshearing Hauptbahnhof 2018: 8). Unter die Straftaten fielen zudem auch Rohheitsdelikte, das heißt Beleidigungen und Nötigungen bis hin zu Körperverletzungsdelikten.

Des Weiteren kann gezeigt werden, dass die Etikettierung einer bestimmten Klientel als *per se* problematisch durchweg eine legitime Position innerhalb des Diskurses um den Münchner HBF ist (vgl. bspw. TZ 2017a). Thematisiert werden neben den Stammsteher*innen vor allem Tagelöhner*innen, bettelnde Menschen und Prostituierte. Auch die Maßnahmen gegen diese Klientel werden entsprechend von den jeweiligen Medien begleitet und, häufig auch positiv kommentiert, wie etwa die Razzien der Polizei am Münchner HBF am 16. November 2017, am 3. Mai 2018 und am 22. November 2018 (vgl. TZ 2017b, AZ 2018a; AZ 2018b). Sie reproduzieren damit jenen Diskurs der Angst, der in der Hypothese der *broken windows* ihren bekanntesten Ausdruck gefunden hat:

„[T]he fear of being bothered by disorderly people. Not violent people, nor, necessarily, criminals, but disreputable or obstreperous or unpredictable people: panhandlers, drunks, addicts, rowdy teenagers, prostitutes, loiterers, the mentally disturbed" (Kelling und Wilson 1982). Bereits deren einfache Anwesenheit ist verdächtig, wenngleich noch nicht kriminalisiert (zur Kriminalisierung des „loiterings", i.e. des schlichten Herumstehens in Las Vegas vgl. Belina 2017b). Es sind diese Gruppen, die im Kontext der revanchistischen Stadt vermeintlich öffentliche Räume in Beschlag nehmen, und gegen die der Staat/die Stadt nun, sei es mithilfe von Fürsorge, sei es mit (der Drohung von) Strafe, vorgehen müsse: „The rallying cry of the revanchist city might well be: ,Who lost the city? And on whom is revenge to be exacted?'" (Smith 2005, S. 222).

Die Antwort auf diese Frage liefern stereotypisierte Wissensbestände über die Klientel, die zumeist weniger aus Erfahrungen als durch Zuschreibungen und diffuse Ängste gespeist wird. Ein organisationaler, wenngleich weniger informell als durchaus formeller Wissensbestand sind etwa auch die Stereotypien hinsichtlich Sinti und Roma, der in Bezug auf das Bettelverbot wirkmächtig ist: Eva Bachinger berichtet bspw. von drei Fällen der Wiener Polizei, bei welchem Beamte einer rumänischen bettelnden Frau handschriftlich „Bettlerin" sowie „§ 2 WLSG" in die Pässe eingetragen hätten (Bachinger 2008). Bereits 1899 wurde in München die sog. „Zigeunerpolizeistelle" eingerichtet, die bis zum Jahr 1925 mehr als 14.000 Personalakten angesammelt hatte (Borcke 2016). Die „Landfahrerstelle" wurde erst 1970 aufgelöst. Aktuell ist in München der antiziganistische Diskurs um die sog. ,Bettelmafia' virulent. In einem Antrag der Bayernpartei im Stadtrat heißt es, es sei „doch häufig zu beobachten, dass die Personen morgens mit Kleinbussen an ihre Einsatzorte gebracht werden und tagsüber mehrmals sog. ,Aufpasser' das erbettelte Geld einsammeln" (Antrag Bayernpartei 2017). Indizien dieser Art sind jedoch alles andere als geeignet, die Existenz einer mafiösen Struktur zu belegen. Die, weit weniger mafiöse als praktische Verwaltung der Finanzen durch einzelne Familienmitglieder sowie die Organisation im Sinn einer Absprache von Familien und Bekannten werden weder von den Behörden, noch der Öffentlichkeit, noch der Stadtverwaltung oder -regierung als mögliche Erklärungen in Betracht gezogen. Auch sind Absprachen unter Bettelnden, „um Fahrt- und Logiskosten zu sparen, von Erfahrungen anderer zu profitieren und nicht alleine dazustehen" (Schreiter 2015: 55) unter den gegebenen Umständen nicht notwendig Ausdruck mafiöser, sondern, näherliegend, zweckrationaler Organisation. Die Übergabe des Geldes, insbesondere im Fall bettelnder Frauen an Ehemänner oder Verwandte ist, wie Eva Bachinger berichtet, zudem der Angst geschuldet, das Geld könnte konfisziert werden (Bachinger 2008). Das Indiz einer Organisation, welcher Art auch immer, verdichtet sich jedoch in der projektiven Zuschreibung zu einem Etikett der organisierten Kriminalität, welches von tradierten antiziganistischen Stereotypien zehrt (vgl. End 2019). Zwar gibt es aus dem Jahr 2010 einen Fall, bei welchem drei Rumänen einige Frauen und Männer unter Androhung und Anwendung von Gewalt gezwungen haben sollen zu betteln (SZ 2010). Auch verweist die Antwort auf eine Kleine Anfrage aus dem Jahr 2015 auf fünf Fälle der „Zwangsbettelei" im Jahr 2013 (BayLT Drs. 17/4906). Diese werden allerdings in den Sitzungen des Stadtrats sowie den Begründungen der Verordnungen nicht erwähnt – zumal nicht gesichert ist, dass diese Fälle repräsentativ für die bettelnden Menschen Münchens sind. Stattdessen werden allenfalls Indizien anhand vereinzelter Beobachtungen als Beweis für die Existenz von ‚Hintermännern' o. ä. angeführt. In der Aufnahme dieser Stereotypien in entsprechende Verordnungen offizialisiert die Stadt München antiziganistische Ressentiments, auf deren Grundlage exekutive Maßnahmen von Polizei und KAD gegen die jeweilige Klientel angewandt werden können.

Die Polizei ist in der Öffentlichkeitsarbeit ebenso wie im politischen *agenda setting* innerhalb des Stadtrats ein entscheidender Akteur: Etwa, wenn auf die in der Polizeilichen Kriminalstatistik (PKS) festgehaltenen Zahlen zu Rohheits- und anderen Delikten, aber auch polizeiliche Empfehlungen verwiesen wird, um damit die AVV zu legitimieren (Änderung Alkoholverbot 2018). Empfehlungen aus der Streetwork oder der Wissenschaft bleiben demgegenüber entweder außen vor oder finden allenfalls implizit Einzug. Dabei ist die PKS kein geeignetes Instrument zur Messung der auftretenden Kriminalität, sondern stets abhängig von der Meldebereitschaft etwaiger Zeug*innen und der Kontrollintensität von Sicherheitsdiensten – die am Münchner HBF allein durch die Anwesenheit von Landes- und Bundespolizei sowie des KAD durchaus hoch ist (vgl. Kunz/Singelnstein 2016: § 16, Rn. 11). Die PKS lässt zudem keine Rückschlüsse auf die Zusammensetzung der Täter*innen, aber auch nicht auf die der Opfer zu. Hinsichtlich der Szeneangehörigen wurde in Interviews mehrfach darauf hingewiesen, dass die Opfer von Rohheitsdelikten, welche von Stammsteher*innen begangen werden, meistens selbst der Szene zugerechnet werden können. Daraus folgt, dass diejenigen, die die Verteidiger der AVV zu schützen vorgeben, selbst betroffen von der AVV sind. Daher kann in diesem Fall angenommen werden, dass der Rückgang von Straftaten auch mit einer Verdrängung potenzieller Opfer zusammenhängt.

## 3   Vom Verdacht zur Kontrolle

Auf diese Formen einer symbolischen[7] *Raumproduktion* folgt die *Raumkontrolle* (Petzold und Pichl 2013: 217 f.): Die ordnungspolitische Einschätzung der jeweiligen Sicherheitsdienste darüber, ob ein hinreichender Anlass vorliegt einzuschreiten, orientiert sich folglich auch an der möglichen Zuschreibung einer Szenezugehörigkeit – während der Besitz und Konsum von Alkohol lediglich eine notwendige, aber nicht hinreichende Bedingung darstellt (vgl. Marinis/Krasmann 1997: 168). Diese Unbestimmtheit stellt auch den KAD vor das Problem, nicht eindeutig zu wissen, wer eigentlich Adressat der Maßnahmen ist. Die Entscheidung darüber, ob jemand ein nicht zu polizierender Tourist ist oder ein Stammsteher, obliegt ihnen qua Opportunitätsprinzip und kann nicht immer eindeutig beantwortet werden. Sie beruht stattdessen auf einem diffusen Erfahrungswissen über die jeweilige Klientel.

Hinzu kommt, dass der HBF bzw. das Gebiet um denselben – etwa vom Alten Botanischen Garten im Norden bis zur Landwehrstraße im Süden – ein sog. ‚gefährlicher Ort' nach Art. 13 Abs. 1 S. 2 lit. a) BayPAG ist, an welchem unabhängig von einem konkreten Anlass die Identitäten von Personen festgestellt und diese wie auch beigeführte Sachen durchsucht werden dürfen (Abb. 1). Diese richten sich bspw. gegen Tagelöhner*innen (welche „schon wissen, warum sie kontrolliert werden"; FP_18.07.2019) oder auch gegen Angehörige der ‚Szene', also Konsument*innen von (illegalen) Drogen („München halt", wie dies eine kontrollierte Person knapp kommentierte; FP_20.12.2018).

---

[7]Der Symbolbegriff ist hierbei ernstzunehmen: Es geht nicht allein um eine diskursive Raumproduktion, sondern insofern um eine symbolische, als die von den Behörden verwendete Sprache auf der syntagmatischen Ebene kaum begriflich wäre: Was das Bürgertum als ‚normal' empfindet(!) ist ohne den Rekurs auf die leibliche, physisch-sinnliche Empfindung, bspw. den Ekel vor dem Geruch von Urin nicht begreifbar. Ich bin der Auffassung, dass das sträflich vernachlässigte linguistische Werk Henri Lefèbvres hier Aufschluss gibt und ein wichtiges Korrektiv gegenüber poststrukturalistisch inspirierten Ansätzen bildet: Es handelt sich bei Symbolen nach Lefèbvre um Sinneswahrnehmungen und Eindrücke, welche sich zwar zeichenhaft verdichten, dabei aber noch nicht in die sprachlichen syntagmatischen und paradigmatischen Oppositionen eingereiht haben. Erst bei der Durchquerung durch die Sprache hin zum Sinn werden diese begreifbar und intersubjektiv vermittelbar (Lefèbvre 1973: 145 f.).

**Abb. 1** Kontrolle einer Gruppe ‚Szeneangehöriger' in der unmittelbaren Nähe des Münchner HBF. (Copyright Bild: Roman Thurn)

Das Ziel der Verordnungen ist damit die Verdrängung einer als ‚asozial'[8] definierten Personengruppe. Im öffentlichen Diskurs wird die Verordnung insoweit als verhältnismäßig beschrieben, als sie nicht allgemeinverbindlich ist und stattdessen einen Entscheidungsspielraum auf Ebene der unmittelbaren Interaktion mit den Adressaten der Maßnahmen lässt (S. Abschn. 1.1). Nur sofern Polizei und KAD vom Legalitätsprinzip zugunsten des Opportunitätsprinzips entbunden sind, ist die Verordnung in der Öffentlichkeit legitimierbar. Aufgrund des bereits gesagten kann hinzugefügt werden, dass die Verordnung ihren Zweck zur

---

[8]Der Begriff taucht in den Diskursen um den HBF München m. W. nicht auf. Dennoch soll hier die Auffassung vertreten werden, dass es sich bei der Vertreibungspolitik der sog. Stammsteher um eine Fortsetzung der Politik handelt, die sich gegen sog. ‚Asoziale' richtete. Der Begriff des ‚Asozialen' ist freilich unbestimmt. Deshalb baten im Nationalsozialismus einige Kriminalpolizeistellen im Jahr 1940 um eine Definition des Begriffs, worauf der damalige Herausgeber der Zeitschrift *Kriminalistik* Max Hagemann antwortete: „Asozial = gemeinschaftsfremd ist, wer gemäß seiner ganzen inneren Einstellung um des lieben Ichs willen dauernd gegen die zum Wohle der Volksgemeinschaft ergangenen Anordnungen verstößt" (Hagemann; zit. n. Lieske 2016: 33). Die Vergehen, aufgrund derer als ‚asozial' verfolgte Personen wegen verhaftet wurden, umfassten überwiegend Wohnungslosigkeit, Bettelei und Zuhälterei (ebd.: 34).

Markierung und Adressierung einer lediglich bestimmten Gruppe von Menschen verfehlen würde, wenn sie gegenüber jedem unterschiedslos angewandt würde.

Somit wird die (ordnungs-)polizeiliche Definitionsmacht (Feest und Blankenburg 1972) gestärkt: Informelle Wissensbestände der Polizei, die sich aus der Praxis des Einsatzalltags ebenso wie aus typisierten Überlieferungen in der Polizei speisen und zum polizeilichen Habitus verdichten können (Schöne 2011, vgl. insb. S. 212 f.) sind handlungsleitend und wirkmächtig, ohne ihrerseits auf formellem Weg kontrollierbar zu sein. Die Maßnahmen gewinnen ihre Legitimität durch die Konvergenzen der symbolischen Ordnung des juridischen Felds (der jeweiligen Verordnungen), des öffentlichen Diskurses (vermittelt über die verschiedenen Medien wie etwa Tageszeitungen, durch die unmittelbare Ansprache bspw. durch Hotel- und Gaststättenbetreiber) und des (kommunal-)polizeilichen Habitus.

Nicht die Einzelnen und ihre jeweiligen Vergehen sind Gegenstand der Kontrolle. Sie treffen vielmehr die gesamte Gruppe, deren Verhaltensdynamik innerhalb eines Raumes unter- oder gebrochen werden soll. Das Verhalten Einzelner scheint nicht problematisch, wie sich daraus ableiten lässt, dass Tourist*innen von der AVV ebenso wie Bettelnde, die nicht organisiert Betteln (wobei die Organisation weitgehend eine Projektion von Öffentlichkeit und Behörden ist, solange diese nicht nachgewiesen wird; s. o.) explizit ausgenommen sind. Dabei wird jedoch das Verhalten der Einzelnen als Einzele – das Trinken, das Betteln, die Störung der Passant*innen und Gewerbetreibenden ... – notwendig immer wieder hervorgehoben, um den Platzverweis und das Bußgeld zu begründen. Hieraus ergibt sich ein „seltsames Vexierspiel" (Marinis und Krasmann 1997: 168): In der sicherheitsbehördlichen Zuschreibung zählt die Gruppe und nicht der Einzelne, in der Feststellung und Bestrafung einer Straftat oder Ordnungswidrigkeit wiederum zählt der Einzelne und nicht die Gruppe. Allerdings soll sich nicht das Verhalten des je Einzelnen geändert (sein Alkoholproblem behoben, seine Armut bekämpft) werden, sondern dieser soll nur, als Angehöriger einer bestimmten Gruppe, von einem bestimmten Ort vertrieben werden (vgl. ebd.).

Dies führt im Extremfall, der nur der Logik nach ein Extremfall ist und realiter keine Ausnahme darstellt, zum sog. „junkie jogging" – wobei der ‚Junkie' *pars pro toto* steht: Szeneangehörige wandern als Gruppe von einem *hot spot*, von welchem sie von den Behörden vertrieben werden, zum je nächsten, um von dort wieder vertrieben zu werden – und immer so weiter. Diese schlechte Unendlichkeit ist der behördlichen Logik insofern geschuldet, als die einzelnen Beamten lediglich die Störung an einem bestimmten Ort kurzfristig beheben, nicht jedoch langfristig bekämpfen können. Dies hat zur Konsequenz, dass mittelfristige

Angebote der Betreuung und Beratung, wie etwa die akzeptanzorientierte Streetwork, verunmöglicht werden, wie ein*e Streetworker*in berichtet:

> „[I]ch hab ja von denen, von den wenigsten Handynummern (…) Bin ich hingefahren, es war keine Sau da. Dann gondeln irgendwann mal zwei Leute ein, die ich halt so grad vom Sehen kenn und frag halt ‚Hey, was ist denn hier los, was war denn da', ‚Ja, öh, Polizei war dreimal da heut und haben halt äh alle äh entweder mitgenommen oder nach Hause geschickt oder Platzverweise ausgeteilt'" (S_1_ Transkript).

## 4 Der Sicherheitsfetisch

Die Stadtratsfraktion der SPD forderte auch, um einer Verdrängung der Szene entgegenzuwirken, einen Konsumraum, in dem Alkohol getrunken werden dürfe und Sozialarbeiter*innen vor Ort seien. Im Herbst des Jahres 2019 soll die Caritas die Einrichtung einer solchen Stätte übernehmen (SZ 2019). In der Lindwurmstraße 12 befindet sich darüber hinaus eine ‚Kontakt- und Begegnungsstätte', welche zwar in alkoholisiertem Zustand aufgesucht, in welcher aber selbst kein Alkohol getrunken werden darf. Die Paradoxie von Repression und Fürsorge hat ihren Grund im Sicherheitsfetischismus (vgl. Kern 2016: 108 ff.). Im Gegensatz zum Wert- und Warenfetischismus ist dieser kein *notwendig* falsches Bewusstsein in dem Sinne, dass, um eine soziale Handlung (den Warentausch) vollziehen zu können, unterstellt werden müsse, dass Waren eine interobjektive Identität besäßen; ihm kommt daher ein gewisses Maß an Kontingenz zu, das dem Wert- und Warenfetisch so nicht eignet (Belina 2017b). Gleichwohl handelt es sich aus zweierlei Gründen um ein fetischistisches Verhältnis: Erstens, weil komplexe soziale Problemlagen in abstrakte[9] Gefahren übersetzt werden, welche wiederum als Realabstraktionen (Sohn-Rethel 1978) das Ziel sicherheitsbehördlichen Handelns festlegen und dieses damit zugleich legitimieren (Kern 2016: 112). Zweitens zeichnet sich eine Ideologie dadurch aus, „dass man zur gleichen Zeit an zwei sich widersprechende Dinge glauben

---

[9]Stephanie Schmidt und ich argumentierten, dass diese Abstraktion nichts mit der ‚abstrakten Gefahr' im polizeirechtlichen Sinn zu tun habe (Schmidt und Thurn 2019: 160). Der begrifflichen Identität entspricht aber auch eine Konvergenz in den Dingen, wenn etwa aufgrund einer abstrakten Gefahr sehr konkrete Individuen mit Maßnahmen konfrontiert werden; etwa wenn, wie aus Interviews hervorgeht, im Zeitraum der Wies'n Szeneangehörige wegen kleinerer Delikte schneller in Untersuchungshaft genommen werden als sonst.

kann" (Terry Eagleton, zit. n. Cremer-Schäfer und Steinert 2014: 196)[10]: Die sowohl von sozialarbeiterischer als auch sicherheitsbehördlicher Seite sogenannte ‚Klientel' erscheint gleichzeitig als kriminell und gefährlich wie auch als hilfsbedürftige Objekte der sozialen Arbeit, dem Hilfsangebote unterbreitet werden müssen (sofern sich dieses Objekt als der Hilfe würdig erweist, was in diesem Fall konkret heißt: nicht gerade trinkt[11]). Dies ist möglich aufgrund einer ideologischen Gesamtstruktur, innerhalb derer „Vorgänge der sozialen Ausschließung" in „bewältigbare sozialtechnokratische ‚Probleme'" (Cremer-Schäfer und Steinert 2014: 194) umgedeutet werden. So wird nicht bspw. der Verteilungskonflikt um Wohnraum und Arbeitsplätze (überhaupt die soziale Synthesis qua Lohnarbeit) thematisiert, sondern eine *Problemgruppe* wird identifiziert und als solche verdinglicht (ebd.: 203 f.). Innerhalb der Problemgruppe werden „zwei ‚Sorten von Menschen'" (ebd.) unterschieden: Es gebe immer ‚solche und solche', die einheimischen, bedürftigen bzw. still Bettelnden und die nüchternen Alkoholiker*innen auf der einen, die aggressiv und organisiert Bettelnden und stammstehenden ‚Giftler' auf der anderen Seite. Diese Unterscheidung ermöglicht es, *ad hoc* Maßnahmen zu legitimieren, die auf die ‚Problemgruppen' als Ganze zielen, da dieses Vexierbild, je nach institutioneller Eigenlogik, zwischen den beiden Polen widerstandslos changiert – und kann dabei auch präventiv als Rechtfertigungsnarrativ in Anschlag gebracht werden.

Das Alkohol- ebenso wie das Bettelverbot stellen somit eine Form des *policing* von Armut dar. Es handelt sich bei ihnen um Ausnahmeregelungen, welche auf bestimmte stereotypisierte Personengruppen zielen, um diese als Repräsentanten von Armut aus dem öffentlichen, in Wert zu setzenden Raum unter Zuhilfenahme des KAD, der unterhalb der Eingriffsschwelle der konkreten (oder in Bayern: der drohenden) Gefahr im juristischen Sinn agiert, zu verdrängen. Dabei können auch Verschwörungstheorien wie die von der sog. Bettelmafia eine erstaunliche Wirkmacht entfalten. Die Parzellierung des *war on poverty* auf die Kommunen scheint der Herstellung einer breiteren, überregionalen und kritischen Öffentlichkeit entgegenzustehen – unmöglich ist sie damit aber nicht.

---

[10]In Hinblick auf den Wertfetischismus bedeutet das die widersprüchliche Gleichzeitigkeit von subjektiven und objektiven Werttheorien, wie dies Hans-Georg Backhaus (2011: 449) herausgearbeitet hat.
[11]Akzeptanzorientierte Ansätze in der sozialen Arbeit stellen hierzu bisweilen eine Ausnahme dar.

## Quellen

Allgemeinverfügung Bettelverbot (2014): Vollzug des Landesstraf- und Verordnungsgesetzes (LStVG) und des Bayerischen Straßen- und Wegegesetzes (BayStrWG); Sicherheitsrechtliche Allgemeinverfügung über die Untersagung bestimmter Formen des Bettelns in Teilen des Stadtgebiets München vom 01.08.2014.

Alkoholverbotsverordnung (2016): Maßnahmen zur Verbesserung der Situation am Hauptbahnhof; Erlass einer Alkoholverbotsverordnung. Beschluss des Kreisverwaltungsausschusses vom 13.12.2016 (VB).

Altstadt-Fußgängerbereich-Satzung 1971: Satzung über die Sondernutzungen an Fußgängerbereichen in der Altstadt (Altstadt-Fußgängerbereiche-Satzung). Beschluss des Stadtrats vom 21.04.1971.

Änderung Alkoholverbot (2018): Verordnung zur Änderung der Verordnung der Landeshauptstadt München über das Verbot des Verzehrs und des Mitführens alkoholischer Getränke auf öffentlichen Flächen im Bereich des Hauptbahnhofes. Beschluss des Kreisverwaltungsausschusses vom 20.11.2018 (VB).

Antrag Bayernpartei 2017: Aufklärung statt Verbote – Imagekampagne gegen organisierte Bettelei auflegen. Antrag an den Stadtrat München vom 09.08.2017.

Bettelverbot 2014: Allgemeinverfügung gegen besondere Formen des Bettelns in München. Antrag Nr. 14-20 / A 00195 von Herrn StR Dr. Alexander Dietrich, Herrn StR Thomas Schmid vom 20.08.2014.

FP_20.12.2018: Feldprotokoll vom 20. Dezember 2018.

FP_18.07.2019: Feldprotokoll vom 18. Juli 2019.

KAD Bilanz (2018): Kommunaler Außendienst (KAD) – Bilanz nach den ersten Wochen, Kreisverwaltungsreferent Dr. Thomas Böhle und Polizeivizepräsident Werner Feiler, vom 12.09.2019.

KAD Einrichtung (2017): Einrichtung eines Kommunalen Außendienstes (KAD) in Teilen der Innenstadt. Beschluss des Kreisverwaltungsausschusses vom 25.07.2017 (VB)

Kreisverwaltungsausschuss (2018): Verordnung zur Änderung der Verordnung der Landeshauptstadt München über das Verbot des Verzehrs und des Mitführens alkoholischer Getränke auf öffentlichen Flächen im Bereich des Hauptbahnhofes. Beschluss des Kreisverwaltungsausschusses München vom 20.11.2018 (VB).

OP_1_Transkript: Interviewtranskript kommunale Ordnungspolizist*in.

S_1_Transkript: Interviewtranskript Streetworker*in.

Stadtratshearing Hauptbahnhof (2018): Sicherheit am und um den Hauptbahnhof, Stadtratshearing zur Situation am Hauptbahnhof – Stadtbezirk 2 (Ludwigsvorstadt-Isarvorstadt) und 3 (Maxvorstadt) -. Beschluss des Kreisverwaltungsausschusses vom 26.06.2018 (SB).

## Literatur

Assall, M., Gericke, C. (2016): Zur Einhegung der Polizei. Rechtliche Interventionen gegen entgrenzte Kontrollpraktiken im öffentlichen Raum am Beispiel der Hamburger Gefahrengebiete. In: *KJ* 49 (1), S. 61–71.

Bachinger, E. (2008): Unter Bettlern. MO – Magazin für Menschenrechte (10). Online verfügbar unter https://www.sosmitmensch.at/site/momagazin/alleausgaben/10/article/368.html, zuletzt geprüft am 11.09.2019.

Backhaus, H.-G. (2011): *Dialektik der Wertform. Untersuchungen zur Marxschen Ökonomiekritik*. Freiburg i. Br.: ça ira-Verlag.

Balzer, C. (2018): *Kommunale Ordnungsdienste*. Wiesbaden: Kommunal- und Schul-Verlag (KSV Kommunalpraxis).

Belina, B. (2017a): *Raum. Zu den Grundlagen eines historisch-geographischen Materialismus*. 2. Auflage. Münster: Westfälisches Dampfboot.

Belina, B. (2017b): "Vorbild New York" und "Broken Windows": Ideologien zur Legitimation der Kriminalisierung der Armen im Namen der Sicherheit in der unternehmerischen Stadt. In: Häfele, J., Sack, F., Eick, V., und Hillen, H. (Hg.): *Sicherheit und Kriminalprävention in urbanen Räumen. Aktuelle Tendenzen und Entwicklungen*. Wiesbaden: Springer VS, S. 28–46.

Belina, B.; Wehrheim, J. (2011): „Gefahrengebiete". Durch die Abstraktion vom Sozialen zur Reproduktion gesellschaftlicher Strukturen. In: *Soziale Probleme* 22 (2), S. 207–230.

Borcke, T. (2016): Die Mär vom Rotationseuropäer. In: *Hinterland Magazin* (23), S. 54–57. Online verfügbar unter http://www.hinterland-magazin.de/wp-content/uploads/2016/11/hinterland-magazin-23-53-die-maer-vom-rotationseuropaer-pdf., zuletzt geprüft am 30.09.2019.

Breuer, S. (1993): *Die Gesellschaft des Verschwindens. Von der Selbstzerstörung der technischen Zivilisation*. 2. Aufl. Hamburg: Junius.

Cremer-Schäfer, H.; Steinert, H. (2014): *Straflust und Repression. Zur Kritik der populistischen Kriminologie*. 2., überarb. Aufl. Münster: Westfälisches Dampfboot.

Eick, V. (2011): Policing 'below the state' in Germany. Neocommunitarian soberness and punitive paternalism. In: *Contemporary Justice Review* 14 (1), S. 21–41.

End, M. (2019): *Antiziganismus und Polizei*. Heidelberg: Zentralrat Deutscher Sinti und Roma.

Engler, A.-M. (2019): Der Ausnahmezustand als rechtssoziologische Analyse. Ein Debattenbeitrag. In: *Kriminologisches Journal* 51 (2), S. 143–149.

Feest, J.; Blankenburg, E. (1972): *Die Definitionsmacht der Polizei. Strategien der Strafverfolgung und soziale Selektion*. Düsseldorf: Bertelsmann.

Frankenberg, G. (2003): *Autorität und Integration. Zur Grammatik von Recht und Verfassung*. Frankfurt am Main: Suhrkamp.

Frankenberg, G. (2010): *Staatstechnik. Perspektiven auf Rechtsstaat und Ausnahmezustand*. Berlin: Suhrkamp.

Hecker, W. (2012): Die neuere Rechtsprechung zu den Themen Alkoholkonsum, Betteln, Lagern und Nächtigen im öffentlichen Raum. In: Gillich, S. & Keicher, R. (Hg.):

*Bürger oder Bettler. Soziale Rechte von Menschen in Wohnungsnot im Europäischen Jahr gegen Armut und soziale Ausgrenzung.* Wiesbaden: VS Verlag für Sozialwissenschaften, S. 121–137.

Kelling, G- L.; Wilson, J. Q. (1982): *Broken Windows. The police and neighborhood safety.* The Atlantic. Online verfügbar unter https://www.theatlantic.com/magazine/archive/1982/03/broken-windows/304465/, zuletzt geprüft am 01.04.2019.

Kern, A. (2014): Ein Frankfurter Sicherheitsregime. Neoliberale Sicherheitsproduktion in der ‚Hauptstadt des Verbrechens'. In: *sub\urban. Zeitschrift für kritische Stadtforschung* 2 (2), S. 17–38.

Kern, A. (2016): *Produktion von (Un-)Sicherheit – Urbane Sicherheitsregime im Neoliberalismus.* Münster: Westfälisches Dampfboot.

Kretschmann, A.; Legnaro, A. (2017): Ausnahmezustände. In: *PROKLA. Zeitschrift für kritische Sozialwissenschaft* 47 (188), S. 471–486.

Kunz, K.-L.; Singelnstein, T. (2016): *Kriminologie. Eine Grundlegung.* 7. Auflage. Stuttgart, Bern: UTB.

Lefèbvre, H. (1973): *Sprache und Gesellschaft.* Düsseldorf: Pädagogischer Verlag Schwann.

Lefèbvre, Henri (1991): *The production of space.* Oxford, OX, UK, Cambridge, Massachusetts, USA: Blackwell.

Legnaro, A. (2017): Die (europäische) Stadt auf dem Weg zum Nicht-Ort? In: Häfele, J., Sack, F., Eick, V. und Hillen, H. (Hg.): *Sicherheit und Kriminalprävention in urbanen Räumen. Aktuelle Tendenzen und Entwicklungen.* Wiesbaden: Springer VS, S. 13–26.

Lieske, D. (2016): *Unbequeme Opfer? „Berufsverbrecher" als Häftlinge im KZ Sachsenhausen.* Berlin: Metropol.

Luhmann, N. (2013): *Das Recht der Gesellschaft.* 6. Aufl. Frankfurt am Main: Suhrkamp.

Marinis, P.; Krasmann, S. (1997): Machtinterventionen im urbanen Raum. In: *Kriminologisches Journal* 29 (3), S. 162–185.

Nissen, S. (2008): Hybridräume. In: *Eur J Soc* 49 (02), S. 277–306.

Nocke, J. (1986): Autopoiesis – Rechtssoziologie in seltsamen Schleifen. In: *KJ* 19 (4), S. 363–389.

Opitz, S. (2012): *An der Grenze des Rechts. Inklusion/Exklusion im Zeichen der Sicherheit.* 1. Aufl. Weilerswist: Velbrück Wissenschaft.

Petzold, T.; Pichl, M. (2013): Räume des Ausnahmerechts. Staatliche Raumproduktionen in der Krise am Beispiel der Blockupy-Aktionstage 2012. In: *Kriminologisches Journal* (3), S. 211–227.

Preuß, U. K. (1973): *Legalität und Pluralismus. Beiträge zum Verfassungsrecht der Bundesrepublik Deutschland.* Frankfurt am Main: Suhrkamp.

Schmidt, S:; Thurn, R. (2019): Europäischer Polizeikongress 2019. Die Kommodifizierung von Sicherheit. In: *CILIP* (118/119), S. 159–165.

Schmitt, C. (1996): *Politische Theologie. Vier Kapitel zur Lehre von der Souveränität.* Berlin: Duncker & Humblot.

Schöne, M. (2011): *Pierre Bourdieu und das Feld Polizei. Ein besonderer Fall des Möglichen.* Frankfurt am Main: Verlag für Polizeiwissenschaft.

Schreiter, N. (2015): „Eingeschleppte Parasiten". Antiziganismus und die Bettelmafia als pathische Projektion. In: *sans phrase. Zeitschrift für Ideologiekritik* 4 (7), S. 49–62.

Smith, N. (2005): *The New Urban Frontier. Gentrification and the Revanchist City*. 1. Aufl. Florence: Taylor and Francis.
Sohn-Rethel, Alfred (1978): *Warenform und Denkform. Mit zwei Anhängen*. Frankfurt am Main: Suhrkamp.
Termeer, M. (2010): Die Entgrenzung des Prinzips ‚Hausordnung' in der neoliberalen Stadt. In: Soeffner, H.-G. (Hg.): *Unsichere Zeiten*. Wiesbaden: VS Verlag für Sozialwissenschaften, S. 245–259.
Thurn, J. P. (2012): „Randgruppenvertreibung" durch kommunale Trinkverbote – Hintergrund, Ablauf und Folgen des Rechtsstreits um eine Freiburger Polizeiverordnung. In: Gillich, S. & Keicher, R. (Hg.): *Bürger oder Bettler. Soziale Rechte von Menschen in Wohnungsnot im Europäischen Jahr gegen Armut und soziale Ausgrenzung*. Wiesbaden: VS Verlag für Sozialwissenschaften, S. 138–149.
Ullrich, P.; Tullney, M. (2012): Die Konstruktion ‚gefährlicher Orte'. Eine Problematisierung mit Beispielen aus Berlin und Leipzig. In: *Sozialraum.de* 4 (2). Online verfügbar unter https://www.sozialraum.de/die-konstruktion-gefaehrlicher-orte.php, zuletzt geprüft am 31.03.2019.

## Onlinequellen

AZ (2018a): Über 1.000 Personen kontrolliert: So fällt die Bilanz der Polizei aus. Online verfügbar unter https://www.abendzeitung-muenchen.de/inhalt.nach-der-razzia-am-hauptbahnhof-ueber-1000-personen-kontrolliert-so-faellt-die-bilanz-der-polizei-aus.f587a7d6-8e72-43b2-bf72-0a7ea18a7ea2.html, zuletzt geprüft am 20.09.2019.;
AZ (2018b): Großkontrolle am Hauptbahnhof: Polizei zieht Bilanz. Online verfügbar unter https://www.abendzeitung-muenchen.de/inhalt.grosskontrolle-am-hauptbahnhof-100-einsatzkraefte-sind-bis-spaetnachts-im-einsatz.ce602dd5-79bc-4030-8230-491ffbd937b6.html, zuletzt geprüft am 20.09.2019.
Deutsche Bahn (o. D.a): Die Vorplätze. Online verfügbar unter https://www.hbf-muc.de/bahnhofsvorplaetze.html, zuletzt geprüft am 19.09.2019.
Deutsche Bahn (o. D.b): Überblick. Online verfügbar unter https://www.hbf-muc.de/ueberblick.html, zuletzt geprüft am 19.09.2019.
Deutsche Bahn (2015): Hausordnung. Online verfügbar unter https://www.deutschebahn.com/resource/blob/1173446/055df8164733107aabfe368525fb6a29/hausordnung-data.pdf, zuletzt geprüft am 19.09.2019.
Einkaufsbahnhof (2019): München Hauptbahnhof. Lageplan. Online verfügbar unter https://www.einkaufsbahnhof.de/muenchen-hauptbahnhof/lageplan/, zuletzt geprüft am 19.09.2019.
FAZ (2016): Alkoholverbot am Münchner Hauptbahnhof. Online verfügbar unter https://www.faz.net/aktuell/gesellschaft/kriminalitaet/alkoholverbot-am-muenchner-hauptbahnhof-14574466.html, zuletzt geprüft am 19.09.2019.
Stadt München (o.D.a): Der neuen Hauptbahnhof. Online verfügbar unter https://www.muenchen.de/rathaus/Stadtverwaltung/Referat-fuer-Stadtplanung-und-Bauordnung/Projekte/Hauptbahnhof/Projekt.html, zuletzt geprüft am 19.09.2019.

Spiegel, 2019: Die sichersten Städte der Welt liegen in Asien. Online verfügbar unter https://www.spiegel.de/reise/aktuell/die-sichersten-staedte-der-welt-liegen-in-asien-a-1284383.html, zuletzt geprüft am 19.09.2019

SZ, 2010: Zum Betteln gezwungen. Online verfügbar unter https://www.sueddeutsche.de/muenchen/landgericht-muenchen-i-zum-betteln-gezwungen-1.1038617, zuletzt geprüft am 19.09.2019.

SZ (2018): Stadtrat beschließt ganztägiges Alkoholverbot am Hauptbahnhof. Online verfügbar unter https://www.sueddeutsche.de/muenchen/hauptbahnhof-alkoholverbot-stadtrat-1.4258285, zuletzt geprüft am 19.09.2019.

SZ (2019): Alkoholverbot jetzt rund um die Uhr. Online verfügbar unter https://www.sueddeutsche.de/muenchen/muenchen-alkoholverbot-hauptbahnhof-1.4546202, zuletzt geprüft am 19.09.2019.

TZ (2017a): Die Angst wächst im Problemviertel rund um den Hauptbahnhof. Online verfügbar unter https://www.tz.de/muenchen/stadt/ludwigsvorstadt-isarvorstadt-ort43328/angst-waechst-im-problemviertel-rund-um-hauptbahnhof-9290337.html, zuletzt geprüft am 07. Februar 2019.

TZ (2017b): Razzia am Hauptbahnhof: Polizei führt 600 Kontrollen durch – das ist die Bilanz. Online verfügbar unter https://www.tz.de/muenchen/stadt/grosser-polizeieinsatz-beamten-kontrollieren-muenchens-problemviertel-9367515.html, zuletzt geprüft am 20.09.2019.

Welt (2012): „Die wohl sicherste Stadt Europas". Online verfügbar unter https://www.welt.de/print/welt_kompakt/print_muenchen/article106189752/Die-wohl-sicherste-Stadt-Europas.html, zuletzt geprüft am 29.09.2019.

**Roman Thurn** M.A. (Soziologie), Stipendiat der Rosa-Luxemburg-Stiftung; promoviert derzeit am Institut für Soziologie der Ludwig-Maximilians-Universität München, roman.thurn@soziologie.uni-muenchen.de.

CPSIA information can be obtained
at www.ICGtesting.com
Printed in the USA
LVHW082227201120
672228LV00030B/1123